T0354722

MENSAJES
DE
DIOS

ESCUCHA LA VOZ DE DIOS
COMO NUNCA ANTES

YVON BELL

authorHOUSE®

AuthorHouse™
1663 Liberty Drive
Bloomington, IN 47403
www.authorhouse.com
Teléfono: 1 (800) 839-8640

Publicada por AuthorHouse 12/21/2018

ISBN: 978-1-5462-6784-3 (tapa blanda)
ISBN: 978-1-5462-6783-6 (libro electrónico)

Información sobre impresión disponible en la última página.

Las personas que aparecen en las imágenes de archivo proporcionadas por Getty Images son modelos. Este tipo de imágenes se utilizan únicamente con fines ilustrativos. Ciertas imágenes de archivo © Getty Images.

Este es un libro impreso en papel libre de ácido.

ÍNDICE

PROLOGO

¿Te has preguntado alguna vez si existe la "Voz de Dios"? Has reflexionado alguna vez sobre lo que sería realmente escuchar lo que Dios te está diciendo?, Ahora tienes en tus manos un boleto de ida a esa increíble experiencia. "Solo de ida", porque una vez que llegues a ese destino donde realmente escuches la voz de Dios, no querrás volver. No importa la edad, ni en qué estación de la vida te encuentras, ni siquiera la religión que profesas. Lo que importa es la apertura, la voluntad, y el deseo sincero que tienes de permitir que la esencia de Dios entre en tu vida y te dé una visión "Divina".

El libro "Los mensajes de Dios" está basado en una historia personal que enseña que no hay límites para escuchar la voz real de Dios y cómo recibir claramente su instrucción. Escrito cronológicamente, traza la increíble trayectoria de Yvon Bell a través de los años en donde Dios primero la alcanza, luego le enseña, y finalmente la guía.

Yvon es sudafricana, esposa y madre de dos hijos. Además de su título universitario, Yvon está certificada como Mentora y Motivadora. Sin embargo ella confiesa claramente que no existe nada ni nadie, ni siquiera un instituto, que pueda enseñarte a escuchar la voz de Dios. Sólo Él puede entrenarte.

El libro que estás a punto de leer te abrirá la puerta hacia una experiencia que cambiará tu vida para siempre.

Hace más de 20 años que Yvon escucha con claridad los mensajes de Dios y es por ello que un día tomó la decisión de compartir lo que ha vivido.

Nos comparte abiertamente cómo Dios la guía a través de canales de comunicación a los que todos podemos acceder y aprovechar. Comienza con sueños, visiones, sensaciones y, finalmente, experiencias sobrenaturales que abren la mente. En estas páginas, aprenderás a abrirte a la voz de Dios y a ser un canal receptor.

Después de asistir a un evento social, un hombre de la comunidad hispana le confía a Yvon que él también ha estado recibiendo mensajes de parte de Dios. Ese encuentro fue clave, ya que dicho hombre fue el que solo una semana después organizaría la participación de Yvon en el Centro de Convenciones de Los Ángeles en Studio City, California. Pareciera que, de la nada, tales oportunidades comienzan a llegar a la vida de Yvon. Ella cree firmemente, que cuando uno se abre a los planes de Dios cosas extraordinarias comienzan a suceder. En estas páginas, aprenderás lo que eso realmente significa.

En Sudáfrica, ha sido galardonada como oradora pública en contadas ocasiones. Sin embargo, Yvon encontraría otro nivel de satisfacción en una nueva misión; llevar el mensaje, primeramente a Los Ángeles, California y luego ¡al mundo!

Los eventos de Los Ángeles marcaron el camino e impulsaron el crecimiento de Yvon como una "mensajera" de la voz de Dios. Aunque no se hicieron reservaciones antes de su llegada a Los Ángeles, Yvon se encontraría hablando frente a audiencias repletas, no sólo en convenciones, sino meses después, en un sin número de lugares.

Sesión tras sesión supo mantener a todos fascinados a través de formas sorprendentes:
- Sus charlas fueron totalmente únicas y espontáneas. Nunca preparó una presentación antes de ninguna de las reuniones.
- Con Dios impulsándola, Yvon planteó preguntas inusualmente específicas a cada una de sus audiencias. Supo llegar a sus oyentes a través de explicaciones simples y directas, en los momentos precisos.
- A medida que crecía la emoción, las interacciones con el público se volvieron muy emotivas. Imaginen la siguiente escena: Un

auditorio lleno de gente, de personas compartiendo abiertamente sus confesiones más personales. Nadie quiere irse porque todos están sintiendo "algo".

Luego de tales acontecimientos y guiada por la voluntad de Dios, inevitablemente vuelve a Sudáfrica para completar el libro que estás leyendo ahora.

. En las siguientes páginas verás que la escritora se abre completamente y nos comparte sus experiencias de fe, usando anécdotas personales e historias de terceros, historias conmovedoras que ilustran cómo Dios trabaja en su vida.

Mientras se enfrenta a sus temores, explora sus dudas y las perplejidades que experimenta en situaciones de la vida real, Yvon ilustra cómo encuentra la guía, y comodidad, a través de la voz de Dios.

Las bendiciones de lo sobrenatural ahora una parte permanente de la vida de Yvon, están al alcance de cualquier persona. Las bendiciones pueden también formar parte de tu vida y transformarte para siempre.

La escritora sostiene que su manera de enseñar está despertando a la gente, también despertando la realización en todos que lo desean lo suficiente de que una vez que se entregan a Dios por completo pueden comenzar a escuchar la voz divina. Yvon te dirá que no tienes que ser un "experto", sólo tienes que pedírselo a Dios con un corazón puro para iluminar el conocimiento que ya está dentro de ti.

Un extracto de *"El Mensaje"* (La Biblia, en el lenguaje contemporáneo) nos dice:

«No me sentía muy segura de decir lo que pienso porque soy muy joven y ustedes son mayores.

Me pareció que era mejor dejar que hablara la experiencia y que la gente de más edad se luciera con su sabiduría.

Sin embargo, no depende de la edad entender lo que es justo; no son los muchos años los que dan sabiduría.

Lo que nos hace sabios es el espíritu del Dios todopoderoso, ¡y ese espíritu vive en nosotros!

(Extraído de Job 32:7,9)

Con eso, espero que todos vean que los expertos no tienen el monopolio de la sabiduría...

UNA PALABRA DEL AUTOR

Mientras escribía *Mensajes de Dios*, dejé que las palabras llegaran solas, a su tiempo, en la secuencia exacta en la que yo estaba siendo instruida por Dios. Dicho esto, encontrarás este libro único y diferente a otros que hayas tenido en tus manos. Por ello, te pido que no compares esta obra literaria por su lenguaje, por su estructura, ni siquiera por evaluar si es lo más erudito que hayas leído. Para mí, al momento de escribir, esas no fueron mis principales preocupaciones. Lo que fue importante fue crear contenidos prácticos, accesibles y útiles. Por este motivo, tienes mi palabra de que lo que leerás en las próximas páginas es real, es palabra viva y está en una forma en la que puede compartirse con todos. Leerás sobre el viaje que emprendí hasta convertirme en una guía. El propósito de este libro es de prepararte para que puedas tener tus propias experiencias a través de escuchar la voz de Dios.

Mi objetivo no es explicar a Dios, sino presentar ejemplos claros y explorar situaciones de la vida real en las cuales Dios se manifiesta en nuestras vidas.

Como tal, estás a punto de hacer un viaje que no recorre una línea recta y predecible, porque francamente, la vida misma no es así. En cambio, encontrarás que la escritura a veces atraviesa memorias, sueños e incluso pasajes. Mi esperanza es que al relacionar mi despertar y mis experiencias personales, la sabiduría de Dios se te revele a ti también a través de simples hechos y ejemplos de la vida diaria. Creo que encontrarás algunas revelaciones bastante impactantes sobre cómo Dios realmente es, y cómo no hay un "calendario" específico cuando se trata de sus enseñanzas.

Permíteme darte un ejemplo rápido. Una noche serena, hace años, ya estando en la cama a punto de quedarme dormida, tuve la experiencia sobrenatural de escuchar un proyecto de cine. Fue tan claro y audible como las campanas que marcan las doce del mediodía. ¿Por qué lo escuché? ¿Por qué lo estaba escuchando en la media noche? Extrañamente no tuve respuestas hasta muchos años después. Recibiría esas respuestas cuando Dios creyera que estaba lista, ni un minuto antes, ni un minuto después. Dios toma el control y muestra el camino. Si somos inteligentes, lo seguimos.

Dios toma el control y muestra el camino

Antes de comenzar este viaje, quiero agradecerles por atreverse, quizás por curiosidad o incluso porque no pueden hallar las respuestas en otro lado, a estar conectados con Dios de una manera muy personal. Verás pronto qué tan personal puede ser. Después de todo, esa es mi intención, o mejor dicho, la intención de Dios: ¡Ayudarte a encontrar tu propia verdad y tu propia entrada a la vida sobrenatural!

Le doy gracias en especial a mi esposo por su paciencia mientras no podía leer este libro.

También un agradecimiento especial a Deon Fourie por apoyar este proyecto desde el principio, financiera, emocional y espiritualmente.

Un agradecimiento a mi editor Carl Rachal por su pasión y esfuerzo en el redondeo de este libro.

Le doy gracias a la editora de la traducción al español de este libro, Maria Fernandez, por su gran ayuda y su disposición para hacer esta edición.

DEDICACIÓN

Dedico el libro los *"**Mensajes de Dios"***, a Dios mismo, a quien le doy las gracias por Su paciencia, orientación y capacitación. Él me permite oír Su voz de una manera increíble y me da la semilla de la comprensión para entender que la voz de Dios crece en nosotros y dentro de todos nosotros.

Con esta dedicación, extiendo mi más anhelante oración por usted, el lector, para que pueda ascender a un nivel de conocimientos y sabiduría mucho mayor al que pude lograr yo en mi vida. ¡Espero que usted pueda escuchar la voz de Dios mejor que yo!

Abreviaturas de las Biblias de referencia:

AMP Biblia Amplificada
GNB Buenas noticias Biblia (Traducción)
NKJV Nueva versión King John
NVI Nueva Versión Internacional
NLT New Living Translation
MSB Biblia Mensaje
DARBY TRADUCCIÓN
SCHLACHTER 2000

PREFACIO

Comencemos con la verdad ineludible: Oír la voz de Dios por primera vez, lo que te dirá, lo que te ofrecerá, lo qué te pedirá, será sorprendente y a la vez estimulante. En primer lugar, tendrás que afrontar seriamente dónde te encuentras en la vida, lo que estás haciendo, y cómo realizar lo que serán invariablemente los cambios para mejorar tu vida.

¿Cómo lo sé? Porque lo he vivido desde que empecé a escuchar la voz de Dios, que al instante me llevó a comprender que mi vida estaba destinada para un propósito muy diferente al que estaba viviendo. Y déjenme decirles, Dios no se rinde. Con nadie. Estoy convencida de que Dios da un mensaje claro a quien abre su corazón. Una vez abierto, su vida comienza.

Vendrá con gran emoción, un gran reto, una gran confusión y una gran alegría. Después de escuchar la voz de Dios regularmente, empecé luchando con los cambios que sabía tendría que hacer. No más mundo corporativo para mí.

Me di cuenta de que tendría que dejar mi antigua vida trabajando en los almacenes de ropa al por menor de nuestra familia e ir adelante para entregar mensajes de Dios. Primera parada, Los Ángeles, California. Pero no me quiero adelantar a mi historia aquí. Sus mensajes y su instrucción serán bastante diferentes. Todos los mensajes son para su propia existencia y finalidad. Así que, por favor, no asuma ni prejuzgue lo que estoy diciendo. Siga leyendo y vea por usted mismo lo que se desarrolla mientras usted se prepara para esa epifanía.

Permítanme compartir esto también. Al principio, luché por comprender los mensajes que había de Dios, tanto que sorprendentemente y bastante inesperadamente incluso perdí la fe. ¿Puede esto ser posible? Bien, despertaría en medio de la noche y me preguntaba, "¿Estoy loca? ¿He perdido mi mente?" Pensé, "Qué terrible sería si yo fuera a morir y mi esposo fueron a leer el libro in terminar. Él sin duda pensaría, "definitivamente estaba perdiendo la razón en sus últimos días. ¿Cómo podría no saber?" Sin embargo, en mi corazón, yo sabía que Dios estaba de hecho formándome y cuidando de mí. Y todo tenía que ver conmigo actuando sobre los mensajes muy claros que debo compartir.

Aunque parezca una locura, a medida que comenzaron a hacerme sentir desquiciada, fueron precisamente estos mensajes que estaba recibiendo constantemente, lo único que me mantenía cuerda. Pero aun así, necesitaba madurar, para lograr una comprensión más profunda de lo que esos mensajes serían, un nuevo camino de vida.

Como les dije anteriormente, el entrenamiento de Dios toma tiempo. Y PACIENCIA. Y una mente sumamente abierta y dispuesta a aceptar lo que nunca ha escuchado ni considerado antes. Afortunadamente, durante años, tomé abundantes notas de todo lo que estaba sintiendo y experimentando, de lo que "soñé" y "escuché" a lo largo de todo este tiempo.

Es muy importante, y un poco alarmante también: la probabilidad casi segura de que cuando usted se abra a lo sobrenatural donde se produce la comunicación divina, escuchará otras voces. Esta es una etapa crítica, a través de la cual debe aprender a reconocer la única verdadera voz entre las otras voces. Esto, en sí, me tomó años alcanzar. Pero Dios no te dejará durante este aprendizaje. Ni siquiera una vez.

La parte más difícil para mí fue no tener a nadie con quien hablar acerca de las cosas que estaba escuchando literalmente "del cielo". Mi regalo, durante este tiempo vital, se convirtió en mi mecanógrafa Lishani, con quien comencé a compartir mi historia. Se pueden imaginar cuán complacida estaba cuando ella también, empezó a oír las mismas cosas. Fue entonces que, juntas, nos dimos cuenta de la verdadera existencia de esas otras voces y la dirección engañosa que presentarían. ¿La tentación? ¿Quién sabe? Nos cercioramos de centrarnos en lo que se convirtió en el único y verdadero camino inquebrantable que parecía "iluminado"" para nosotros.

Este libro es una guía para que se unan a mí en este camino donde reconocerán cuáles son realmente los mensajes de Dios y podrán discernir los que no lo son, o sea, aquellos que nos pueden hacer vivir una vida inferior al destino que estamos llamados a vivir. Incluso, después de haber escrito todos mis pensamientos, documentado mi nuevo aprendizaje, y sentir la gran emoción de saber que estaba en contacto con el Poder sobrenatural, mi fe fue cuestionada de gran manera. Resulta que con el manuscrito en la mano y con las palabras que podrían convertirse en este libro, Dios, sin embargo guardaba silencio acerca de qué hacer. Fue durante este silencio rugiente que me di cuenta que tenía que poner mi confianza en Él. Y de alguna manera, me quedé absolutamente convencida de que Dios iba a mostrarme el camino.

Romanos 4:21
"él estaba absolutamente seguro de que Dios sería capaz de hacer lo que él había prometido." [NVI]

Para escuchar a Dios, usted debe ser y convertirse en Su amigo.

Santiago 2:23
"y la escritura se hizo verdadera al dice que Abraham creyó a Dios, y por causa de su fe, Dios lo aceptó como justo. Y entonces Abraham fue llamado amigo de Dios." [NVI]

Para escuchar a Dios, usted debe ser y convertirse en Su amigo

Y así, estamos aquí hoy. Cuando llegue a leer este libro, la mayoría de todo lo que yo he profetizado habrá sucedido. Esto no sólo le habrá demostrado que he oído los "mensajes" antes de su tiempo sino que también revela detalles que he recibido. Lo más importante es que dedico mi vida a compartir lo que ahora sé y me dispongo a ser, una guía para que usted también comience a obtener mensajes de Dios.

Si usted está listo, vamos juntos a continuar.

1

INTRODUCCIÓN

Ahora bien, le sugiero que encuentre un lugar tranquilo y un periodo de tiempo de serenidad. A raíz de esa serenidad, surgirán cosas extraordinarias.

Primero, me gustaría compartir con ustedes mi concepto de lo que es un "secreto". Digo esto porque si son ampliamente conocidos, todos tendríamos que oír de Dios y este mundo sería sin duda un lugar mucho mejor de lo que es ahora. Una vez que aprendí… bueno, en realidad, una vez que fui guiada a aquel "cierto lugar", empecé a oír la voz de Dios y lo escuché llamándome para algo.

Permítanme explicarle. Al principio, todo me parecía totalmente ajeno. No sabía lo que estaba haciendo, lo que debería hacer ni tampoco si debería escuchar. Cuando escuchas algo que no entiendes, resulta bastante irritante. Quieres ignorarlo.

Sin embargo, como he dicho previamente, Dios no renuncia a ninguno de nosotros. Afortunadamente, nunca me dejó. Poco a poco comencé, como creo que usted también lo hará. Me llevó años para comprender ese secreto. Pero no tenía este libro para aprender de alguien acerca de estos nuevos "mensajes" extraños. Ese secreto que mencioné anteriormente es lo siguiente: lo que recuerdo más claramente es que nada de esto sucedió hasta que Dios ante todo "me colocó" aislada y sola, durante largos periodos de tiempo. Fue en esa soledad que me "conecté" por primera vez.

1

Ahora, aquí viene la parte difícil.

Para empezar, voy a pedirle a usted que renuncie a sí mismo, a su vida, a la idea de hacerse disponible para Dios. Realmente para entender Dios, hay que desear escucharlo. Hay que dedicarle mucho menos tiempo a cosas sin sentido, a pasatiempos que nos distraen, e incluso amigos permisivos. Por supuesto los amigos. Pero le puedo garantizar esto: la mejor decisión que jamás tomará será entregarse Dios, entregarle su tiempo y dejar que Dios le ponga en un lugar de aislamiento espléndido con sólo él y usted.

Cuando me alcanzó esta revelación, aunque me tomó algún tiempo, pude "escuchar" y entender por qué Dios había dicho que no volvería a ver a algunas personas. Donde Dios lo lleva a usted, no se puede ir con algunos porque sólo le distraerán y no compartirán necesariamente el hambre de grandes sucesos en la vida. Incluso, muchos no se enterarán de esa posibilidad.

Así, su viaje puede empezar en un "escondite o refugio", y esto puede llevar algún tiempo. No se desanime cuando digo esto, pero mi viaje duró casi 14 años.

Le repito, yo no tenía ninguna guía. Sus mensajes puede que vengan mucho antes. También, en mi caso, por las razones que fuesen necesarias, Dios planeó algunas experiencias extremas.

En la Biblia Dios utiliza algunas circunstancias casi increíbles en la vida de Moisés y los Israelitas; y un arduo viaje lejos del Faraón. Recuerde, Abraham fue realmente probado cuando "escuchó" que tenía que sacrificar a su propio hijo. Al utilizar estos ejemplos como guía, cuando se abre a sí mismo para aprender de ellos, su viaje, casi seguro, no será tan largo ni difícil.

Permítanme de nuevo compartir esto. Es algo que repetiré a menudo. Llevar una vida oyendo a Dios es absolutamente maravilloso. Es una recompensa que aparentemente vale la pena con cada paso difícil.

Cuando usted esté en su "lugar de refugio" y esté abierto, pidiendo a Dios que le guíe, Dios empezará a poner en orden su vida y tendrá una mejor perspectiva. Sé ahora, que esto es un paso básico para llevarle al "lugar donde escuchará", y especialmente el lugar donde su alma estará más abierta.

En este viaje, Él le llevará hasta una cerca que separa el nivel de la mentira del de la verdad. Este es un cercado vigilado y la única manera que usted puede pasar es destruirlo e irse a la "guerra". Se enfrentará y luchará contra lo que le está evitando, una buena guerra, un conflicto que usted ganará con determinación porque ya sabrá que se está acercando.

Hay que declararle la guerra a todas y cada una de las falsedades en su vida a fin de poder desplazarse del nivel de la mentira al de la verdad. Se librará una guerra contra lo que Dios llama pecado. Librarse de las mentiras en tu vida te hará rico en pureza. Es en esta riqueza que los "mensajes entrantes" caerán y se plantearán en el suelo fértil de la verdad y cobrarán vida en sonidos que escuchará literalmente.

Independientemente de si el "lugar de refugio" que ha escogido se encuentra en un gran desierto, una ciudad pequeña o un bosque espiritual, usted está un paso más cerca cuando esté allí. Aunque es muy probable que no escuche los mensajes al principio, con el tiempo llegará a sentir como un tirón. Así que no se desanime si esto no ocurre la primer vez, o la segunda o incluso después de varias veces. Cada segundo que pasa solo es un segundo que realmente está con Dios. Cuando esté listo, Él comenzará. Usted obtendrá Su guía y Él lo llevará.

Cada segundo que pasa solo es un segundo que realmente pasa con Dios

Dios empezará a enseñarle cómo escuchar y a partir de ahí, usted aprenderá a obedecer. Eso le pondrá en un buen camino que conduce a una realización plena. Pero, como ocurre con todas las cosas que son dignas de su tiempo, habrá desafíos. Usted será llevado a través de ciertos incidentes, incluso mentiras persistentes que pueden impedirle pasar más allá de esta cerca en el reino donde los mensajes le esperan.

3

Su recta final será la más vital y la más reveladora. Es donde usted tiene que rendirse completamente a lo sobrenatural. Yo le digo cómo hacerlo en estas páginas. Quiero compartir con ustedes lo que necesitarán para que puedan ofrecer lo que tendrán que "poner en el altar." Si hacen esto los mensajes les lloverán como me pasó a mí.

Por favor, fíjese que he analizado con determinación mis veinte años anteriores con Dios; cómo crecí en el lugar donde estoy ahora, o sea un ámbito donde puedo escuchar la voz de Dios. Este es un lugar hermoso y todo el dolor que tuve que pasar para llegar aquí valió la pena. En mi corazón, creo que Dios quiso hablar conmigo cuando se dio cuenta de que yo escuchaba atentamente y buscaba la verdad de una manera acertada. Obviamente, esto tomó tiempo y todavía estoy aprendiendo.

El proceso de aprendizaje me recuerda mucho la escuela. Veo cómo me "gradué" a lo largo del tiempo, aprendiendo a escuchar la voz de Dios. Al superar las mentiras y ganar las batallas interiores con las cosas desagradables de la vida, nos graduamos de un nivel a otro y somos propulsados hacia arriba. Mientras más se eleve, más Dios le enseñará acerca de Su voz y Su voluntad.

Cuando le pregunto a Dios por qué me bendice tanto hablando conmigo tan a menudo, Él me recuerda, "¿Yvon, alguien paga el precio que pagas? Cuando te hablo, sacrificas todo por mí. El precio que has pagado es enorme. Tu recompensa será mucho mayor."

Bendita soledad

Si lo que he experimentado personalmente es un indicador, creo que un notable cambio ocurrirá en su vida a medida que comienza su trayectoria interior hacia escuchar a la voz de Dios.

En primer lugar, la voluntad de Dios le guiará a un lugar donde usted podrá ver y escuchar las cosas de manera más clara. Un lugar lejos de las distracciones entre las que vive actualmente. En una palabra, Dios le "aislará" a usted. Esto es casi como si Él le está dando refugio tangible para comenzar su conversación en paz. Dios aísla a la gente que Él "forma".

Cuando pida escuchar Su voz, debe esperar que las cosas sucedan, ponga espacio entre usted, la gente y las distracciones que previamente habían tomado todo su tiempo y toda su mente. Este aislamiento puede durar bastante tiempo. Pero, lo que lo llena será el trabajo duro y la alegría.

Entonces, mientras está en su período de aislamiento a solas con Dios, Él quitará los "bloqueos", los motivos, las causas, las fuentes, que le han impedido oír su comunicación.

Usted tiene que voluntariamente y de buena gana ir a este lugar tranquilo donde no hay distracciones externas. Si usted tiene una casa llena de niños, su aislamiento puede incluir que se retire de las muchas actividades sociales que aparentemente la involucran, al menos por un tiempo.

Echándole una ojeada a mi interior:

Personalmente, mi vida cambió después de un intenso período de aislamiento que duró dos años. Durante este tiempo, por donde que viajara, estaba casi siempre sola en una habitación pequeña en oración primeramente y en oración y comunión con Dios después. No había nadie alrededor. Sabiendo lo que sé ahora, es poco el sacrificio comparado con lo que logré recibir.

Porque "el aislamiento voluntario" significará un gran cambio en su vida, usted debe saber de antemano que esto es algo que "diseña" su nuevo estilo de vida. No se precipite a lo profundo de la piscina. Entre paso a paso. Acostúmbrese a la libertad nueva. Luego, disfrute de las profundidades con confianza. El aislamiento no necesariamente significa que tenga que abandonar su trabajo. En su caso, puede simplemente significar que tendrá que sacrificar algunas de las cosas típicas que hace, cosas que ocupan demasiado de su tiempo y gente que demanda demasiado de las cosas equivocadas.

Por muy radical como puede parecer a primera vista, está claramente explicado en la Biblia.

2 Corintios 6:17
"Así dice el Señor, "Por tanto, salid de en medio de ellos y apártense Y no toquen lo inmundo y yo les recibiré." Ni siquiera coman con personas que hacen algunas cosas, por ejemplo, que viven vidas inmorales sexualmente. Especialmente, las personas que se llaman cristianas pero tienen costumbres y hábitos que no son cristianos."
(NIV)

1 Corintios. 5:11
"Pero está escrito quiero aclararles que no deben relacionarse con nadie que, llamándose hermano, sea inmoral o avaro, idolatra, calumniador, borracho o estafador. Con tal persona ni siquiera deben juntarse para comer. (KJV)

También les sugiero que no pasen tiempo con personas que convenientemente comprometen la verdad. Permita a Dios que lo aleje de algunos de sus amigos, incluso familiares, de modo que pueda centrarse en su camino y convertirse en alguien con quien Dios puede hablar fácilmente. Al final, usted será mejor para sí mismo, mejor para su familia y amigos cuando escuche la voz de Dios. De hecho, usted mismo, será un guía para ayudarlos.

Salmo 26:1, 4, 5
Hazme justicia, oh Señor, porque yo en mi integridad he andado, y en el Señor he confiado sin titubear. Porque delante de mis ojos esta tu misericordia, y en verdad he andado. Con los falsos no me he sentado, ni con los hipócritas iré. Aborrezco la reunión de los malhechores, y no me sentaré con los impíos. (AMP)

Una vez que haya llegado a ese punto de aislamiento protegido donde está rodeado sólo con aquellas almas y esas cosas que le ayudaran en su viaje, entonces comenzará.

Hay un proverbio que dice ¡Sólo los que corren el riesgo de ir demasiado lejos, sabrán cuánto lejos pueden ir! Bien, una vez que decidí darle una oportunidad a la voz de Dios, fui sorprendida ver hasta donde Él me ha llevado, aunque no ha sido fácil.

En los primeros días de esta nueva forma de vida, esta nueva forma de pensar, esta nueva forma de apertura hacia el mundo más allá de lo que acabamos de ver y sentir, usted probablemente estará como yo estaba: impaciente. Pero puedo decirles esto: el aprendizaje toma tiempo. Mi experiencia es lo que veo cuando me concentro en mi diario de Mensajes de Dios. Y por supuesto, he creado un diario para captar momentos, revelaciones y ejemplos que usted puede utilizar.

Porque visito con frecuencia ese diario, ahora me doy cuenta de lo afortunado que fue documentar todas las cosas nuevas que comencé a experimentar. Recomiendo encarecidamente que usted también escriba todo lo que sienta y comprenda cuando ore y sueñe.

Observación. Esto es muy importante, el hecho de que usted oirá otras voces. Como menciono anteriormente, sólo existe una "verdadera" voz que ilumina el camino. Usted tendrá que aprender a diferenciar lo que constituye una voz verdadera entre otras. Por consecuencia, en este libro, usted aprenderá cómo hacerl0 desde los ejemplos proporcionados.

Cómo comenzó mi viaje

Dios dijo:

"¿Recuerdas el sueño delante del espejo cuando dije que recibirías un contrato en los Estados Unidos de América?" Casi 10 años antes de empezar a escribir este libro, escuché a Dios decir que habría un contrato en los Estados Unidos.

Unos pocos meses después de oír esas palabras, tuve una experiencia sobrenatural durante la noche que realmente me impactó. Oí una voz audible diciendo:" Scarlett O'Hara, Lo que el viento se llevó." ¿Qué? ¿Qué estaba escuchando?

Traté de entender la experiencia y la "voz", preguntándome por qué me estaría ocurriendo tal cosa? Creí que la voz debía venir de Dios porque era tan fuerte y dominante que me despertó de un sueño profundo. ¿Qué otra cosa podía pensar? No era una voz mala. Era la voz de Dios. Fue también durante este tiempo que soñé con un terremoto en Hollywood.

Ahora, como la mayoría de la gente, siempre he sido el tipo de persona que suele descartar los sueños como, bueno, sueños normales. Sin embargo, algo era diferente aquí. Esos sueños me eran extraños. De alguna manera, yo sabía que estaba experimentando algo diferente de lo que jamás yo había experimentado antes. ¿Por qué tendría yo un mensaje audible sobre un proyecto cinematográfico y sueños sobre un terremoto en Los Ángeles? Supongo que estarás un poco intrigado cuando encuentres las respuestas luego en este libro.

Mientras esta "voz" me dio esperanza, también era alarmante. Fue solo para distraerme de algo que debería hacer que yo desconocía.

Recuerde que es la primera vez que estaba atravesando esto. En aquel entonces no tenía ninguna idea, guía o un mapa dónde situarme. De alguna manera uno se siente como si enloqueciera. Empiezas a hacerte preguntas profundas. Sin embargo, siempre sentí a Dios cerca de mí. Y por alguna razón, empecé a comprender lo que era totalmente incomprensible. ¿Sería esto lo que significa "ver la luz?" Tal vez.

Con una claridad inexplicable, entendí que Dios quería que me fuese a los Estados Unidos para entregar un mensaje de Su parte. ¿Pero a mí? ¿De veras? ¿Qué mensaje? A pesar de esta posición totalmente improbable y aún menos creíble en la que me encontraba, decidí fluir con ella. Sin duda alguna, puse mi vida en espera e hice lo que yo creí que Dios me estaba pidiendo. Yo estaba tan afectada por este mensaje sobrenatural que "salté", dejando mi trabajo, mi papá, mi casa y todo. Yo iba porque Dios me encargó que fuese.

No lo creería usted eso si estuviera haciendo el trabajo de Dios.

¿Lo haría Él fácil?

En aquel momento, creí que mi misión era ir a Hollywood para advertirles de un terremoto. Estaba convencida que ese era el plan de Dios. Pero luego, "comenzaron» esas "otras voces". Y esto es lo que quiero destacar: Cuando usted se embarca en una misión siguiendo la instrucción de Dios, infaliblemente habrá obstáculos. Aún hoy, con lo que yo sé, no puedo entender cómo o por qué es así. ¿No cree usted que si estaban haciendo la obra divina, Dios lo haría fácil? Por razones que me son ajenas y a usted también, entendí que no era necesariamente de esa manera.

Una voz comenzó a añadir "cosas" a mi viaje y enseguida empecé a pensar que estos eran falsos mensajes sólo para distraerme pero una y otra vez, lo que ahora reconozco como el "verdadero" mensaje, siguió volviendo, tantas veces que tuve que reconocerlo. Había escuchado acerca de un terremoto de manera muy concreta y vi el futuro de Los Ángeles. Fueron tres sueños tan reales como este libro que tiene usted en sus manos ahora mismo. No había nada que preguntarse o hacer sino empacar mis maletas y dejar todo en Sudáfrica e ir a Los Ángeles, sabiendo que lo que había experimentado era algo extraordinario.

Sin embargo, incluso ahora que estaba en camino dirigiéndome a los Estados Unidos, todavía estaba distraída por la voz que me decía "Lo que el viento se llevó". Yo simplemente no lo entendía. Recuerde que estoy diciendo esto para que más adelante, cuando usted reciba un mensaje fuerte y comience a obedecerlo, no le coja de sorpresa si todavía está confundido. Usted recibirá toda la claridad sobre los mensajes al igual que los mensajes en sí mismos. Eso viene en su tiempo. Es vital que recuerde esto. No tenga prisa con lo que usted piensa que entiende.

Como mencioné en el prefacio, sentí el cambio de estación para mí en el mundo corporativo. Hubo una presión innegable de Dios a renunciar a mi trabajo. Pero se intensificó aún más. Esta convincente sensación también me llevó a retirarme de mi familia. Claro que estuve dispuesta a ir donde Dios me enviaría. Usted puede imaginar las miradas cuando les dije a mis amigos más cercanos, incluso a mi propia familia, que a causa de un mensaje de Dios me iba de Sudáfrica y dejaría mi vida atrás.

Con el tiempo, me di cuenta de que abarqué más de lo que podía. De hecho, este es un punto importante para recordar de ahora en adelante. Mucha gente, incluso yo, piden oír la voz de Dios antes de pedir la capacidad para entender esa voz, y cuanto más pedir la orientación para obedecerla lo que dice.

Piense en esto: usted pide un mensaje de Dios y el mensaje le llega a través de una voz. ¿Diría usted "Oh, este mensaje es demasiado extraño para obedecerlo?" ¿No se preguntaría usted si viene verdaderamente de Dios, ahora que usted sabe que es probable escuchar otras voces que claramente no son de Él? Esta es la razón por la cual nunca se debe confiar en un solo mensaje. Mejor confíe en Dios para que le guie cuando le pida: "Si esta palabra es tuya, Señor, que sea como tú digas".

Salmos 25:3
"Ciertamente ninguno de cuantos esperan en ti será confundido; Serán avergonzados los que se rebelan sin causa"

Cometí el peor error posible al concentrarme demasiado en el mensaje y no confiar en que Dios me llevaría por el camino correcto. Ese sentimiento me causó mucho estrés innecesario.

En ese momento me di cuenta que estaba realmente luchando con todo el concepto de la confianza lo cual me llevó a desalentarme un poco, y más tarde a deprimirme totalmente.

Salmos 84:12
"Oh Señor Todopoderoso, dichosos los hombres que en ti confían" [NTV]

Luego se me ocurrió que hay muchos ejemplos en la Biblia donde Dios da un mensaje a alguien que considera un digno oyente, alguien que obedezca. Noé como ejemplo. Dios le dio a Noé todos los detalles de cómo construir el arca y Noé escuchó, confió y obedeció a Dios. Dios le suministró a Moisés los detalles para crear el Tabernáculo y el Arca del Pacto y Moisés escuchó, confió y obedeció.

Éxodo 31:3
"Lo he llenado del Espíritu de Dios y le he dado gran sabiduría, capacidad y destreza en toda clase de artes manuales y oficios."

Aunque no soy Noé o Moisés, me pregunto si en ese momento en que llegaron los mensajes, ellos no se habrán dudado. ¿Estuvieron frustrados? Yo sí. Naturalmente. Necesitaba información sobre mi vida y lo que debía hacer en cuanto al "mensaje" que recibí.

Éxodo 36:1
"Así que, Bazelel Aholiab y cada persona a quien el Señor ha dado sabiduría e inteligencia para saber hacer toda la obra de construcción del santuario, harán todo conforme a lo que el Señor ha ordenado."
[BLA]

Creo que es una de las mayores bendiciones que jamás recibirá. Subir al nivel en que pueda comprender exactamente lo que Dios está diciendo. No podemos vivir, ni vivir simplemente, sin comprender.

Salmos 119:144
"Dame entendimiento y viviré." [NVI]

Hasta este día, recuerdo el estrés absoluto. Me sentía destrozada y no podía dormir durante días porque mis noches estaban llenas de confusión y desesperación por culpa del mensaje, "Lo que el viento se llevó". Consumía totalmente todo mi pensamiento. ¿Y por qué solía tener yo sueños repetitivos sobre un terremoto en las calles de Los Ángeles?

Pensé en el Rey David. Seguramente él supo cuán frustrante es no entender. La Biblia dice que el sabio de corazón es llamado prudente. ¿Pero qué somos nosotros que no acabamos de alcanzar esa prudencia? ¿Es por qué nos damos por vencidos? ¿porque somos investigadores o somos necios?

Proverbios 16:21
"Si no buscan comprender incluso puede separarnos de Dios." [NVI]

Isaías 50:5
"El Señor me abrió el oído, y yo no fui rebelde, ni me volví atrás." [NVI]

¿Cómo adquirimos conocimiento de la Palabra de Dios? He luchado con esto hasta que me di cuenta de que para comprender, necesito demostrar mi fe primero, necesito dar ese primer paso tan grande en mi trayectoria y mi "misión" de ser una mensajera de Dios.

Aunque finalmente la fe reinó donde antes había reinado la duda, mientras que no puse acción a mi fe, me sentía muy mal y aterrada. Sin embargo, una vez que tomé una decisión, todo cambió. Dios sabía que mi corazón era sincero y quería obedecerle.

Echándole una ojeada a mi interior

En la redacción de este libro estoy compartiendo emociones muy personales, miedos, dudas, así que cuando usted los sienta, sabrá que no está solo. De hecho, estos "problemas" son en realidad signos que nos demuestran que estamos en el camino. Quiero que esta historia les ayude a encontrar el sueño que Dios tiene para su vida. Pero por encima de todo, usted es quien tiene que buscarlo. Tiene que encontrar ese lugar tranquilo y abrir su corazón. Tiene que escuchar el silencio hasta que se llene con el sonido más hermoso que jamás ha escuchado; Su voz.

Ahora, antes de continuar, mire hacia adentro y dentro de su propia alma. Pídale a Dios que hable con usted. Pídale a Dios la habilidad de confiar en Él y la completa disposición a obedecerle. Pero, en primer lugar, pida a Dios el conocimiento para entenderlo.

Recuerde esto: "La verdad es la verdad, aunque nadie lo crea. Una mentira es una mentira, aunque todo el mundo jure que es cierto. Dios sabe esto y si usted busca de Dios con un alma abierta Él lo sabrá también. Es entonces cuando todo comienza. Dios revela la verdad a aquellos que pueden escuchar, o los que sinceramente quieren oír de Dios y de nadie más. ."

No le sorprenda si en una etapa temprana, empieza a recibir mensajes desconfiables. Por mi propia experiencia puedo estimar que en esta etapa sólo aproximadamente la mitad de lo que oía quizás (inicialmente el 60 por ciento) fueron mensajes de esas "otras" voces; las mentiras o las distracciones. Pero a medida que se acerca a Dios, esas otras voces vendrán cada vez menos. Usted tendrá que empezar a sentir que la verdad va a relucir. Recuerdo pensar que casi el 70 por ciento, casi tres de cada cuatro mensajes parecían ser "verdaderos".

Hay una razón específica por la que la gente escucha las mentiras. No me estoy refiriendo a personas esquizofrénicas "que escuchan voces". Me refiero a personas que son mentalmente aptas, que le preguntan por Dios y luego escuchan una respuesta "falsa". Exploraremos eso aquí en "Mensajes de Dios".

Hoy, después de 20 años de preparación, confieso que oigo correctamente casi el 95 por ciento de los mensajes que recibo de Dios. Cuanto antes usted empiece a combatir las mentiras en su vida, más pronto podrá cruzar hacia el nivel de la verdad. Siga buscando humildemente a Dios y de seguro encontrará donde sólo reside la verdad.

Ahora sé cuándo algo grande y emocionante está a punto de suceder. De hecho, le digo a mi esposo antes de que suceda. Discutiremos esta visión en un capítulo más adelante. Pero permítanme decirle algo: aunque ya conozco el sentimiento, todavía es una sorpresa cada vez que oigo repentinamente algo inesperado. Tendrá una vida emocionante una vez que oiga lo que Dios quiere que usted sepa.

En este punto, para que usted pueda llegar a conocerme un poco mejor antes de aventurarse, por favor, únase conmigo en un breve repaso de mi pasado.

Cuando la Palabra de Dios viene, los cambios en la vida se producen eternamente.

Es muy difícil determinar el momento preciso en el que la esperma se reúne con el huevo, pero con Dios, todo es posible. Esto puede sonar absurdo, pero durante la primera semana de mi embarazo, había empezado a sentirme emocionada, como si me hubieran dicho que iba a ganar 1 millón de dólares. Me recuerdo caminando hacia arriba y abajo, diciéndole a mi esposo, "algo increíble está sucediendo en algún lugar." Este sentimiento continuó durante cuatro semanas. Me sentí como una niña. Estaba ardiendo de anticipación y emoción. En un trance gozoso, estaba relacionado con mi libro y mi plan de lanzamiento en Nueva York.

Entonces oí a Dios decirme: "Estás embarazada".

2

MI HISTORIA

Introducción a los mensajes extraños

Aprender puede consistir de muchas cosas: diversión, emoción, terror, libertad ... y mucho más Descubrí que el aprendizaje sólo ocurre cuando estamos "listos" y tenemos "ganas" de aprender. Los viejos refranes como, "no se puede enseñar a un perro viejo trucos nuevos," y "se puede llevar a un caballo hasta el agua pero no hacerle beber", han resistido la prueba del tiempo, porque son en una palabra, verdad. Dicho esto, lo que voy a contarles se basa en esos principios exactos, de disposición y voluntad.

¿Desea oír a Dios? Pues si es así, tendrá que caminar el camino que Él le dicte. Cualquier otro camino no lo llevará a ninguna parte, o lo que es peor, lo llevará a la falsedad.

En segundo lugar, Dios es Dios; Él no tiene que explicarse a sí mismo. Algunos de los mensajes tal vez lo entiende y otros no. Pero no necesita saberlo todo, siempre que sepa en su corazón, que Él forma parte de su vida, su vida será buena. Ríndase y confíe en Él completamente.

Así es como comienza mi historia, confiando en Dios. Comparto lo que he aprendido para que usted también pueda aprender. Pero no se trata sólo de cómo oír. Se trata de cómo comprender y aceptar lo que oímos, confiar en lo que deseamos escuchar y obedecer. Se trata de qué compartir con los demás y qué guardar para sí mismo.

Hay cosas que Dios me dijo cuando estaba en el punto más bajo de mi vida que eventualmente me sacarían de mi desesperación. Durante ese período de prueba, el dolor era tan insoportable que todo lo que hacía cada día era clamar una y otra vez, "Ayúdame, ayúdame, ayúdame, Señor." Ese clamor y esos llantos no desaparecieron en un oscuro silencio. De alguna manera, en algún lugar lejano, Él los oyó.

Yo estaba más allá de la desesperación. Estaba verdaderamente sola, una mujer joven sin protección, carente de todas las cosas que la gente joven ve, hace y experimenta. En ese momento, estaba viviendo una vida muy sencilla, sola con mi papá en una granja. Debido a que el péndulo de la "Discriminación Afirmativa" oscilaba totalmente fuera de equilibrio, su adverso impacto hacía imposible encontrar trabajo. Aprendí lo que se siente al no tener esperanza, sin visión y, eventualmente, sin soñar en una vida en Sudáfrica. Ahora me doy cuenta de que, a través de esta dura lección, Dios me estaba enseñando a tener compasión por todas aquellas almas que habían sentido esa misma desesperación en cada instante de sus vidas.

Aquí quiero destacar una vez más cuán importante es estar al tanto de las "voces" que uno escucha, especialmente cuando nos encontramos en un estado de depresión. La persona que experimenta el trauma extremo, puede no sólo estar desesperada, pero también puede ser potencialmente peligrosa. Aunque ciertamente Dios quiere hablar con esas personas destrozadas y vulnerables, a veces también oyen otras voces (puede ser un consuelo saber que Dios mismo está cerca de un corazón destrozado, tal y como Él lo promete en Su Palabra).

Veamos un ejemplo particularmente espantoso de cuando una voz ordenó actos inimaginables. ¿Te acuerdas de lo que sucedió en 2011 en un campamento de verano en la isla de Utøya en Noruega? El asesino noruego Anders Behring Breivik mató a 69 personas, la mayoría de ellos adolescentes. Él era una persona mentalmente inestable que puso atención a la voz en su cabeza. Ciertamente no era la voz de Dios. Los psiquiatras forenses examinaron a Breivik antes de su juicio y lo diagnosticaron como paranoico esquizofrénico.

Después de aprender acerca de la terrible y desesperada infancia de Breivik, uno puede comprender claramente como una voz impía pudo entrar en su mente. Su madre había abusado de él sexualmente y frecuentemente le decía que deseaba que él estuviera muerto. Cito este ejemplo perturbador para que usted comprenda y recuerde que lo que se oye puede venir de lugares ajenos a Dios. Si tiene apariencia de maldad e inmoralidad, debe saber que no es Dios quién le está hablando.

A través de mis tiempos difíciles, yo seguí rogándole a Dios que me ayudara. Y me preguntaba en aquel entonces, ¿"Habrá Él escuchado mis ruegos?" Ahora si lo sé, porque mis respuestas llegaron. Hoy sé muy bien que Dios Todopoderoso oye perfectamente cada palabra que le decimos. El me oyó muy bien. Fuera de estos momentos de desesperación se produjo un cambio. Mi padre comenzó un negocio de familia, en realidad, para crear empleos. Les invito a recordar éste punto, pues lo vamos a volver a visitar más tarde.

El león y el valle profundo

A pesar de que trabajé felizmente en una pequeña ciudad en el norte de Sudáfrica, la mayor parte de ocho años, las cosas comenzaron a cambiar con el tiempo y se volvieron insoportables. Tal parecía que algo literalmente me empujaba fuera de mi trabajo, ¡en nuestro propio negocio de familia! Pero ¿qué era? ¿Por qué? ¿Por qué ahora? ¿Especialmente ahora? Yo no tenía a donde ir. Mi padre era un hombre de 80 años de edad. Y poco antes, mi novio rompió nuestro compromiso. En ese entonces yo estaba tan sola como la más sola de Sudáfrica y con muy pocas posibilidades de una carrera.

Después que dejé de trabajar, me encerré por varios meses en una habitación pequeña, clamando a Dios y preguntándole "¿Qué quieres?"

La respuesta llegó primero en forma de palabras. Después vino una voz en forma de visión que se repetía constantemente. Me vi por días recostada en un valle. Entonces apareció un león y se echó a mi lado. La misma visión se repetirá de forma continua durante cuatro meses, un león echado junto a mí en un valle profundo.

De repente, un día la visión cambió. El león me ayudó a levantarme. Y entonces me dijo, "Ahora vamos juntos a salir de este valle." Yo estaba molesta sin entender lo que debería haber sido tan claro. En mi tristeza todavía no me daba cuenta de lo que el león simbolizaba.

Apocalipsis 5:5
"No llores. Mira que ha prevalecido el León de la tribu de Judá, la raíz de David......" [NVI]

Sí, ahora sé que el Señor Jesús es representado por un león. De una manera muy personal, Dios me estaba mostrando que mi tiempo había llegado.

Fue en ese momento, en que comencé a recibir los mensajes más increíbles. Sorprendida al principio y bastante confusa, pero extrañamente siempre consolada, comencé a prestar atención al formato, la secuencia de los mensajes y la voz. Porque tan ardientemente le rogué a Dios que me ayudara que cuando ese consuelo me invadió, supe que era la voz de Dios. Mientras trataba de entender lo que estaba oyendo, muchos de esos mensajes estaban fuera de mi alcance, y sólo provocaban frustración. Sin embargo los mensajes de Dios llegan por una razón. Pero por nuestra incapacidad para comprenderlos pueden parecer extraños e intimidantes al principio.

Esa frustración me puso de rodillas. Y fue ahí fue que entró la claridad y la luz. El entendimiento se produjo sólo después de que me arrodillé y busqué al mensajero con cada fibra de mí alma y de mi ser.

Echándole una ojeada a mi interior:

Hoy, creo que mi propósito es llevar a las personas a comprender que todos nosotros podemos escuchar la voz de Dios hablando directamente con nosotros; todos podemos oír lo que Dios quiere hacernos saber acerca de eventos futuros y desafíos personales.

Para mí, no importa cuánto tiempo haya pasado desde los primeros mensajes, lo más emocionante sigue siendo recibir un mensaje de Dios. Por lo que siento y lo que veo, tengo que creer que se me ha concedido el don de la profecía. Desde mi fundación de base cristiana, y luego pasando a través de la maternidad, he sentido crecer dentro de mí, una imperiosa necesidad de ayudar a los demás a interpretar sus propios sueños, visiones y mensajes que vienen a escuchar. Más allá de lo personal y en un contexto más amplio también puedo compartir mensajes proféticos recibidos sobre personas, lugares y eventos, pero solamente si es dirigido por el Señor.

En este libro he incluido algunos de esos mensajes que he recibido, resumidos para facilitar su comprensión. Como he mencionado ya varias veces, no todos los mensajes vienen de Dios. Quiero estar segura de que usted entiende ese elemento esencial de la comunicación sobrenatural que escuchará. Más adelante, veremos qué es lo que abre la puerta a las malas voces que invaden su enfoque y hablan con usted.

Aquel león en el valle profundo me ayudó a darme cuenta de que Dios, en su infinita misericordia, puede ayudarnos a suavizar nuestros recuerdos de eventos adversos. ¿Te has preguntado por qué somos todos tan capaces de recordar vívidamente ciertas fechas o acontecimientos, especialmente cuando han pasado cosas horribles? Una de esas fechas vino a rodearme, pero no antes de que Dios me dijera específicamente que no me desesperara, que algo bueno iba a pasar. Eso se me quedó grabado y mi tristeza se tornó en una feliz esperanza.

Dios me dijo que vendría en un sueño. Que en una fecha y día específico, yo experimentaría gran alegría. Pero, ¿cómo puede ser posible? En esa misma fecha, en 1985, mi madre se suicidó. Aun así, en esa fecha exacta,15 años más tarde, tal y como la Voz me prometió, Dios me hablaría.

Zacarías 9:12
"… Y ahora os digo que yo les pagaré el doble de bendiciones por todo lo que ya han sufrido." [NVI]

Mi sueño de ser parte de una producción de cine resultaba confuso. Después que tuve el sueño, después que sentí la alegría que Dios me ofreció en ese duro día, lentamente, empecé a entrar en dudas.

Es muy importante que recuerde esto. Cuando usted recibe un buen mensaje, ¿no tendría más sentido celebrarlo que cuestionar las buenas nuevas con preguntas? Por favor, recuerde esto.

Sin embargo, en estas primeras etapas de oír a Dios, y a pesar de la enorme fe que yo derramé "abriéndome" a su orientación, mi lado humano mortal continuó inflándose hasta que barrió aquello que debería haber sido éxtasis. De hecho, recuerdo que después del feliz sueño, lloré antes de dormirme durante muchas noches, pensando que para mí era un disparate fantasear sobre la producción de una película. Mirando atrás, estaba empezando a aprender que los sueños no siempre son secuenciales y que lo que vemos en nuestros sueños puede que no suceda inmediatamente, sino a lo largo de los próximos años.

Los sueños pueden ser tanto una visión del pasado como una visión del futuro. Para Dios, todo es uno. En este sueño, el cual he luchado por comprender, se guarda un secreto que yo voy a revelar más adelante en este libro, junto con los pensamientos acerca de por qué tal sueño vendría a mí en el aniversario de la muerte de mi madre.

La mirada del profeta hacia el futuro

Yo era muy joven cuando un profeta profetizó que me casaría con cierto hombre. Pasó el tiempo y finalmente conocí y me casé con el que supuse era ese hombre. Siendo ingenua entonces, no me di cuenta que éste primer matrimonio no era la voluntad de Dios. Sin embargo, en ese momento no pude entender qué había salido mal porque él era un hombre bueno. Ambos pensamos que nuestra unión era la voluntad de Dios. Después de todo, nos casamos porque Dios "nos dijo que lo hiciéramos", o al menos yo pensaba que lo hizo.

Nuevamente, aquel recordatorio importante para usted. Cuando usted busque seriamente a Dios en su vida y quiera oírlo, debe estar consciente de que su petición abre la puerta a otras voces que intentarán decirle cualquier cosa para desviarlo del destino que Dios planea para usted.

En mi caso, un predicador se acercó a mí en un servicio en la iglesia para decirme que debía casarme con mi amigo que estaba sentado a mi lado. ¡Qué locura! A veces todos hacemos tonterías. Y esa es otra razón por la que debemos buscar a Dios. Para evitar errores de por vida que nos roban nuestra verdadera razón por la que existimos. Quiero compartir esto con ustedes porque yo tuve sueños que me advertían sobre este matrimonio, pero ignoré esas visiones debido a dos razones irresistibles: Un "profeta" nos dijo que nos casáramos, y yo estaba tan sola que quería tener un esposo.

La soledad da lugar a que hagamos cosas que no haríamos si no estuviéramos siendo aplastados por la garras de la desesperación.

Después que Dios paró mi segundo compromiso con un psiquiatra en Sudáfrica, se puede imaginar lo difícil que fue para mí. Durante semanas tomé pastillas para dormir durante el día, a fin de olvidar el increíble dolor en mi corazón. Estaba desesperada por sentirme amada y nada más importaba.

Este psiquiatra me dijo que había tenido un sueño en que un ángel le decía que yo tendría que hacer una cosa "transcendente" en la tierra. Pero to único que yo quería era una familia y una vida normal.

Entonces Dios me dijo que iba a ir a los Estados Unidos.

Este mensaje vino en un sueño, muy extraño en el cual una voz empezó a darme detalles. Esa voz quiso darle esperanza a una mujer que se negaba a levantarse de un suelo empapado en lágrimas. Cómo es que este viaje a los Estados Unidos estaba conectado a mi sueño anterior, en el que sería parte de una película que se haría por segunda vez, no lo sé.

Lo que sin embargo reconocí, fue que la película original fue hecha con un elemento histórico muy fuerte. Pero yo no tenía absolutamente ningún indicio de que la película se refiriera a la voz, y la verdad es que hoy hay miles de versiones.

¿Fue éste un mensaje de Dios? ¿Por qué recibí una promesa de este tipo en un sueño? Estas preguntas siguieron sin respuesta, lo que me llevó a preguntarme continuamente a través de todo el tiempo de mi vida: ¿Qué me está pasando?

Mientras yo oraba, oí el nombre de un hombre. Pero seguía sin entender lo que significaba. Lo extraño es cómo el nombre de ese hombre apareció en mi mente. Sin ninguna idea, decidí olvidarme de eso.

Dios no confundirá a sus hijos ni les dará falsas esperanzas.

Yo creo esto con todo el corazón. De hecho, mientras yo estaba en el punto más bajo de mi vida y buscando ardientemente la voz de Dios, creo que un mensajero falso estaba trabajando para tratar de confundirme. Entre todos los mensajes divinos que comencé a recibir, quizás este demonio esperaba finalmente hacerme perder la fe en mi habilidad para escuchar las instrucciones de Dios. Si eso sucediera, conduciría a una mujer a rechazar los mensajes de Dios. Eso sería una victoria para una fuerza dedicada a interrumpir la divinidad.

La serie de sueños continuaron. En uno de ellos, yo recogía dos anillos. Uno de los anillos estaba grabado con un símbolo de la industria del entretenimiento. El otro era un anillo de bodas. Hoy entiendo esto como que Dios me mostró que el primer pacto sería con la industria del entretenimiento, y el segundo sería mi matrimonio. Dios estaba haciéndome una promesa acerca de mi futuro.

Pero todo este simbolismo resultaba muy confuso. Me preguntaba qué iba a pasar. Aunque yo entendí que algún día me casaría por las razones correctas y verdaderas, de alguna manera, mi vida estaba primeramente conectada a Hollywood.

En un sueño posterior, una voz describió mi futuro esposo. Aunque casarme era mi máximo deseo, por la razón que sea, en éste momento, no quería oír nada acerca de un esposo. Aun así, la voz, la imagen, el mensaje, simplemente no desaparecerían. En lugar, llegaría a crecer hasta convertirse en el centro más importante de mi vida. ¿El mensajero estaba enviando el mensaje de un esposo para darme esperanza? El peligro real parece residir en el hecho de que este mensaje se volvió muy consumidor. Es un poco aterrador cuando no se puede conseguir sacar algo tan poderoso fuera de su mente.

Fue entonces, justo antes de preparar mis maletas para ir a Los Ángeles, que fui sacudida de un sueño profundo, oyendo la "voz" decir claramente el nombre de un proyecto de película, "Lo que el viento se llevó". ¿Recuerda esa película épica? Ganó 10 premios de la Academia en 1939 y se convirtió en el clásico más popular de América, durante muchos años.

¡Ahí está! Ese es un proyecto de película que tiene un elemento histórico ¡muy importante! En este romance de la época de la Guerra Civil, la protagonista, Scarlett O'Hara, captiva a los espectadores por innumerables razones. Aunque muchos podrían pensar que ella merecía una buena azotada, ella es engreída, mimada y arrogante, ella también muestra gran valentía y determinación, finalmente ella salvaría la vida de muchas personas.

Bueno, ahora, usted podría estar pensando, que definitivamente no desea recibir mensajes extraños, especialmente porque no son garantizados que vengan de Dios. Sí, es aterrador y desconcertante cuando estos mensajes vienen; y sí, en primer lugar, es difícil escuchar la voz de Dios cuando otras voces engañadoras están allí también, tratando de romper su equilibrio. Estoy de acuerdo, totalmente. Pero usted será capaz de discernir la diferencia siguiendo mis ejemplos. Aprendiendo a diferenciar y haciendo una elección segura le traerá una vida completamente diferente, más grande y más prometedora que nunca.

Mire a Ester en la Biblia: Su obediencia al "llamado" durante su vida salvó la vida de millones de judíos. El deseo de mi corazón es que quizás mi historia pueda cambiar la vida de billones de personas también hoy. ¿Por qué otra razón somos enviados en una misión de ese tipo?

Sí, incluso ahora, me doy cuenta de lo extraño que todo este concepto puede parecer. A mí también me pareció igual, cuando yo estaba pasando justo por todo eso. Pero la fuerza dentro de mí no me permitió abandonarla. Dios llama a una joven mujer de Sudáfrica para servir como profeta con un mensaje para Hollywood. Ella obedece, predicando su evangelio y diciéndole a quienes escuchan, que pidan la ayuda de Dios, porque va a haber un terremoto gigantesco.

Sí, un movimiento cataclísmico del planeta Tierra. Los sueños persistentes de un terremoto futuro en la ciudad de Los Ángeles no cesaron. Y fue este repetido horror que me impulsó y añadió fuerza, empujándome a seguir adelante.

Claramente no soy Ester. Por lo tanto ¿por qué yo? Sé muy bien que no soy nada perfecta. Aunque le di mi corazón a Jesús en 1991, me mantuve viviendo según normas de libertinaje que copiaba de otras personas, e incluso de los medios de comunicación. ¿Por qué Dios me eligió a mí? Yo, que obviamente no estaba tratando muy en serio de obedecer lo que tan claramente enseña la Biblia

Miré profundamente en mi interior, alterada ante los muchos errores que he cometido, y las muchas, muchas veces que he pecado. Por años, no podía ni siquiera leer la Biblia, mucho menos dar un mero pensamiento a mi futuro.

Al igual que mucha gente, detestaba todo el dolor y el sufrimiento que vemos en todas partes. Como tantos otros, que hubieran hecho algo para ayudar, pero no harán nada para empezar, yo constantemente sentía que alguien necesitaba intentar poner fin a todo este sufrimiento global. Pero ¿quién? Yo no.

Aun así, tomé una decisión: permitir que la voluntad de Dios sucediera en mi vida, lo que sea que eso significara. ¿Fácil? De ninguna manera. A veces, después de renunciar formalmente a todos mis propios deseos, yo trataría de recuperarlos. De alguna manera, yo siempre terminaba en lágrimas ante Dios. Ahora me doy cuenta, de que yo estaba persiguiendo su voz, buscando la esperanza en mi vida.

Por último, abriendo la Biblia, me di cuenta de cómo Dios ha convocado muchas almas para hacer su trabajo. Lo curioso, y extrañamente reconfortante – era esto, que la mayoría de ellos tenían terribles y pecaminosos pasados. ¡Pero que epifanía fue esto para mí! Fue en ese momento que me di cuenta de cómo fui bendecida al ver que yo podría aprender de sus vidas. Dios "llamó" a Ester, José, Moisés, David. Él puede hacer lo mismo, en cualquier momento. Tal vez la persona sentada a su lado, en el bar, esté en camino de ser el nuevo elegido de Dios.

Habacuc 3:2
"Oh Señor, he oído hablar de lo que has hecho, y me llena de admiración. Ahora, haz en nuestra época las grandes hazañas que solías hacer." [NVI]

Ya hemos llegado al punto en la historia de mi vida donde me doy cuenta totalmente cuan sola estoy, no debido a la situación, pero por causa de la revelación. Aquí estaba yo, oyendo voces que me decían cosas que no podía entender, no me dejaban sola por un segundo, insistiendo en darles atención, ordenándome que tomara algún tipo de acción, pero sin mostrarme exactamente de qué se trataba la asignación. Lo más difícil fue el hecho de que no tenía a nadie con quien hablar, nadie en quien confiar que no creyera que yo estaba delirando. La soledad que sentía era por estar consciente de que no podía hablar con ninguna de las muchas personas que me rodeaban.

Imagínese oír éstas locuras como "Habrá un terremoto en Los Ángeles." De alguna manera, una vieja película clásica presentará un mensaje para usted y para mí.

No teniendo a nadie con quien compartir estas visiones era un sentimiento muy solitario. Comparto este historia aquí, en estas palabras, para que usted pueda ver el modelo que Dios, el Creador, eligió para mí, un camino para asegurarse que yo estaría totalmente enfocada, capacitada y preparada para enseñar.

Exponiendo mi alma en este libro, me doy cuenta que me expongo a un agudo criticismo, a la burla y peor. Aun así, yo pienso en el hombre que una vez les dijo a todos que él era Dios, que el destino eterno de ellos dependía de creer en él. Y mientras que yo, como cualquier otra persona, me considero indigna de ni siquiera aflojar sus sandalias, Jesucristo parece siempre estar cerca de mí, dándome el valor que a mí me falta.

En este día y época, para que alguien proclame, que él es Dios, es solo más locura que sugerir que es Napoleón. Obviamente, todos lo mirarían y pensarían que esta "delirando", o incluso que es esquizofrénico. Sin embargo, en la luz de todo lo que sabemos acerca de Jesús, es difícil imaginar que Él deliraba y que tenía trastornos mentales. Pero recuerde que en su día, Él dijo "locuras", cosas que no tenían sentido en aquel momento. ¿Cómo sabemos realmente, quiénes son los mensajeros de Dios entre nosotros?

¿Por qué Dios lo elige a usted, o a mí? Es porque Dios hace una distinción entre la persona que le sirve y le honra y aquel que no lo hace.

La respuesta está en la Biblia.

Malaquías 3:17,18
"Ellos serán mi pueblo, dice el Señor Todopoderoso. Una vez más, mi gente verá la diferencia entre lo que sucede al justo y al impío, a la persona que me sirve, y el que no lo hace." [NVI]

Servir a Dios, ¿Qué significa eso exactamente? Si mi vida, hasta ahora, es un ejemplo, puedes ver cómo Dios trata de forma diferente a una persona que se esfuerza por servirle. Empezando con una niña que perdió a su madre por suicidio, convirtiéndose en una adolescente que intensamente llamaba a Dios, en aquel entonces, esperando y deseando, no muy pacientemente, que su plan trajera orden a su vida y que aliviara el dolor, me llevó a un lugar que no podía imaginarme: una madre casada copropietaria de acciones en Worth's, una de las tiendas más famosas de Sudáfrica, y una "predicadora" en Hollywood.

Llegar al lugar donde estoy ahora fue un viaje penetrantemente emocional. Como yo lo veo en este momento, hay unas cuantas cosas que son seguras: parece que Dios bendice todo lo que yo toco; yo atentamente busco un continuo y profundo entendimiento acerca de mi llamado. Constantemente me esfuerzo para ser lo mejor que puedo ser y hacer lo que Dios me dice; y Dios repetidamente pone a prueba mi fe acerca de las cosas que yo oigo, no porque Dios necesite asegurarse, sino porque yo lo necesito.

Salmos 105:19
"Hasta el momento en que se realice su presagio y se acredite la palabra del Señor."[RV]

La necesidad de asegurarse, supongo que es una verdadera necesidad humana. Creo que las constantes caídas y vueltas de mi viaje personal a través de la fe se producen porque es exactamente de estos retos que salen los casos claros.

Él está haciendo un ejemplo de mí que será mantenido para la inspección.

Porque yo lo honro, Él me honra. Él permite el dolor y el sufrimiento en mi vida, como vías de aprendizaje y crecimiento espiritual.

Tenemos que usar lo que aprendemos, para compartir nuestras experiencias; y para mí, esto incluye la redacción de este libro y la enseñanza de cómo oír la voz.

Por encima de todo, Él quiere que usted oiga su voz.

Mateo 6:33
"Más buscad primeramente el reino de Dios y Su justicia, y todas estas cosas os serán añadidas."[NVI]

Habiendo llorando por años, yo me veía como la persona con más lágrimas sobre la Tierra. No podía entender ni atender lo que a mí me estaba sucediendo. Yo siempre parecía estar diciendo "Perdón Dios, por favor perdóname".

Pero ahora me doy cuenta que yo era entonces, simplemente quien se suponía que yo fuera, haciendo y sintiendo exactamente lo que yo debía hacer y sentir. Fue a partir de ahí, como lo es para usted, donde quiera que usted esté ahora mismo en la vida, que clamar a Dios, pedirle ayuda desde lo más profundo de su ser, que somos levantados, elevados y amados. Dios sabe que la alegría y las lágrimas son poderosos maestros, y Él utilizará ambas con su infinita sabiduría para asegurarse que usted, en su corazón, sepa que Él es justo y amoroso.

Para Noé, llovió 40 días y 40 noches. Jesús pasó 40 días en el desierto. Moisés deambuló sin hogar por 40 años. ¿Y Yo? Ahora puedo decir que me llevó 40 años, también. Yo finalmente encontré la felicidad a la edad de 40 años, una vez que tuve mi propia familia, y después que maduré en la habilidad para oír la voz de Dios.

Anteriormente, yo era un poco como "Scarlett O'Hara", mostrando un aspecto de mí no muy bueno. Pero Dios me ató con una correa llamada aislamiento. Fue una lección necesaria para mí. Para usted será diferente dependiendo de los obstáculos que Dios vea le impiden oír su voz. Cuando usted pida oír a Dios, sepa que parte del trayecto incluye valles de dolor y malestar. Pero es ahí donde empezará a ver. Y lo que va a encontrar es alegría.

Dios sabe que no estamos cualificados, pero Él cualifica a los que llama. Si se esfuerzan por ser humildes y se arrepienten, ya están en camino hacia Dios.

El final que no aparece por ninguna parte

Después de 12 años registrando todos mis sueños, documentando todas mis visiones, y compilando todas mis experiencias para este libro, tuve un problema cuando le entregué el manuscrito a mi editor. Tuve que decir: "Léalo, el relato tomará cuerpo y forma a medida que proceda".

"¿Pero dónde está el último capítulo? ", preguntó el editor añadiendo rápidamente, "¿Cómo termina el libro?"

"Eso", le dije, "Usted lo recibirá solo antes de que se vaya a imprimir."

Asombrado, y obviamente sorprendido, el editor entonces preguntó, "¿Por qué?"

La única respuesta que pude darle fue una honesta "Dios así lo dijo."

Y así permanecí esperando. Esperando por respuestas a algunas cosas específicas contenidas en estas páginas. Y, lo que es más importante, esperando que Dios me guiara con el mensaje para cerrar este libro.

Esto, mi amigo, en una palabra, es cómo este libro. Surgió de la nada, de una mujer, esposa y madre que vive en el sur de África, rodeada por la diversión silenciosa del hábito y del vicio, y la cual escuchó desde las profundidades de la divinidad.

Ahora, demos la vuelta, miremos hacia adelante, y veamos qué nos depara el futuro.

3

ESCUCHANDO PARA UN FUTURO

Muchos de nosotros creemos que lo que hacemos o decimos en el presente dicta nuestro futuro. Pero, ¿y si pudiéramos ver el futuro antes de que llegue? ¿Acaso cambiaría lo que haces o dices en este momento? Probablemente cambiaría. Cuando escuchas la voz de Dios, recibes más que una vista real del futuro. Tú tienes el don de entender lo que pasará. Esto incluye tu papel en ese futuro. Pero es esencial que sepas absolutamente lo que estás oyendo y que seas capaz de detectar si es la voz de Dios o las muchas otras voces que se elevan para sacarte del camino.

Mi objetivo con estas páginas es enseñarte a "oír", de modo que puedas estar consciente de tu futuro y de las cosas que te afectarán tanto positiva como negativamente. Me he percatado de que las razones por las cuales este libro tardó tanto en nacer fueron debido a mi preparación y confianza. El constante desafío era que no siempre oía la voz de Dios 100% correctamente. Por lo tanto, no tenía la confianza necesaria para empezar a escribir.

Esto se me hizo evidente mientras reflexionaba sobre los últimos 10 años de notas que había tomado. Durante este periodo inicial, interpreté correctamente sólo alrededor del 60 por ciento de lo que oía. Otro 20 por ciento terminó siendo correcto, pero luego mis interpretaciones inevitablemente resultaron ser erróneas. Peor aún, con el 20 por ciento restante, yo estaba totalmente equivocada, desde el principio, por varias razones. Estaba claro que me faltaba mucho por aprender antes de poder comenzar a compartir. Pero, sobre todo, ese 80 por ciento que era verdaderamente de Dios me impulsó con un sentido de propósito.

Primero y principal, adquiere un conocimiento sólidamente maduro de Dios, quien es Él realmente. De esa manera, las preguntas que tú pudieras tener albergadas toda tu vida son completamente, finalmente contestadas.

Esto nos lleva a lo fundamental en el proceso de aprender a oír la voz de Dios: Primero y principal, su objetivo debe ser adquirir un conocimiento sólidamente maduro de Dios. No estoy hablando de un conocimiento superficial aquí. Me refiero a un esfuerzo dedicado a aprender acerca de Dios de una manera que todas esas preguntas que hayas albergado toda tu vida sean completamente, y finalmente contestadas. Dios es asombroso en que cuanto más aprendas, más te das cuenta de que quieres aprender. No hay muchos temas donde esto sea tan cierto.

Primer paso: Elimina todos los ídolos en tu vida. Estos ídolos son realmente distracciones. Elimínalos y eliminarás el 90% de las cosas que "oyes" que no son la voz de Dios

Así como hay leyes de física, también existen leyes de "escuchar". El primer paso es eliminar todos los ídolos en tu vida. Al deshacerte de estos ídolos, que en realidad son distracciones, eliminarás el 90 por ciento de las cosas que "oyes" que no son la voz de Dios. Estarás limpiando el camino que te permitirá discernir qué mensajes son de Dios y cuáles están relacionados con cualquier distracción restante en tu vida. Examinaremos esta parte del proceso en más detalle en las páginas que vienen. Por ahora, sin embargo, considera e identifica las cosas que permanecen en tu corazón, que, en esencia, no deberían estar allí. Estate segura de que, cuando preguntes, Dios te dará un mensaje sobre esos "intrusos".

Cómo obtener respuestas de forma natural

Se dice que ser mamá es un trabajo de tiempo completo. Para mí, aunque me encantó la indescriptible sensación de estar con mi pequeño bebé, también sentía un fastidio constante en mi corazón. Era tan extraño que yo no podía calmarme ni celebrar, aun en medio de la alegría de la maternidad. Sabía que estaba donde se suponía que debería estar como una madre, pero también sabía que algo muy persistente me estaba convocando más allá de la maternidad. Era como si me estuvieran permitiendo ver lo que iba a hacer con el resto de mi vida. Era apenas un vistazo, aunque un vistazo frustrante. Me seguía molestando y entorpeciendo mi alegría, siempre presente en mi mente la pregunta: ¿Qué carrera debo seguir?

Mi esposo llevaba una vida ajetreada y, además, siendo un entrenador de rugby, me dejaba sola en casa durante muchos fines de semana, períodos de tiempo que duraban varios días.

Nuevamente me invadieron esos temores anteriores de soledad. A pesar de que ahora estaba casada y aún mejor, era una madre, sentía un cierto "empuje" para tender una mano, para formar parte de algo extraordinario, algo ilimitado, y algo profundo.

Me acordé de mi experiencia en los Estados Unidos. Sólo unos pocos años atrás, pero parecía otra vida. Allí estaba yo, dirigiéndome a salas llenas de gente en tantas iglesias y centros de conferencias. Hablé acerca de la voz de Dios, oyendo a Dios, finalmente entendiendo que realmente existe un Dios que nos ama más allá de nuestra comprensión. Este fue un momento muy emocionante en mi vida. Me sucedieron cosas maravillosas y sobrenaturales. Pero aún más importante, sucedieron cosas significativas en la vida del público que me escuchó.

Al volver a Sudáfrica me sentí de maravillas. Pero a medida que pasaba el tiempo, este sentimiento iba disminuyendo de forma lenta pero continua. Y luego, desapareció. De nuevo comencé a sentir esa desesperación usual por lograr algo significativo en mi vida. Miré a mi bebé y le agradecí a Dios con todo mi corazón por esas bendiciones inmensas. Pero al mismo tiempo, mientras le agradecía, una vez más me acerqué a Él en busca de orientación. ¿Qué se suponía que debía hacer con respecto a mi conciencia de la capacidad de escucharlo, de entender los notables mensajes de Dios? Era todo tan confuso.

A diferencia de las personas que dicen que si ganaran un montón de dinero, sabrían exactamente lo que harían, me di cuenta de cuan diferente soy. Podrías darme diez millones de dólares, pero todavía no sabría qué hacer, a menos que lo oyera claramente a través de la voz divina de Dios.

Permíteme aclarar algo en este punto. A veces Dios te dará una respuesta muy clara acerca de la dirección que debes seguir. En otras ocasiones, sin embargo, Dios puede llevarte a un espacio natural donde tú debes explorar, investigar y buscar respuestas. Hazlo humildemente y con la mirada puesta en Dios, y sorprendentemente, en el camino a la respuesta correcta, eliminarás todas las rutas y direcciones equivocadas.

Veamos esto con un ejemplo real. Una joven sufrió en agonía una inflamación en todo su cuerpo. Con el tiempo, el dolor la superaría completamente, cambiando su vida. Se enfermó de tal manera que tuvo que abandonar la escuela. Buscó alivio en todas partes yendo de un especialista a otro. La medicina moderna le falló. Entonces intentó la medicina alternativa, seguida por intentos de dietas de alimentos crudos. Mientras tanto, le pedía a Dios obtener respuestas. Recuerde esto porque es a partir de este acto de oración sincera que eventualmente su vida dio un giro y mejoró.

Mientras seguía la dieta de alimentos crudos, se recuperó e incluso experimentó una vitalidad que no tenía hacía mucho tiempo. Pero sólo duró cuatro meses, y luego las cosas se pusieron definitivamente peor. Comenzó a experimentar brotes agudos de psoriasis. Parecía una persona con una enfermedad terrible de la piel; era tan malo que la gente hacía movimientos groseros para evitarla. Fue a esta altura que ella se fue a vivir con su abuela ya pensando que se iba a morir. Mientras que todos los médicos la diagnosticaron como incurable, fue en su desesperación y aislamiento que comenzó a buscar en el Internet, con la esperanza de encontrar esa cura que era particularmente difícil de alcanzar. Y a través de todo este dolor, continuó orando para obtener una respuesta.

Bueno, su respuesta llegó. Fue "guiada" a ver un consejero macro biótico, y aprendió a comer de una manera muy diferente que aseguraba que su cuerpo absorbiera todos los nutrientes necesarios para mejorar su metabolismo y tratar su condición. Ella, por una palabra, en "la Palabra", se curó.

Esta joven encontró su respuesta explorando. Y ella exploró porque fue guiada a investigar a través de sus oraciones a Dios, y buscando una respuesta. Dios no dijo simplemente, "Macro biótica." Dios le dio el espacio y la motivación para hacer la investigación necesaria. Fue a través de la misericordia de Dios que ella se sanó. Al escuchar sus súplicas, Dios le dio instrucciones, llevándola al único camino que le devolvería su vida.

En otros casos, Dios intervendrá con instrucciones claras. Veamos la historia de Josué. La Biblia no describe con detalles explícitos cómo Josué escuchó los mensajes, pero seguro que él sabía exactamente lo que hacer. Compruébelo:

Josué 6:2-5
"y el Señor le dijo a Josué, «Ves he entregado en tus manos a Jericó, y a su rey, con sus guerreros. Tú y tus soldados marcharán una vez alrededor de la ciudad. Esto ustedes lo harán durante seis días. Y siete sacerdotes llevarán delante del arca siete trompetas, todas las personas deberán gritar con un gran grito; y los muros de la ciudad se derrumbarán, y cada uno entrará sin impedimento.»".
[AMP]

Dios ofrece bastantes detalles precisos, ¿verdad? Pero, ¿por qué? ¿Quién sabe? ¿Cómo podemos saber? Quizás era una descripción necesaria justificada por el tiempo, la situación, la etapa. ¿Y qué hay acerca de cada uno de nosotros, en este momento? ¿Tenemos un tiempo, una situación o una etapa donde Dios será tan generoso con los detalles de lo que tenemos que hacer?

He aprendido, de una manera dura, que la "Etapa" de tu vida en la que te encuentras puede afectar el número de mensajes que recibas de Dios. Permítame darte un ejemplo. A medida que la época de mi casamiento se acercaba, Dios no me envió muchos mensajes.

Antes de eso, otra etapa de mi vida comenzó cuando volví de Los Ángeles, después de predicar en esa ciudad durante un año. En ese momento, me alojé en Pretoria, Sudáfrica. Es muy cerca de Johannesburgo, y esto era importante por mi papá. Estaba extremadamente enfermo. Le quedaba muy poco tiempo. En esta etapa, no sabía si Dios me enviaría nuevamente a Hollywood ni cuándo. Resultó ser que me quedaría aquí más tiempo de lo planeado. O sea, según mi plan.

En efecto, por los próximos dos años o "etapas", estuve desempleada, y mi papá se estaba muriendo. A pesar de que oré durante horas, no recibí ninguna respuesta. Era evidente que tendría que explorar para obtener una respuesta. En mi primera incursión, solicité empleo en un gimnasio con la esperanza de poder enseñar algunas clases de ejercicios. A pesar de que yo no estaba técnicamente capacitada, necesitaban a alguien desesperadamente y estaban dispuestos a capacitarme. Aunque era un trabajo de sólo comisión, yo estaba satisfecha, incluso con muy poco dinero porque lo vi como una oportunidad que me ocuparía sólo cuatro a cinco horas diarias, dejándome suficiente tiempo para escribir. Quizás el aspecto más importante de la incursión de esta etapa fue que aprendí cómo nuestras acciones exploradoras pueden llevarnos a enseñanzas motivadoras acerca de los mensajes de Dios.

En este club en el que entrenaba, terminé ganando el mayor ingreso de todos los entrenadores personales. Pero de repente, el ambiente cambió y mis ingresos comenzaron a disminuir. Sabía que esto era un mensaje para mí. Era el momento de cambiar por completo a otro gimnasio, en otra zona.

Y así lo hice. Encontré trabajo en otro gimnasio de cinco estrellas. Y de nuevo, después de un mes, me convertí en la entrenadora personal que ganaba más que todos. Y nuevamente, después de unos meses, mis ingresos comenzaron a disminuir. La persistencia de estos hechos es más que coincidencias cuando observas detenidamente todas las dinámicas que rodean en tu vida. Cuando cosas como estas suceden y siguen sucediendo, es porque estás recibiendo un mensaje. Y no se detendrá hasta que tomes medidas para seguir el verdadero recorrido que te está llamando..

Cuando recibí este segundo mensaje supe que me iba a trasladar a otro lugar. Me dirigí a otra área en Johannesburgo, pero aquí, simplemente no pude encontrar la tracción necesaria para atraer nuevos clientes. Así que seguí buscando trabajo.

Luego, de repente e inesperadamente, mi etapa cambió.

Mi padre murió.

Pero luego, al instante, mi etapa cambió nuevamente.

Poco después de decirle adiós a mi padre, le dije hola al hombre que se convertiría en mi esposo.

Yo estaba pasando por etapas de mi vida más rápido de lo que mis emociones podían asimilar.

Cuando apenas lo conocí, salíamos informalmente pero nunca hablábamos de matrimonio. Entonces, una noche en esta nueva etapa, me desperté y escuché con claridad una palabra del cielo. Una sola palabra: expansión.

Con esto, comencé a sentir una necesidad imperiosa de encontrar y comprar una casa grande en una extensa propiedad. Bueno, esto puede ser magnífico como una visión, pero en realidad, me di cuenta de que ciertamente no estaba en condiciones de financiar tales bienes, especialmente en Johannesburgo.

Mi nuevo novio pensó que estaba loca cuando le hacía conducir para ver propiedades todos los fines de semanas ¡por un año! Pero descubrí que el amor es el amor, porque fue él quien me condujo finalmente a la zona donde compraríamos nuestra casa. Nos sería posible construir un estudio de entrenamiento personal en el terreno de esta espaciosa propiedad.

En aquel momento, sentí que había respondido debidamente al mensaje de Dios de expansión. Pero no sabía que iba a convertirse en una base para ampliarme como escritora también.

Los próximos cuatro años fueron la etapa de Dios para adaptarme al matrimonio, empezar una familia, y comenzar una batalla que se convertiría en una guerra para mantener mi estabilidad económica.

Durante este tiempo, Dios utilizó una mezcla de dos elementos para enviarme mensajes. Además de los mensajes que escuchaba a través de Su voz, Dios alteró el ambiente en mi lugar de trabajo para crear una mayor conciencia acerca de los cambios futuros. Ahora, en mi gimnasio, volví a convertirme en la entrenadora personal con mejores ingresos económicos. Y de nuevo, casi como era de esperar, el entorno cambió. Yo estaba muy ocupada preparando mi boda cuando empecé a notar que tenía menos y menos clientes. Al mes de nuestra boda, quedé embarazada. Entonces me di cuenta de que tenía que empezar a entrenar clientes en mi casa; me sentía agotada la mayor parte del día.

Tuve la sensación de que estaba experimentando y sintiendo lecciones vitales que Dios me estaba enseñando. Al igual que durante el tiempo que pasé en Los Ángeles ministrando en conferencias repletas de almas hambrientas por saber cómo escuchar la voz de Dios, de nuevo estaba totalmente en "armonía" con los mensajes que estaba recibiendo. Recordé cómo Dios me fue llevando a diferentes áreas en Los Ángeles

Dios es muy práctico y protector. Fue durante este tiempo que aprendí que si alguien te quiere tirar abajo, Dios te ayudará a levantarte. Siempre.

Al planificar nuestros presupuestos mensuales que ahora incluían las necesidades de nuestro bebé, nos dimos cuenta de lo importante que eran nuestros dos ingresos sólo para subsistir. Sin embargo, este estrés realmente nos ayudó. Me llevó a pensar más allá del presente inmediato, y me motivó a revisar lo que había hecho anteriormente que podría ser de ayuda ahora. Es importante señalar que fue durante esta reflexión interna que reconocí que no había recibido ningún dividendo de mis participaciones en las tiendas Worth. Pero lo que debería haber sido una recaudación sencilla se convirtió en una batalla legal para proteger mi participación accionaria, una batalla que duraría más de cinco años.

Esto fue una etapa agotadora en la que Dios me enseñó a impugnar y no sólo aceptar o confiar en la conducta y comportamiento de la humanidad. Durante esta etapa, oí Su voz, hablándome de manera extraordinaria acerca de asuntos muy concretos.

En los próximos capítulos, ofrezco ejemplos de cómo Dios eligió hablarme, con pocas palabras que contenían sólo hechos esenciales, enseñándome precisamente a actuar en esta "guerra" en la cual Él me había colocado.

Cuando al fin tuve mi bebé, estaba muy consciente de que esta nueva vida dependería de mí para su sustento. Sabiendo esto, ciertamente, sumaba a la extrema frustración que ya sentía sobre qué tipo de futura profesión debería buscar. Yo estaba particularmente preocupada de que las finanzas estaban atadas en las manos equivocadas; aún no había recibido mi dinero accionarial de las tiendas. De hecho, mi batalla legal se estaba arreciando ya que mi ex socio de negocios se las estaba ingeniando para mantenerme alejada de lo que me pertenecía. Hoy, me doy cuenta de que este incidente fue lo mejor que me podía pasar. Me enseñó un lado de los negocios que nunca había considerado, y al mismo tiempo me mostró cómo la confianza, si depositada en la persona equivocada puede ser un error costoso. En resumen, he madurado como empresaria y vi el peligro de la avaricia.

No quiero aburrirte con lecciones de economía de negocios, pero una anécdota rápida aquí ayudará a explicar mi situación a medida que se desarrollaba. Como muchos de ustedes ya saben, en los negocios es común la práctica de hacer un análisis "año tras año". Suena complicado, pero realmente es sólo una comparación directa. Preparas informes para ver cómo han aumentado las ventas de tu empresa mediante la comparación de ingresos para una determinada semana y mes con exactamente la misma semana y mes del año anterior. Estos datos y otros varios números básicos de negocios, te permiten planificar estrategias para metas tanto a corto plazo como a largo plazo. En el negocio de la venta al por menor, presupuestas un porcentaje de crecimiento que incorpora gastos mientras se toma en cuenta también las cifras de ventas del año anterior y la proyección del crecimiento de las ventas para el próximo año.

Eso es lo que haces.

Lo que no puedes hacer es entrar en un negocio con un socio desconfiable.

Pero eso fue lo que hice.

Al ser una mamá ama de casa con un pequeño negocio, yo estaba preocupada. Sin embargo, también me di cuenta de que estaba bendecida: Dios ya estaba dándome una vida, buena salud, un bebé saludable y fuerte. Además de esto, subconscientemente, yo sabía que todo crece. Los árboles crecen. Los salarios crecen. La inflación crece. Los negocios crecen. Oiga, incluso el universo crece. Bien, dicho esto, entonces, ¿por qué, después de 10 años de experiencia laboral, estaba ganando un sueldo anual que algunas personas ganan en un mes?

Aunque yo era copropietaria de una conocida franquicia, me encontraba luchando económicamente a causa de un socio de carácter torcido. Para empeorar las cosas, no podía entender cómo las cosas llegaron a este punto. Sabía que Dios me había llamado, y yo estaba plenamente consciente de que cuando lo hizo yo dejé el negocio. Fue mi decisión dejar la franquicia en manos de alguien de confianza.

Llámame fiel a los que confío. O llámame ingenua. Este socio de confianza demostró cómo el poder del dinero, el hechizo de la avaricia, lo lleva a uno a violar incluso la confianza de un amigo fiel. Es traumático y restablece tu visión del mundo. Mi asociado no sólo demostró ser poco fiable, pero más tarde, incluso se convirtió en un adversario.

¡Sin embargo, yo no podía, y no estaba lista —para echarle la culpa a Dios! Sí, fue Dios quien dijo, "Deja el negocio". Pero, me di cuenta, Dios no nos debe nada. Reconocí que sólo a través de Su gracia es que recibimos bendiciones. La propia vida es un gran regalo. Cuando dejé nuestro negocio familiar para predicar el mensaje de Dios, simplemente tenía que confiar en que no me faltaría nada. Así que, incluso ahora, en este momento de profunda decepción y trauma asestada por un mal socio de negocios, creí que mi fe iluminaría mi camino.

Dios me había dicho, "no te preocupes por tu crecimiento económico."

Imagínate escuchar esto cuando ya estás corto de dinero, sin expectativas de mejoras. Era especialmente duro escuchar este mensaje porque era ahora, en ese momento, en el que yo ya había empezado a escribir este libro, el cual se estaba pareciendo, sin proponérmelo, a mi autobiografía. Y mientras que una autobiografía puede ser una manera profundamente emocional y satisfactoria para que su autor adquiera una perspectiva sobre sus experiencias, afrontémoslo, las autobiografías no conducen necesariamente al crecimiento económico.

Yo simplemente no podía conciliar las palabras tranquilizadoras de Dios para no preocuparme por mi crecimiento económico cuando todo lo que podía ver era la notoria depreciación de mi valor accionario, en un banco pagando intereses raquíticos mientras que mi socio de negocios aparentemente se enriquecía a expensas mías, haciendo muy difícil para mí el poder extraer un poco de mi propio dinero de sus manos.

Por lo tanto, estaba en una batalla conmigo misma, incluso sabiendo en mi corazón que el plan que Dios tenía para mi proveería. Esto es una cosa importante de recordar. Tú, en algún momento, también lo sentirás. Mi corazón me dijo que no me preocupara. Mi cabeza me seguía recordando que debería estar asustada por mi futuro. Tú sin duda viajarás por un camino similar, un punto donde tu corazón y tu cabeza están gritando mensajes totalmente opuestos a la misma vez que Dios te habla.

Entonces, recordé el mensaje de Dios de hace cinco años: "Las tiendas Worth no son mi voluntad para ti, pero te bendecirán".

Cuando mi papá y yo, al igual que otros inversionistas, abrimos por primera vez nuestras propias tiendas, Dios claramente me habló, diciendo: "Esta no es Mi voluntad para ti." Se me estaba empezando a hacer claro: las tiendas Worth sólo sirvieron un propósito temporal. De hecho, Dios tenía otros planes para mí.

Yo estaba cerca de Dios. De hecho, el escuchar Su voz te hace sentir como si tus oídos acabaran de nacer.

Pero la tristeza me rodeaba. Eso era innegable. Y estaba realmente muy asustada. Sentía como si estuviera viviendo mi vida al revés. Yo había sido una copropietaria de las tiendas Worth, luego una evangelista de Hollywood compartiendo un mensaje muy personal acerca de cómo escuchar la voz de Dios, y ahora, de repente, soy una madre que cambia pañales, cocina, limpia, y vuelve a empacar armarios. ¿Qué pasó con todos los "mensajes" de Dios que había recibido antes de ir a Hollywood?

A estas alturas, tú pensarás que he estado luchando con inseguridades toda mi vida. Y estoy segura que es cierto. Pero estaba más que insegura. Estaba confundida. Tenía miedo. Estaba desesperada por obtener dirección y sentido. Seguía pensando que no tenía ningún futuro. Me sentía fracasada y, finalmente, me enojé con Dios. ¿Puedes imaginarte eso? He aquí yo, alguien a quien se le dio el increíble don de escuchar la voz de Dios, y ahora, ¡enojada con Él!

Siempre he sido honesta con Dios, porque realmente no tiene sentido no serlo, ¿no es así? Así, que le pregunté, "¿Cómo puedes amar a alguien y estar enojado con ellos?" oré y le pregunté, "Señor, ¿he terminado con mi aprendizaje en mi vida? ¿Qué pasa con mi bebé? ¿Quién le va a enseñar a mi hija sobre Tu voz de la misma manera que yo puedo oírla?" Estaba insegura en todos los niveles: económico, de mi carrera, e incluso mi matrimonio.

Una vez más, porque siempre en estos momentos críticos cuando de todo corazón pides orientación divina, la voz de Dios llegó. Él dijo, "Tengo algo planeado para ti". Él no especificó de qué se trataba, pero sólo de manera muy simple me dijo, "Tengo algo planeado para ti". Nada más. Parecía un juego de gato y ratón. Pero incluso en esas pocas palabras, encontré consuelo.

Veamos las palabras: "Tengo algo planeado para ti." ¿Ves algo aquí? Deberías. Porque cuando somos miserables, deberíamos no rendirnos. En oración, pide ayuda. Espera. Pacientemente. Esa es la clave, a pesar de que pueda ser difícil en nuestra infelicidad temporal. He aprendido que Dios planea terminar nuestra miseria, de manera que cuando Él habla, simplemente tenemos que confiar y creer y decir, "¡Okay!"

Puedes argumentar que esto te deja con una sola opción: aguantar y confiar solo en tener fe. Puedes ser uno de los miles de graduados que no pueden encontrar un trabajo. Claramente, nuestra generación, como tantos antes que nosotros, está rodeada por grandes sufrimientos. Demasiados jóvenes hoy en día están acostumbrados a depender de las limosnas de los padres y no saben cómo proveer por sí mismos. En el lado natural, muchos argumentarán que esta generación debe encontrar oficios y proporcionar servicios que son tan necesarios en la sociedad. Muy bien. Pero entonces, surge la pregunta: ¿en qué industria debo graduarme si ni siquiera sé lo que hay ahí afuera, o cuál es mi talento? ¿Cómo sabré qué carrera seguir?

Todo lo que tenía, y siempre tendré, es mi fe en que Dios me va a hablar. Después de todo, Él dijo, "Tengo algo planeado para ti".

Presenté mi currículum a una agencia de reclutamiento con la esperanza de encontrar un empleo adecuado. Un día, me invitaron a una entrevista. Era muy temprano, yo estaba esperando en el carro fuera del edificio cuando Dios dijo, "Este no es el lugar donde será tu trabajo" y no lo fue. Pero el que me llamaran para una entrevista era una emoción momentánea que hizo aumentar mi esperanza. Verla romperse tan repentinamente fue duro y decepcionante. Además de esto, yo estaba cada vez más ansiosa ya que mi libro estaba casi completo. Necesitaba hacer algo. Pero ¿qué? Ciertamente no le pedí a Dios si este otro mensajero suyo estaba supuesto a encontrarme un trabajo corporativo de ensueño. No, no puse "demandas".

Quizás Dios me estaba enseñando empatía. Sin una carrera durante ocho años, seguramente aprendí a sentir la misma frustración que sufrían tantos jóvenes al no poder encontrar empleos. Es una desesperación durante la cual haces cualquier cosa por un poco de dinero y para lograr cierta rutina en tu vida.

Cuando empecé a escribir este libro tenía una causa pero no tenía ninguna visión. Ahora, tenía mi bebé y necesitaba estar presente cuando lloraba. Sabía que sólo en mis brazos sus lágrimas se detendrían. Pero entonces, las cuatro paredes que me rodeaban cada día empezaron a recordarme los muchos años que había pasado aislada. En este estado mental, me di cuenta de que aunque podamos avanzar, aunque podamos experimentar cambios importantes en nuestras vidas, algunas cosas pueden todavía tenernos prisioneros. A veces es lo que traemos con nosotros, lo que llevamos en nuestros corazones, que se convierte en las barras que nos mantienen prisioneros y estancados.

Y ahora, para poder avanzar a partir de aquí, debemos retroceder, vamos a retroceder a la única palabra que he oído directamente de Dios: Expansión.

Esta sola palabra se manifestaría en mi expansión, pero no en todo el mundo. No, sucedería justo aquí, en nuestra casa. Me expandí mediante el establecimiento de una base desde la cual operaría. Me sentí guiada para prepararme para un negocio del cual aún no tenía ni idea.

Durante esos años, cuando la voz de Dios aparentemente se silenció, mi esposo y yo encontramos una casa y comenzamos una familia. Ahora, si bien se puede argumentar que uno debe primero asegurar una carrera antes de comprar una casa y tener una familia, sólo puedo responder que Dios sabe mejor que nadie lo que necesitas. En el sentido más verdadero, todo lo que necesitamos es un "mensaje", y la disposición a escuchar, a oír, y más importante aún, a obedecer.

Me he convertido en una verdadera creyente en una fuerza Universal, una corriente que nos lleva por el río de la vida. Cuando nos movemos con ella en lugar de resistirla, nos eleva una ola que nos lleva a fluir con la vida. Pero muchas personas luchan contra esta corriente, entre las que me incluyo yo, antes de aprender a través de mis errores y desesperación. Llámalo "la condición humana". Sea lo que sea, parece provenir directamente de nuestro ego.

"Ir con la corriente" es a menudo una cuestión de renunciar a la idea de que necesitamos estar en control en todo momento. La corriente siempre nos transportará exactamente donde debamos ir. Es simplemente una cuestión de decidir si aceptamos que nos lleven o de remar, desesperadamente, contra la corriente.

No sólo estaba arrastrando mis pies, sino que estaba luchando contra el fluir de mi vida, prefiriendo sucumbir a la corriente de la insignificancia. Sólo recuerda lo que comparto sobre mis primeros años para ver dónde te lleva. Me olvidé de reconocer el poder y la liberación de las oraciones anteriores, incluida la más importante: Dios me condujo hacia donde era completamente necesario para encontrarme con el hombre que ahora es mi esposo, una oración contestada, después de haberle rogado por eso exactamente durante ocho años. Como les dije anteriormente ¿no fui a casa y lloré por un esposo después de predicar en Hollywood?

Quiero recalcarte la importante de nunca perder la fe porque crees que Dios no te escucha. Tú podrías pensar, "Eso es fácil decirlo para ti, tú oyes a Dios". Pues déjame decirte que hay veces, largos períodos de tiempo, cuando puede que no escuches ni una palabra de Su voz. Eso no significa que Dios te ha abandonado.

Acaso Jesús cuando se iba apagando lentamente en la cruz, ¿no clamó, "Dios mío, Dios mío, por qué me has abandonado?" Cuando tengas tiempo, y te recomiendo hacer tiempo, lee este verso en particular, Marcos 15:34; o Mateo 27:46, y aprenderás, como lo hice yo, que Jesús estaba realmente clamando a Dios porque, aun cuando la muerte vino a reclamarlo, Él seguía aferrado a Su increíble fe, en el momento de mayor desesperación. Y, como todos sabemos, Él fue entregado. Como tú también lo serás.

Dicho esto, aquí estaba, yendo a través de mi vida, recibiendo mensajes de Dios, obedeciendo estos mensajes, e incluso viendo sus frutos en flor. Sin embargo, siendo sólo humana, yo también caí víctima de mi propia desesperación egoísta. "¿Es el fin de mi vida?", clamaba a Dios. "¿Voy a morir pronto? No he tenido ninguna visión ni he oído Su voz desde hace mucho tiempo. Sólo tengo el vago recuerdo de una experiencia, hace más de diez años, cuando Usted me dijo algo muy grande iba a suceder en mi vida".

Y luego se me hizo claro. Siempre sucede cuando estás abierta a ello. El silencio no era porque Dios me abandonó, pero porque yo estaba haciendo lo que yo debía hacer, siendo quien se suponía debía ser. Dios debe haber estado satisfecho conmigo. Para mí, eso significaba crecer de nuevo, aprender a aceptar el hecho de que Dios estaba contento conmigo sólo siendo una madre, cambiando pañales y haciendo todo lo que me viniera a la mano.

Pero "simplemente ser madre" no es posible. Para ser una madre dedicada se requiere darlo todo, y estoy segura que si tú eres una madre, sabes exactamente lo que eso significa. Como yo lo veo, las madres, en gran parte, determinan quiénes somos porque no sólo dan la vida, sino también son las personas que más influyen en los primeros años de nuestras vidas, y después también. Incluso antes de que seamos lo suficiente grandes para entender y apreciar esa influencia, las madres nos otorgan los inicios de nuestra espiritualidad y nuestro sistema de valores.

Verdaderamente, la maternidad es una institución sagrada, que no está limitada a restricciones. Ahora entiendo que ser madre ha sido lo mejor que me ha sucedido. Probablemente incluso más allá de mi propia comprensión. Y quizás porque la maternidad me enseñó el significado más profundo del sacrificio y del compartir, me encontré una vez más añorando desesperadamente compartir lo que Dios me había enseñado anteriormente sobre cómo prepararnos para oír Su voz. Pero yo no quería hacer esto, según mi agenda o para alimentar las egoístas demandas de mi ego. Estaba ansiosa por la tranquilidad de saber que estaría con Dios cuando sucediera, y dondequiera que sucediera.

Aquí hay otra cosa que usted debe entender bien: Necesitamos estar donde la voluntad de Dios nos lleve, aun cuando eso podría llevarnos a un lugar más incómodo. Imagínate los israelitas, pasando años en el desierto. ¿Incómodo? Sí, seguro. ¿Un lugar feliz? No, en absoluto.

Pero si oras todo el tiempo, no sólo cuando necesites algo, a veces te encuentras orando en situaciones difíciles e incluso desesperantes. No obstante, siempre es bueno pedirle dirección a Dios.

Salmos 32:8,
"Yo [el Señor] **Te haré entender, y te enseñaré el camino en que debes andar; Sobre ti fijaré mis ojos". Versión Amplificada**

Si pides dirección pero estás exactamente donde debes estar en ese momento, si te quedaras quieto y no fueras a ninguna parte, yo creo que Dios no te dirá de irte a otro lugar. Pero Él podría hablar de otros retos que enturbian tu corazón.

Salmos 37:23
"Por el SEÑOR son ordenados los pasos del hombre, y el SEÑOR se deleita en su camino. (Y se afana por cada uno de sus pasos)." Versión **Amplificada**

Ahora, para que sepas que no fue fácil para mí, aunque yo lo sabía, permíteme recordarte que yo tenía un sentimiento que me acosaba constantemente, de que había algo más, algo "grande" para hacer De alguna manera, no podía dejar de luchar contra Dios acerca de mi futuro. En esos momentos agotadores cuando lo único que podía hacer era tratar de dormir una siesta, aún dormitaba con una silenciosa confesión: "Señor, si me muero ahora, a la edad de 40, está bien. Tengo una herencia para mi hija y para mi esposo". Pero había un problema, incluso después de esa confesión: Sentí que mi libro sería un legado más valioso si estuviese completo. Y sólo lo podría terminar si seguía siendo una mujer oyente de Dios.

Yo quería vivir por dos razones. Primero, por mi hija. Conocía el dolor de una vida sin madre. Quería enseñarle a mi hija acerca de la voz de Dios para que ella también pasara a ser una buena oyente. En segundo lugar, le dije a Dios que necesitaba otro hijo; otro hijo duplicaría el impacto de "los expertos en la voz". Pero también era muy consciente que para mi esposo, el lado práctico de tener un ingreso era más importante que tener más hijos para enseñarles acerca de la voz de Dios.

Sin embargo, tenía una historia que contar sobre la voz de Dios y creía que el mundo que yo veía necesitaba escucharla. Un día alrededor de este tiempo, mi hija de dos años estaba sentada delante de la televisión y de repente gritó, "¡El avión no debe caer!" Unas pocas horas más tarde llegó un informe terriblemente alarmante sobre un avión de Malasia que con muchos pasajeros había desaparecido en el océano. A partir de este evento, el cual lo he guardado en lo más profundo de mi corazón, sé que ella también "escucha".

Si Dios planeó algo para mí, oré para que fuera algo para un buen fin. Qué tonto, ¿verdad? ¿Qué otra cosa planearía Dios?

En este momento, de alguna forma me dediqué a mi matrimonio y simplemente vivía para cada momento que mi esposo retornaba del trabajo o de un viaje. En mi corazón, más allá de la felicidad que ya tenía como esposa y madre, sentí que iba a haber un cambio. De hecho, me sentí realmente desesperada por ese cambio.

No es fácil de entender el estado de desesperación, aun en medio de un sueño hecho realidad. Mi objetivo original era tener un futuro significativo, una carrera haciendo algo importante. Sin embargo, era una mamá que podía dormir la siesta con su niña. Si bien esto parece ser un cliché, mi hija era "una conmigo." ¿No es esto el sueño de cada madre? No hay duda que para mí lo es. Incluso le pedí al Señor que concediera a Bella y a mí un futuro juntas.

Además de este problema, también sabía y me dolía el hecho de que mi esposo estaba frustrado con su carrera como profesor de escuela. A pesar de todas estas sensaciones inquietantes en mi corazón, algo me dijo que no tenía que esperar para que él encontrara paz, o el sentido de la vida. Sentí que había llegado el momento de ser quien debía ser. Pero inmediatamente me preguntaba si la predicadora en mí había sido "despedida". ¿Era yo inservible? ¿Había ya pasado mi tiempo y mis mejores años? ¿Había ya entregado mi mensaje y servido mi propósito?

En tiempos difíciles surgen preguntas difíciles. Sabiendo que estos pensamientos me podrían deprimir, recurrí a lo profundo del poder de la fe, algo valioso que aprendí en mi pasado. Pero yo seré el primero en decirte que cuando los tiempos difíciles llegan es especialmente difícil conservar la fe.

Algo dentro de mí me dice que tú, leyendo este libro, conoces esa sensación.

Me veía sola como un ama de casa. Mientras que algunas personas están comprensiblemente felices de ser amas de casa, yo seguía estando atraída a la idea de que todavía era una mujer de negocios. Y de nuevo recordé el sentimiento de estar realmente viva, por primera vez en mi vida, cuando estaba en el escenario en Hollywood, hablando acerca de cómo oír a Dios.

Ahora, por alguna razón que Dios deseó, fui llevada de regreso a Sudáfrica para convertirme en una mamá, pero también me hicieron llevar este ardiente "secreto" de tesoros que yo desesperadamente quería compartir. Cuando las cosas no tienen absolutamente ningún sentido es bueno recordar que Dios no comete errores.

A través de esta lucha personal con la culpabilidad, parecía que mi puerta de oportunidades se había cerrado. Yo estaba buscando algo, pero no podía identificarlo. Era algo que nunca antes habían tenido. Me sentía empujada a obtener algo que nunca tuve. Piensa en las veces que has sentido las ganas de hacer algo que nunca habías hecho antes. Para mí, era un doble golpe de desesperación y culpa, la desesperación de no ver el progreso o incluso un camino; la culpa, porque yo no estaba satisfecha con el statu quo, que, en sí mismo, estaba repleto de una vida de bendiciones.

Toma tiempo construir un futuro porque toma tiempo construir "carácter"

Comparto contigo estas confesiones personales para que las puedas entender si es que tú también las sientes en tu vida y sepas que está bien. He aquí el por qué, en mi experiencia. Dios ve nuestra frustración. Toma tiempo construir un futuro porque lleva tiempo construir carácter. En la trayectoria a nuestro destino, Dios a veces envía objetos de alivio, algo que no sólo nos ocupen sino que también nos desarrollen.

Como hemos visto anteriormente, la "etapa" en la que estás juega un papel importante. Yo deseaba tener más hijos. Además, toma una cantidad extraordinaria de tiempo completar un libro de esta naturaleza. Por lo tanto, mi etapa requería una vida simple. Estaba construyendo mi familia, o más bien, Dios estaba construyendo mi familia antes de que Él me "liberara" tal como lo había hecho en Hollywood. Mirando al pasado, ahora sé que Él hizo esto después de oír mis lágrimas y sentir mi dolor de estar sola, llorando hasta dormirme porque no tenía familia.

Para ese entonces Dios tuvo misericordia de mí. Yo lo sé ahora. Su misericordia no tiene fin. Él envió ayuda en la forma de un trabajo de tiempo parcial durante cuatro meses, sólo para sacarme de la casa por un tiempo. Yo estaba fastidiando a Dios: ¡Imagínate eso! para algo más que hacer ya que la escritura del libro estaba llevando tiempo y necesitaba escaparme por un par de horas cada día.

Cuando mi bebé tenía 7 meses de edad, me fui a trabajar entre semana y escribía mi libro durante los fines de semana.

Pero no me molesté en darme cuenta, o reconocer, que Dios me había concedido mi pedido, mi desesperada súplica durante esos meses de aislamiento, mientras yo estaba siendo "entrenada".

Yo volvería al mundo como una persona diferente.

La predicadora de Hollywood debía cambiar, debía madurar, en la voz de Dios para permitirle trabajar eficazmente para Dios.

4

¿QUIERES TRABAJAR PARA MÍ?

Sentía la presencia de Dios, pero no esperaba que me dijera nada. Pero inesperadamente Él me hizo una pregunta. Una pregunta que yo no podía responder con certeza.

Me preguntó, "¿Quieres trabajar para mí?"

Aunque no podía ignorar la pregunta, tenía miedo de responder. De forma indecisa logré pronunciar un "Sí" bastante incierto.

Cuando me fui de Sudáfrica, unos años antes, para hablar en Los Ángeles, la voz de Dios me avisó muy claramente que no sería necesario el dinero. Pero ahora, todo era diferente. Proveerle a mi familia en todo era muy importante para mí. La razón por la cual mi respuesta afirmativa fue tan incierta fue porque pensaba que trabajar para Dios significaba trabajar de gratis. ¿Después de todo, quién espera que Dios lo ponga en Su nómina?

Recuerdo que me dije a mi misma, "Oh, Yvon, lo que vas a decir va a parecer tonto." Me senté, en silencio, preguntándome cómo iba a explicarle a Dios algo que Él ya sabía. Sin embargo, sentí que era necesario. Entonces le dije a Dios que: "No soy una buena trabajadora". "No siempre me concentro al 100 por ciento en lo que hago". Con toda honestidad, demasiadas veces mi cabeza está en otras cosas. Estoy constantemente pendiente de mi bebé. Casi nunca me concentro completamente en mi trabajo, y así consecutivamente.

Y en medio de mis palabras que salían como ametralladora exponiendo el por qué no serviría como empleada, le oí decir: "¡Estás contratada!"

Pero lo ignoré.

Seguí con mi aglomeración de argumentos con Él, que si siempre estoy pensando en otras cosas, me la paso reflexionando ideas en mi cabeza, que si no soy una persona muy productiva que digamos.

Aunque he pedido lograr algo "grande" en mi vida, soy el tipo de persona que prefiere trabajar de telefonista ¡en una pequeña central de teléfonos!. Acostumbro perderme en mis propios pensamientos

¡Cómo pude haber soñado algo tan ridículo! Y como siempre, no sabía cuándo terminar así que me lancé a proporcionarle a Dios otra cosa que de seguro le haría falta, un ejemplo de la vida real. Como si Él no supiera, que en aquel entonces yo trabajaba en un bufete de abogados, con la idea de que estaba defendiendo y haciendo justicia por aquellos que tenían muchas más dificultades que yo, y por supuesto ¡yo los defendía! Imagíneme lidiar con un padre que no pagaba las cuotas escolares de su hijo. Eso no es digno de verse.

Pero mientras que estaba supuestamente trabajando en asuntos de seguros civiles de otros, mi mente deambulaba en otras cosas. Constantemente me preocupaba por mi matrimonio, qué hacer, o si no, me la pasaba meditando profundamente la pregunta que Dios me había hecho la noche anterior. "Qué habrá querido decir Dios?", me preguntaba, inventando ideas para resolver todas las enormes dificultades de la vida. Lo que no me preguntaba, por supuesto, era cómo hacer mi trabajo. Como resultado, se amontonaba el trabajo de procesar esos seguros.

Sin embargo, sabía que no iba a quedarme mucho tiempo en esta oficina de abogados. Dios me lo había dicho. Aun así, estaba indecisa, y bastante nerviosa, sobre cómo decirle a mi esposo que de ahora en adelante iba a trabajar para Dios y que el dinero vendrá de otro lugar. En verdad, mi esposo realmente no me conocía, no conocía a la mujer que pasó varios meses en escenarios en Hollywood instruyendo a otros acerca de cómo escuchar la voz de Dios.

En efecto, la relación entre nosotros no era perfecta. Necesitábamos estar más unidos y yo deseaba poder compartir con él todas las cosas que me preocupaban. Pero no me sentía segura y casi culpable de sentir que trabajar para ganar dinero era un pasatiempo pero trabajar para Dios debía ser mi carrera de tiempo completo. Para ello, necesitaba encontrar valentía en mi convicción.

Dios nos hace conscientes de las cosas

Tuve otros sueños que me preocuparon tanto que llegué al borde del agotamiento. Por ejemplo, soñé que mi mano tocaba la mano de un buen amigo mientras caminábamos juntos en un almacén. Me gustó la sensación de cercanía que me dio. Entonces me di cuenta de lo distante que me sentía de mi esposo.

Pensé también de cómo físicamente no había mucho roce en nuestro matrimonio. Mi esposo no es una persona dado a las caricias, no suele dar besos, ni tampoco abrazos a menudo. Lo mismo sucedía con el sexo. A nuestro matrimonio le faltaba mejorar en esta área y el resultado fue que me sentí alejada, no podía compartir fácilmente con él lo que sentía acerca de Dios ni el hecho de que me estaba llamando a trabajar para Él de nuevo.

En un valiente pero fugaz momento, pensé en decirle a mi esposo, "Mira yo acostumbraba trabajar tiempo completo para Dios en Los Ángeles sin remuneración, pero comía en restaurantes todas las noche nunca tuve hambre, no me faltó nada".

Por supuesto que sí, nosotros todos tenemos palabras que quisiéramos, que podríamos decir, o deberíamos decir cuando la hora de la verdad se presenta. Pero cuando no lo hacemos, tenemos que vivir con las consecuencias.

Una de las consecuencias para mí era la culpabilidad. Yo tenía un amigo con el cual me sentía espiritualmente más cerca que de mi esposo. Podía compartir cada sueño con él, todo lo que yo sentía que Dios estaba haciendo en mi vida. Fuimos grandes amigos durante muchos años, y después de que me casé, nuestra amistad creció aún más. De hecho, él me encaminó hacia el altar. Fue un verdadero hermano para mí.

Pero me di cuenta de que no era un buen signo de que yo pudiera compartir más con él que con mi propio esposo. Mi amigo creía más en mi libro que mi esposo o que yo misma. ¿Habría Dios enviado a mi amigo para que me animara a trabajar otra vez para Él? En realidad, Dios lo resucitó para que cargara la batería de mi coche otra vez. El coche era este libro.

A pesar de los retos en nuestro matrimonio, yo amaba a mi esposo y deseaba que nuestra familia creciese. ¿Por qué estaba Dios enfocando mis sentimientos en la falta de unidad en mi matrimonio?

Les digo algo que vale la pena recordar: los sueños de la mañana temprano tienen valor. Aprendí que debemos prestar atención a ellos. Pero una palabra de precaución: cuando tienes un sueño temprano en la mañana e intentas analizarlo, tal parece que serpentea por una carretera de curvas y puede terminar preguntándose si entiende correctamente el sueño. Y cuando crea que ya lo descifró, lo llevará a tan vastas posibilidades que al cabo de un rato, se dará cuenta de que hay más por entender que lo que originalmente se pensó.

El sueño "informativo" donde sentí que me gustaba que otro hombre me tocara despertó en mí la conciencia de las emociones que el sueño convocó. Es decir, me gustó la cercanía emocional. Por lo tanto, ¿me estaba mostrando el sueño la añoranza o la falta de algo en mi subconsciente? Posiblemente. Pero debía tener cuidado de no reaccionar de forma exagerada. O ¿debería simplemente pedirle a mi esposo más abrazos y besos, más contacto físico? Quizás. Pero tampoco debo hacer esto un problema importante. Después de todo, ¿no era sólo un sueño?

Dios no actúa de manera frenética ni nosotros tampoco deberíamos. A fin de difundir su mensaje a través de nosotros, nuestro subconsciente nos lo puede dar en un sueño y nos muestra las emociones, los anhelos y deseos que no siempre podemos expresar. Al despertar de ese sueño temprano por la mañana, todavía sintiendo el oleaje de la sexualidad que me arrollaba totalmente, entré en un estado de pánico. ¿Estaba Dios diciéndome que tenía problemas en mi matrimonio? Después de todo, esta era la segunda vez que me imaginaba tales cosas, obligándome a enfocarme en mis emociones.

¿Y ahora qué? me preguntaba. La respuesta llegó poco después. En el próximo sueño, mi esposo y yo estábamos en Los Ángeles, visitando a amigos en la ciudad y yo estuve muy emocionada. Ahora, permítanme señalar que el mismo concepto descrito anteriormente, es decir, el que Dios enviara mensajes en este modo, que tienen que ser "decodificados" se aplica aquí. Estaba Dios diciendo, "Tú y tu esposo irán a visitar a unos amigos en Los Ángeles", o ¿era mi subconsciente el que me decía que extrañaba la emoción de viajar al extranjero y la vida que he experimentado en Los Ángeles? ¿Estaba Dios enviando otro sueño para estimular mis emociones y decirme algo? Como he dicho, Dios es muy persistente y sin duda repetirá una "idea" para hacernos conscientes de una necesidad, un anhelo que se deben abordar.

Dios es muy persistente. Repetirá un mensaje una y otra vez para que descubras una necesidad que se necesita suplir..

Ahora bien, aquí es donde se puede cometer un grave error. Si usted reacciona demasiado rápido según lo que cree que Dios le está diciendo, sus emociones pueden invadirlo con tal de suplir esa necesidad de una respuesta. Lo sé muy bien, porque soy algo paranoica. Inmediatamente reacciono sin pensarlo mucho cuando siento que Dios me está diciendo algo. Él podría estar simplemente mostrándome una emoción, quizás una "nostalgia" a la que debo poner atención, por darme una visión de ese deseo que tengo de esa necesidad. Con respecto a las necesidades que tenía y los sueños que seguí teniendo, ahora sé que Dios estaba simplemente mostrándome que tengo nostalgia de algunas cosas como la caricia de mi esposo y los viajes misioneros al extranjero.

Quiero repetir algo aquí: Por favor, dedique tiempo a trabajar a través de sus sueños y lo significan. Hay muchas maneras de interpretar sueños. Es una ciencia en sí misma. Pero este libro no trata de eso. Mantengamos nuestro enfoque en escuchar la voz de Dios, que puede muy bien venir a través de un sueño.

Tomando el ejemplo de mis sueños, imagine este escenario de una mujer que tiene un sueño y no tiene experiencia recibiendo mensajes de Dios. La interpretación del sueño pudiera ser que debe decirle a su esposo, "tenemos serios problemas en nuestro matrimonio porque me gusta que otro hombre me acaricie." o bien, puede interpretar el otro sueño en el que le dice a su esposo, "Dios nos está diciendo que debemos visitar a mis amigos en Los Ángeles." Obviamente, cualquier ejemplo sería una interpretación muy anticipada que podría poner tensión innecesaria en su matrimonio.

Imagínese tratar de encontrar los fondos para viajar al extranjero cuando sabe que el momento no ha llegado aún. En un matrimonio exitoso tales decisiones son hechas por ambos. Y en ese mismo matrimonio, trabajando una frecuencia excelente sexual satisfaciendo las necesidades físicas de ambos cónyuges es un compromiso común. De hecho, trabajando juntos en esos difíciles problemas es lo que define a un matrimonio. Los sueños que recibe esta mujer son una manifestación, por muy difícil que sea interpretarlos, de las cuestiones que juntos deben abordar.

Dios le mostrará un problema, y le hará preguntas, y tanto lo que le ha mostrado como las preguntas le llevarán a la misma respuesta. Es entonces cuando usted sabrá que va bien.

Afortunadamente, usted obtendrá algunos mensajes de Dios que realmente identifican claramente cuáles de sus asuntos emocionales necesitan atención más inmediata. Recuerde que le estoy diciendo esto porque usted lo notará en su propia vida: Dios creará una conciencia de su problema, y Dios le hará preguntas. Tanto el conocimiento y la investigación le llevarán a las mismas respuestas. Es entonces cuando usted sabe que está en el camino correcto.

Lo mismo podría suceder con alguien oyendo a Dios decir, "¿Quieres trabajar para mí?" Ellos podrían reaccionar de forma exagerada, renunciar su puesto de trabajo, o incluso vender su negocio. Creo que nuestro conocimiento eterno de Dios es un maestro que se da cuenta de que primero debe averiguar cómo decirnos lo que tenemos que oír porque Él ya sabe cómo vamos a reaccionar. Como todas las cosas son posibles para Dios, Él encuentra los medios para llevarnos a tomar la decisión correcta y tomar la senda correcta: su propio camino. Pero, recuérdese de lo que dije en las páginas anteriores de que usted también ha de abrirse a dirección de Dios. Usted tiene que ofrecer su libre voluntad a cambio de la guía divina.

El sueño en que me agradaba la sensación de un amigo sosteniendo mi mano me hizo consciente de una necesidad emocional. El sueño de visitar a mis amigos puramente subrayó que deseaba alguna emoción. Por lo tanto, un viaje habría podido crear esa sensación. Era un mensaje simplemente para mostrar que Dios sabe cuándo necesito un cambio importante, o incluso simplemente para escapar. Es tan obvio que Él ve y entiende que la vida se puede tratar de una madre que no puede ir a todas partes con un niño recién nacido. Sus respuestas a esas necesidades vienen. Pero, de nuevo, deben entrar en su agenda.

Cuando otras personas nos hacen conscientes de las cosas

Ahora que hemos visto cómo la voz de Dios puede llevarnos a hacer una profunda reflexión antes de realmente empezar a entender sus mensajes, hablemos de otra faceta desafiante de lo que experimentará al iniciar su trayectoria hacia escuchar la voz de Dios. Como he mencionado anteriormente, cuando tiene hambre de oír de Dios, otras voces también vendrán. Ya he explicado cómo algunas de estas voces intentaban sacarlo del camino que Dios le ha preparado. Tenga mucho cuidado con lo que decida creer cuando escuche no solamente la voz de Dios sino también otros mensajes que no parecen coincidir o respaldar lo que cree usted que Dios está diciendo.

Un conocido mío fue a ver a una persona famosa para que le diera consejería profética. Este profeta, que alegaba tener visión y sabiduría, dijo que Dios estaba "preparando a todos sus generales". Le dijo a mi amigo que él era uno de los generales escogidos de Dios ¡Qué barbaridad! De hecho, este tipo de cosas pueden causar reacciones prematuras y presiones indebidas. Mi amigo se fue de esa sesión pensando que tenía que abandonar su trabajo para convertirse en una especie de evangelista. Pero piensen, ¿suena esto como Dios actuando aquí, en el mejor de los intereses de quienes desean servirle? En mi opinión, no lo es.

Si usted oye algo así, primero necesita mantenerse calmado y luego ponga todos los mensajes "importantes" en espera. Recuerde este punto esencial: quien Dios llama, Él provee y dirige. Sobre esto, no le quepa duda.

Esto nos lleva a algo que quiero recuerde bien. Hay veces, como en el caso de este ejemplo, que usted necesita comprobar lo que ha oído hablándolo con alguien. La Biblia dice, "Hay sabiduría en la multitud de consejeros."

"Yo sigo lo que predico". Cuando yo tenía esos sueños y preocupaciones sobre mi matrimonio, lo primero que hice fue ponerlos en espera. Esto me dio el tiempo necesario para reflexionar sobre la mejor manera de comenzar a descifrar lo que significaban. Luego me puse en contacto con un intercesor con quien he compartido los detalles de estos alarmantes sueños. Un intercesor es alguien que sinceramente busca a Dios y ora por sabiduría. Esto puede ser un sacerdote o un confidente allegado de confianza diferente a los demás.

Mi intercesor me dijo que yo necesitaba reavivar la intimidad en el matrimonio en vez de cruzarme de brazos y esperar que mi esposo tomara la iniciativa. Yo era la que necesitaba actuar y buscar la intimidad con mi esposo osadamente Sus palabras me estremecieron porque recordé lo que Dios me había mostrado en un sueño anterior que, lamentablemente, yo opté por no creer ni actuar. Lo más probable es porque no me gustó realmente la respuesta. Sentí que me estaba obligando a hacer algo que no quería hacer, atraer y seducir a mi esposo. Deseché esta idea pensando "esto no puede ser Dios"

Pero era Dios. Él envió una solución muy práctica. Pero era una solución que se hizo muy difícil de realizar.

Si está casado o no, usted seguro sabe que el matrimonio requiere trabajo y seguro que está enterado que a Dios no le gusta el divorcio.

Vale la pena recordar cuando le pedimos guía, que Dios a veces nos dice lo que no queremos oír. Y usted tendrá que tomar acción completamente desinteresada, poniendo las necesidades de otros por encima de las suyas. De todas las cosas que he aprendido, este fragmento de sabiduría radica en el mismo centro de la voluntad de Dios. Para vivir de verdad hay que vivir al servicio de los demás.

Salmos 107:17
"Algunos son tontos [enfermedades] debido a la forma de sus transgresiones, y sufren a causa de sus maldades." Versión Amplificada

Cuando nos creemos más santos y justos que nadie, tenemos que pagar un alto precio. Inevitablemente, sufrimos por nuestra propia falta de voluntad para hacer lo menos posible, ya sea en el matrimonio o en cualquier relación. Todo se resume en orgullo ¿no es así? Cuando yo estaba orando por una solución a mis problemas en mi matrimonio, Dios dijo, "Mujer, empieza a cuidar tu cuerpo. Tú eres la única que puede hacer que tu esposo te ponga atención y atraerlo". Si quería oír o no, no importa. Era la voz de Dios, persistente y clara. Esta era la solución que yo oraba y punto.

A veces lo que escuchamos vuelve a suceder incluso sin nosotros hacer que suceda. Por ejemplo, yo sabía que Dios me dijo que no iba a trabajar en el bufete de abogados mucho tiempo. Aunque me preocupaba que estuviera siendo utilizada como "mano de obra barata", tuve que salir de la casa, y necesitábamos dinero extra. Además, fue una oportunidad de trabajo conveniente porque estaba cerca de casa. Y por supuesto, apenas me quedaba con dinero después de pagar los gastos escolares y los cuidados de los niños.

Entonces escuché cuando el principal socio del bufete hablaba con alguien en la oficina junto a la mía. Lo escuché quejarse de que me estaban pagando demasiado. Me quedé sorprendida. Lo que él proponía pagarme sólo alcanzaría para comprar comida y poco más; no extra dólares para ayudar a cubrir el alquiler, ni agua, ni electricidad; y ciertamente no era suficiente para contemplar el más leve pensamiento de lujos. Supe de inmediato que esta empresa estaba tomando ventaja de la situación en Sudáfrica, de la falta de oportunidades de trabajo, y la crisis de desempleo. Y yo sabía que Dios ve todo y me estaba diciendo algo. Me di cuenta de que debido al mercado de trabajo extremadamente escaso en Sudáfrica y en todo el mundo, muchos empleadores están ahora tomando ventaja de su personal. Pero en ese momento no me imaginaba que Dios me enviaría a otro lugar aún más difícil para revelarme en detalle las realidades de esta práctica innoble.

Seguramente, pensé, es mejor trabajar para Dios que ser parte de lo que vi allí.

Me sentí enojada y culpable por no darme cuenta que mi socio en los almacenes Worth estaba cobrando demasiado para él y pagándole muy poco a los empleados, aunque estaba dentro de la ley de salarios mínimos dictados por el gobierno.

Irónicamente, en unos meses, recibiría millones de Rand por la venta de mis acciones del valor de los almacenes. Pero ahora, he aquí, yo estaba trabajando en un bufete de abogados y como entrenadora personal a medio tiempo. Lo que Dios estaba haciendo era abriendo mis ojos y oídos. Ya no iba a ser mano de obra barata. Yo iba a trabajar para Dios. Sin embargo, antes de que sucediera, Dios estaba asegurándose que tuviera la experiencia necesaria para estar muy consciente de situaciones reales y de cómo tratar a las personas mejor.

Cualquiera que sea la obra que Dios nos llama a hacer, ese papel nos puede tomar años y duras experiencias para prepararnos antes de que estemos "listos". Sin embargo, tenga la plena seguridad de que Dios no dejará se asegurarse que tengamos la sabiduría y los conocimientos esenciales. Él nos pondrá en situaciones de la vida real a través de las cuales creceremos correctamente a fin de adquirir el entendimiento necesario para hacer Su trabajo.

Cuando pienso que a la edad de treinta y nueve, escuché a Dios preguntándome: "¿quieres trabajar para mí?" me acuerdo de la situación en que estaba. ¿Estaría lista? Me preguntaba "¿Cómo?" Fíjense que esto fue mucho después de mi "trabajo" en las conferencias Los Ángeles. Ya yo había entrado en un periodo tranquilo, casada y formando una familia. Mi vida había cambiado drásticamente. Las demandas sobre mí ahora eran muy diferentes y esencialmente más importantes. Yo era una esposa y madre.

¿Trabajar para Dios? ¿Ahora? Pensaba sin poderlo creer. Aún no tengo una profunda experiencia del mundo. ¿Cómo puede querer Dios que trabaje para Él, sabiendo muy bien que no tengo conocimientos avanzados? Mi conjunto de habilidades era limitado solamente a las tiendas comerciantes y administración. Y yo conocía esa industria tan bien que detestaba todo lo asociado con la comercialización, ventas, operaciones de caja registradora, la administración de las tiendas. Por supuesto, hoy, me doy cuenta de que todo lo que pasé, como usted también se dará cuenta, fue por una razón bien definida. Crecemos a pesar de nosotros mismos. Incluso haciendo cosas que no queremos hacer, podemos adquirir sabiduría, músculo, compasión y paciencia. Dios es quien obra en trabajar dentro de nosotros.

Tal vez esto le parezco algo ingenuo, pero fue sólo después de que empecé a trabajar, que me di cuenta de que la mayoría de la gente simplemente trabaja por un salario. Nadie tiene un *llamado* a ser basurero, un cajero o un plomero. Pero lo para mejorar nuestras comunidades y porque nos ayuda a crecer en formas diseñadas específicamente para nosotros, aunque la mayoría de nosotros no consideramos esta posibilidad.

Sin embargo, es importante porque en algún momento, su temporada va a cambiar, y cuando suceda, lo que hizo antes servirá de garantía, que está listo para hacer lo que ahora necesita hacer.

Las estaciones cambian, y por eso nunca me olvido de lo que sucedió en mi propia vida. Debido a que los trabajos en Sudáfrica son tan escasos nadie cambia de empleo a menos que una puerta se abre para ellos. Durante ocho años, no tuve trabajo permanente, pero nunca carecí de nada. Dios me atendió de forma extraña. A veces me preguntaba si había mantenido deliberadamente el dinero de los almacenes Worth lejos de mí sólo para mantenerme dependiente de Él, para que pudiera desarrollar las habilidades que requiere de mí para cuando mi temporada cambiara. Incluso estudié administración de riqueza y eventualmente me convertí en una consultiva financiera. Fue un trabajo que me encantó y me mantuvo pero me acordé de mi última dependencia en Dios.

Así, llegó de nuevo la pregunta. ¿Quieres trabajar para mí? Mi pensamiento fue, "Puedo confiar en mi propia mente que es verdaderamente Dios quien me llama". Me pareció que estaba tratando de convencerme para perseguir otras opciones. Por ejemplo, prefiero hacer lo que dice la Biblia y ayudar a los pobres, los huérfanos, los desposeídos. Y, mientras cumplí todas estas obras altruistas y generosas, podía divertirme con mi carrera como asesora de riqueza porque era algo que me apasionaba. Aunque amaba a Dios con todo mi corazón, sentía que tenía que ser honesta y rechazar su oferta de trabajo. Pero no quería hacerle ofenderlo, así que prometí que trataría de vivir una buena vida a fin de enseñar a los demás mediante la impresión de mis propias experiencias. Yo esperaba que fuera bueno para publicar mi trabajo. No podía trabajar para Dios, según yo.

Justo después de "rechazar" su oferta de trabajo, sucedió algo extraño. Inesperadamente, un contacto se acercó a mí de forma críptica diciendo sólo dos palabras: "Dios dijo". Con estas palabras, el contacto comenzó a financiar mi proyecto y empujando dinero tanto en mis cuentas de publicación en Sudáfrica como en las de Estados Unidos.

Tal vez Dios estaba diciendo: "Sé que rechazaste mi oferta, pero, si cambias de idea, habrá fondos"

5

CÓMO OBEDECER LA VOZ DE DIOS POR ENCIMA DE LA VOZ EQUIVOCADA

Como dije al comienzo de este libro, si decides seguir lo que comparto en estas páginas, debes saber que tendrás que apostar todo a esta experiencia. Tienes que ceder el control de tu vida a fin de que Dios pueda tomar control de ti. Haz esto y toda tu vida se verá afectada sobrenaturalmente. Piensa mucho acerca de lo que esto realmente significa. "Ceder el control de tu vida" a la Mano Divina no es una decisión de conveniencia sino de fe absoluta.

El momento en el que comencé a aceptar y tratar de entender los sueños que Dios me daba Dios comenzó a hablarme con más frecuencia. Y empezó a decir algunas de las cosas más increíbles. Yo podría pensar, "¡Esto suena ridículo!", o, "¿Dios me estará diciendo esto?", o "¿Por qué estoy recibiendo este mensaje?". Ves, en esta primera etapa, el nivel de tu fe es de suma importancia. Con poca fe, deambularás casi de inmediato. Y, si te alejas demasiado o frecuentemente, te perderás en las palabras que Dios comparte contigo. Pero si tienes fe en tu fe en Dios, recuerda lo que te estoy diciendo, verás una luz.

Me convertí a Cristo. Al poco tiempo, Dios me mostró en un sueño que viviría en una pequeña ciudad en la Provincia del Norte de Sudáfrica, que era el último lugar en el que hubiese querido vivir. Pero lo que yo quería no importaría. Pocos años después de ese sueño, me trasladé a esa pequeña ciudad. Durante los tres primeros meses, lo único que hacía era llorar. En el fondo de mi alma, no quería estar allí.

Esta pequeña ciudad está situada en la parte rural de Sudáfrica. La población, mayoritariamente negra, vive en condiciones extremadamente difíciles y en gran pobreza. La zona es conocida como "La puerta de entrada a África". Estratégicamente situada, se abre como una puerta para alguien que viaja al norte de Sudáfrica. Sería aquí que Dios no sólo me colocaría "en la clandestinidad", sino que también convocó a algunas de mis "etapas" más difíciles y dolorosas. Pero al mismo tiempo, también utilizó la distancia y el aislamiento de este lugar para estabilizarme económicamente, increíble como pueda parecer.

Fue durante estos días solitarios de penuria que comencé a darme cuenta de que Dios me estaba llamando a ser un mensajero. Cuanto más consciente estaba de esa luz, más me preguntaba cómo esto podría ser real. ¿Quién me iba a enseñar? Yo era muy ignorante de cualquier "plan mucho mayor" en mi vida.

Todo comenzó con mi encuentro con el profeta que adivinaba falsamente, desde el podio de la iglesia. Cuando me dijo que debía casarme con el amigo que estaba sentado junto a mí ese día, pensé que tenía que demostrar que obedecería a Dios.

Al menos este hombre con el cual supuestamente debía "casarme" era un hombre bueno. Estaba estudiando para ser un pastor. Debido a que yo pensaba que las palabras del profeta venían de Dios, incluso ignoré mis sueños de advertencia indicando que algo estaba mal con el anillo de compromiso en mi dedo. Poco sabía que los sueños tienen mucha más importancia que la visión de un profeta.

Desde el momento en que me casé con ese hombre, nada de lo que le tocaba era bendecido. Él sufrió, y yo con él, no sólo económicamente, sino en todos los aspectos de su vida. No podía recordar un solo día durante los próximos cuatro años que haya ido a la iglesia y no haya llorado.

Gracias a esta experiencia sé muy bien la forma en que una falsa profecía puede destruir gente. Por lo tanto, soy realmente cuidadosa acerca de lo que yo profetizo.

¿Por qué tengo que soportar esto? Yo creo que Dios permitió que este dolor me enseñe el principio profético más fuerte: Tienes que oír de Dios mismo. Si le pides a Dios, él hablará, directamente contigo.

Dios no abandona Sus planes para nuestro futuro. Nunca. He trabajado muy duro para permanecer fiel en mi matrimonio. Sin embargo, mientras seguía desintegrándose en pedazos irreconciliables, al final, caí. Me volví una mujer adúltera. No tenía esperanzas. Había sido una persona en busca de la voz de Dios, alguien que haría cualquier cosa que Él me pidiera. Pero ahora era una pecadora mortal. El problema era doble: mi inmadurez y mi incapacidad para saber que no sólo Dios habla con nosotros, pero otras voces también, con intenciones nefastas para llevarnos a la deriva.

Cada día me decía a mí misma que yo era una mala mujer. Sólo una mala mujer intentaría huir de su matrimonio. Yo sabía que alguien como yo no tendría ninguna posibilidad de trabajar para Dios.

Pues durante estos cinco años Dios estaba hablándome en sueños mientras yo estaba por consiguiente destrenzándome a mí misma. Como constantemente me acusaba a mí misma de ser una mala persona porque quería romper con el esposo con el que pensé que Dios quiso para mí. Dios estaba diciéndome cosas acerca del gran futuro que tenía planeando para mí. Pensé, ¿Cuándo es que la confusión se funde con la revelación? O ¿Se unen? ¿Alguna vez?

Mi firme convicción era que el divorcio está mal. ¿Quién creería que Dios me estaba dando libertad para divorciarme? ¿Dónde está la claridad cuando la necesitamos?

Aparentemente la claridad surge, como lo hace la Palabra de Dios, por su propia iniciativa. Páginas atrás, mencioné que soñé que me habían dado un papel en una producción. Pero yo estaba viviendo en una ciudad pequeña, muy lejos en una zona rural; nada parecía encajar. Recuerda que, en este momento, mi vida se caía a pedazos. Seguía culpándome todo el tiempo deseando escapar de mi matrimonio.

Fue entonces que tuve un sueño en el que vi un enorme león, pero no del tipo dócil que se sentaba junto a mí en los sueños anteriores. Pensé que este león estaba aquí, posiblemente incluso fue enviado, para comerme porque era una mujer adúltera. En este sueño, corría hacia un autobús. El león, como animal depredador, estaba resoplando y jadeando en la búsqueda. Yo estaba parada, petrificada, justo en la puerta del autobús, con el aliento caliente del león sobre mis hombros. Pero el león me ignoró. Incrédula, seguía paralizada, sólo para ver que el león me pasó de largo para agarrar a mi esposo, y ¡comérselo! A través de esta visión aterrorizante, llegué a comprender que este "León de Judá" iba a eliminar a mi esposo.

Estaba atónita. Yo era una mujer tratando de escapar de su matrimonio, pero Dios no me estaba acusando, él me estaba ayudando. ¿Por qué Dios sacaría al hombre fuera del autobús, el hombre con el que me había casado? Pensé que era la elección de Dios para mí, como dijo el profeta, mi esposo, según la voluntad de Dios. Yo pensaba que la iglesia no me iba a creer sino que dirían, "Ustedes están casados. Es mejor que se queden juntos." Me condenaba a mí misma. No podía creer que, como mujer, sería llamada para llevar a cabo una tarea para Dios, el mismo Dios que ahora estaba permitiendo que me divorciara.

Sin embargo, en mi corazón, lo que más añoraba ser era una mujer piadosa sin el estigma de estar divorciada. Las imágenes me venían a la mente como destellos mientras recordaba el sueño donde mi anillo de boda estaba deforme. ¿Qué significaba todo esto?

Durante este período doloroso, escribí todos los sueños. Y, curiosamente, cuando le mostré a Dios que yo estaba tratando de ser fiel, él me envió sueños más frecuentes. Las respuestas que tanto quería, sin embargo, seguían a la deriva en algún lugar, en las brumas de una confusión total.

Tal parecía que nada tenía sentido y se estaba volviendo aún más absurdo cada día que pasaba. Ahora resulta que estaba divorciada y me sentía inmensamente deprimida. Me sentía aislada, pensando en el mensaje anterior que sonaba tan positivo: "¡Grandes cosas van a ocurrir en tu vida, Yvon!". En este momento estaba volviéndome loca.

Como odiaba la sensación de estar sola, me lancé a la primera oportunidad de otra relación. La única cosa que era cierta acerca del sueño de *"Lo que el viento se llevó"* era mi comportamiento completamente irresponsable. Yo estaba viviendo la verdadera vida de "Scarlett O'Hara". Recién divorciada, y planeando casarme de nuevo.

Pero días antes de que esa segunda boda ocurriera, Dios intervino. De repente las cosas se desmoronaron. Dios detuvo la boda.

Eso fue el punto final para mí. Sufrí un ataque de nervios. Estuve tirada en el piso en un estado catatónico durante semanas, Para olvidar lo que parecía una inevitable depresión, me tomaba pastillas para dormir como si fueran caramelos. A diferencia de Scarlett O'Hara, no pude ligeramente decir, "Voy a pensar sobre ello mañana."

Después de un tiempo ni las pastillas para dormir me hacían efecto. Por lo tanto, comencé a orar. Como nunca antes, oré por horas. Dios tendría que escucharme. Yo había estado tan emocionada con la boda. El dolor era absolutamente insoportable. En realidad pensé que era puro amor. Pensé que tendría una segunda oportunidad de un matrimonio verdadero, un hogar y una familia propia. No sabía en aquel entonces que este hombre no sentía el mismo amor por mí, sino que más bien estaba totalmente intrigado por mi don para escuchar a Dios.

Fue durante este punto más bajo que escribí dos poemas. Quizás fue mi débil intento para purgar lo interior sacándolo fuera con palabras.

El affaire

Si tan sólo pudiera encontrar
La clave para ser independiente
De todas estas maravillas poco claras

Y mis paredes de hielo y cristal
De mi prisión
Rotos de su belleza
Y pude ver
La vergüenza en la cara de mi Padre.

Mi tristeza

La profundidad de mi tristeza
Yace debajo
Ninguna comprensión
De lo que puede ser
La semilla de mi comportamiento.

Estos poemas siguen siendo hoy una prueba del pozo en el que estaba.

Todo lo que podía hacer era seguir pidiendo a Dios que me hablara. La vida misma parecía no tener nada para mí.

Luego, escuché el mensaje más importante. Dios dijo que yo era una "ofrenda", y como una ofrenda, yo no podría darme a cualquier hombre. Sólo Dios podía entregarme al esposo que Él escogiera para mí.

Una luz apareció, mostrándome claramente que ahora no era sin duda el momento para que Dios hiciera eso. Debido a que había arruinado mi vida con las malas decisiones y comportamientos que fui tomando, yo no estaba lista. Tenía que dejar de pelear con la voluntad de Dios para mi vida, para mi destino.

Durante los próximos cuatro meses de completo quebrantamiento, Dios me recordó que Él tenía planes concretos para mi vida. Él hizo cada vez más evidente que me había elegido para hacer algo específico para Él.

Nuevamente, quiero repetir que cuando tu espíritu está completamente quebrado, tú estás también más vulnerable. Los errores que cometí en las situaciones desesperadas, cualquiera podría y probablemente los haría. Tú debes ser extremadamente cuidadoso, en estos momentos, porque existen fuerzas impías y estas persisten exactamente cuando estamos abatido, como estaba yo. Y van a trabajar con celo para confundirte.

En este tiempo, una mujer cristiana vino a decirme que ella creía que su hijo iba a ser mi esposo. Esto me confundió mucho, tanto es así que soñé que me salían gusanos de mi nariz. La nariz representa la capacidad de discernimiento. Dios me estaba diciendo que yo tenía que determinar la verdad acerca de lo que me estaba sucediendo. Él no iba a enviar otro "Mensajero" con instrucciones revelando con quién yo debía casarme.

Pasando a otro aspecto completamente distinto: cómo asegurar mi propio bienestar económico

En medio de la prolongada confusión de relaciones imaginarias, posibles relaciones y relaciones rotas, la vida continuaba y yo no tenía ninguna forma de pararla. Lo único que podía hacer era aferrarme a lo que me quedaba. Y descubrí que lo que me quedaba era tener fe.

Yo era una mujer que trabajaba duro. La respuesta a la pregunta de por qué Dios me enviaba a esta pequeña ciudad estaba a punto de revelarse, aunque el impacto total vendría años más tarde. Por muy increíble que parezca, sería en este poblado del interior que mi padre y yo tendríamos una oportunidad y abriríamos una franquicia Sudafricana my conocida, llamada Worth. En nuestra tienda teníamos principalmente artículos de ropa y alimentos de nivel superior.

Ocho años pasarían mientras trabajaba diligentemente en la tienda, aprendiendo destrezas que, de lo contrario, me serían desconocidas.

Para la época que había comenzado a hablar en Los Ángeles, podía satisfacer mis necesidades básicas. Pero Dios me dijo muy claramente que el comercio minorista no era lo que quería para mí y que más tarde me haría saber la razón de esta época y experiencia. Un día sería una bendición.

Más adelante en el libro podrás leer lo que ocurrió con estas tiendas de franquicia cuando Dios decidió quitármelas y liberarme de ellas.

Aunque yo era cristiana e iba a la Iglesia, nunca sentí realmente que conocía a Dios. Pero esa sensación desapareció en el momento que me sentí desmoronada. En medio de la noche, Dios me entregó la siguiente escritura:

1 Pedro 1:6-7
"Estén contentos sobre esto aunque ahora puede ser necesario que ustedes estén afligidos por un tiempo a causa de los múltiples tipos de pruebas que sufren. Su propósito es demostrar que su fe es genuina."
[NVI]

¿Ves lo qué pasó? Cuando comencé a obedecer a Dios, cuando dejé de resistirme, cuando cambié mi comportamiento por él, comenzó a comunicarse conmigo, más y más.

Se dice que aquellos que creen en Dios nunca están solos. Y he llegado a comprender esto, primero, en mi corazón, y luego, en mi vida. Durante mi aislamiento, absolutamente nadie me visitó. Y yo aumenté mi reclusión quedándome en casa todo el tiempo. En esta quietud, Dios me empezó a enseñar más, en sueños. Me di cuenta de la realidad de la batalla espiritual en la que yo estaba involucrada. Yo estaba constantemente limpiando la casa espiritual.

Una cosa se me presentó en una etapa anterior. Hay tanta gente que quiere ser famosa, pero la fama, en este mundo no dura. Sin embargo, empecé a comprender algo en otro nivel: que la eminencia de la "fama" en el mundo espiritual dura por toda la eternidad. Era increíble.

He visto como Dios me preparó, igual que lo hizo con Ester, como Él la preparó emocionalmente, curándola, purificándola, y santificándola para que elevara una petición en Su nombre. Mientras me transformaba, sabía cada vez más que Dios tenía, según me dijo, una misión específica. Para mí, sería en principio Hollywood, la industria del entretenimiento y los Estados Unidos.

Ya me has oído decir que Dios puede escuchar tus oraciones. Y lo digo de nuevo, yo sé que Dios puede escuchar todas las oraciones. Me dijo que mis oraciones eran muy poderosas. Me di cuenta entonces que cuantos más peldaños subía en el reino espiritual y "obtenía un rango", quizás "fama", mis oraciones se volvían más poderosas. Durante estos meses, yo estaba muy cerca de Dios. Él hasta me advertiría, en un sueño, antes de que alguien "malo" me fuera a llamar por teléfono.

En la escuela de Dios, el programa de capacitación está diseñado exclusivamente para ti. Tuve que aprender a caerme y a levantarme. Una y otra vez. Cualquier distracción podría haberme afectado. Incluso una llamada telefónica simple y espontánea en la que alguien marcara mi número por error podría desviarme e invitarme a ser parte de algo en lo que yo no estaba destinada a estar involucrada. ¿Suena increíble? Bueno, no lo es. Por favor recuerda que te dije esto cuando te suceda a ti, cuando sientas este tipo de protección "espiritual", sabrás que es real.

Mirando en retrospectiva ahora sé que fue durante este tiempo de preparación que Dios empezó a enviarme "desconocidos" a mi camino, gente que necesitaba ayuda. A veces, sentiría un dolor físico. Sabría entonces que yo no estaba aún en el lugar donde podría ayudarles. He aquí un ejemplo: cuando ciertas áreas de tu vida personal son impuras, digamos que eres un fumador, no podrás orar por alguien para que deje de fumar. Cuando sentía un dolor y me daba cuenta que una puerta estaba abierta, que era incapaz de ayudar a la persona, me hacía sentir impura en cierta área.

Cuanto más conocía a Dios, más quería conocer a Dios. He recibido un mensaje muy claro que la mejor manera en que yo podría ofrecer mi amor por Él era sirviendo a su pueblo. Considerando este pensamiento trascendental, entendí que me faltaba cambiar muchas cosas dentro de mí.

No me gusta demasiado la gente. ¿Suena extraño? Mientras puede ser extraño, aún creo que muchas otras personas se sienten de esta manera, también. Ya sea timidez, miedo, falta de confianza, o simplemente preferir estar solo, sé que hay quienes están bien, solo asociándose con un grupo muy pequeño de almas "de naturaleza similar". Yo prefiero gente que haya sufrido, pero que hayan utilizado esa experiencia para desarrollar más carácter y un sentido de propósito. No se me hacía fácil, hasta cierto punto aún es difícil para mí ser sociable. Pero amo a Dios y sé que sus mensajes realmente salvan vidas desesperadas. ¿Qué más necesita uno para darse cuenta de que pueden ayudar a alguien más?

En mi búsqueda personal para purificarme física, mental y espiritualmente, fui cada vez más consciente de que tenía que tener cuidado con lo que miraba en la televisión o en películas. Cualquier cosa "sucia" afectaba mi relación con Dios. Además de esto, tuve que enfrentar las opiniones de una iglesia sin amor. Incluso el pastor joven de la iglesia, quien no podía pasar por alto el estigma de que yo estuviese "divorciada", no tenía expectativas de que yo lograra algo grande para Dios.

Tu cercanía a Dios crece mientras tu conciencia de lo que es divino se desarrolla.

Durante este período en el desierto, Dios me presentó una escritura:

Proverbios 8:13
"Quien teme al Señor aborrece lo malo; yo aborrezco el orgullo y la arrogancia, la mala conducta y el lenguaje perverso (falsas palabras)".
[NVI]

Mi relación con Dios crecía mientras mi conciencia de lo que es divino se desarrollaba. Y te digo esto para animarte en tu propio viaje, hay recompensas a lo largo de todo el camino. En un caso que recuerdo muy bien, Dios me dijo que mi perrito estaba enfermo y qué le pasaba a mí querido compañero. Esto sucedió mientras estaba en los Estados Unidos y mi perro estaba en Sudáfrica. Ciertamente con Dios no hay distancia, tiempo, ni espacio. Sólo amor.

Cuando regresé a casa, Dios me comenzó a probar proféticamente, enviándome con mensajes a varios líderes de la Iglesia en toda Sudáfrica. Una de las iglesias era muy tradicional. Dios dijo, "Ve a decirles que tienen una serpiente pitón blanca en la iglesia". Dijo blanca porque lo que parecía santo era en realidad un engaño que lentamente iba a sofocar la iglesia. Le llevé el mensaje, según las instrucciones recibidas, a una parroquia que no quería alejarse de sus comportamientos tradicionales.

Otro caso involucró un pastor de Nigeria, que comenzó un ministerio de intercesión en Sandton, Johannesburgo. Cuando visité la iglesia, el Espíritu Santo me dijo que estaba presente en el servicio y que el culto y canto era como una rosa negra. La rosa negra representa un culto basado en la incredulidad y rebelión. Me dio la sensación de que debía decirle al líder que su ministerio quedaría estéril si él no se arrepentía de su rebelión. Y ¿qué crees que sucedió? ¿Yo fui aceptada o rechazada? El pastor respondió que yo era "sólo una niña con nada mejor que hacer". Este sacerdocio, con el tiempo, desapareció completamente.

Lleva la palabra de Dios y serás reprendido en muchos lugares.
Pero la semilla, por su propia cuenta, encontrará un terreno fértil.

Lleva la palabra de Dios y tú serás reprendido en muchos lugares. Pero lleva Su palabra, siempre. La semilla, por su propia cuenta, encontrará un terreno fértil.

La palabra del Señor vino a mí y me dijo, "Yvon, serás mi instrumento, pero la condición es la obediencia en todas las cosas, tanto las pequeñas como las grandes. Pues las pequeñas cosas son tan importantes como las grandes cosas". He aprendido a repetir todo lo que Dios me dice sin temer a la gente.

Como todavía estaba en un período de recuperación de mis heridas emocionales, no siempre era fácil comprender el camino que estaba recorriendo. Hubo momentos en los que lloré ante Dios, implorándole que me enviara a otras personas para confirmar los mensajes. Aunque le estaba ministrando proféticamente a muchas personas, permanecí como una niña que aún necesitaba algunas palabras de aliento. La respuesta de Dios fue que Elías nunca había corrido a otras personas. Me dirijo directamente a ti. "Te hablo directamente a ti".

Al escuchar esas palabras, yo sabía intrínsecamente que mi vida acababa de cambiar. Todo lo que le pedí a Dios era simplemente una vida buena y significativa. Nunca pedí ser una profetisa, o una gran sanadora. Sólo una vida útil, eso es todo lo que pedí. Aunque no puedo explicar con palabras extravagantes tampoco estoy designada de ninguna manera a analizar por qué puedo escuchar la voz de Dios tan claramente, sólo sé una cosa: el universo sigue expandiéndose, pero la humanidad no está ampliando su capacidad de escuchar la voz de Dios.

Cuando supe que mi destino era Los Ángeles, me preocupé de que no tener suficientes conocimientos acerca de cosas como la religión de la Nueva Era. Pensaba que debía leer y estudiar tales cosas antes de partir. Luego, una noche soñé acerca de muchas serpientes cayéndose sobre mi cuello. Las serpientes representan el engaño. A medida que me mordían, pedí a mi hermano, quien era Jesús en el sueño, que me ayudara y me llevara al hospital. Todo lo que dijo fue: "¿Tienes lista tu voluntad?". Una voluntad espiritual representa tu crecimiento y conocimiento espiritual.

Dios me estaba diciendo, "¿Por qué aceptas el engaño?". No hay necesidad de estudiar las obras de una religión mentirosa porque el Espíritu de Dios te llevará a discernir la diferencia entre lo que es verdad y lo qué es mentira.

He desarrollado mi voluntad espiritual, como tú también lo harás, a través de experiencias. Un testamento es el total de todos sus activos a medida que crecen. Para ese entonces, yo tenía la formación espiritual, así como formación profética. Esos eran mis bienes. Dios consideró que dichos bienes eran suficientes para enfrentarme con una ciudad como Los Ángeles, y lo que me esperaba allá.

En la oleada de momentos y acontecimientos antes de mi partida, Dios me dijo que preparara mis maletas y que estuviese lista para partir de Sudáfrica. Sin embargo, me seguían llegando noticias e informaciones alarmantes. Yo oraba constantemente, pero la novedad y la inmensidad de toda esta realidad me tenía en lágrimas. ¿Quién podría creer mi historia? Parecía loca, incluso para mí que estaba viviendo este sueño hecho realidad. Una mujer no lo deja todo, todo lo que ella conocía, para subirse a un avión, porque Dios le dio instrucciones ¿No es cierto?

Recuerdo bien que mientras Dios me preparaba para mi futuro, me explicó que el proceso sucedería en cuatro etapas. La primera etapa sería donde yo agarraría todo lo que me pertenecía. La segunda sería la peor. Las personas saldrían de la selva como un grupo de murciélagos, pero los vientos de Dios los silenciarían y Él les cerraría la puerta. En el piso, yo vería una serpiente amarilla, que representa una engañosa influencia que podría convocar pensamientos de envidia y odio; también habría ranas muertas, representando falsas palabras proféticas.

¿Por qué Dios me dijo esto? Después, me di cuenta de que Él habló de estas cosas que todavía estaban por suceder así las podría reconocer cuando aparecieran. De esta manera, estaba preparada para la secuencia de acontecimientos que iban a ocurrir.

Luego vino el sueño de tres tornados, aterrador y espeluznante. Sin embargo, estos vientos siniestros normalmente no significan ningún daño pero sólo anuncian el cambio, ya que estaría completamente separada de mi familia y mi vida en Sudáfrica, por aguas masivas, no obstante colocada de forma segura en un lugar completamente diferente.

Aun así, este gran acontecimiento me resultaba incomprensible. Es increíble cuantas lágrimas tiene uno cuando se preguntan si Dios les está diciendo que abandone todo, incluso su familia. Yo todavía estaba llorando cuando salí de mi casa, pensando que nunca volvería a ver a mi papá.

Poco sabía yo, entonces, de una separación mayor que sucedería seis años más tarde. Dios me apartó, a tal punto que Él me disoció de mi hermano y hermana de sangre después de la muerte de mi padre.

Aquello por lo que cada uno de nosotros decide luchar, riquezas, salud, fama, o iluminación espiritual, determinará la calidad de la vida que finalmente viviremos. Algunos tendrán más riquezas de las que se puedan imaginar. Algunos podrán correr eternamente de sus miedos. Otros mirarán desde la jaula de la fama. Algunos solo quieren paz que pueden ser compartida con los necesitados: los ricos, los sanos y los famosos.

Me di cuenta de que Dios iba a poner a la iglesia en la pantalla abierta. Que la etapa de lo sobrenatural estaba cerca y que Él crearía el nacimiento de lo imposible.

1 Corintios 2:9
"Sin embargo", como está escrito: "Ningún ojo ha visto, ningún oído ha escuchado, ninguna mente humana ha concebido lo que Dios ha preparado para quienes lo aman". [NVI)

¿Qué es una iglesia? No se trata de un edificio. Es una comunidad de personas que se esfuerzan por servir a Dios de verdad. Me sentí como José, el soñador. Dios me recordó que muy pronto después que el llamado José se cumplió él encontró a su esposa. Yo sabía que tenía que concentrarme en ir a los Estados Unidos y completar mi misión. Los sueños de encontrar un esposo tenían que esperar. Tuve que ir y advertirle a la ciudad de un terremoto.

Justo antes de que partiera desde Sudáfrica, Dios me advirtió acerca de mis temores. Realmente, me vi en este sueño. Estaba sentada en un árbol, temerosa de cruzar el río. Lo que aprendería iba a ser que tenía miedo porque, incluso después de todo lo que me había mostrado, no confiaba completamente en Dios. Por lo tanto, el estrés innecesario y sufrimientos me acosarían durante muchos meses, mientras vivía y hablaba en público en Los Ángeles.

Dios me puso a prueba al decirme que comprara mi boleto de avión sin haber organizado ningún alojamiento en Los Ángeles. Obedecí y salí de Sudáfrica con este pensamiento especial:

Salmos 89:34
"No quebrantaré mi pacto con él ni cambiaré las palabras de mis labios." [NVI]

En mi camino a la ciudad del entretenimiento (ciertamente no "de ángeles"), yo esperaba que las palabras que me serían dadas, los mensajes que yo compartiría, cayeran en tierra fértil. Confiaba, de la mejor manera que sabía, que de algún modo, algún día, yo estaría lista en los ojos de Dios para entrenar personas a recibir la palabra de Dios, y Dios solamente.

Sígueme ahora al siguiente capítulo donde veremos los niveles de verdades y mentiras en nuestra propia vida, cómo cada uno determina nuestras habilidades específicas para comprender los mensajes que Dios nos da. Como sé muy bien, es realmente difícil obedecer a un mensaje cuando no lo entiendes, o no sabes de donde proviene.

6

EL NIVEL DE LA VERDAD
FRENTE AL NIVEL DE
LA FALSEDAD

Estoy segura de esto. El poder de Dios es liberado sólo sobre la superficie de la verdad. Recuerde lo que dije anteriormente. Una mentira crea una valla que está custodiada por fuerzas demoníacas. Cuando esto ocurre, el verdadero flujo sobrenatural no llegará porque sabe que el suelo no es fértil.

Creo que la gente vive en uno de dos niveles como los que aparecen tan bien animados en la película "Matrix". Entre esta gente, muchos viven tranquila y cómodamente en el nivel de la mentira. Dios una vez dibujó una imagen dentro de mi espíritu, para que yo viera. El nivel superior, el nivel de la verdad, es para aquellos que viven muy cerca de la cruz y la palabra de Dios. Luego está el nivel inferior, el nivel de la mentira, de la que muchos tentáculos ascienden.

Por ejemplo, hay fragancias deliciosas que ascienden desde el abismo inferior, como una niebla de humo. Las personas que están en el nivel superior (el de la verdad), pero que no permanecen cerca de la cruz, empiezan a oler los aromas del engaño que se elevan emanando en caracoles espirales. Estas tientan nuestras debilidades y poco a poco se deslizan hacia el nivel de falsedades. Para muchos es el lugar natural donde estar.

El nivel inferior es un nivel fácil y cómodo. Muchos programas "reality show" presentan típicamente una vida en el nivel inferior, y estos programas hacen que parezca más "agradable".

En la imagen de Dios, he visto muchísimas personas sentadas en tronos, algunas llorando, algunas deprimidas. Otras parecían zombies, actuando como robots, manteniéndose ocupadas para no tener que pensar. Me di cuenta de que no había ningún control o poder en sus vidas. Pero algunos decidieron que era el momento de bajar de sus tronos, y dar los pasos que los conduzcan hacia arriba al el nivel de la verdad.

Cuando se vive en el plano de la verdad, resulta emocionante porque puedes recibir mensajes de Dios en cualquier momento, que ayudan a seguir mejorado. La vida en el nivel de la verdad es un estilo de vida "pura", un plano limpio, un plano en el cual Dios te da poder para vivir una vida plena, significativa. En contraste, cuando se vive en el plano de la falsedad, uno está acorralado en un estilo de vida que sólo aparenta ofrecer todo lo que deseas, pero que secretamente te roba el poder real que podrías tener sobre tu propia vida. Piensa en "Matrix". El nivel de la falsedad es una obra maestra del engaño.

No obstante, afortunadamente, hay una manera de salir de la oscuridad y entrar a la libertad que proviene de la luz, El camino o "los pasos", de hecho, son una dicha para los que lo encuentran y comienzan su viaje en subida; y un regalo de esperanza para aquellos que deciden buscarlos y escapar de los grilletes de la mentira. Es fácil encontrar estos pasos porque Dios siempre está entusiasmado y feliz de llevarte allí. Pero ten en cuenta que una vez que te hayan entregado este nuevo "comienzo", una vez que fuiste conducido allí, cuando te encuentres parado en el fondo y mirando esos peldaños que te llevarán a la verdad, la única manera de subir es mediante "la guerra" espiritual.

Como he descrito anteriormente, sus espíritus mentirosos protegen el cerco y la frontera. Para empezar a subir los peldaños que llevan a la verdad y a la libertad, hay que luchar contra los espíritus mendaces, cuestionar el control inmoral pero tenaz que tienen sobre tu vida, y enfrentar los vínculos dañinos, aunque a veces paradójicamente legales, en las que te han encadenado.

Estoy agradecida por algo tan sencillo como el hecho de que la televisión no me ha atrapado. De hecho, la televisión me aburre. Te pegunto, ¿no es que la mayoría de los programas de televisión retratan una vida que nunca podría conducir a lo sobrenaturalmente divino? Yo creo que una vez que llegas a ese lugar de búsqueda, de vivir y de hablar la verdad que Dios te da, la puerta se abre cada vez más ampliamente para que la Divina Providencia avance en tu vida.

En este capítulo, veremos diferentes ejemplos de los "tronos falsos" en los cuales la gente se sienta. Cuando usted reconoce la ubicuidad y la astucia de muchas situaciones que lo pueden poner en estos tronos, estará mejor equipado para evitar y escapar de los errores que muchos de nosotros cometemos, incluso sin saberlo.

Los que viven en el nivel de la verdad están en primera línea para recibir los favores de Dios. Para quien no lo sepa, estos favores son vistos como milagros.

Además, mediante la lectura de este libro, estás caminando conmigo. Juntos, pasaremos a aumentar tu vista, tu visión, tu integridad y tu alma para encontrar esperanza, paz, dirección, destino, amor verdadero y la voz de Dios en tu vida. Como mi simple historia ofrece, no es sino una sola prueba de que Dios no se queda sin ideas. Él puede y siempre hace algo nuevo y totalmente inaudito. Y los que viven en el nivel de la verdad son los primeros que recibirán los favores de Dios, que para quien no lo sepa, son vistos como milagros.

Cuando vives en el nivel de la mentira, serás prisionero de muchas cosas falsas. Al igual que innumerables personas que he conocido, puedes estar tratando de vivir una vida detallada y descrita por los ejemplos presentados en los medios de comunicación. Tu vida podría ser una en la que trabajas duro, te diviertes mucho. Suena muy noble, pero ¿cómo te diviertes? ¿Vives tú de acuerdo a los mandamientos que nos ofrece la Palabra como una manera de crecer? La Biblia dice claramente lo que está bien y lo que está mal.

Aunque nunca hayas creído en los muchos ejemplos de sabiduría de la Biblia, te será difícil argumentar desde la cancha opuesta. Cuando se trata del bien y el mal, casi todo el mundo sabe, intuitivamente, lo bueno y lo malo. Muchos, sin embargo, reclaman y toman su propio trono de falsedad. Se emborrachan, tienen parejas sexuales fuera del matrimonio, engañan, roban, adoran al dios del dinero.

En el nivel de la falsedad hay grandes tronos y pequeños tronos. Tienes que hacer la guerra contra todas las mentiras, incluso las pequeñas. Permítame darte unos ejemplos.

El Trono del "Silencio"
El primer trono es el que yo llamo el trono del "silencio". Puedes sentarte en este trono durante las horas que prefieras sin decir nada porque la verdad es que temes lastimar a alguien. Por ejemplo, una jovencita tiene un amigo que está locamente enamorado de ella. Ella disfruta de la atención y la adulación. Con tal de no perder la amistad, se queda en silencio sobre su falta de atracción mutua, dejándole pensar lo que él prefiera. Ella le está dando falsas esperanzas y su silencio es en realidad una mentira.

Otra forma de "silencia" consiste en pretender que algo es de cierta manera pero realmente no lo dices con palabras. Por ejemplo, la mujer que no quiere que su esposo salga una noche, pero sólo se encoge de hombros con un gesto de "no me importa lo que haces". Está mintiéndole a su esposo, levantando un muro entre ellos, y simplemente pretendiendo. Tú probablemente sepas, por tu propia experiencia, y recuerdas la ansiedad o la ira que provoca.

¿Crees que fingir estar escuchando es una falsedad? Puedes decidir por ti mismo. Algo curioso que he visto a menudo en los Estados Unidos mientras observo a las personas conversando, es cuando uno habla y el otro aparenta gran interés diciendo "¡Oh, sí! ¡Impresionante! ¡Sí! ¡Impresionante!" Y esa persona que parece estar tan sorprendida por lo que la otra dice ni siquiera está escuchando. Yo opino que cuando pretendes estar escuchando, pero no estás oyendo, en realidad estás mintiendo. Tales falsedades minuciosamente pequeñas pueden convertirse rápidamente en parte del todo de tu conducta. Y eso es peligroso.

Otro ejemplo del trono del "Silencio" es cuando decides decir la verdad pero en otra ocasión. Muy a menudo optamos por decir lo que pensamos que otros quieren escuchar por miedo al rechazo o a la reprimenda, ¿no le parece?

He entendido que Dios está muy interesado en mantenerme en lo que es cierto, al punto de decirme que en lo más profundo de mí ser, hay una mentira incluso cuando yo solo estaba soñando o fantaseando acerca de mi futuro esposo. Dios no dudó en decir la verdad, no perdió ni un momento esperando a que yo, quizás, estuviera en un mejor estado de ánimo. No, Dios me ofreció la verdad cuando me convenía Ahora sé que decirme la verdad de inmediato da lugar a una revelación mucho más evidente, y útil. A partir de este encuentro personal, entendí que creer en lo que queremos creer, aun cuando sabemos que es el producto de una fantasía, puede ser peligroso. Creer algo falso puede dar lugar a expectativas idealistas. En mi caso, a un matrimonio que no existía todavía. Curiosamente, siento una señal en mi oreja izquierda cuando estoy deslizándome en una mentira.

El Trono del" Pasado"
El segundo trono se llama "el pasado". Muchos de nosotros vivimos y actuamos de determinadas maneras debido a lo que sucedió en nuestro pasado. Un ejemplo sencillo: si un hombre se casa con una mujer que, en su pasado, era una prostituta, pero después le dio su corazón a Dios, el esposo debe olvidar por completo su pasado, y ella también. De lo contrario, su esposo podría comenzar a desconfiar de ella.

Estaba revisando my viejo diario y me sorprendí al leerlo. Resulta que en un tiempo pasado estuve saliendo con tres hombres a la misma vez. Fue una etapa tumultuosa durante la cual estaba tratando de decidir exactamente quién era el señor de mis sueños. Me sentí desconcertada cuando leí los escritos, pero les admito que también fue un poco fascinante. ¿Fascinante? ¿Qué? No puede ser. Fue entonces que me di cuenta de que cuando Dios perdonó mi pasado, este se borró. No existía más. Él no mira hacia atrás, de modo que cuando nosotros miramos a nuestro pasado, es, de hecho, nada más que una mentira.

Cuando Dios perdona, Él abre todo el espacio que necesitas para que te perdones a ti mismo.

Este es un punto fundamental que puede ayudarte a superar tus errores. Cuando Dios te perdona, Él abre todo el espacio que necesites para que te perdones a ti mismo. No permitas que los sentimientos de culpabilidad y desprecio te ganen. Nunca más. Este es el momento para cambiar totalmente tu vida en torno a Dios y olvidar tu pasado que ya ha sido perdonado. Hacerlo es dejar que Dios te lleve más cerca de los peldaños hacia el nivel de la verdad.

El Trono del "Creer en la Mentira"

El tercer trono es el "Creer en la mentira". Sentado aquí, te convences a ti mismo de aceptar lo que piensas es verdad, cuando en realidad es una falsedad. En este trono, yo una vez me entregué a Dios, pidiéndole que me mostrara la verdad de cada mentira en la que yo creía después de convencerme de que era verdad. Y Dios así lo hizo.

Por ejemplo, cuando llegué a los Estados Unidos a dar un mensaje, me dio un dolor de muelas intenso. No sabiendo dónde encontrar un dentista, oré, "OH Señor necesito un dentista urgentemente". Y el Señor respondió, diciendo, "no necesitas un dentista". Suena gracioso, pero empecé a discutir con Dios, diciéndole que por el dolor que tenía parecía que iba a necesitar un tratamiento de conducto.

Entonces el Señor dijo, "Yvon, pregúntame la verdad acerca de lo que está mal". Cuando lo hice, me dijo que era sólo una infección en mis encías. El momento en que oré en verdad, apareció un poder sobrenatural, mostrándome que yo me estaba "mintiendo" a mí misma en lo que yo creía, y que la verdad no era tan mala.

Les debo explicar la razón por la que yo podía oír a Dios tan claramente, corrigiendo la mentira que me estaba diciendo a mí misma. La razón es, que por entonces, yo ya había pasado años luchando contra las mentiras en la cerca. Yo ya estaba avanzando hacia el nivel de la verdad. Pero debo decirte esto: no creo, ni siquiera por un instante, que estoy completamente allí todavía.

Incluso cuando apenas empecé a subir los peldaños, yo ya podía oír a Dios. En el momento en que empiezas tu guerra contra las mentiras en tu vida, empiezas a escuchar a Dios. Pero no te olvides que las otras voces también estarán allí, haciendo su mejor esfuerzo para distraerte y desviarte del camino.

El trono de "creer en la mentira" reclama muchos almas ignorantes. Pero yo sabía cuándo estaba en ese trono porque Dios me envió mensajes claros.

Aquí hay otro ejemplo de donde yo estaba dotada con la verdad, venciendo la mentira, y surgió a causa de lo que creía acerca de mi cuerpo. Tenía un poco de sobrepeso, y ese peso estaba alrededor de mis caderas. Mientras miraba mi foto, se la mostré a Dios y me quejé, "Parezco malformada debido a esta grasa". Nunca olvidaré cómo me sentí mal por lastimar así a mi Padre celestial. Esa noche, él me contestó con una voz audible. Yo estaba profundamente dormida cuando oí la voz de Dios diciendo, "45:10". Me desperté en shock, diciendo ¿"Señor, es usted? ¿Qué significa 45:10?". Luego, oí una palabra adicional, "Isaías"

Isaías 45:10
"Nos atrevemos a decir a nuestros padres, ¿por qué me hicieron así?"

Me sentí triste y arrepentida. Y fue cuando decidí amar el cuerpo sano que Dios me dio. Desde ese momento en adelante, cuidaría muy bien mi cuerpo. Hoy, realmente, creo que tengo el cuerpo más hermoso que nuestro Dios amoroso me ofrecería, y no quiero cambiar nada. Pero trato de mantener mi promesa de cuidarlo haciendo ejercicio y esforzándome para mantenerme saludable.

Viendo que estamos hablando de creer en la mentira en lugar de la verdad, la flagrante verdad es que hoy nos criamos viendo mujeres extremadamente delgadas y poco saludables, que son glorificadas en las portadas de las revistas, protagonistas de películas, y en todas partes. Son glorificadas en cualquier otro lugar que los medios puedan mostrárnoslas. Sólo considere las fotos. Vemos las "modelos" que se han hecho cirugía plástica para ser perfectas, vemos las fotos que han sido retocadas y mejoradas en el laboratorio de fotografía para hacer que estas mujeres tengan un aspecto aún más que perfecto. Las niñas crecen queriendo parecerse a estas imágenes falsas de una persona real. ¿Sabías tú que si Barbie, esa muñeca original perfectamente esculpida, que durante décadas, estableció el estándar para la perfección femenina, fuera de tamaño real, sus medidas serían 99/58/83, y ella mediría más de dos metros de altura, con un cuello dos veces más largo que el de un ser humano normal? Si no compras esa farsa de la "mujer perfecta", entonces no te sientes en el trono de "creer en la mentira".

La obsesión con tu aspecto te mantendrá cautiva en una mentira.

El Trono de "La mentira del ejemplo"
Esto nos lleva al cuarto trono. Aquellos sentados en este trono hacen frente a la "mentira del ejemplo". La gente mira lo que otros dicen y hacen, y utilizan estas observaciones como ejemplos para juzgar, para refutar, o peligrosamente, para emular. Se obsesionan sobre lo que las películas están ofreciendo, lo que las revistas están presentando. Ven los ejemplos que los medios de comunicación quieren que vean y son guiados por una peligrosa senda donde podrán encontrar buena compañía, porque lo que el mono ve, el mono hace.

Cada año durante las vacaciones de primavera, unos 15 millones de estudiantes universitarios estadounidenses se reúnen en las playas de Florida. Detrás de ellos hay un gran negocio, patrocinando concursos de camisetas mojadas, diversión bajo el sol, juegos de beber para captar la atención de los grupos más vulnerables del país, el más grande consumidor. Cada año, esos jóvenes de 18 a 24 años de edad, a pesar del hecho de que la mayoría no puede permitirse el lujo, representan algunos de los consumidores más descuidados, despilfarradores en los Estados Unidos.

Con consumo de torrentes de alcohol, con los concursos de bikini, los certámenes de camisetas mojadas, y un número de otros eventos bacanales, un espectáculo común en cualquier dormitorio del sur de Florida durante este período son botellas vacías, cajetillas de cigarros, chupitos y condones desparramados sobre los muebles. Aquellos que son incapaces de pensar claramente, una vez que se establece el ejemplo, siguen el ejemplo.

¿Qué pueden aprender estos parranderos después del receso de primavera? ¿Crees que vuelven a las universidades contemplando el gran destino que Dios los está llamando a cumplir? Lo más probable es que no. Estarán más propensos a vagar sin rumbo, entre "recuerdos ardientes" guardados en sus cámaras digitales y Smartphone, volviendo a su prisión de mentiras, cómodamente jugando a "lo que el mono ve, mono hace". Están firmemente asentadas en el trono de "la mentira del ejemplo".

El Trono de "La mentira de ver"
En este trono, estamos sentados mirando la "mentira de ver". Hablaremos acerca de este concepto detalladamente más adelante. Pero por ahora, la "mentira de ver" es cuando tomas lo que ves en tu entorno como la verdad indiscutible. Esto es diferente al trono de "creer en la mentira", porque en este trono, no estás pensando sino actuando únicamente sobre los estímulos visuales que impulsan tu comportamiento.

Es como si estás en medio de un fuerte temporal en el océano, ves las crecientes olas rompiendo en la proa y gritas, una mentira, "¡Socorro! ¡Me ahogo!". ¿Oh si? ¿Sólo porque estás en una gran tormenta? ¿Acaso otros barcos no han estado peor? ¿Los marineros no experimentan estas tormentas regularmente? Sí, sabemos que sí. Pero, tú ves lo que ves y aunque es una mentira, tu desesperación percibida te obliga a ver lo peor como si fuera verdad.

He aquí otro ejemplo. Un muchacho se "ve" a sí mismo sin trabajo. Y ve que todos sus esfuerzos están fracasando, uno tras otro. Ve su situación como una batalla perdida. Finalmente dice, "Dios no me está ayudando, ¿por qué molestarme?" Mientras él crea en lo que ve, y él insista en mirarlo sólo de esa manera, él estará viviendo la mentira.

Para dejar este punto claro, permítanme utilizar mi ejemplo. Pasé ocho años sin trabajo. Yo no "vi" casi ningún ingreso. Lo que tampoco "vi" era cómo mi carácter se iba formando y construyendo mientras confiaba que Dios había elegido una época muy especial durante la cual he tenido que luchar con lo que estaba en mi mente. En mi mente. ¿Lo entiendes? Para ver claramente, tenemos que tener fe.

Isaías 43:2
"Cuando cruces las aguas, yo estaré contigo; cuando cruces los ríos, no te cubrirán sus aguas; cuando camines por el fuego, no te quemarás ni te abrasarán las llamas."

Dios nos pone en ciertos entornos y circunstancias muy especiales, todo con el fin de enseñarnos a no actuar sólo en lo que vemos, sino a actuar en lo que creemos en nuestra conciencia interior, un lugar donde lo que vemos no puede influirnos a causa de la fe.

Hasta ahora, hemos cubierto cinco tronos falsos: el silencio, el pasado, creer la mentira, el ejemplo mentira, la mentira de lo que vemos. No es difícil comprender cómo cada uno de nosotros termina en estos tronos. A veces, nos sentamos allí porque estamos confundidos. Otras veces por comodidad. En ocasiones por desesperación. A veces por ingenuos.

Algunas almas languidecen durante años en estos tronos de mentiras. Pero hay otros tronos más allá de éstos. Continuemos.

El Trono de "La Mentira de la Iglesia Común"

En el trono de la "mentira de la iglesia común" encontrarás una congregación que no está creciendo. Se trata de un grupo de fieles cuyo principal objetivo no es la comunidad a la cual la iglesia debería servir, sino ellos mismos, los miembros internos, viven, oran, adoran, mientras que se aíslan de la misma comunidad a la cual deberían ayudar. En su propio dolor, se lamentan de su estancamiento, incluso mientras se niegan a tender una mano para saciar las necesidades de los demás. Lo creas o no, toda una Iglesia puede encontrarse sentada y paralizada en tronos de falsedad y engaño.

Una vez, aconsejé a un líder de `una pequeña iglesia. Él estaba bastante deprimido por las cosas que había visto y vivido allí en su propia congregación. La ironía en este ejemplo es que fue la congregación misma la que llevó este hombre a la desesperación. Durante muchos años, su iglesia no creció y él trabajó mucho para afectar las vidas de sólo treinta personas.

Tuve que ayudarlo a romper esa persiana de incredulidad, de modo que pudiera ver más allá, que pudiera comenzar a reconocer que Dios lo estaba llamando a tocar las vidas de cientos de personas. Tuve que llevarlo a comprender que todavía estaba en formación. Su época para crecer junto con su congregación, aún estaba por delante.

Otro fenómeno que vi suceder en una iglesia fue un cambio repentino en sus enseñanzas, una súbita obsesión con el "Rapto" o con un "nuevo" programa. Esto ocurrió en un lugar espiritual, una iglesia, donde todo el mundo sabe que la palabra de Dios es para que nosotros vayamos y formemos discípulos, y no hacer hincapié, más allá de la razón, en cualquier cuestión, y especialmente en cosas que no sirven al propósito evangelístico. La congregación, durante esta época de su obsesión con el rapto, estaba siendo llevada a concentrarse exclusivamente en algo distinto a las instrucciones supremas de Dios. En definitiva, se luchaba por la salvación mediante la búsqueda de la comprensión, no en la verdad total, pero en una mentira.

Creo que esta es la razón por la cual no hay señales, no hay maravillas, no hay milagros, y ningún crecimiento en algunas iglesias. El egoísmo, el egocentrismo, el delirio; estos son rasgos esenciales en alguien vulnerable a creer una mentira porque están predispuestos a buscar lo que ellos sienten que es bueno para ellos mismos, sea cierto o no. Estas personas se olvidan que el reino de Dios no es una cuestión de hablar, sino de poder. Y que el poder surge sólo de la verdad, un lugar que ya hemos visto no es necesariamente cómodo.

Sorprendentemente, puedes sentarte en una iglesia y convertirte en un prisionero de mentiras. Una vez me acerqué a una señora que estaba muy involucrada en su iglesia. Yo no conocía la zona y necesitaba ayuda para encontrar alojamiento para una madre sin hogar. Aunque esta devota congregante estaba presente en cada reunión de la iglesia y cantaba con el equipo de alabanza, no me pudo sugerir los contactos de ni una sola iglesia donde yo pudiera pedir ayuda. Me sorprendió tal hipocresía, el hecho de que alguien tan dedicado a su iglesia, a la palabra de Dios que dice que nos debemos ayudar al otro, no podía ni siquiera comenzar a ayudar a un miembro de la comunidad en necesidad.

El Trono de "La Mentira de Dios no me ama"

El estar sentado en el trono de la mentira "Dios no me ama" puede comprensiblemente ser confuso. Aquí usted encuentra un alma desalentada porque Dios sanó al vecino pero no a él. A pesar de todos nuestros entendimientos maduros y más allá de todas nuestras creencias, podemos caer en la mentira de "Dios no me ama". Sin embargo, es sobre todo en este momento que nos haría bien demostrar nuestra fe ciega de que Dios elige cómo Él responde, que no debemos perder nuestra fe cuando Dios no responde de la manera que pensamos que debería. Cierto, en nuestros desesperados apuros, podemos sentir que no tiene ningún sentido lo que Él hace.

Pero permítanme dar testimonio de mi propia experiencia que hay épocas en las que Dios permite el sufrimiento. Recuerda, no obstante, estás yendo por el camino del sufrimiento con Cristo.

Si has leído hasta aquí en el libro, ya sabes que yo no estaba libre de sufrimientos. La temporada de sufrimiento, sólo dura hasta que Dios lo estime necesario a fin de preparar tu alma para tu llamado superior. Es mejor aceptar lo que Dios ofrece y dejarlo que termine con tu crecimiento espiritual en Su propio tiempo. No seas víctima del trono de la mentira de "Dios no me ama".

También creo que hay un tiempo para todo. Pero algunas cosas simplemente llevan mucho más tiempo de lo que nos gustaría. De nuevo, esto puede llevar a creer en la mentira del "Dios no me ama". Esta mentira, en particular, puede invadir, sin previo aviso, nuestra fe sólida. Sin embargo, con el tiempo, esta mentira queda expuesta y llegamos a saber por qué Dios hace lo que hace, por razones que traen la verdad.

Aquí está una breve escena para demostrar este punto. Durante aproximadamente dos años, he sufrido un dolor de cabeza muy extraño. Sentía como si alguien me estaba golpeando en la cabeza cada 20 minutos. Tras haber consultado un médico tras otro, que finalmente me enviaron a hacer un escáner (TAC). Incluso después de este examen especializado y exhaustivo, no pudieron encontrar nada malo. Yo oré y nada. Sólo mucho más tarde se me hizo claro, Dios usó este "milagro" para enseñarme algo. Cuando fui liberada de un espíritu maligno, los dolores de cabeza desaparecieron del mismo modo que llegaron: un misterio. Lo que estaba mal en mi vida espiritual se había manifestado en mi cuerpo, lastimándome físicamente.

Ahora mismo, piensa si te duele algo físicamente. Después, piensa en lo que podría estar mal espiritualmente, desequilibrado, o carente en tu vida. Te pido que consideres la posible conexión.

Te puedes encontrar con La mentira de "Dios no me ama" en cualquier lugar, en cualquier momento y aparentemente por cualquier motivo, ¡incluso mientras está sentado en la iglesia! Sí, la iglesia. Incluso cuando te encuentras en un lugar religioso, puedes ser abordado por la mentira de "Dios no me ama". Durante cinco años, me desanimé silenciosamente en cada servicio religioso, me sentía que estaba en un lugar poco agradable e incómodo. Por lo tanto, sí, incluso en la iglesia, nuestras almas son vulnerables a creer menos que la verdad.

Profundizando en la mentira de "Dios no me ama", me encontré preguntándome cómo es posible que Dios, en toda Su majestad, podría permitir que una falsa palabra profética me llevara a mí y a otra alma creyente pero desprevenida a tomar la palabra de un profeta como la verdad y casarnos.

Pero, como dije antes, Dios hace lo que hace por una razón, y es siempre una buena razón. Me enseñaron a honrar y respetar a aquellos que se consideran "profetas". Así, que ingenuamente creía que todos los profetas son dotados por Dios mismo. Cuando un profeta dijo que yo debería casarme con mi amigo, no teníamos por qué dudar de la providencia. Pero mi tiempo para aprender la verdad estaba al alcance de la mano. Dios me permitió ser perjudicada por esta palabra del profeta, algo que yo no podía entender.

Hoy a partir de esta experiencia personal, sé que profetizar es invocar un gran poder que viene con una infinita y profunda responsabilidad. Mi "dolor" al aprender esta verdad me ayudaría a tomar la responsabilidad muy seriamente. Nunca voy a compartir una profecía con nadie salvo que sienta que tengo la interpretación 100% correcta.

Dios me hizo pasar a través de una época horrible, enseñándome claramente la responsabilidad de un profeta, los peligros que puede invocar una profecía falsa, e incluso cómo reconocer un culto, un grupo obsesivo liderado por un profeta falso.

Durante esos cinco años en los que yo fui parte de la iglesia mencionada anteriormente, he sido testigo de cómo los miembros llegaron a temer y a complacer a los pastores más de lo que temen a Dios. Dios me permitió ver los errores de otros que aparentan ser profetas para que yo pudiera estar atenta a las señales de advertencia que ponen en peligro toda la profecía.

A menudo medito sobre estas preguntas: ¿Soy profeta? Si uno puede escuchar claramente la voz de Dios y, después de pasar por el largo y arduo camino, llega a comprender los mensajes de Dios, ¿eso lo hace un profeta? ¿Alguien puede ser un profeta pero sentirse como una madre normal que recibe mensajes de su Creador? En mi corazón yo sé que voy a trabajar en este misterio personal por el resto de mi vida.

En muchos sentidos, la mentira del "Dios no me ama" es, en realidad, una experiencia con sólo la fuerza opuesta, amor a sí mismo. Si sabes cuando Dios te envía una experiencia dolorosa es muy probable que te desarrolles a un mayor nivel de comprensión. Tu crecimiento espiritual puede ocurrir y ocurre de esas maneras. No tienes que estar en una iglesia a la hora de aprender eso. De hecho, de muchas maneras, he aprendido mucho más sobre mi Dios explorando espiritualmente, a través de la meditación, mis experiencias de vida, que de las enseñanzas de la iglesia. Esto no quiere decir que las iglesias ofrecen menos o nada en absoluto. Por el contrario, una iglesia dirigida por un pastor dotado y divinamente ordenado por Dios, puede ser un lugar enormemente gratificante para poner en perspectiva los muchos enigmas en tu vida.

Cuando se trata de la mentira de "Dios no me ama", es un gran desafío en el desarrollo espiritual el hecho de que muchas personas no están dispuestas a pagar el precio del dolor necesario para la formación del carácter. Los dones que Dios te da a ti y que utilices justamente pueden elevarte, en maneras mundanas; pero es tu carácter (el alma), en sí mismo, que requiere el desarrollo de mayor alcance y, frecuentemente, eso viene a través de las dichas del dolor.

Sigamos avanzando.

El Trono del "Acusador"

Acusar es mentir. Aunque nos podemos enojar y como resultado decir lo que no debemos, sabemos de antemano que cuando acusamos a alguien por habernos herido, nos convertimos en víctimas de una mentira. Esto puede sonar un poco ilógico. De hecho, muchas veces ocurre con almas carnales que sucumben al simple orgullo.

Es mejor dejar que Dios juzgue a otros. A veces Dios permitirá que una persona te trate injustamente para que puedas aprender a medir en tu propia vida, si has desarrollado la mente de Cristo. Como he dicho, Dios hace lo que Dios hace por una buena razón.

Lucas 6:37-38
"No juzgues a otros, y Dios no te juzgará; no condenes a otros, y Dios no te condenará; perdona, y Dios te perdonará. Da a otros, y Dios te dará. De hecho, recibirás una plenitud, una generosa ración, servida en tus manos, todo lo que puedas tener. La medida que usas para los demás es la que Dios utilizará para ti." [NVI]

Por favor, por favor, lee y relee esta cita de Lucas. Recuerda la próxima vez que te enfrentes con una persona difícil, una situación desafiante, o con una excusa para "ser humano" y perder el control.

El Trono de "La mayor falsedad"

En este trono, las personas creen que si ellos dan su vida a Dios a través de los sacrificios que anticipen necesarios, todos sus placeres acabarán, no se satisfarán ninguno de sus deseos, y todas sus posesiones se desvanecerán. ¡Qué pensamiento Increíble! De hecho, la verdad es justo lo contrario: cunado das tu vida a Dios ganas la mayor recompensa de tu vida.

Mirando atrás, me pregunto dónde estaría en esta vida si no hubiera sido por Dios. Lo que lleva a las personas al trono de "la mayor falsedad" es su comprensión limitado acerca de las cosas espirituales.

Considere esto: Somos alma, espíritu y mente. El alma de una persona que aún no es "salva" y, por tanto, no ha tenido un encuentro con Dios, está dominada por su mente, o sea, el ego. Cuando has "nacido de nuevo", es decir, cuando te das a ti mismo a Dios, permites que Dios te envíe el Espíritu para que domine tu alma. Esto es una bendición que alterará el curso de tu vida. Con el Espíritu Santo en tu alma, tomando control sobre tu ego (la mente), puedes realmente comenzar a entender lo que Dios te está diciendo. No puedo enfatizar suficiente la importancia de estar totalmente entregada a Dios.

Romanos 8:26-27
"Así mismo, en nuestra debilidad el Espíritu acude a ayudarnos. No sabemos que pedir, pero el Espíritu mismo intercede por nosotros con gemidos que no pueden expresarse con palabras. Y Dios, que examina los corazones, sabe cuál es la intención del Espíritu, porque el Espíritu intercede por los creyentes conforme a la voluntad de Dios."

Juan 14:16-17
"Yo le pediré al Padre, y él les dará otro Consolador, para que los acompañe siempre. Él es el Espíritu quien revela la verdad acerca de

Dios. El mundo no puede recibirlo, porque no lo ven ni lo conocen. Pero ustedes le conocen, porque vive con vosotros y está en ustedes."

Entrégate a Dios. Lo que obtienes a cambio será una vida que nunca has imaginado.

Esto nos lleva al trono que concluye esta serie.

El Trono de "La Mentira Final"

La gente corre a este trono tratando de encontrar soluciones sencillas para sus problemas. Por ejemplo, encontrarás en este trono a alguien que sufre de depresión. Mientras que la medicación para los trastornos depresivos en parte puede ayudar a lograr una forma de estabilidad que es más bien elusiva, recuerda que somos seres espirituales más que seres físicos. Lo que está mal en el Espíritu no puede ser reparado con un medicamento; debe ser corregido a nivel espiritual para evitar que se manifieste en el cuerpo.

Puede ser que la depresión te lleve hasta el umbral del conocimiento, pero tienes que atreverte con todo tu corazón, para buscar las respuestas del alma y no depender sólo de la medicación para resolver tu dolor. Mi propia madre se quitó su vida luchando con depresión; era una época en la que la enfermedad mental no se entendía. Puedes imaginarte el terrible impacto que el evento tuvo sobre mí en ese momento. Pero ahora, yo conozco a Dios de una manera muy personal, y me doy cuenta de que el enorme dolor me llevó a un cambio de vida, al conocimiento que me salvó la vida y a la comprensión.

Oseas 4:6
"... mi pueblo fue destruido por falta de conocimiento."[NVI]

Comencé a saber y mi conocimiento aumentó en el momento en que decidí pedir apoyo y aprender acerca de lo que, anteriormente, sólo había temido. Asistí a la 156ª reunión anual de la Asociación Psiquiátrica Americana en San Francisco. Y participé en una sesión sobre la depresión y la prevención del suicidio. He aprendido sobre el estrés, la psicopatología y el cerebro. También he asistido a reuniones sobre evaluaciones espirituales y religiosas en la práctica clínica, así como lo que la ciencia propone desde el punto de vista psiquiátrico. He aprendido la importancia de los sistemas de creencias espirituales cuando se trata de sanación.

La "gran mentira" nos lleva a muchos de nosotros a buscar soluciones, simples, fáciles y rápidas para nuestros problemas. Donde el conocimiento puede ayudar a los más, demasiadas veces es visto como inalcanzable. Aunque el aprendizaje lleva esfuerzo, la recompensa es innegable. La "gran mentira" no debería impedir que busques la verdad, sólo porque requiere esfuerzo de tu parte.

La enfermedad mental es un excelente ejemplo de lo que se necesita a modo de esfuerzo. Las personas, hoy en día, deberían tratar de comprender las diversas formas de esta enfermedad. Alguien en tu propia familia podría estar luchando con una grave depresión y ni siquiera saberlo, o, si lo saben podrían sentirse suicida, puede que no sean capaces de pedir ayuda. Imagínate que tuvieras al menos un conocimiento superficial; podría significar la diferencia entre salvar a tu hermano o hermana, o asistir a un funeral.

En 1985, no había mucha información disponible sobre la depresión. Mi madre ni siquiera sabía que tenía un desequilibrio físico químico en su cerebro. No había forma de que ella entendiera que necesitaba medicamentos, así como ayuda espiritual. Si yo hubiese sabido más, quizás podría haberla ayudado, pero yo sólo tenía 13 años de edad. Pero ahora sé. Y el conocimiento vive en mí. Juntos, vamos a avanzar para ayudar a aquellos que luchan contra su enfermedad, no sólo a través medicamentos sino también a través de la sanación profunda y personal del espíritu.

A medida que nos acercamos al final de este debate sobre el nivel de la verdad y el nivel de la falsedad, quiero compartir contigo esta advertencia sobre lo fácil que es caer rápidamente desde la luz a la oscuridad.

Una familia cristiana, de hecho, los líderes de una iglesia, me invitaron a un almuerzo de Navidad. En aquel momento, sus dos hijas estaban en pareja, y al entrar sentí algo muy malo. Me di cuenta inmediatamente de que los padres se estaban haciendo de la vista gorda ante los pecados que sus propias hijas estaban cometiendo. Porque no tengo un botón de encendido/ apagado para controlar mi visión profética, resultó ser una experiencia muy extraña, ya que no podía ir a esa casa y fingir no ver lo que el Espíritu de Dios me estaba mostrando.

Lo que estoy diciendo es que si los padres tratan de vivir "la buena vida" en busca de Dios y Su voz, pero luego dejan que sus hijos comprometan estas creencias en su propio hogar, es como si ellos aprobaran las acciones de sus hijos. Desde ese momento caen desde el alto nivel de la verdad hasta el nivel bajo de la mentira. De la luz, a la oscuridad.

Si deseas escuchar la voz de Dios, tienes que limpiar tu vida.
El primer paso esencial: busca y nunca pongas en peligro la verdad.

En estas páginas que acabas de leer, espero que hayas aprendido que si quieres oír de Dios, tienes que limpiar tu vida. El primer paso esencial: Busca, y nunca pongas en peligro la verdad.

Este fue un largo capítulo, y entiendo que la información y los detalles pueden ser emocionalmente agotadores. Toma un descanso breve ahora mismo y pídele a Dios que te ayude a asimilar lo que Él quiere que aprendas.

En la sección siguiente, experimentarás conmigo la preparación final antes de partir de Sudáfrica. Cuando uno deja su hogar en una misión desconocida, realmente sólo podes confiar en Dios...

7

"LA PREPARACIÓN" PARA PARTIR DE SUDÁFRICA Y LLEVAR UN MENSAJE IMPORTANTE

A medida que convoco estos recuerdos y escribo estas palabras, me siento como si estuviera contigo en tu hogar compartiendo mi historia de una manera muy privada. De hecho, en mi mente, estamos tomando un té en tu sala, explorando los mensajes que Dios me ha dado en los últimos 14 años de mi vida.

Llegar hasta aquí no fue un sendero que yo escogí. Como tantos otros con añoranzas y, mi sueño cuando era más joven era ser actriz de cine en Hollywood. Qué me imaginaba yo que cuando llegara a Hollywood, mi misión sería bastante diferente: Predicadora. Y aunque ahora estás leyendo este libro, te puedo decir sin reservas que nunca jamás quise convertirme en escritora. Estos son claros ejemplos de cómo tu vida puede y probablemente cambiará cuando oigas las palabras de Dios y siga las palabras que te guiarán.

Veamos por qué en un período de pocos años he "decidido" escuchar la voz de Dios. Es verdaderamente sorprendente que desde el momento en que empecé a aceptar los sueños que Dios compartió conmigo, y trataba de entender estas visiones para sentirme segura que estaba haciendo la cosa correcta, Dios comenzó a comunicarse conmigo con cada vez mayor frecuencia.

Y El empezó a decir algunas cosas sumamente increíbles. Cierto, yo podría haber pensado, "¡Esto suena ridículo!" o, "¿Dios me está diciendo esto? ¿Quién puede detenerlo?"

Fue en ese momento cuando vi el primer reto enorme: Según fui en dirección hacia el nivel de la verdad, las mentiras entraban furtivamente. En el capítulo anterior, leyeron cómo empecé a identificar estas mentiras y sus fuentes. Una vez lo aprendí, a pasos sumamente lentos, comencé a adquirir la capacidad de soltar las cadenas que me tenían, y nos tienen a todos, atada a las mentiras. Esto es algo que estoy absolutamente segura le sucederá a usted también.

Para mí, dejar el nivel de mentira detrás significa también, inevitablemente, dejar mi casa, mi país. He aquí está la forma en que surgió.

Han pasado 20 años desde que me convertí en cristiana nacida de nuevo. Pero lo recuerdo muy claramente; fue muy poco después de esa experiencia impactante que Dios me mostró que estaría viviendo en una pequeña ciudad en el Provincia Norte de Sudáfrica. ¿Qué? Ese es el último lugar me gustaría elegir para alojarme. Los recuerdos del suicidio de mi madre me esperaban en esta misma ciudad. ¿Quien quisiera vivir en medio de ese dolor? ¿Cómo pudo Dios elegir tal camino para mí? Y, sobre todo, ¿por qué? Muchas difíciles preguntas, sin contar las enormes dudas que surgieron como obstáculos. Pero, unos años más tarde, como dijo Dios, me encontré ahí.

Es difícil describir el enjambre de sentimientos que vienen cuando te das cuenta de que estás viendo los mismos lugares, oyendo los mismos sonidos, caminando por las mismas rutas, que mi madre vio, oyó y vivió antes de quitarse la vida. Durante esos tres primeros meses, hice lo que todos hubieran hecho, lloré. Era el comienzo de mi formación guiada por Dios. Este no era sólo un lugar donde Dios me escondió, sino también me permitió pasar por algunas temporadas de preparación, realmente difíciles, e hirientes.

Y ahora se iniciarían, en medio del dolor, los mensajes que tuve que escuchar y comprender antes de salir de África.

En el comienzo, claro no comprendía plenamente lo que estaba sucediendo. Vi mi vida tomando una dimensión peculiar, sobrenatural. En un sueño, Dios compartió conmigo que algo realmente grande y emocionante iba a suceder en mi vida. Pensé, "¡Si Dios está diciendo 'grande', entonces debe ser realmente, muy grande!"

Poco después llegó otro sueño en el que me vi en Los Ángeles, rodeada de gente "de color". Mientras que las personas con un piel color marrón oscuro son conocidas como mulatos en mi país, Sudáfrica, fue años más tarde, cuando me reuní con la gente hispana de Los Ángeles que me di cuenta de la claridad que presenta este sueño. Yo sería bendecida con multitud de hermanos y hermanas hispanos en mis reuniones cuando hablé de los mensajes de Dios.

Meses después de ese sueño, me vino una visión que mi esposo estaba en una especie de coma. En coma representa el estado en que una persona se encuentra cuando está separado de usted. Dios iba a quitar este hombre que había sido profetizado falsamente a ser mi esposo. En este sueño, Dios claramente envió un mensaje acerca de "divorcio", tras lo cual me avanzaría muy fuertemente. Además soñaba que subía una montaña. Yo era tan fuerte que podía llevar mi propio coche en mi mano derecha. Mi coche no me llevaba. Un coche representa a su ministerio, o llamado.

Pasaron muchos meses, años. En este nuevo año, me visitó de nuevo con un sueño de estar en Los Ángeles, donde un hombre vestido de blanco se me aproximaba para preguntarme si quería ir a la audición de una película. Por alguna razón inexplicable ¡no tenía interés en una audición! Imagínese esto: ¡Yo que siempre quiso ser actriz renunciando a una audición! Entonces él me dijo, "déjame mostrarte las calles de Los Ángeles." y salimos, yo torpemente confundida acerca de renunciar a una audición, pero viendo en este sueño que me sentiría diferente en el futuro. Mientras el hombre de blanco me mostraba Los Ángeles, seguí pensando que se parecía a Venecia.

La claridad de Dios continuó y me ayudó a ver mi vida, mi pasado y mi futuro. Fue después que me di cuenta de que el propio Dios me fue guiando con mi divorcio en lugar de acusar o condenarme. Reconocí que algo pasaba entre Dios y yo, y estaba ocurriendo a través de los mensajes que estaba recibiendo. Cuando tenemos esta sensación, ya nos parece "saber" cómo fluir.

Luego soñé que había ganado siete premios. De la nada y aparentemente nada que ver con nada.

Escribí todos y cada uno de los sueños. Empecé a comprender que mientras le mostraba a Dios mi fidelidad, Él empezó a darme más sueños.

En un sueño posterior y muy potente, me encontraba en la escuela, lo que representa un lugar de aprendizaje. Fue a mediados del mes de julio. En este sueño, vi que estaba embarazada. El embarazo se refiere a estar espiritualmente listos para dar nacimiento a algo. Supuestamente iba a tener mi bebé a finales de Julio. El bebé se refiere a su propio proyecto personal, que, sí, puede incluir un ministerio. Se trata de lo que Dios te da, lo que Él escoge, cualquier cosa por lo que eres responsable. [Mueve el reloj adelante: Un año después, a finales de julio, comenzaría a hablar en Los Ángeles.]

Ahora bien, este es el lado humano, quizás una perspectiva más accesible a todo esto porque es importante que usted vea cómo Dios gentilmente nos ayuda a dejar a un lado lo que sentimos y cambia quienes somos. Estaría recibiendo estas visiones, pero recuerde que todavía estaba en una diminuta aldea en el desierto Sahara en África. Las cosas iban mal y yo estaba inmensamente deprimida.

Escuché la voz de Dios mientras estaba en oración. Oí la voz decir, "Yvon, ¿Aún quieres actuar?" Me pregunto ¿por qué Dios me preguntaría eso? Hacía mucho tiempo ya de la última vez que tuve el deseo de actuar. Era un deseo que deje atrás cuando sentí que Dios me decía que abandonara todo y me mudara a la Provincia del Norte. Siempre he estado fascinada por la industria del entretenimiento, pero me sentí mucho más atraída a la realidad. Antes fue un sueño, pero ahora tenía un sueño mayor, seguir a Dios. Más incluía algunos cambios bastante difíciles. Para uno de ellos, en este mismo mes, yo estaba divorciada de un hombre bueno, simplemente porque me fue mostrado que era lo correcto.

Tras el divorcio, el psiquiatra que me atendió por depresión se convirtió en mi amigo y más tarde, mi novio. Él soñó con un trabajo que iba a tener en un hotel de lujo en los Estados Unidos. Permítanme explicar. Siempre que alguien se alberga en mi casa, o yo en la suya, ellos empiezan a tener sueños. La Biblia dice que si usted acoge a un profeta, obtendrá la recompensa del profeta. Los mensajes fluirían lo mismo hacia Él o a la persona que recibe al profeta.

He soñado que Dios vino a visitar la tierra de una manera sobrenatural.

En otro sueño, yo estaba en una fiesta fabulosamente lujosa en los Estados Unidos, ¡con un hombre diferente sentado a mi lado!

De nuevo, los mensajes, pero sin ninguna explicación. Todo era bastante chocante. Mi siquiatra me estaba pidiendo que me casara con él. Yo me había enamorado de él. Pero aquí en el sueño, yo estaba sin embargo con otro hombre.

Algunos sueños simplemente tienen poner "en espera". En ese momento, yo no podía decir qué iba a suceder. Como cualquier otra persona, lo único que me guiaban eran mis sentimientos, es decir, cómo me sentía espiritualmente a medida que estos acontecimientos iban surgiendo y se reconciliaban con el plan de Dios para mí. Como ya hemos visto, algunos mensajes vienen con años de antelación y mientras no que no llegue las respuestas, tendrán muy poco sentido.

En los meses que estaba comprometida, tanto mi novio como yo sentíamos extraños dolores atravesando nuestros cuerpos. Me vine a dar cuenta más tarde que esto se debía a que nuestra unión desagradaba a Dios. Él era divorciado también, y mi lugar era simplemente enseñarle acerca de Dios, no casarme con él. Esto abrió las puertas del reino espiritual para que los demonios nos atacaran. Aunque queríamos servir a Dios y hacer lo correcto, no debíamos estar juntos, y Dios envió un mensaje muy claro.

Después que Dios detuvo la boda, tuve un colapso de nervios total. Estuve tumbada en el suelo durante semanas, llorando, tomando pastillas para dormir, durante el día, y así no tener que enfrentar la realidad de que realmente había tenido una relación adúltera. Conocí a este hombre mientras él estaba casado.

¿Cómo puede Dios estar llamando a tal mujer para ir a predicar en Hollywood? Habiendo estado tan emocionada por la boda, ahora estaba atravesando un dolor insoportable. No tenía ningún interés en Estados Unidos. No me importaba nada Hollywood.

Mientras todo esto sucedía, Dios me preguntó por qué había dudado de mi vida en los Estados Unidos. ¡Yo estaba enamorada! Lo último que quería pensar en ese momento era en los Estados Unidos. ¿Por qué Dios estaría preguntando esto de mí? Él ya sabía que lo único que quería era un esposo verdadero e hijos.

En el próximo sueño, Dios me mostró que estaría en un lugar desconocido con mis maletas. En este lugar había un templo grande. El juicio de Dios vino, y con él, un diluvio de agua que barrió y llenó el lugar. Me di cuenta que estaba viendo lo que Dios me estaba mostrando por una razón, lo que estaba viendo no estaba por suceder en la Tierra, vendría en el futuro.

Era diciembre, el mes en que me hubiera casado si Dios no lo hubiera parado. Ahora, Dios me estaba preparando para salir de Sudáfrica. Él me mostró en un sueño, que mi viaje sería como alguien en un tren, obteniendo su siguiente dirección en cada parada de tren. Fue durante este mes que comencé a pasar horas en oración, buscando a Dios como nunca antes.

Y luego vino la palabra: Dios me dijo que estaría casada. Y tendría hijos. Pero, primero, tendría que pasar tiempo a solas con Dios y encontrar plenitud con Él. En medio de la noche, Dios me llevó a un pasaje de la Escritura:

1 Pedro 1:6-7
"Siéntase contento sobre esto aun cuando puede ser necesario ahora que usted este triste por un tiempo a causa de los múltiples tipos de pruebas que sufre. Su propósito es demostrar que su fe es genuina. Incluso el oro que puede ser destruido es probado al fuego y, por tanto, vuestra fe, la cual es mucho más preciosa que el oro, también debe ser probada, de modo que puede resistir, entonces usted recibirá la alabanza, la gloria y el humor en el día cuando Jesucristo sea revelado." [NVI]

Dios especialmente señaló las palabras del versículo 10: "Que era relativo a esta salvación que los profetas hicieron cuidadosa búsqueda e investigación, y profetizaron acerca de este don que Dios te daría."

Aunque desconocía totalmente cómo todo esto iba a ser, sí sabía intuitivamente que Dios me estaba diciendo de traer la bendición a Hollywood. Y, de hecho, descubrí la gracia.

Seis meses antes de marcharme a Estados Unidos soñé que iba a trabajar en el proyecto de cine mencionado anteriormente, un proyecto que sería producida por segunda vez. "Vi" el lugar. África Central, así como en Europa. Lo entendí muy bien, pero sabía que Dios me estaba llamando a una temporada de aislamiento donde Él sanaría mis heridas. Fue en uno de esos días por venir que, mientras lloraba en el suelo, Dios me mostró la visión del león de Judá que describí en los primeros capítulos. Esta bestia sólo vino a echarse junto a mí. Me di cuenta de que aunque yo aún estaba en un estado de dolor, en mi época de sufrimiento, Dios me estaba mostrando compasión, revelándome que no estaba sola.

Llegaron falsos mensajes para distraerme

Alrededor de este tiempo vino un amigo a verme y a contarme un sueño que tuvo. Jameson me dijo que en su sueño estaba claro que Dios me estaba llamando para caminar con Él por un bosque. Mi amigo me explicó que, mientras caminaba por el bosque con Dios, había un hombre con cabello oscuro acostado durmiendo tranquilamente.

Esto se me hizo muy interesante porque sé hay personas a nuestro alrededor que pueden ser mensajeros. Lo que aportan es de valor porque puede ser un mensaje para ayudar a clarificar un mensaje falso o interpretación. En ese momento, estaba preocupada y preguntándome sobre ese hombre de cabello oscuro. Hoy creo que los "falsos" mensajeros querían que me aferrara a una mentira. Comparto con ustedes este mensaje como otro recordatorio de que algunas personas que aparentar ser muy piadosas pueden dar mensajes de "mentira". Imagínese si hubiese pensado que cada hombre de cabello oscuro iba a ser mi futuro esposo Mi amigo me trajo una claridad que le fue dada por Dios.

Durante los próximos meses de aislamiento, Dios estaba iluminándome el camino en formas cada vez más complejas. Empecé a comprender que ahora estaba luchando una batalla espiritual. Estaba constantemente haciendo "limpieza de la casa" espiritual.

Dios envió aliento a través de otra mujer llamada Sandy. Ella me dijo que Dios compartió con ella que Él estaba enviándome a los Estados Unidos. Sandy confesó que ella había sabido esto ya ¡por unos pocos años! Por eso estaba muy enfadada cuando escuchó de mi compromiso con el psiquiatra.

Ella me advirtió sobre el noviazgo y se sentía angustiada al ver que yo estaba enamorada. Sandy fue un verdadero mensajero de Dios y habló de verdades que yo no quería oír. Por ser una amistad casual, ella era una persona totalmente imparcial. Sin tener ningún provecho que sacar excepto compartir lo que Dios le había dicho, Sandy intentó guiarme para que entendiera que Dios ya tenía un plan predestinado para mí, y me llevaría a los Estados Unidos.

Permítanme compartir con ustedes algo muy curioso. ¿No cree usted que con todo esto, yo hubiera tenido al menos un simple indicio? ¿No debiera saber que lo que estaba experimentando era diferente, extraño, divino? Tal vez ¿un don? Pues no lo sabía. No fue hasta más adelante en la trayectoria que empecé a entender. .

Comencé a darme cuenta de cuan especial y precioso era el regalo que Dios que me había conferido. Por ejemplo, estaba sumamente consciente de que siempre que hubiera una mentira a mí alrededor, sentiría algo sucediéndome. Sentiría el dolor en mi oído izquierdo. Fíjese que los signos entre usted y Dios pueden tomar diferentes formas. Cuando necesito concentrarme, prestar especial atención o tener cuidado con algo a mi alrededor, siento dolor en mi oído derecho. Como he madurado espiritualmente me parece haber superado este tipo de "audiencia". Últimamente, identifico las "mentiras" en una forma completamente diferente.

Parece que mi mayor debilidad, si me permite utilizar esta palabra, es que quería casarme. Por eso el mensaje acerca de un esposo me consumió. De hecho, la idea de un esposo era tan embriagadora que este "esposo", un hombre que todavía no conocía, se estaba convirtiendo en un ídolo, un ídolo representando a un dios que uno adora.

Reflexioné sobre este mensaje cada hora del día. Y me preguntaba: ¿Pudiera ser éste Dios hablándome? Entonces pensé: Él no enviaría un mensaje que me consuma de esta forma. En un capítulo posterior, compartiré con ustedes la "ley" que abrió esta puerta y el motivo por el cual recibí un mensaje falso. En este punto, sin embargo, con poca comprensión, me mantuve con la incertidumbre.

Si usted recibe un mensaje acerca de un fuerte deseo que ya se está arraigando en su vida puede traer confusión total, así como completa distracción. Tenga cuidado cuando desee algo fuertemente y de repente oye hablar de eso en forma detallada. ¿Se puede imaginar lo que podría hacerle a una mujer que sinceramente busca a Dios, aunque también sienta absoluta desesperación por estar casada? Ella escucha, "vas a casarte con un hombre rico, alto, trigueño y guapo." ¿Puede usted imaginar cómo y por qué estaría mirando alrededor en todo momento y en todo lugar?

Faltaban ahora sólo tres meses antes de que saliera de Sudáfrica. Despertándome de un profundo sueño, oí la voz de Dios diciendo, "Scarlett O' Hara, "Lo que el viento se llevó". Este mensaje me arrastró lejos y cautivó mis despertados pensamientos. Evidentemente era la voz audible de

Dios. Pero no la entendí. No sabía de lo que iba a suceder en Los Ángeles, y que "Lo que el viento se llevó" fue un mensaje conectándome con algo que todavía tendría que captar. Hasta este día, que me asombra, y espero que después de escucharlo, a usted también, lo que yo iba a descubrir una noche en el futuro.

Comenzaron el rodaje de la más querida epopeya de Hollywood de hace más de 75 años. Se convirtió en una leyenda. Esta película, que se llamaría, "Lo que el viento se llevó", fue la ganadora de 10 premios de la Academia incluyendo Mejor Película en el año1939. Echa contra el telón de fondo de la Guerra Civil Americana, se convirtió rápidamente en la película más popular del país. El autor del libro a partir de la cual esta película nació, A Margaret Mitchell le tomó 10 años para escribir la obra maestra. ¡Iba a ser su primer y único libro! Habiendo estudiado el libro como un alumno obsesionado, me di cuenta de que podría decirle al mundo por qué Scarlett O' Hara hizo exactamente lo que hizo, por qué lo hizo, y qué la hizo ser quien era. Había, sin embargo, mucho más que aprender acerca de lo que esta película le hizo al mundo.

David O. Selznick compró los derechos de la película "Lo que el viento se llevó" el 30 de julio de 1936, ¡por $50.000! Lo que hoy parece una ridícula miseria, fue entonces el precio más alto jamás pagado por el original de una novela. Las ventas del voluminoso libro, alcanzaron 1.037 páginas, superó los 50 mil ejemplares en su primer día en el mercado. Destrozó todos los registros de ficción.

Margaret Mitchell comenzó a escribir lo que "Lo que el viento se llevó" en 1926, con la mayor parte del libro completado para 1929. Pero en los años hasta su publicación en 1936, mucho trabajo adicional se había hecho, incluyendo el acabado de capítulos incompletos, la reescritura de algunos otros, y comprobación de los miles de hechos históricos y otras referencias objetivas para mayor precisión. Hoy en día, "Lo que el viento se llevó" existe en 16 idiomas y ha vendido cerca de dos millones de ejemplares, de los cuales 1,75 millones de ejemplares fueron comprados en los Estados Unidos.

Para la película, el director George Cukor realizó una búsqueda nacional por una muchacha que hiciera el papel de la inigualable Scarlett O'Hara. Los registros muestran que 149.000 candidatas fueron entrevistadas, de las cuales 90 fueron probadas en pantalla. Coincidentemente, 149.000 pies lineales de película en blanco y negro y 13.000 pies de película Tecnicolor fueron utilizados sólo en estas pruebas de pantalla. Los gastos solamente de la búsqueda de la "correcta" Scarlett llegaron a los $92.000, computado por los contadores del estudio. Aproximadamente dos tercios de este presupuesto fue utilizado en las pruebas de pantalla. Obtener la debida Scarlett se convirtió en el centro del universo desde el cual esta película eventualmente surgiría. Y esto es comprensible porque, durante años, las mujeres de todo el mundo idolatraron a Scarlett O'Hara y querían ser como ella. Así que cabe decir que la actriz en esta película iba a ser examinada.

Ahora bien, un ángulo diferente en "Lo que el viento se llevó". Rehacer una película que fue un fracaso en su primer intento es más bien una tarea artística benigna considerando que probablemente sólo puede salir mejor. Pero para rehacer una película que ganó 10 premios de la Academia seguramente, sólo se puede hacer produciéndola con la ayuda de lo sobrenatural. Me di cuenta de esto cuando pensaba acerca de este proyecto. Pero la pregunta aún permanece: ¿Por qué Dios estaría hablándome de esto? Usted puede comprender, estoy segura, cómo todo esto capturó mi imaginación y por qué pasaría meses preguntándome el porqué de tal mensaje. ¿Por qué yo? ¿Cuál era el vínculo entre esto y mi mensaje de ir a Hollywood?

Mientras todo esto se generalizaba en mi cabeza, tuve otro sueño chocante, igualmente perturbador. Vi tres tornados, y me vi completamente separada de mi familia y de mi vida en Sudáfrica por masivas aguas. Apenas logré arrebatar mis pertenencias de la casa antes de que fuera arrastrada por las aguas. Extrañamente, había sido colocada de forma segura en un lugar totalmente diferente.

Y los sueños siguieron llegando. En el siguiente, yo estaba jugando al rugby para los Springboks, nuestro equipo nacional en Sudáfrica. Yo estaba representando a mi país en Los Ángeles, como un embajador. Dios estaba construyendo un rompecabezas cada vez más enigmático para mí a través de estos "mensajes".

Lo sé, ahora, que fue durante esta temporada que Dios me enseñaría que Él no me llamó para ser listo, o inteligente, o para impresionar a la gente. No, yo estaba llamada a aferrarme a Él como mi Padre. Dios dijo: Yo soy Padre, primero, y esa es la razón por la que Jesús acude a mí todo el tiempo.

De nuevo, vine al lugar donde vi la visión de estar en el valle, con el León de Judá junto a mí. Esta vez, el león, y yo estábamos caminando fuera del valle. Este fue un momento extraordinario para mí. *Fue ahora que finalmente me di cuenta que debido a que yo creía, podía ver, no al revés.* Me di cuenta que si Dios se levanta y camina hacia adelante, igual debo caminar hacia adelante yo. Y, al parecer, caminaríamos junto a Los Ángeles para entregar un mensaje. Sin embargo, eso sería sólo el comienzo de mis conexiones a los Estados Unidos.

Como dije anteriormente, entonces Dios me puso a prueba al decirme de comprar mi billete de avión, sin haber previsto ningún alojamiento en Los Ángeles. No hay instrucciones. No hay planes. Casi ningún dinero. Pero yo sabía, intrínsecamente, que Dios estaría ahí conmigo en cada paso del camino.

Salí de Sudáfrica con un pensamiento en mente:

Salmos 89:34
"No voy a romper mi alianza con Él o ni siquiera retractarme de una promesa que le hice a Él." [NVI]

Dios, por alguna razón desconocida, quería que esta mujer tomase un gigantesco salto de fe desde África para estar en el "poderoso" Estados Unidos.

8

LA LLEGADA A LOS ÁNGELES - MI MISIÓN HACIA LO DESCONOCIDO

Ese gigantesco paso de fe comenzó en el momento en que salí del avión y entré a una bulliciosa multitud en el aeropuerto, llevando mi bolso, dos maletas, el libro, "Lo que el viento se llevó" y mi Biblia. Al igual que cualquiera otra persona que se encuentre en mí misma posición, me sentí abrumada con incredulidad y luchando para hacer frente a esta extraña nueva vida en la que yo de repente formaba parte.

Los encuentros sobrenaturales que experimenté reafirmaron la voz que me dieron los mensajes. Yo sabía que Dios quería que fuera a Los Ángeles. Pero todavía no sabía el significado del libro, "Lo que el viento se llevó", y por qué debería acompañarme en mi viaje.

Mi primer sueño que tuve en los Estados Unidos fue montando un caballo negro hacia el océano. Esto representa un miedo paralizante a causa de la incredulidad. El océano representa el espíritu del mundo. A medida que el caballo rompiera a través de las olas chocantes, se dio la vuelta, situándome en un árbol, pero llevando consigo el libro, "Lo que el viento se llevó". Yo le grité al caballo, advirtiéndole que me devolviera el libro, de lo contrario, seria aplastado. El me dio el libro de vuelta.

Este sueño, con sus giros sobrenaturales, dejó algunas preguntas dando vueltas, en mi cabeza: ¿Por qué el caballo se apoderó del libro? Nuevamente, qué es "Lo que el viento se llevó" tiene que ver conmigo. ¿Los mensajes que he recibido van a revelar algunos secretos en el reino espiritual?

Los significados de ciertos principios en los sueños están claros para mí. Sé que el negro representa la incredulidad, y un caballo representa movimiento. Lo que no podía entender era mi relación con la industria del entretenimiento, y algo como "Lo que el viento se llevó", una gran película icónica idolatrada durante muchos años por generaciones anteriores a la mía.

Hoy en día, existen incontables películas, telenovelas y reality shows que a la gente le encanta. Parece que cada día surge algo diferente para tomar el comando temporal de la atención mundial: El Factor; Américas Got talent; American Idol; The Kardashians. Pero aquí estaba yo, con una obra de cine que data que unos 75 años atrás y por lo tanto, naturalmente me preguntaba, ¿cuál es la conexión? ¿Y por qué está ligado con un "terremoto?" Continúa leyendo.

Como estoy segura que la mayoría de ustedes lo ha sentido alguna vez, yo tuve temor a lo desconocido, y me pegó bien fuerte, antes de salir para Los Ángeles. Me preocupa el dinero y por una buena razón: el rand sudafricano estaba ocho veces más débil que el dólar. ¿Dónde iba a quedarme? ¿Cómo todas las partes de esta visión iban a ocurrir? Y a través de este miedo, aprendí una lección fundamental. El miedo destruye nuestra capacidad para escuchar a Dios con claridad. A través de mi miedo, estaba presionando a Dios a que me diera respuestas. No sólo sobre el lugar donde me alojaría sino si iba a sobrevivir.

Salmos 45:19
"Él suple las necesidades de quienes lo honran." SLACHTER [2000]

Todo me llevó a un punto simple: Solo tenía que confiar.

La ciudad de Los Angeles era la ciudad más grande que jamás había visto. Abrumadora, realmente.

Yo luchaba con esto porque sabía que para confiar en Dios en los grandes problemas, primero debía confiar en Él en las cosas más comunes. Por esto, Dios me dio dos sueños para hacerme sentir mejor y para que confiara en Él durante mi viaje.

En el primer sueño, soñé que iba donde mi padre terrenal pidiendo su ayuda para mis necesidades básicas. Este primer sueño representaba el problema. Muchas veces Dios ofrece dos sueños, el primero seguido pronto por otro. Ese primer sueño aborda el problema o lo que es negativo. El segundo es la solución o lo positivo. En mi segundo sueño, me vi tomando mi ropa vieja a una tienda en Los Ángeles y cambiándola por ropa nueva. Sí, inaudito, lo sé. Pero sentí a través de este sueño que Dios estaba diciendo que no me preocupara. Estaba por recibir favores sin precedentes en Los Ángeles, me sentí radiante.

Salmos 32:8
"Así dice el Señor, "Te enseñaré el camino que debes seguir; Yo lo instruiré y le aconsejare." [NVI]

Una nota personal ahora. Nunca he sido esa niña "mimada". De hecho, nunca tuve el privilegio de comprar ropa nueva en una tienda hasta la edad de 18 años.

Pero estaba bendecida porque siempre tuve un techo y suficiente comida, aunque más nada.

Observa cómo mi primer sueño representa mi estado de ánimo. Mi padre terrenal no pudo aportar más que mis necesidades básicas durante mi infancia. No tuve los privilegios que otros niños de mi edad disfrutaron, como ropa bonita y dinero en el bolsillo. En el segundo sueño, Dios me re afirmó sobre sus provisiones, su favor sobre mi vida, y que todo lo que necesitaba hacer era confiar en él.

Durante mi primera semana en Los Ángeles, recibí una llamada de un pastor que nunca había conocido antes. Me dijo que Dios le había mostrado que Él me envió a los Estados Unidos con un propósito, que yo ministraría por medio de sueños y visiones. Dios le reveló que yo iba a ser una pionera, una corredora de primera, que la gente me seguiría y que iba a ser ¡una profeta vigilante! Te puedes imaginar cómo me sentí cuando recibí la llamada de este pastor. Este fue el impulso que necesitaba, y llegó en el momento justo, porque me empezando a sentir sola en esta ciudad No sólo solitaria, pero presintiendo el futuro con inquietud por todo lo desconocido. Ya me encontraba en Los Ángeles y sin la menor idea de qué realmente predicaría en Hollywood, a pesar de mis anteriores visiones.

Al poco tiempo, tuve otro sueño en el que Dios me mostró que algo muy grande, muy importante, sucedería en Los Ángeles. Visualicé un enorme terremoto, el mismo suelo se sacudiría inmensamente, pero yo tenía agarrado firmemente todos mis diarios en mi mano. Los diarios representan las palabras que Dios me ha hablado.

Como en un sueño anterior que tuve en Sudáfrica, mi hermana estaba conmigo. Las hermanas representan a aquellos que hacen la voluntad de Dios. En este nuevo sueño, mucha gente gritaba y caía mientras edificios se derrumbaban a su alrededor. Esta terrible revelación llegó a mí como la instrucción que Dios quería que le avisara a la gente. Algo muy grave iba a suceder.

En ese momento, me estaba alojando en el condado de Orange. Era una lucha constante mantener mi fe, porque no entendía por qué Dios me mostraría algo de esta magnitud tan impactante como un gran terremoto, pero sin embargo no sin decirme cuándo iba a ocurrir.

Fue entonces que Dios me conectó con algunas almas muy especiales, amigos que me animaron, e incluso me ayudaron con mis sueños. El Sr. y la Sra. Atkin se convirtieron en amigos cercanos. Fue el Sr. Atkin que escuchó a Dios decir que yo estaba conectada a algo que tenía que ver con Guerra Civil de Estados Unidos. Compartí con ambos mis mensajes sobre "Lo que el viento se llevó".

Que claro veo cómo Dios usaría personas específicas para animarme. Supe entonces que no estaba sola en Los Ángeles. En agradecimiento utilicé mi propia experiencia para enseñarles a interpretar los sueños, animándolos a pasar más tiempo con Dios.

Pero ¿por qué estaba sucediendo todo esto?

Uno de mis amigos de Sudáfrica, quien trabajó en la producción y gestión del concurso de belleza Miss Sudáfrica, escribió lo siguiente:

"Recuerdo claramente una cosa: que nunca he entendido realmente los "sueños" y nunca pensé que yo podría oír a Dios muy claramente a través de mis sueños. Al cabo de unas pocas semanas después de reunirnos, Yvon y yo pasamos mucho tiempo juntos. Todo lo sagrado que estaba untado en su vida fue transferido a mí, en cierta medida, y empecé a oír claramente al Señor a través de mis sueños. Aunque no los podía interpretar en el momento, Yvon aportó mucha perspectiva y comprensión. La otra cosa que noté desde que empecé a pasar tiempo con ella fue que mi deseo de orar y dedicarle largas horas al Señor aumentó enormemente y mi relación con Dios se profundizó considerablemente."

De alguna forma pude influir en las personas para que "escucharan" cuando estuve con ellos. Esto me hizo comprender más mejor que Dios me estaba dotando de un don. No obstante, sentí que era un bebé que necesitaba despertar a la realidad de que hay "otras" voces en el mundo.

Cuando estás fuera de tu zona de confort como estaba yo, viviendo con solo lo que traía en mis dos maletas, Dios utiliza estas oportunidades para tratar con los problemas en tu vida. Y la claridad siempre viene cuando Dios interviene y te ayuda a verlos. Me tomó tiempo aprender y entender por qué estaba soñando algunos sueños. Por ejemplo, soñaba que actuaba en un escenario, que me preocupa por estar un poco sobrepeso, y mi acento sudafricano era una gran preocupación para mí.

En el fondo, había creído una mentira. Yo creía que tenía que ser perfecta para que la promesa de Dios se cumpliera a plenitud. Pensaba que no tenía capacidad para hacer las cosas. Esa fue otra mentira que me creía. Por eso, una vez fuera de la zona de confort, Dios no sólo me envió a hablar por Él a Los Ángeles en el "escenario", pero también me "orientó", y así, pude descubrir graves errores en mi vida que necesitaba superar.

Mientras oraba en una habitación en Laguna Niguel, Dios me mostró lo que realmente sucedió el día en que mi madre se suicidó. Cuando era bebé, casi muero justo después de nacer. Luego, cuando tenía casi dos años, mi madre me disparó accidentalmente. Pensó que me había matado, pero la bala sólo golpeo mi lado izquierdo.

Al Lucifer fallar los dos primeros intentos de matarme, formuló otro plan. La segunda vez trató de que yo misma destruyera mi propio destino. Él intentó convertir a Yvon en una mujer sin autoestima, hacerla sentir como una persona carente de valor, hacerla sentir indigna, eventualmente, intentando que ella destruyera el destino que Dios planeó para ella. A través de Dios, vi que fue Lucifer quien hizo que mi madre se matar y que yo debía creer que no era digna de una madre, que mi propia madre no quería vivir. Vi, en este sueño, que casi muero cuando bebé. Pero sobreviví. Después me dispararon accidentalmente. Pero sobreviví. Viví. Y creo que Dios salvó mi vida de modo que pueda enseñar de su voz, de modo que pueda ser una madre para mis propios hijos.

Cuatro meses pasarían mientras vivía sola en una habitación en Los Ángeles. Durante este tiempo, Dios me dijo que el 26 de julio sería un día muy importante. Pero justo antes de que ese día llegara, experimenté ese extraño y fuerte dolor de cabeza que les mencioné anteriormente. Sentía como si alguien golpeara mi cabeza con un picahielos. Era un inexplicable corto dolor agudo, que de repente empezó de la nada.

Vi una visión de Lucifer con la cabeza de un ciervo. Inmediatamente, percibí a través de una revelación divina que aquellos sentimientos de sentirme indigna estaban queriendo renacer. Una vez más, volví a sentir que no era lo suficientemente bueno para nada. Era como si estuviera siendo totalmente poseída por un espíritu de indignidad. (*) Nota del traductor Indignidad se refiere a no sentirse digno, merecedor, o mérito.

Debido a que había pasado muchas semanas preparándome para este momento, orando en mi habitación, creo que Dios me mostró esta visión para que pudiera sacar de mi vida esos espíritus de sentirme indigna. Y así sucedió. El 26 de julio, ese fue expulsado de mi vida y de inmediato los extraños dolores de cabeza, que ni doctores o TAC pudieron identificar, también desaparecieron por completo de mi vida. Parecía que Dios necesitaba que me deshiciera de ellos, de una vez por todas, antes de que me convirtiera en su predicadora de Hollywood.

Entonces Dios me mostró lo que un espíritu de sentirse indigno hace en la vida de una persona. Es como un pulpo con muchos tentáculos. Uno de los tentáculos provoca estancamiento en la persona. Esa persona puede que siempre tema que nunca será suficiente. Recuerda a los Israelitas en el desierto. Dios les dijo que tomaran justo lo suficiente para el día, no que tomaran para los próximos días. Este tentáculo también puede hacer que una persona coma en exceso debido al temor de que serán privados de todo.

Otro tentáculo es la incredulidad, la tendencia a no actuar simplemente por falta de fe. He visto esto en mi propia vida, en las pruebas que Dios me puso en el camino. Una amiga, Yolanda, me llamó desde Sudáfrica para decirme que ella no creía que debería estar en los Estados Unidos y que debía volver a Sudáfrica. ¡Ella creía que había perdido el camino!

Cuando me quejé con Dios acerca de la incredulidad de ella, Dios me reveló que no era Yolanda la que tenía incredulidad. "Yvon, tú eres la única con la duda", fue la palabra de Dios para mí.

Tenía que saber más allá de mis propios miedos que, aunque no tenía ninguna cualificación o experiencia – yo era verdaderamente una elegida de Dios. Pero todo lo que importaba, como lo sé ahora, era seguir creyendo. Dios me estaba mostrando que debía liberarme del tentáculo de la incredulidad que el pulpo de la indignidad había envuelto herméticamente alrededor de mí. Una semana más tarde, Yolanda me llamó de nuevo desde Sudáfrica, esta vez diciendo que estaba equivocada, ahora Dios le había confirmado que lo que yo estaba diciendo era, de hecho, la verdad.

El pulpo tiene muchos tentáculos, pero este tentáculo de la duda, de la incredulidad, es un arma poderosa que puede apoderarse de nosotros y desbaratarnos de nuestras divinas intenciones. Lo estudiaremos con más detalle a medida que avanzamos en el libro.

Otro tentáculo de un indigno espíritu es el miedo. Siempre temí que me casaría con un hombre que no podría cuidar de mí correctamente, un hombre en el que no podría depender. Seguramente, mi trayectoria hasta ahora muestra que el miedo era real. Siempre me sentí atraída a hombres con problemas financieros, hombres sin empleos decentes. Pero estaba equivocada. Dios quería ser el uno en mi vida, el que proveerá para mí.

Otro tentáculo de este espíritu es el odio propio. El agarre de esta puede sutilmente entrar a tu vida a través de muchas puertas; por ejemplo, a través de la culpa. Y yo llevaba una carga pesada de culpa. Me sienta culpable al ser incapaz de detener el suicidio de mi madre. Experimenté el odio por mí misma cuando me di cuenta que no estaba cuidando bien mi cuerpo ni mi salud. Yo vivía en gaseosas y endulzantes artificiales, y no comía alimentos saludables. Incluso el hábito de fumar puede ser el resultado de un sutil odio fruto de un indigno espíritu. También he visto que el odio está en la raíz de la vida de personas que fantasean, personas que son lujuriosas.

Otro tentáculo de indignidad es el egoísmo. No hay nada divino en siempre querer lo mejor para ti mismo, querer algo mejor que los demás.

Incluso el gran Apóstol Pablo luchaba con un tentáculo del pulpo de la indignidad. En su caso, era el tentáculo de la ignorancia. Mire lo que Pablo está diciéndonos.

1 Timoteo 1:13
"Habiendo yo sido antes blasfemo, perseguidor e injuriador; más fui recibido a misericordia porque lo hice por ignorancia, en incredulidad.

Pero no sólo fue Pablo quien lidió con un espíritu de creerse indigno. También Moisés huyó para salvarse y fue regalado por sus padres, así como José, cuyos hermanos querían matarlo. Se les hacía difícil creer que eran merecedores o dignos.

Y si alguna vez hubo alguien con motivo para luchar con indignidad y rechazo fue Jesucristo mismo. Incluso Lucifer intentó tentar a Jesús a través de cuestionar su identidad cuando dijo: "Si eres Hijo de Dios..." Sin embargo, Jesús no estaba ocultando la verdad cuando se llamó a sí mismo "el Hijo de Dios." Él también dijo que era el "El pan que descendió del cielo; y el pueblo lo tomó con resignación, duda y desprecio, pues no lo entendían.

Juan 6:41-42
"...la gente empezó a quejarse sobre Él, porque Él dijo, "Yo soy el pan que descendió del cielo." A lo que le gente dijo "¿Este hombre es Jesús, el hijo de José, no lo es Él? Conocemos a su padre y su madre. ¿Cómo, entonces, ahora el dicen que bajó del cielo?"[NVI]

Jesús se pudo identificar con el pan que bajó del cielo simplemente porque sabía quién era, no por orgullo, por manipulación, ni para presumir Su autoridad.

Creo que la razón por la que muchos buscan la fama se debe a un sentimiento de inferioridad, no sentirse dignos o merecedores.

<u>Tú necesitas saber firmemente tu propia identidad para así convertirte en lo que estás llamado a ser y realizar lo que estás llamado a realizar.</u>

Mientras tanto en Los Ángeles, aprendí que hay una línea muy sutil entre el orgullo y tener un sentido de valor. Por encima de todo, necesitas tener clara al 100 por ciento tu propia identidad para así poder ser el que estás llamado a ser y hacer lo que estás llamado a hacer. Pero, hay que tener cuidado de no sobrepasar el límite de conocerse a sí mismo para que no se convierta en el orgullo que nos lleva por mal camino.

Piensa en cómo el orgullo hace que algunas personas aprovechen que tienen títulos, para falsamente ganar el respeto de los demás y manipularlos. Esto no sólo es inmoral sino pecaminoso por ser provocados por el orgullo. Aunque el orgullo puede ser el resultado de sentirse inmerecido, no debemos permitir que nos aparte del camino de la verdad. Cuidado con su orgullo.

Al pulpo le quedan unos tentáculos todavía. Uno de estos se esconde en todo tipo de situaciones y es la inseguridad. Muestra su fealdad en lo que obliga a una persona a hacer. Al igual que el odio, la inseguridad puede hacer que desees escapar, encontrando consuelo en los alimentos, en el alcohol, o peor. Con una actitud insegura, tú no estás equipado para manejar el rechazo. De hecho, la inseguridad muchas veces te engaña y te produce negar el rechazo. En efecto, la inseguridad nos puede llevar incluso a mentir por miedo de ser rechazados. Ninguno de nosotros es inmune. Podemos y muchas veces hemos sido víctima de la inseguridad. Yo todavía lucho con la inseguridad de vez en cuando.

Pero he llegado a un punto en mi vida donde me doy cuenta de que Dios está preparándome, y no sólo para enseñar a otros. A través de los sueños, Dios sigue mostrándome cosas en mi vida y el camino para santificarme. Yo estoy consciente de la obra purificadora que Él está haciendo en mi vida.

Efesios 5:26-27
Para hacerla santa. Él la purificó, lavándola con agua mediante la palabra, para presentársela a sí mismo como una iglesia radiante, sin mancha ni arruga ni ninguna otra imperfección, sino santa e intachable. [NVI]

El deseo de Dios es "descifrarnos" en Su amor.

Les voy a contar un poco más acerca de cómo esto está funcionando en mi vida. Un compromiso de matrimonio para mí es tan sagrado como el matrimonio mismo. Mientras estaba orando un día, de repente, sentí la presencia de Dios. Dijo que quería hablar conmigo sobre mi esposo.

"Oh, no, Señor," le dije, "Señor no puedo lidiar con eso ahora, hay demasiado que hacer en Los Ángeles."

No quería hablar del matrimonio especialmente en ese momento. Mi corazón estaba destrozado por todas las relaciones fracasadas en mi vida. ¿Ahora? ¿En este preciso momento? Me encontraba en una ciudad extranjera, un lugar donde yo necesitaba primero encausarme. Yo simplemente no quería que Dios me hablara acerca de contraer matrimonio. Este fue mi gran reto mientras predicaba en Los Ángeles. La soledad me estaba molestando realmente. Ciertamente no quiera oír nada acerca de un esposo, o de la idea que Dios buscara uno para mí, de cualquier manera.

Luego, sucedió algo extraño. Empecé a sentir un toque de Dios. Constantemente. El mismo toque que me da cuando creo en una mentira. Sentí un dolor en el oído izquierdo. Así que en el dolor y molesta dije, "Señor, ¿cuál es la mentira que creo?" Su respuesta me impactó. Él dijo, "que no contraerás matrimonio". Realmente estaba luchado con esto. ¿Dónde iba a encontrar un esposo?

En octubre volé a Seattle, Washington, para ser públicamente ordenada de ministro. Dios le habló a un pastor y le pidió que hiciera cuanto antes. Y así, como todas las cosas que Dios diseña, se hizo. Después de esto, Dios me impartió una unción especial y las puertas para predicar empezaron a abrirse.

Sin embargo, en estos meses, Dios me puso a través de muchas pruebas. Él me dio mensajes, pero a diferencia de tantos otros mensajes que he recibido hasta ahora, estos eran para personas específicas.

Yo agonizaba. Le pedí a Dios que me demostrara que Él es realmente bueno, aunque yo realmente sabía que uno no debía probar a Dios. Le exigí a Dios que me mostrara cómo probarle a la gente, en medio de todos los sufrimientos que enfrentan cada día de sus vidas, que Él es realmente un Dios de bien. .

Lo que quería eran respuestas reales, y no iba a dejar de insistir, Y así fue que aprendí: pide a Dios y recibirás. En respuesta a mis preguntas, me permitió pasar estas esclarecedoras luchas mentales antes de que pudiera preparar cada mensaje.

Cuando hablé en el Centro de Convenciones de Los Ángeles, el público estaba en lágrimas después que compartí lo que había aprendido de la bondad de Dios y su amor. Posteriormente, hablé en diferentes iglesias casi todos los fines de semana. En cada caso, el mensaje fue único porque Dios me ordenó a trabajar, sin preparación, a través de estas conversaciones, y a través de mis lágrimas.

El idioma para Dios, no es un obstáculo. Dios le habló a mi intérprete hispano, en un sueño, no para hacerme esperar innecesariamente. Me sorprendió, porque sólo Dios sabía que el fin de semana iba a ser muy agitado. Después de que hablé el viernes por la noche y ministré todo el sábado en una conferencia de mujeres, en mi agotamiento, me olvidé de que estaba invitada a hablar en otra iglesia esa misma tarde y todo el domingo.

Ese fin de semana, me di cuenta de que el Espíritu de Dios me dio la fortaleza para poder ministrar a la gente durante horas interminables. Durante este tiempo, también tuve algunas entrevistas en la televisión hispana. A través de estas experiencias que jamás había tenido excepto con Dios, empecé a amar a la comunidad hispana, un pueblo cuyos dolores y preocupaciones nunca conocía y como consecuencia, recibí muestras de cariño y un cálido amor.

No sólo estuve viendo que este Dios que estoy sirviendo estaba preocupado por mí, El me honró porque lo acepté.

La voz de Dios vino a mí diciendo:

> **"Yo soy capaz de hacer una cosa nueva,**
> He hecho a todos mis hijos diferentes.
> Puedo derramar mi unción de manera diferente,
> Por el toque que yo derramaré en ti
> Será único:
> Y, sí, He llevado a mi pueblo en una
> Dirección y les he dado mi palabra y mi promesa
> Pero no les he contado cómo sucederá.
> Josué, Moisés, todos comprendieron
> En el último minuto
> Cómo iba a suceder.
> Moisés no sabía que
> Iba a partir el mar,
> Josué no sabía que las paredes
> Simplemente caerían.
> No te desanimes por lo que ves en el exterior
> Ni seas influenciado por las distracciones de otros..

Espérame a mí
Y verás cómo voy a realizar milagros para ti….
Pero tú no lo sabrás
Hasta el último momento."

¡Hasta el último momento! Yo ya estaba viendo esta realidad, ni siquiera sabía cómo iba a ser una predicadora en Los Ángeles. El efecto fue inmediato. Dios abrió las puertas. Mi "don", abrió el camino. Sólo con correr la voz, todos los lugares donde fui estaban totalmente llenos

Una noche, en camino a una charla, Dios me comentó que para tener un milagro hace falta tener un problema. Pues yo claramente tenía un problema. Yo sólo estaba autorizada a permanecer en los Estados Unidos durante seis meses, y mi visa se había vencido. La Biblia dice que tienes que obedecer al gobierno y sus reglas. Por lo tanto, tuve una gran lucha interior porque sentía que Dios quería que me quedara en Los Ángeles por unos meses más. Necesitaba llenar una extensión de la visa, pero no estaba dispuesta a mentir. ¿Crees que otorgarían una aplicación como la mía?

Pero Dios me dio un milagro. Cada vez que llamaba en el sistema, parecía que mi solicitud no estaba completa, o no podían encontrar nada indicando que debería irme. Fue un tiempo estresante, pero Dios necesitaba que me quedara un poco más y ¡así fue!

Mientras tanto, yo seguía predicando en varias iglesias hispanas donde me había conectado con otros compañeros de oración y milagrosamente, con un productor cinematográfico. A pesar de que el hombre no era cristiano, él me divulgó que había un profundo sueño que Dios quería que interpretara para él. Casualmente, él siempre había soñado con serpientes. Las serpientes representan una forma de engaño en la vida de una persona. Hoy, este hombre es un buen amigo mío.

Ahora les quiero compartir algo muy importante. Por favor tomen nota. Cuando reflexionen sobre algo constantemente, usted puede comenzar a soñar sobre esto. Cuando esto ocurre, no es un "mensaje" de Dios. Por ejemplo, yo estaba muy sola en ese momento, sólo ministrando en un lugar tras otro. La necesidad de un esposo me consumió hasta el fondo, y se convirtió en una obsesión. Escuche cuidadosamente esto. Cuando ya son 40 años de vida y Dios quiere enviar a un esposo o esposa, déjalo ser, dejarlo ir.

Incluso diría que si tiene una obsesión o un ídolo como el que yo tenía, ni siquiera piensen en pedir a Dios que hable con ustedes. Usted está en un terrible estado vulnerable. Usted invariablemente va a recibir un mensaje falso.

Me aferré a mensajes falsos sobre mi esposo durante años. Fue sólo cuando reconocí mi ídolo que la verdad llegó. Hay leyes espirituales que Dios desea que nosotros respetemos. En Hollywood, Dios declaró que su objetivo era enseñarme cuánto puede un "ídolo" influir en mi vida. En efecto, Dios me pondría directamente en la ciudad de los ídolos, para demostrar cuán fuerte puede ser el efecto de un ídolo en la vida de una persona. Un ídolo local puede incluso influenciar en un estado o un país. Imagínense esto por un segundo. Apuesto que de inmediato se les viene a la mente un ídolo.

Aun hablando en iglesias hispanas, tuve que aprender a obedecer a Dios, cuando me dijo que me había permitido presentar en cada lugar sólo una vez y no volver. Pero la primera vez, yo no "escuché". Y esta desobediencia a sus instrucciones me llevó a presenciar cosas que me molestaron y que enojaron a Dios.

Cuando yo era desobediente y volvía a una iglesia, Dios me mostraba el espíritu sumamente religioso y orgulloso del pastor. Para ser un profeta, Dios envía un mensaje a través de ti, que puede exponer cosas ilícitas, incluyendo los pecados de los líderes de la iglesia y las congregaciones. Fue difícil para mí escuchar estas cosas. ¿Qué debía hacer cuando Dios me mostró lo que pensaba y me permitió ver un pastor que había caído terriblemente? Creo que las verdaderas visiones ocurren cuando la persona se deshace de los obstáculos que Dios muestra.

Pero esta fue más allá del pastor. Dios también me mostró grupos que intentaban destruir la iglesia al enfocarse en lo que no debían y en falsas enseñanzas.

Cuando desobedeces a Dios, el dolor viene de todas partes. Dolor interno y dolor por lo que ves. Durante los últimos meses que estuve en Los Ángeles, gran parte de mi tiempo se fue en un desgaste espiritual. Me sentía desesperada y no sabía cuáles eran las intenciones de Dios. Oré y clamé al Señor.

En aquel entonces, me estaba quedando con una chica rusa de 16 años, Janey, a la cual sentí que Dios quería que ayudara. Fue una experiencia emocional. La madre de la niña regresó a Rusia y la dejó sola en la ciudad. Me quedé con ella en una pequeña habitación durante meses. Yo dormía en un pequeño colchón en la cocina.

Dios estaba pacientemente enseñándome muchas cosas, y aunque yo no podía parar de llorar, me empecé a dar cuenta que mi nivel de discernimiento estaba aumentando de manera considerable. Todo esto mientras yo obedecía a Dios, durmiendo en la cocina junto a una nevera.

Esta habitación en la que me alojé era tan pequeña que podía oír a la gente teniendo sexo en la habitación al lado. Me pasé días enteros en esa cocina, en el colchón mayormente, hasta que iba a predicar durante los fines de semana. Cuando me tenía que ir, Janey lloraba. Estos momentos están permanentemente fijos en mi mente. Las penurias. La tristeza. La piedad.

De alguna manera, "sabía" las cosas antes de que sucedieran. Incluso cosas cotidianas. Cosas intrascendentes, pero lecciones de todos modos.

Consciente de mi "vista espiritual", en una ocasión comencé a probar esta habilidad para "discernir". Tal y como le predije a mi amiga Siomara, podía oír cosas insignificantes. Podía saber de antemano cuando iba a un lugar si iban a proporcionar buen servicio o no. Se me ocurrió que estas situaciones tenían una razón, un motivo que yo debería tomar en cuenta. Mi espíritu se estaba volviendo tan sensible que sabía dónde ir para no perder mi tiempo.

Muchos cristianos van a subir la montaña de crecimiento espiritual sólo a mitad de camino. ¿Por qué? Porque encuentran un lugar de comodidad y deciden quedarse allí.

Una noche, mientras dormía en ese colchón en la cocina, Dios me mostró que hay muchos cristianos que van a subir la montaña de crecimiento espiritual sólo a mitad de camino. ¿Por qué? Porque encuentran, un lugar de comodidad y deciden quedarse allí.

En un sueño, yo no tenía comida, ni mantas, o dinero, pero decidí subir al pico más alto de la montaña, el lugar de las obras sobrenaturales del Espíritu Santo. *Cuanto más se sube, más confort dejas atrás.* Recuerda, el nivel de la mentira ciertamente es una zona de confort. Buscan comodidad y no la verdad, y quedarás atrapado. ¿Cuánta gente puede pensar que están muy satisfechos con su vida "de rutina"? Van a trabajar durante la semana, socializar durante los fines de semana. Estas almas están totalmente atrapadas, encarcelados en su propia zona de confort. La pregunta es ¿Qué sucederá si una tragedia golpea sus vidas? ¿Se acercarán a Dios?

Fue también durante estos meses, que Dios me puso a prueba. En una ocasión, vi un hombre muy buen mozo en el gimnasio donde yo entrenaba. Sentí un dolor en mis ovarios apenas lo miré, y el dolor sólo me dejó cuando me arrepentí, diciendo a Dios que voy a esperar de su gracia para encontrar a mi esposo. Mi lugar de entrenar era tierra Sagrada, un lugar de milagros a diario.

Dios también me puso a prueba al permitir distracciones innecesarias, como ser invitada por alguien para convertirme en parte de un proyecto. Esto es donde el discernimiento es extremadamente importante, un factor que te llevará a conocer lo que está bien y lo que está mal.

Una mañana, tuve un sueño que yo sentí era para distraerme de mi misión. Recordar mi debilidad: desesperadamente queriendo tener un esposo. En este sueño, conocí a un hombre en una reunión y nos presentamos. Salimos y conversamos sobre el césped, en privado, lejos de las demás personas. Entonces, de repente, un reportero apareció y me preguntaron qué hacía para vivir. Yo estaba increíblemente tranquila, porque había sido preparada por Dios.

En la segunda fase del sueño, es otro día y el hombre y yo estábamos comportando muy profesionalmente el uno hacia el otro, tomando un paseo lejos de mis colegas. Aunque seguíamos siendo muy formales el uno con el otro, él me sorprendió y tomó mi mano. De repente me puse nerviosa y le dije que quería ir a casa. Él se rio y me dijo que no me preocupara. Así pues, una vez más me veo luchando contra otro sueño que me traía confusión.

Como he dicho en repetidas ocasiones, tenga en cuenta que recibirá mensajes falsos y estos mensajes se repiten a sí mismos, a hurtadillas, en diferentes formas.

El sueño anterior me engañó, en mi estado vulnerable, pensando que iba a casarme con un hombre en los Estados Unidos. Porque yo lo que quería era casarme, no pensé que tal vez podría ser sólo un sueño diciendo que me gustaría conectar con alguien con quien trabajaría en el futuro, quizá en un proyecto.

Un sueño puede ser correcto, pero si tu interpretación es incorrecta, todo el contenido se convierte en un camino falso.

Mi proceso de aprendizaje continuó. Sentí una misericordia enorme por la atadura de la gente cuando me invitaron a un restaurante tipo bufé. En este lugar donde se come todo lo que uno quiera, me sentí físicamente enferma mirándolos. Pero Dios me estaba mostrando en lo que la gente se refugia, como los alimentos.

Pude ver cristianos que no van a una tienda a comprar pornografía, pero entran a un restaurante buffet y caen presa de la glotonería. A partir de día en adelante, no me gusta los restaurantes de "comer todo lo que puedas" debido a la falta de autodisciplina que veo en otros y la forma hacen que mi espíritu se sienta. Cuando trabajas para Dios y estás consciente de que están sirviéndolo a Él, tu espíritu se vuelve sobrenaturalmente sensible.

Y con un espíritu sensible, lo qué experimentas consume un alto nivel de tu energía emocional, un estrés que pueda drenarte. Mi lucha emocional se intensificó a un ritmo acelerado. Después de ocho meses en los Estados Unidos predicando en las iglesias y orando el resto del tiempo, estaba agotada y comenzando a experimentar un aumento de inseguridad. La ansiedad y el miedo en medio de la noche me despertaban. Estaba enferma de tanto preocuparme por mi regreso a Sudáfrica y sobre todo, por mi situación financiera, o la falta de finanzas. Yo estaba empezando a dudar de mi propia fe y autodisciplina. Como puedes ver estos dolores humanos continúan, incluso cuando está completamente dedicada.

En una visión, Dios me mostró que existían tres coloridas garrapatas en mi perro Baby. Dios usó a mi perro como un símbolo de lo que es precioso para Él y para mí. Baby era mi perrita Chihuahua de 13 años. Mi difunto padre la amaba tanto que al final, decidimos compartirla entre los dos. Me di cuenta de que Dios estaba utilizando Baby para decir que necesitaba destruir todos los sentimientos negativos en mí porque estaban pegados como garrapatas y chupándome la sangre.

Justo antes de partir de Los Ángeles, mi amiga Siomara tuvo una visión cuando oraba. Vio un banner a través del cielo, estaba escrito en español, "¡Algo grande viene!", Esto me alentó a completar todo lo que fuera necesario.

Dios me dijo una vez más que muy pronto me iba a casar. La temporada se aproximaba a mí edad de 39 años. Fue muy difícil para mí oír esto y oré con todo mi corazón a Dios para confirmar que era cierto. Curiosamente, esa misma noche, soñé que mi ex suegra me vino a decir un adiós definitivo.

Dios me estaba dando esperanza, diciéndome que me iba a casar pronto, pero otro pensamiento vino también, diciéndome que quizás iba a casarme con un hombre en los Estados Unidos. He aquí, una vez más, estas "otras voces." Seguí diciéndome que tenía que casarme con un hombre que Dios aprobara, alguien que pudiera aportar equilibrio a mi vida y tuviera fuertes valores de familia.

Un mensaje era verdadero. El otro fue destinado a engañarme. Conocí a mi futuro esposo cuando regresé a Sudáfrica.

Demasiado agotamiento puede ser peligroso. Yo estaba pasando por un momento muy difícil. Ministrando a miles de personas me desmoroné físicamente. Necesitaba desesperadamente descansar.

Me desmayé a menudo de fatiga absoluta pero afortunadamente tenía un maravilloso grupo de personas apoyándome en oración. Los demonios visitaron mi habitación por la noche, diciendo que Dios me ha ayudado suficiente y que no me iba a seguir ayudando. Imagínese escuchar eso. Pero yo sabía que era mentira, porque Dios ayudó a José, Esther, David, Josué y Moisés en mucho la misma manera.

Buscando a Dios, buscando la verdad, buscando tu propósito, si tu corazón está totalmente entregado a Dios, tu misión atraerá al mal. Me quedé atrapada en la guerra espiritual cuando el espíritu de la muerte vino a atacarme en un campo de batalla que yo ni siquiera sabía que existía. Mis queridos amigos, el Pastor Rudie y el equipo de Conny Escadu, intercedieron por mí, por muchas horas y días. Ahora me doy cuenta de que tenía que aprender cómo es de peligroso estar involucrado en una batalla espiritual, y que hay muchas cosas en tu vida que el diablo puede utilizar contra ti. Tuve que esperar pacientemente la intervención del Señor. Dios permitió la batalla porque Él quería que encontrara la respuesta yo misma.

Fue durante este tiempo que "algo" se desató para atacarme, que no le gustó lo que hice en Los Ángeles. Ese algo me reveló un gran ídolo en Los Ángeles y, quizá, en todo Estados Unidos. Ese demonio entró en mi habitación y me golpeó con un violento golpe en mi corazón. Más que un demonio, era un líder en el reino espiritual que odiaba lo que yo estaba haciendo. Tenía un nombre que voy a revelar más tarde.

A las tres de la mañana, pensé que mi "guerra" había concluido, pero entonces Dios se presentó con un mensaje. Me mostró que yo había ido a muchos lugares en el pasado y dejado destrucción en las vidas de los hombres. Un escalofrío me estremeció por completo. Comencé a pedirle a Dios perdón por lastimar a otro debido a mis propias luchas. Empecé a sentir un terrible dolor en mi dedo anular. Dios me estaba diciendo que me arrepintiera por todos los contratos rotos.

La primera vez que visité a los padres del que era mi esposo me sentí sumamente incómoda en mi espíritu. Fue como si Dios me estuviera diciendo que mi futuro no estaba allí. He hecho caso omiso de los mensajes y en su lugar acepté una profecía falsa porque me sentía segura en casarme con este hombre. Un contrato que se habría de romper.

También me arrepentí por todas las relaciones en las que yo había participado, relaciones que terminaron con promesas rotas.

Dios puede usarnos solamente una vez que estemos limpios, y sólo Dios puede limpiarnos, Cuando te haces más limpia en el reino espiritual, la protección de Dios se vuelve más poderosa.

Yo estaba a punto de un colapso total en estas últimas semanas a medida que Dios me llevó a través de un proceso de liberación, trayéndome a un lugar de arrepentimiento por cosas que realmente me había olvidado. Pero sentí como si el infierno de la oscuridad fuera vertido sobre mí y que me iba a morir.

Incluso si usted ha servido a Dios durante 10 años, jamás se piensa que ha "llegado" ¿Cómo puede usted ayudar a otros si usted mismo no llega a un nivel aceptable para Dios? Yo era una oradora, sin embargo, Dios me estaba revelando todo lo que estaba mal en mi vida. Es posible que yo apenas iba por el tercer o cuarto escalón que llevaba a la salida de la mentira. Sin embargo, Dios decidió liberarme de ciertas cosas.

Experimenté terribles calambres y dolores en el corazón. Dios no sólo me estaba llevando a través de una liberación, pero poco a poco fue cambiando la forma en que pensaba acerca de ciertas cosas. Me encontraba en una guerra contra mis propios demonios. Usted puede pensar que usted está limpio porque le sirve a Dios, pero no es así

Veamos ahora ese "Demonio Líder" que me atacó en mi dormitorio. Sucedió a media noche. Sentí más que miedo, era terror. Sentí un golpe muy fuerte en mi pecho como si me estuvieran apuntando al corazón. De repente, me desperté y grité, "¿Quién eres tú?" El demonio respondió: Soy *"Lo que el viento se llevó"."* ¿Qué diablos era eso? ¿Qué había entrado a mi habitación y se llama a sí mismo *"Lo que el viento se llevó"*? La sorprendente respuesta tendrá que esperar, puesto que tenemos más que cubrir antes de entender toda la lógica.

Por último, afortunadamente, después de esta prueba, me di cuenta de que había surgido una nueva Yvon, pero incluso entonces, ella todavía no estaba lista.

Yo también había aprendido el poderoso significado de:

Miqueas 3:4
"Entonces clamarán al Señor, pero Él no les responderá; sino que esconderá de ellos su rostro en aquel tiempo, porque han hecho malas obras." [NVI]

Recuerde, Dios es lento para la ira y grande en misericordia, pero en mi caso, Él estuvo advirtiéndome en sueños por diez meses sobre algo que yo necesitaba corregir.

Dios usó esta experiencia para regalarme una bendición especial. Esto ocurrió en una iglesia hispana en la que yo estaba predicando. En esa reunión de la iglesia, muchos mensajes fueron entregados, y la mayoría de la gente en la congregación, al igual que yo, estábamos en llanto. Hoy, el pastor y su Iglesia en Wilmington, California, ocupan un lugar especial en mi corazón.

Cuando todo se calmó después de los "ataques" espirituales en mi habitación, Dios me dio un regalo maravilloso: Fuerza y aliento. Una amiga muy especial que había conocido en Los Ángeles, la señora Atkin, tuvo un sueño. Fíjense, ella no estaba consciente de la gravedad de la lucha en la que yo estaba involucrada. Milagrosamente, llegó precisamente mientras me sentía completamente agotada, exhausta y desesperada por aliento. Me dijo que soñó que un día en el futuro, ella estaba sentada frente mío en una mesa cuando ella gritó con asombro acerca de lo que Dios había hecho por mí. En ese sueño, la Sra. Atkin dijo que todo lo que yo predije ocurriría, incluso *lo que le viento se llevó*. No era aún fácil aceptar estas noticias, aunque emocionante y estimulante escuchar, porque todavía no entendía mi relación con esta película, o cómo el mensaje del terremoto encajaría en todo esto. Y, sobre todo, ¿por qué el demonio en mi habitación se dice llamar *"Lo que el viento se llevó"*?

Pero tomé este exhortación por lo que era, era un regalo. Y llegó exactamente en el momento preciso, un período durante el cual fui penetrada por el proceso de limpieza de Dios el cual recién había pasado. Era difícil, hasta el punto de ser grave. Muy seguido me sentiría intranquila hasta que me arrepentía y aclaraba cuestiones entre Dios y yo. Entre más limpia estaba, mejor podía "escuchar", pero era evidente que todavía había algo en mi vida que abría la puerta para un severo ataque demoníaco.

Nunca supe que el arrepentimiento me llevaría tan cerca de Dios. Incluso comenzó a hablarme de lo que yo estaba pensando. Pensaba algo, y luego de repente Dios me hablaba. Me di cuenta de que nunca hubiese podido escribir este libro si no hubiera pasado a través de este doloroso camino de formación.

Justo antes de irme de Los Ángeles de regreso a Sudáfrica, y completar *Mensajes de Dios*, El me mostró más cosas que me encontraría en mi vida. La Biblia dice que, mediante la fe y la paciencia, heredas las promesas de Dios.

Me di cuenta de que, cristianos con demonios, podrían ser muy peligroso sin siquiera saberlo. La gente necesita ser sanada de las heridas emocionales y espirituales más que cualquier enfermedad física. Las personas que están heridas son como animales heridos, seres que pueden y atacaran físicamente a otros. ¿Te puedes imaginar, entonces lo que un predicador herido puede hacer?

Dios me estaba preparando en Los Ángeles para otras guerras que iban a continuar en Sudáfrica.

Aunque podía ver muchas cosas en el futuro, todavía no sabía lo que me esperaba en Sudáfrica cuando finalizara mi libro. Dios iba a prepararme, sacudirme, limpiarme, reconstruirme, enseñarme y formarme, a oler como una rosa celestial. Pasaría dos arduos años encerrada en un arbusto, donde Dios me prepararía realmente para poder "Oír" y comprender.

Puedo proponer que te tomes un descanso para que proceses todo lo que has leído y para que Dios prepare tu espíritu a fin de que podamos avanzar juntos.

9

CAMBIANDO A HOLLYWOOD, CAMBIÁNDOME Y CAMBIARTE A TI.

Dios tiene un mensaje, y Hollywood tiene un mensaje. La pregunta fundamental es ¿Cuál es el mensaje predominante que la humanidad está recibiendo desde la industria del entretenimiento hoy en día?

Durante mi estancia en Los Ángeles, le hablé a todos los que pude, al menos aquellos que me escuchaban, de un terremoto en particular que creo iba a venir sobre la ciudad y sus alrededores. Al mismo tiempo, le pedí a Dios Su gracia sobre la ciudad, pues Dios es misericordioso.

También quedó claro que no solo las iglesias necesitaban cambiar sino todos, especialmente los productores de cine, pues tendrían que trabajar en limpiar su ¡espíritu interior! Y Dios los tenía que ayudar, igual que me ayudo a mí. Pero esta ayuda está disponible para todo aquel que lo pide a Dios con corazón sincero y dispuesto a efectuar los cambios que Dios les traiga. .

Yo creo que Dios va a crear cada vez más nuevos ejemplos en Hollywood. Esto se manifestará con personas que han cambiado de tal manera, que van a promover los valores familiares y la moral, van a levantarse en contra del adulterio, y demostrar un esfuerzo constante y consiente para no blasfemar a Dios, usando su nombre como garabatos o insultos en las películas. Siempre le digo a la gente, "Si tienes que maldecir, utiliza mi nombre en lugar del nombre de Jesucristo."

Los *Mensajes de Dios* será publicado antes del terremoto y ante de otras profecías que caerán en su lugar. En este capítulo quiero compartir mi profunda esperanza a través de una explicación de cómo clamar a Dios, para pedirle que cambie Su plan. Es decir, tratar de convencerlo de no hacer lo que Él me indicó que iba a hacer.

Con sólo mirar mi propia vida y las experiencias que estoy teniendo puedo decir una cosa con certeza: si Dios puede cambiarme, Él puede cambiar a Hollywood.

La industria del entretenimiento en su alcance e influencia, puede ser un regalo maravilloso para la humanidad. Mientras disfrutamos de las historias y las lecciones que son parte de estas producciones, la industria puede, y lo hace con mucha frecuencia, alimentar a las personas con suciedad y maldad. Así es como contamina las mentes. Los ejemplos se destacan en los Reality Shows los cuales tiene la capacidad de atraer audiencias inmensas. Pero estas realidades a medias pueden y llevarán a generaciones más jóvenes lejos de la verdad. Por lo tanto, otra pregunta: ¿Por qué no hay Reality shows que enseñen a las personas cómo escuchar lo que Dios tiene que decir de nuestros destinos? Dicho esto, sin embargo, verdaderamente puedo admitir que mi esperanza y mi fe por la vida en la Tierra se han reforzado ahora que puedo "escuchar".

Piense en esto: ¿Qué tal si tu vida, lo que haces, lo que dices, lo que compartes, hace que otras personas se pierdan su destino? Qué posibilidad tan aterradora, ¿no? Pero también existe la posibilidad de que, con un corazón limpio, puedas orientar y ayudar a otros a alcanzar sus destinos, con lo que haces, lo que dices, lo que compartes. Y eso es lo que yo creo que Dios tiene en mente para nosotros.

Estás leyendo sobre el viaje que yo estoy tomando para cambiar; y aquí mismo, en estas páginas, te estoy dando pautas para cambiar tu también. De la misma manera, estoy proponiendo que hagamos lo mismo con

Hollywood y otros lugares. Los mensajes que provienen de la industria del entretenimiento son de gran importancia, por el simple hecho de que esta forma de comunicación disfruta de una a masiva cobertura a través de los medios de comunicación. Estos mensajes pueden y afectarán un cambio en la siguiente generación. Y ese cambio puede ser positivo o negativo.

Génesis 17:12
Dice: "… ¡Yo soy el Todopoderoso! Anda delante de mí y ser perfecto."

Vivimos en un mundo de "expectativa". Todo el mundo parece estar buscando la belleza perfecta. Para citar sólo un ejemplo, considere cómo muchas personas miran a los famosos como ejemplos perfección. Muchas personas viven para imitar el "look" y formas de las estrellas del cine" sus estilos, su comportamiento. Pero ¿qué es lo que estas famosas "celebrities" presentan como ejemplo?

Las revistas, es más la industria completa, exalta y adora la belleza exterior. Sin embargo, para la belleza perfecta en los ojos de Dios sólo puede lograrse permitiendo que nos cambie y convierta en lo que Él quiere que seamos, hermosos y limpios en nuestro interior.

Mi viaje es principalmente un viaje de limpieza espiritual. Permítanme compartir algunas escrituras para mostrarte cómo esta limpieza y el subsiguiente cambio que me trajo no sólo han ayudado a mejorar mi actitud sino también toda mi visión sobre la vida. Permítanme decirles lo que Dios me ha dicho.

Me dijo que mi nombre de nacimiento, que significa "ejército victorioso", lo iba a cambiar a "Aletheia", que significa "verdad". Aunque mis padres me pusieron "ejército victorioso" por nombre, ahora sé que mi ejército sólo puede ser victorioso si sigue la verdad.

Hace veinte años, cuando por primera vez me convertí en cristiana nacida de nuevo, la Iglesia me dio la bienvenida y me dijo que ahora tenía la luz y que me iría al cielo. Lo que nadie me explicó, quizás porque ellos mismos no lo sabían, fue que entre "bienvenido" y "cielo" hay una trayectoria transformadora dura y larga.

Juan 1:12
"Sin embargo, los que recibieron y creyeron en Él, y les dio el derecho de convertirse en hijos de Dios." [NVI]

Mira cuidadosamente lo que esto quiere decir: Aquí la Biblia usa la frase "convertirse en los hijos de Dios" – no "son hijos de Dios". En el camino a convertirte en hijo de Dios, tus "oídos" se abrirán. Pero, francamente, esto no ocurre de la noche a la mañana. No es un cambio instantáneo. Es necesario un cambio constante.

Pero este cambio en tu vida significará que te convertirás en uno de los hijos de Dios. Permítanme decirles que este cambio probablemente será doloroso. Sin embargo, como estoy presenciando, cuando Dios trae dolor y juicios a tu vida, deberías estar sumamente agradecido porque esto es parte el proceso purificador.

Como describí anteriormente, he experimentado mucha molestia durante mi "cambio de temporada", donde Dios me había preparado no sólo para mi esposo sino también para una vida mucho más intensa y plena. Lo que he compartido aquí es muy personal, pero es también esencial para comprender el tipo de cambio del que estoy hablando. Comienza con mi preparación para el encuentro con el hombre que Dios planeó para mí, el hombre que caminará a mi lado. Al mismo tiempo, esta preparación también estaba actuando sobre mí para completar mi llamado en la vida.

Efesios 5:2
"Con el fin de presentar a la iglesia para sí mismo en toda su belleza, puro y perfecto, sin mancha ni arruga ni ninguna otra imperfección."[2000] SCHLACHTER

Dios está volviendo para perfeccionar la raza humana, y la humanidad se presentará como una novia perfecta.

Dios está haciendo lo mismo conmigo. Pase a través de una preparación intensiva para convertirme en la novia que Dios ha querido que sea para mi esposo. Asimismo, Dios trabajó en mí para convertirme en la escritora de este libro. Como estoy segura de que les pasa a todos los demás, no vivo a la perfección. Pero, ahora me enorgullezco en mi verdad y honestidad perfecta, y estoy consciente de ello en todo momento.

Dios esperaba que yo fuera fiel a un hombre que ni siquiera había visto antes; es decir, fiel a Su plan y tiempo. Ahora, recuerde que aunque Dios dice esto, no significa que Él no iba a ponerme a prueba o que la tentación iba a terminar. Y ponerme a prueba fue exactamente lo que hizo.

Pero Dios hizo lo mismo con Jesús. Él lo llevó a un lugar donde pudiera ser tentado, exactamente porque Su fe podía ser probada, y la disposición de Su espíritu para siempre fue demostrada.

Lucas 4:1-2
"Jesús volvió del Jordán lleno del Espíritu Santo y fue llevado por el Espíritu al desierto, donde fue tentado por el diablo durante 40 días. En todo ese tiempo no comió nada, así que tenía hambre cuando todo había terminado."[NVI]

Jesús fue tentado durante 40 días. Para mí, Dios constantemente ha permitido a los hombres intentar distraerme del "llamado" que Él ha planeado para mí. Y hay algunas verdaderamente asombrosas experiencias entre estas tentaciones. De hecho, algunos hombres incluso dijeron "Dios dijo que ibas a ser mi esposa." Esto es más que una necedad absoluta. Este es el diablo intentando de manera deplorable usar el propio plan de Dios para abortarlo. Se trata de hombres manipulando a una mujer vulnerable. ¿No les parece?

La Biblia dice lo siguiente:

Salmos 138:3
"Cuando te invoqué me respondiste; me infundiste ánimo y renovaste mi fuerzas."

El momento en que eres capaz de mantenerte firme contra la tentación se desatará poder en tu vida.

Lucas 4:14,
"Entonces Jesús volvió a Galilea, desde el desierto, y el poder del
Espíritu Santo estaba con Él."[NVI]

Para poder realizar este poder en mi propia vida, tuve que cumplir con ciertas condiciones. Primero, tuve que cambiar con el fin de aceptar y respetar el tiempo de Dios. Creo que esta aceptación es el primer paso esencial. Sin ella, el viaje no puede comenzar, y los milagros que vendrán a continuación, no serán posible.

Permítanme darles este ejemplo de la vida real. S. Wigglesworth. Este hombre, que a través del poder de la oración, tocó miles de personas al final del siglo pasado, un hombre que llegaría a ser conocido como el "Apóstol de la fe", cuya presencia, palabras y fe produjo milagros tan grandes como sanar enfermos en fase terminal, este hombre tenía las mismas luchas para "esperar" el tiempo de Dios. Y esto incluía esperar el amor de su vida. Después de verla la primera, Wigglesworth, tendría que esperar cinco años antes de que su amor se convirtiera en su esposa.

Yo también he tenido que cambiar mi propia percepción del pasado, incluso de las cosas que yo pensaba que eran inocentes. Dios no quería que tuviera nada en mi casa que pudiera recordarme a alguno de los hombres de mi pasado. Tuve que deshacerme de todos mis regalos y fotos antiguas. Después de que conocí al hombre que se convertiría en mi esposo, me sentí mal incluso de ponerme un collar que un novio me había regalado. Para poder completar esta trayectoria transformadora me tuve que mudar para vivir y dar alimentar a mis ojos con solo la "verdad"

Esto no es una cosa fácil de hacer en el mundo de hoy. Muchas películas y programas de televisión llenan nuestras mentes con basura, contaminando nuestras expectativas. De nuevo, la industria del entretenimiento será juzgada por su tremenda responsabilidad.

1Tesalonicenses 4:7
"Porque Dios no nos llamó a la impureza, sino a la consagración, para
dedicarnos a la más completa pureza."[AMP]

Isaías 35:8
"Habrá una autopista allí, llamado "El camino de la santidad."
Ningún pecador nunca podrá recorrer ese camino; los necios no va a
confundir a quienes lo siguen". [NVI]

1 Timoteo 2:15
"Pero la mujer será salvada a través de tener hijos, si se persevera en
la fe y caridad y santidad, con modestia."[NVI]

Yo tenía 40 años cuando tuve a mi hija.

Amós 2:11
"y yo crie a algunos de vuestros hijos para profetas, y de algunos de sus
jóvenes dedicadas (Nazaritas). ¿Esto no es verdad, oh, hijos de Israel?
Dice el Señor." [Versión Amplificada]

1 Corintios 7:14
"para el esposo incrédulo es aceptable a Dios por estar unido a su
esposa y la esposa incrédula es aceptable para Dios, al estar unida a
su esposo cristiano. Si esto no fuera así, sus hijos serían como los niños
paganos; pero como es, son aceptables para Dios." [NVI]

Seamos claros aquí. No estoy diciendo que necesitas vestirte como una monja. Eche un vistazo a algunas de las fotos en mi sitio web, http:// messagesfromgod.co.za/. Me considero una mujer moderna, y he vestido un estilo que me parece individualmente expresivo, pero modesto. Siento con cada fibra de mi cuerpo que mi esposo tiene suerte. Dios me hizo una esposa "limpia".

Yo te digo todas estas cosas para entrarte a mi mundo. A medida que iba avanzando en las experiencias revolucionarias que estás leyendo, el mundo me mostraba cada vez más cómo era yo, cosas que ni siquiera sabía. Este viaje fue cambiando a Yvon. Yvon se estaba convirtiendo en una mujer de verdad. Me di cuenta de que si Dios podía cambiar quien soy hoy, Él puede cambiar cualquier prostituta, cualquier asesino. Él puede cambiar ciudades. Él puede cambiar las mentiras que la gente cree. Dios puede cambiar a un hombre, y a través de ese hombre, Él puede cambiar todo el curso de la historia.

De hecho, quiero decir aquí, en estas páginas, que la voluntad de Dios ya está afectando un cambio en la generación actual para abrir camino a sus planes con la próxima generación. La esperanza de mi corazón es servir con sólo un ejemplo sencillo a los jóvenes, para permitirles oír la voz de Dios, y así una nueva generación encontrará su verdadero destino.

Estoy plenamente consciente de que estas palabras tendrán a algunos de ustedes diciendo, "Esa Yvon, hmmmm… ella suena como si estuviera "chiflada", ella está soñando el sueño del soñador." Bueno, sí, yo podría soñar de esa manera. Pero mi sueño está arraigado en la fe. Creo en mi corazón, que las personas que lean *Los mensajes de Dios* serán guiados a hacer cambios en sus vidas, y esto los llevará al comienzo de "escuchar" ellos también. Como he dicho, Dios planea cambiar la voz que sale de la industria del entretenimiento. Este cambio ya está en marcha, empezando con más y más personas comenzando a escuchar a Dios, directamente. Esta es una razón primordial por la cual expuse la historia de mi vida, para ayudarles a comprender los cambios que necesitan hacer antes de empezar a "escuchar".

Con el cambio, dos cosas vitalmente importantes suceden, y tú no sólo debes estar consciente de estas dinámicas, sino también estar preparado para enfrentarlas con valentía:

1. El cambio provoca dolor, malestar y soledad en la temporada de cambio.

2. Mientras el cambio está ocurriendo, te atacarán fuerzas demoníacas, engañarán, y tratarán de oprimirte.

Pero debes darte cuenta de que tú no eres el único blanco de esas fuerzas. Han estado atacando, engañando y oprimiendo a las almas desde el principio de los tiempos. El Rey David fue un hombre que viajó a través de estos duros entrenamientos en el proceso de su transformación. Y se transformó, Él lo hizo. Él se convirtió en mucho más que un simple hombre a aquellos que dependen de su propia existencia icónica. Basta con mirar estas palabras de aquellos que lo conocieron:

2 Samuel 21:17b
"... Entonces los hombres de David hicieron que David prometiera que nunca más volverían a salir con ellos a la batalla. "Vosotros sois la esperanza de Israel, y no queremos perderlos" dijeron."[NVI]

Este hombre que fue la esperanza de Israel también fue un hombre con muchos enemigos. Y él lo sabía. Pero también sabía recurrir a la ayuda de Dios que salva a los fieles.

Salmos 57:2-3
"Pido a Dios, el Altísimo, al Dios que alimenta todas mis necesidades. Él va a responder desde el cielo y me salvara; Él derrotará a mis opresores. Dios va a mostrar su constante amor y fidelidad."[NVI]

Simbólicamente, esto significa que cuando giras en la dirección correcta y justa, habrá enemigos que persistirán, que van a usar lo que esté a su disposición para tratar de bloquear tu futuro. Usando mi caso como ejemplo, mis adversarios harían uso de finanzas que no sólo estaban siendo mal administradas sino totalmente en las manos equivocadas, por muchos, muchos años. Claro que esto no ayuda cuando uno está tratando de hacer cambios.

Según los tiempos que solo Él conocía, un tiempo que estaba empezando a respetar y aceptar, cambió mi "temporada" después que regresé de Hollywood para escribir mi libro. Y lo volvió a cambiar al cabo de unos años. Dios me llevaría a una guerra para abordar las injusticias que tenían presa mis finanzas.

Sí, guerra. El cambio puede requerir una respuesta tan firme que se parece a la guerra, porque va a alterar el curso de la historia de tu vida.

De hecho, la guerra cambia la historia, pero también conduce a la desaparición de muchas personas y muchas cosas. Por ejemplo, veamos el resultado de un cambio que le ocurrió a un hombre llamado Martín

Lutero, cuyas experiencias demuestran que incluso una causa tan sagrada como la religión puede destruir a una verdadera relación personal con Dios.

Martin Lutero cambió con este mismo cambio que les estoy pidiendo que consideren, el cambio que nos lleva a Dios. Y tuvo que hablar. O sea, tuvo que conquistar cualquier temor por "el qué dirán". También fue necesario que se mantuviera firme e hiciera guerra contra interpretaciones engañosas y mentiras desafiando la verdadera intención de las escrituras

Con valentía y un compromiso de hierro, Lutero le hizo frente al desprecio y la represión de los religiosos políticos y la predicación de aquel tiempo que mantenía las congregaciones atadas a falsas creencias, egoístas. Contra la corriente de la doctrina religiosa popular, Lutero enseñó a la gente que comprar su salvación con dinero era un grave engaño. Les explicó que el dinero no puede rescatar a los muertos del infierno. Tuvo que superar los obstáculos sociales y religiosos arraigados en la gente para introducir un cambio total de mentalidad religiosa a una generación que creía que la salvación no era posible fuera de la iglesia.

Lo que era evidente para aquellos que lo escucharon fue que Martín Lutero creía en la misericordia de Dios y en un corazón bueno y abierto. Predicaba que cuando el diablo te acusa de ser malo, le debes decir, "Sí, admito que merezco el infierno, pero Jesús dejó el infierno afuera, por mi bienestar, así que me voy al cielo." Lutero incluso reprendió la "mentira" de que aquellos que cometen suicidio quedan malditos de por vida. Advirtió a los oyentes a no culpar a un niño que comete suicidio debido a la desesperación.

El cambio dentro de Martin Lutero condujo finalmente al cambio en la comprensión religiosa, a la reforma de la iglesia y de la traducción de la Biblia. Hoy, gracias a las reformas de Martin Lutero, más de 540 millones de personas adoran a Dios en una forma libre, generosa y misericordiosa.

Los cambios de un hombre regresó al pueblo al camino de Dios. Pero Lucifer trató de muchas formas de impedirlo. Hubo otros que también lucharon para asegurar que los mensajes de Dios a la humanidad no se distorsionaran o tergiversaran y así manipular a la gente. William Tyndale, por ejemplo, contribuyó con la primera traducción significativa del Nuevo

Testamento al inglés, después del trabajo de John Wycliff. Pero tuvo que pagar un precio. Murió en un altar de fuego en 1536. Él murió por lo que creía era la verdad.

¿Crees que esta gente podía escuchar la voz de Dios? ¿Crees que ellos también obtuvieron "mensajes" de Dios?

Wycliff y muchos otros fueron asesinados a causa de su fe en el libro, la Biblia, la Biblia no adulterada. Imagínense los titulares actuales si quemaran vivos a las personas debido a su creencia en un libro sagrado. En algunos lugares, esta noción se acerca peligrosamente.

Estos hombres trabajaron para poner fin a una ignorancia que mantuvo a la gente de su tiempo en una falsa prisión por una opinión manipulada. Todos hemos oído el refrán de que "la ignorancia es la felicidad." Pues bien, estoy aquí para decirles que la ignorancia hace sufrir a la gente. Pienso en mi propia vida y cómo Lucifer colocó la desesperación de no saber sobre mi propia madre, y sobre mí, muchas veces. Pero superé sus ataques de reprender a esta desesperanza en el nombre de Jesucristo, y citando las escrituras de la Biblia. Simplemente corrí hacia Dios como una niña. Sentía como si mi segundo nombre se había convertido en "¡Ayúdame, Señor!"

A través de la historia, las personas han tenido que pagar un alto precio por los cambios que nos han presentado. Me recuerdo a mí misma de esto constantemente. Yo sé que he pagado un precio por *Mensajes de Dios*. Este libro, sencillamente, nació de mis lágrimas. Sin embargo, también nació con gran esperanza, debido a que oré para que los llevara a leer un libro singular que es y será siempre el mejor vendedor de todos los tiempos: la Biblia.

Antes de que cerremos este capítulo, permítanme compartir con ustedes lo que Dios me habló sobre cómo Él va a traer cambios a Hollywood, e incluso a mi propio país, Sudáfrica.

En el mensaje completo, el Señor me reveló las sombras de un terremoto que golpeará a Los Ángeles. Por muy difícil que resulte, este desastre irá dirigido específicamente a la industria del entretenimiento. Vino a mí como una profecía, con un entendimiento de que se puede detener. Sin embargo, evitar esta catástrofe requerirá que la gente ore no sólo oraciones superficiales, sino que realmente oren como es debido. Me dio la sensación en el interior de que mi profundo cambio sucedió por una razón; "Vi" mi cambio vinculado con ser "enviada" antes de la catástrofe, una mensajera para que se realice un cambio en la industria.

El señor repitió este sueño específico tres veces. Y esto es importante, como bien sé por lo que he pasado. Cuando Dios repite un mensaje, tómalo muy en serio. ¡Cuando Dios repite un mensaje tres veces es porque necesita se tiene que proclamar! pero ¿por qué yo? ¿Por qué era la "elegida" para hacer esta tarea aparentemente imposible? Permítanme responder haciéndole una pregunta: Si tu tuvieras un sueño sobre un terremoto en Los Ángeles, dejarías todo lo que sabes, todo el mundo que amas, e irías a Los Ángeles, ¿o te encogerías de hombros y dirías, "Ah, era solo un sueño?" Yo vi la obediencia a Dios como el único camino. La idea de no ir y por consiguiente enterarme del desastre que yo pude haber previsto, que yo pude haber tenido oportunidad, la más leve, remota posibilidad de prevenir, eso sería demasiada carga para vivir.

Veamos este sueño más específicamente. Según lo que pude ver vendrá un gran terremoto al centro de la industria del entretenimiento, Hollywood. En los tres sueños, la "voluntad" del Padre, era yo. ¡Yo! Puedo ver y oír a la gente gritando mientras edificios se derrumban y desploman en el suelo. Este evento será mucho peor y definitivamente más devastador que 9/11. No terminará en unos pocos segundos. No. de hecho, en los sueños, aunque estoy en el centro de todo esto, en realidad atrapada por cinco días –me mantengo a salvo. Esta catástrofe ocurrirá, creo yo, más o menos un mes antes de la ceremonia de entrega de premios. Aunque no vi un año exacto, Dios me ha mostrado una línea de tiempo.

Y así he orado. Fue entonces que sinceramente la voz del Señor vino y me mostró exactamente lo que estaba en Su corazón sobre esta profecía. A continuación, intento darles la mejor traducción de mi lengua natal, afrikáans:

Él dijo: *"La industria del entretenimiento se ha convertido en un "dios."* *Pero no es un dios de piedra, oro, o cualquier otro metal. No es un dios muerto, es un dios que tiene una voz. Es un Dios que le habla a mi pueblo, diciéndoles, enseñándoles, cómo ser inmoral. Trae un fuego al mundo, un fuego de inmoralidad que se propaga más y más rápido cada día, cada segundo. Voy a destruir este dios. Este Dios habla con una voz que engaña a mis hijos. Este Dios le dice a mis hijos que es bueno estar involucrado en relaciones sexuales inmorales, aunque Mi Palabra dice que es incorrecto.*

"¡Ustedes deberían decirles a sus hijos lo que es correcto delante de mis ojos! Este dios está enviando un mensaje, una voz que da gusto a la carne de mis hijos, una voz que consuela la carne y destruye el espíritu."

¡Eso es todo! Ese es el mensaje que todavía resuena en mi cabeza. De todos los mensajes que he recibo, este es uno de los que conozco requieren el máximo de atención y acción, aunque hacia el final de este libro, verás que comparto otros tres sueños que recibí acerca de los Estados Unidos y lo que está por venir.

Tengo dos preguntas sencillas: ¿cree usted que Dios iba a hacer caso omiso de las cosas que están sucediendo en la tierra? ¿Lo hizo alguna vez en la Biblia?

Y, sin embargo, tengo la sensación de que tenemos una oportunidad de evitar que esto ocurra.

Jeremías. 18:7
"Si, en cualquier momento, voy a desarraigar, romper o destruir cualquier nación o reino, pero luego esa nación se convierte del mal, no voy a hacer lo que he dicho yo."[NVI]

En otro sueño, Dios me mostró una gran cantidad de agua. ¿Fue la lluvia? No estoy segura, pero lo que vi fue montones y montones de agua y lodo. Era como si las tierras en algunos lugares se habían convertido en barro y hubiese desaparecido completamente.

Juan 9:11
"El hombre que se llama Jesús hizo lodo, lo froto en mis ojos, y me dijo que me vaya a Siloé y lavarme la cara. Así que me fui, y tan pronto como me lo lavaron, pude ver."[NVI]

Esta simboliza que la visión vendrá. Con esto, siento que el Señor me ha dado la comprensión en torno al significado profético de esta agua y barro. Algunos sueños sólo simbolizan lo que Dios pide.

Otra cosa que también escuché fue:

"Mira hacia el norte. Algo grande ocurrirá en el norte. Observa con la rapidez con que mi Espíritu se moverá. Mi espíritu pegará como relámpago. Puedes ver lo que sucede cuando el rayo toca el agua, el poder viajara rápido. Cuando mi Espíritu toque el agua de justicia que he derramado sobre mi pueblo, será un "reavivamiento" que se extenderá muy rápidamente."

Entonces me vino una visión de un zapato de tacón de cristal. El Señor tomó el zapato y rompió el tacón. Le oí decir: "Hay muchos que caminan en zapatos de cristal, que no están dispuestos a caminar en mis caminos." El Señor dijo que "romperá el tacón", a fin de que pudieran empezar a moverse hacia Él.

El Señor dijo que su presencia ha sido ignorada muchas veces, y Su Espíritu Santo sólo podía responder a donde ha sido llamado. He llegado a comprender que el Señor nos "habla" a través de la naturaleza para producir cambios de acuerdo con sus caminos.

2 Samuel 22:12
"Él se cubrió a sí mismo con la oscuridad; nubes gruesas, lleno de agua, lo rodearon."[NVI]

2 Samuel 22:17
"El Señor llegó de arriba y se apoderó de mí; Él me sacó de las aguas profundas."[NVI]

Algunos sueños tienen un propósito metamórfico. Esto puede simbolizar cambios concretos que Dios va a traer consigo. Estoy segura de ello: Con respecto a mi propio país, Sudáfrica, Dios está llamando a la justicia, ya que hay muchos cambios necesarios aquí tras el término del apartheid.

Claramente, los dos sueños, la visión de Los Ángeles y el simbólico de Sudáfrica, son completamente diferentes, sin embargo, ambos son igual de poderosos. Ambos requieren atención y acción.

Después de horas, días, noches, y semanas pensando en estas inquietantes visiones y sensaciones, he llegado a ver esto: Dios nos ama demasiado para dejarnos vivir como estamos. Cambiar según Él quiere es lo único que nos guiará a nuestro verdadero propósito.

Les quiero ofrecer una palabra de precaución antes de que sigan leyendo: tu transformación, tu propio cambio personal, no requerirá grandes dones, pero sí requerirá gran valentía. . Dicho esto, recuerde que, si un "terremoto" llega a su casa, considérelo como algo bueno. El sufrimiento y el dolor producen que los oídos se abran. Los momentos malos llaman a Dios. Él siempre está listo, y presente, para ayudarnos a levantarnos nuevamente.

Es cierto que todo esto suena bastante inquietante. Sí, cambiar parece un trabajo duro, tanto que, a veces, desearás darte por vencido. Se sabe entonces que Dios nos ayuda a cambiar. Pide ayuda. El cambio que tú harás te producirá felicidad inevitablemente.

10

¿YA TE QUIERES DAR POR VENCIDO?

¿Le está dando miedo este libro? No se alarme por favor. Esta molestia le conviene. .

Por mucho tiempo viví mi vida en aislamiento en diferentes lugares. Pasé dos años sola en una granja en el monte mientras no trabajaba. Cinco meses, sola en un apartamento en Los Ángeles. Ocho años sola en un pequeño pueblo, sin ninguna vida social. Durante la mayor parte de estos tiempos, sólo tenía a mi papá y mi perro Baby, y de vez en cuando, el hombre equivocado en mi vida.

Sí, me parecía que estaba en una prisión. Pero no recibí ninguna tortura. De hecho, esta reclusión me facilitó no sólo el lugar donde recibí mis mensajes, sino también el lugar en el que fui probada y donde experimenté cambios importantes. En efecto, es un lugar extremadamente duro por lo que sufrí mucho. En este lugar, luché con la autenticidad de los mensajes que sentía venían de Dios. Algunos vendrían por razones muy concretas que analizaremos más adelante en estas páginas.

Se me hizo tan difícil que eventualmente le dije a Dios: "Señor, me he sentido como un león enjaulado por mucho tiempo y no puedo aguantar más." Me sentí insegura de mi misma. Hubo momentos, mientras escribía, que se me hizo casi insoportable estar en aquella granja en África, mientras

145

Dios guardaba silencio durante semanas. Por alguna razón, no me quiso hablar ni me dejó oír nada.

Un león enjaulado durante demasiado tiempo puede olvidarse de cómo ser un león. Pero ¿puede un profeta en una jaula olvidar cómo ser un profeta? Quizás esa jaula es necesaria para la preparación. Demás está decir que aquel fue un tiempo infeliz en mi vida. Aun cuando yo sabía en mi interior que no podía empacar e ir a la ciudad a buscar trabajo, esa no era Su voluntad para mí todavía, Dios no había terminado conmigo. Estaba callado. Pero, curiosamente, no me faltó nada. Dios simplemente decidió que era necesario un tiempo de silencio.

La soledad llegó a ser abrumadora. Una noche, después de Dios mantuvo mi sueño alejado de nuevo, simplemente dije, "no puedo continuar con este viaje más."

Sentí lo mismo que David:

Salmos 77:1-4
"Con mi voz clamé a Dios, a Dios clamé, y Él me escuchará. Al Señor busqué en el día de mi angustia; Alzaba a él mis manos de noche, sin descanso; Mi alma rehusaba consuelo. Me acordaba de Dios, y me conmovía; Me quejaba, y desmayaba mi espíritu. No me dejabas pegar los ojos; Estaba yo quebrantado, y no hablaba". [RVR 1960]

Supongo que David, al igual que yo, estuvo peleando con Dios toda la noche.

Me alojé en una casa de tres habitaciones. La atmósfera dentro mi habitación se hizo insoportable. Se llenó el ambiente de inquietud aunque sabía que Dios estaba allí y me sentí como si me encontrase en una olla de presión. ¡Cambié de un dormitorio para otro tratando de escapar de Dios! Esa noche, todo parecía muy difícil. Finalmente, me dije, "Voy a dejar todo." He llegado a un punto en el que yo sólo quería renunciar a este supuesto programa de formación de Dios y tener una vida normal.

La gente se va a trabajar, tiene familias, van a la iglesia. ¿Pero yo qué? Yo estaba embarcada sola en una granja en el monte escribiendo y orando. Sin embargo, algo en mí no me dejaba empaquetar mis maletas, marcharme a la ciudad y vivir mi vida. Me sentía todavía joven. Aun sentía hermosa. Y sabía que yo no era una persona inmoral ni de andar fiesteando. . Pero aun sabiendo todo esto, ¿por qué no podía salir de allí? Empecé a darme cuenta de que precisamente esta atmósfera viciada fue de manera premeditada una manifestación ordenada por Dios. Este fue un momento hecho especialmente para mí. Sólo yo podía sentir lo que estaba sintiendo. Y sentía como si Dios estuviese trabajando dentro de mí.

Lo que aprendí, dolorosamente, es la razón por la cual Jonás huyó de Dios y acabó en el vientre de un pez. Sintió que no podía hacer el trabajo que se requería. Así fue exactamente cómo yo me sentía. No soportaba más la soledad ni vivir una extraña existencia. . Hoy creo firmemente que Dios usa a los derrotados, esos que se dan siempre por vencido! Lo importante es que Dios llama a una persona, no que la persona se da por vencida.

Usted podría pensar que una mujer como yo, con un llamado divina como esta, firmaría una clausula en el contrato que dijera "con opción para terminar". Si sólo fuese así de fácil. Pero yo estaba aprendiendo que no era eso. Yo estaba ahora en medio de pagar un precio enorme para completar los *Mensajes de Dios*. Entonces volví a recordar que durante todos sus esfuerzos y sacrificios, Job no sabía que por haber pasado por todo ese sufrimiento, Dios estratégicamente lo pondría en la Biblia para motivar a millones de personas en los siglos venideros. Estoy segura también de que Job hubiese firmado esa cláusula. Pero él tuvo que haber aprendido la misma lección.

Cuando usted paga por algo muy valioso y luego se entrega, ¿cómo se puede quejar?

Job 36:21
"Ten cuidado no te inclines al mal; pues has preferido ésta aflicción."[NBH].

Aquí estaba yo, eligiendo la iniquidad de quejarme en lugar de someterme en la aflicción. Pero yo no podría haber estado más equivocada en mis quejas. Hoy entiendo que a causa de mi sufrimiento, Dios no sólo me preparó para la enseñanza sino, también me impidió hacer cosas ilícitas que me habrían perjudicado.

Mire esto:

Job 36:21"
***Guardarte, no te vuelvas a la iniquidad, pues ésta escogiste más bien que la aflicción.*"*[RVG] traducción:*

Después de regresar de los Estados Unidos, me quedé en un aislamiento severo y desempleo impensable. Su sufrimiento puede venir por falta de empleo, de mala salud, un divorcio o la pérdida de un ser querido. Pero permítame asegurarle de mi propio corazón, el sufrimiento que usted tiene que soportar será breve mientras usted está siendo moldeado y cambiado en su lado bueno.

Una vez, cuando conducía a la ciudad para comprar suministros, vi un gato tumbado junto por la carretera. Nadie le hizo caso al gato, probablemente porque se parecía más a un trozo de papel con cabello. Pero instintivamente me paré para averiguar. Al recogerlo, me di cuenta de que todavía estaba vivo. El gato estaba muy débil pero todavía vivo. Después de una semana alimentando la gata, poco a poco empezó a caminar. Eventualmente la adopté y la quería muchísimo. Pienso que cuando la vi por primera vez, este gato aparentemente había renunciado a la esperanza y aceptado la muerte. Pero ¿no es el caso de todos nosotros en algún momento? ¿No llegamos a un punto, a veces, cuando sólo queremos acostarnos y dejar que todo desaparezca? Sin embargo, creo que es precisamente en ese que debemos recurrir completamente a Dios y pedirle la gracia para continuar, para caminar por el valle de sombra de muerte.

Salmos 23: 4
"Aunque ande en valle de sombra de muerte, No temeré mal alguno porque tú estarás conmigo; Tu vara y tu cayado me infundirán aliento."[RV]

Muchas veces le dije a Dios que yo era como ese gata que le puse Josefina. Me sentí en ocasiones como si estuviera tirada al costado de la carretera. "Dios, tendrás que recogerme y sostenerme con esperanza", pensaba.

En este punto, yo estaba luchando conmigo misma, queriendo salir de este doloroso viaje en el que me había lanzado, pero también sé que simplemente no podía ceder. Pero, con toda sinceridad, yo no pensé que pudiera tener éxito. Histéricamente, al final, me quebranté ante Dios. "Padre, no puedo hacer esto más."

Poco después, percibí la voz de Dios, aparentemente en el último minuto, como el momento instantáneo antes que el número 99, 999 cambie. Dijo, "Ahora te voy a pasar al próximo lugar." Y así fue que en mi tiempo de aislamiento en Sudáfrica, estuve sola. Estuve sola cada día, cada fin de semana.

Entonces los meses se convirtieron en dos años de oración y escribir. Durante todo este tiempo luchaba con el dolor de sentir que mi vida no estaba progresando. Y en los momentos de más profunda desesperación, volvía a buscar a Dios y le decía: "No puedo seguir. . Me voy a morir, de nuevo." Al fin, cuando estaba por el número 99.999, con un libro completo pero sin editar, Dios trajo una respuesta. Me permitió irme a Johannesburgo.

Y el tiempo de Dios fue absolutamente perfecto, por otra razón.. Conocí al hombre que se convertiría en mi esposo. Eventualmente, nos casamos y nos mudamos a Krugersdorp.

Lo que quiero decir es que verdaderamente habrá ocasiones en que usted querrá huir. Pero le garantizo que la gracia de Dios lo recogerá del suelo. Él lo acercará más a Sus Promesas. Yo soy un ejemplo vivo de esto. Por favor no lo olvide.

Y otra cosa, usted podría sentir que lo están aguantando durante su preparación. Pero una vez que esté liberado, verá que se mueve a un ritmo más acelerado que la mayoría de las otras personas.

Cuando llegue a la etapa donde está esperando que Dios le dé sentido pero permanece tranquilo en su lugar, usted puede comenzar a sentirse preocupado y exasperado. Este es otro reto emocional que puede hacer que usted quiera renunciar o abandonar todo.

Una mañana, Dios me dio un sueño. Estaba en un aula haciendo una prueba. Pero no entendía ninguna de las preguntas. Para colmo, todos los otros estudiantes concluyeron su prueba y salieron del aula. . Allí estaba yo, sentada atónita. No podría escribir nada. Incluso después de que el maestro se acercó y me explicó las preguntas, yo todavía era completamente incapaz de responder. Al sentirme desesperanzada, me quise rendir.

Tenga cuidado cuando usted se sienta incapaz de hacer lo que Dios requiere de usted y no entienda lo que está pasando. No deje que su frustración lo lleve a darse por vencido.

Debido a mi propia ignorancia de los mensajes y lo que Dios quería de mí, que quise escapar y rendirme. . En este sueño del aula, sin embargo, Dios me mostró claramente que la razón por la cual quiero escapar se debe a que no entiendo. Él me mostró que está bien. Hay veces que no siempre entendemos lo que Dios está haciendo o por qué lo hace.

De hecho, las pruebas referentes a la voz real de Dios fueron muy difíciles para mí, especialmente cuando había otra "voz" hablándome. Piensa en esto y en cuán difícil resulta ser. Usted oye una voz que considera es la voz de Dios y le está instruyendo qué debe hacer. Todas las instrucciones son difíciles de seguir. Pero entonces, oye otra voz que le instruye a hacer algo más sencillo y fácil de hacer. También que suenan mucho más natural. Ahora bien, ¿Cuál voz va a seguir usted?

Prefiero tener una vida difícil escuchando a mi Dios que vivir una vida fácil sin Su voz.

Muchas personas sinceras oran toda su vida para escuchar a Dios mientras muchos se enfrentan a este dilema. No es difícil entender por qué a muchos de nosotros se nos hace más fácil escapar, seguir la voz natural. Por ejemplo, aun Abraham y Sara no pudieron esperar la promesa que Dios les hizo de tener un niño. Escaparon "a lo natural" cuando Sarah sugirió que Abraham se acostara con su sirvienta. Este acto, sin embargo, fue lo que llevó Sarah a renunciar a Dios.

Personalmente, yo preferiría tener una vida difícil escuchando a mi Dios que una vida fácil sin Su voz.

Después de leer los *Mensajes de Dios*, les recomiendo fuertemente que usen el diario de *Mensajes de Dios* para apuntar todo lo que sienten, sueñan y experimenten. Es posible que se empiece a sentir como que no puede enfrentarse a ciertos desafíos específicos. Es posible que quiera darse por vencido. Documente estos sentimientos. Entonces, entréguese a lo sobrenatural, haga paz con el hecho de que usted, como individuo, como ser humano, no siempre será capaz de hacer lo Dios esperar de usted, ya que sólo Dios puede ayudarle a realizar esa tarea. Por eso es muy importante que usted siga pidiendo la gracia de Dios para llevar a cabo lo que pueda, según Su voluntad.

Cuando yo estaba pasando por eta etapa, decidí investigar todos los milagros que Dios hizo. Al leer estas maravillas divinas en la Biblia, me animó más allá de la desesperación. Y si usted hace lo mismo, también lo podrá animar. Cualquier persona que ha logrado un gran éxito, tiene que admitir en su momento más honesto que para lograr esos triunfos, tuvo que entregarse a la ayuda sobrenatural de Dios.

Los milagros no ocurren por sí solos ni ocurren por "accidente". Sin embargo, hay muchas personas que no admiten que los milagros son una obra de Dios. Inclusive Albert Einstein, quien pasó toda una vida luchando con las inflexibilidades de la física, llegó a la conclusión de que Dios no prueba suerte con el universo. Sí, existe un Dios, de verdad y nos conviene saber que es Dios quien puede hacer milagros. Lo importante, a través de la fe, es que le permitimos a Dios que nos ayude a cumplir nuestro objetivo, realizando milagros que aclaran nuestro camino.

Dicho esto, ¿por qué a tantos grandes hombres en la Biblia les costó tanto trabajo entregarse y confiar en Dios?

Jueces 6:36-37
"Entonces Gedeón dijo a Dios: "Si has de librar a Israel por mi mano, como has dicho.»[RVR]

Gedeón le pidió a Dios una señal para aclarar que Dios le había designado una tarea tan enorme, ser el salvador de Israel. Para Gedeón, la magnitud de este mandato era demasiado difícil para creer o incluso entender. Él quiso una "señal", sólo para estar seguro.

Salmos 78:13-16
"Dios partió el mar en dos, y para que ellos pudieran cruzar, mantuvo las aguas firmes como paredes. De día, los guiaba con una nube, de noche, los alumbraba con un fuego. Cuando llegaron al desierto Dios partió en dos una piedra, ¡de ella hizo que brotaran verdaderos torrentes de agua y así apagaron su sed!"[TLA]

El Dios de los Judíos era y todavía es el que se manifiesta en los actos milagrosos. En consecuencia, los Diez Mandamientos fueron introducidos con la declaración:

Éxodo 20:2-3
"Yo soy Jehová tu Dios, que te saqué de la tierra de Egipto, de casa de servidumbre. No tendrás dioses ajenos delante de mí". [RVR 1960]

Sin estos milagros, el Dios de los Judíos sería abstracto y teórico. De hecho, si los milagros del Nuevo Testamento son tomados como posibles, entonces los del Antiguo Testamento también deben ser aceptados como posibles. Como los milagros del Nuevo Testamento revelan la naturaleza y la voluntad de Cristo, con palabras y con obras, por lo que aquellos del Antiguo testamento podrían revelar la existencia, la naturaleza y la voluntad de Dios.

Es la naturaleza propia de Dios la que lo revela a Él cómo "el que conoce el final y el principio» y cómo el Gobernador de la vida de los hombres y de la historia humana. Para que usted tenga una confianza completa y comprensión que Dios va a hacer milagros en su nombre, debe buscar y pedir una relación personal e íntima con Él. Como yo hice esto exactamente, Su naturaleza me mostró, en un sueño, cómo mi hija Bella nacería. En el momento de ese sueño, yo tenía pocos meses de embarazo. Él escogió mostrarme el final del comienzo. Incluso yo estaba agradablemente sorprendida cuando Dios me dio un sueño respecto a mi segundo hijo, diciéndome cómo mi hijo Jonás nacería.

Si hubiera elegido a "renunciar en Dios", jamás habría tenido la comprensión extraordinaria que tengo. He aprendido y espero que usted también, que darnos por vencido no te saca de la angustia, dolor e incertidumbre sino que cuando nos anclamos en creer y le pedimos ayuda de Dios, eso sí nos libera.

Jeremías, por ejemplo, él también se quiso dar por vencido. Quizás se olvidó de lo que él no tenía el poder para hacer, estaba al alcance del poder de Dios. Visiblemente, Jeremías crecería a ocupar su lugar legítimo con la ayuda de Dios.

Jeremías 15:19
Por eso, así dice el Señor: "Si arrepientes, yo te restauraré y podrás servirme Si evitas hablar en vano, y hablas lo que en verdad vale, tú serás mi portavoz Que ellos se vuelvan hacia ti, pero tú no te vuelvas hacia ellos". [NVI]

Jeremías 15:20
"Haré que seas para este pueblo como invencible muro de bronce; pelearan contra ti, pero yo estoy contigo para salvarte y librarte – afirma el Señor". [NVI]

Aunque el profeta muestra la fragilidad humana en su clamor, Dios decidió responderle con palabras buenas y consoladoras, porque Él conoce nuestras limitaciones. Jeremías sufrió mucho por Dios pero, en algún punto, debe haber caído en las mentiras también. Probablemente, escuchó y siguió algunas voces equivocadas. El resultado, se dio por vencido.

Sin embargo, el mensaje de Dios es muy claro: el que regresa debe sacudir la incredulidad, las dudas y la insatisfacción en sus pensamientos y pasiones. Una vez que hemos perdido nuestro camino o estamos distraídos, lo cual puede ocurrir fácilmente hoy en día con todas las andanadas de las los redes sociales, nuestra única preocupación debe ser empezar de nuevo y volver a componernos, reclamando una mentalidad sana. Únicamente cuando usted sabe que está avanzando a valorarse que sentirá más la presencia de Dios. Sólo cuando se sienta en su corazón que usted ha regresado al camino, puede estar seguro de que Dios le ayudará. Esta es una "voz" que escuchará con sus emociones. Sólo usted puede sentirlo. Cuando lo haga, tendrá un poder inexplicable que lo ayudará. Sea humilde en este poder y utilícelo sólo para acercarse a Dios. Él lo sabrá qué hacer

Muchas cosas pueden parecer aterradoras pero no le harán daño a un verdadero creyente en Cristo.

Mire lo que Dios le está diciendo a Jeremías. El Señor llama al profeta para que deje de desconfiar y regrese a su trabajo. Mire lo que Dios le promete. Si Jeremías obedece, Dios le garantiza que lo librará de sus enemigos. Aquí, y a todo lo largo de la Biblia, aquellos que viven para Dios y son fieles son librados de sus problemas. Él los sostiene hasta en sus más terribles sufrimientos. Muchas cosas pueden parecer aterradoras, pero no le harán daño a un verdadero creyente en Cristo.

Mientras estaba escribiendo este capítulo, yo me sentía agotada luchando con mis propios deseos de darme por vencida, pero en lo profundo de mi corazón, sentí que yo realmente no quería hacerlo. No era mi espíritu, sino mi cuerpo, el que se quería dar por vencido. No era el verdadero yo renunciando. Era una versión distante y débil de mí que "presa de mis propias decisiones" quería ser libre de todo esto. Esta liposucción del alma nos deshace del exceso de equipaje que nosotros irónicamente insistimos en llevar con nosotros, Es un proceso que conduce a la felicidad más grande que podamos lograr.

Romanos 7:15
"No entiendo lo que hago; pues no hago lo que quiero, sino lo que aborrezco, eso hago."[RVR 1960]

Romanos 7:20
"Y si hago lo que no quiero hacer, ya no lo hago, en cambio, sino el pecado que mora en mí."[RVR 1960]

Lee estas dos citas, una y otra vez. Esto somos nosotros. Esto es humano.

A veces, habrá momentos en que no quiere darse por vencido, pero de alguna manera sus acciones parecen hacerlo en su lugar, sin usted pensarlo o planearlo.

Experimenté milagros increíbles mientras predicaba en Los Ángeles. Sin embargo, aun cuando mi vida estaba más viva que nunca, una parte de mí aún quería otra cosa, algo diferente, algo más, como divertirme, igual que otros lo hacen. Con esta mentalidad, se pueden imaginar lo que sentí al ser lanzada a una "temporada de serenidad". Sí, era difícil.

En mi caso, no había nada más que hacer. Dios se puso silencioso con respecto a dónde debía ir. Mi pregunta era ¿qué hago ahora? Cuando te preguntas eso, y le preguntas a Dios lo mismo, ya sabes que estás una densa niebla. Recuérdese que yo era una mujer que intentaba estudiar Dios y sus mensajes. Grabé todos y cada mensaje como un investigador tratando de entender algo acerca de cómo habla este Creador del universo.

En este paso, mi instinto de mujer tomó el control. La soledad (¿para quién?) se hizo insostenible, y la espera (¿para qué cosa?) sofocante, y el silencio (por todas partes) a mi alrededor, me gritaba continuamente en los oíos. Por primera vez, pude entender realmente la mujer que le dijo a Cristo lo siguiente:

(Mateo 15:27
"Y ella dijo: Si, Señor; pero aun los perillos comen de las migajas que caen de la mesa de sus amos."[RVR 1960]

Ella dijo esto en el buen sentido de la palabra. Conozco a muchos que tienen este mentalidad de "hambre de mendingo", y están satisfechos con las sobras. Pero es como si el Señor quiere que nosotros pidamos más que las sobras. Estamos creados para más que limpiar restos. Sin embargo, para mí, el problema en ese momento era que me costaba trabajo verme comiendo más que sobras. Por ejemplo, ¿cómo sería posible encontrar mi esposo mientras estuviera todavía en África, escondida en la selva, sin hacer nada, mirando al horizonte, día tras día? Para mostrar la desolación de mi espíritu, has los pájaros dejaron de cantar. Yo podía sentir toda sensación escapando de mi corazón. Ya ni siquiera quería las sobras. Sólo quería irme. No quería terminar los *Mensajes de Dios*.

¿Cuántos de nosotros se conforman con una relación menos buena que otra, simplemente porque le tenemos miedo a la soledad?

Con esto quiero decir que cuando una persona es vulnerable, está predispuesta a darse a la soledad y busca consuelo en forma que no les conviene, como dedicarle tiempo y atención a uno que no le conviene. Ahora bien, que no se moleste. No digo esto para degradar a nadie que ha caído en esta situación.

Dios invierte en las personas con el propósito de que busquen sus destinos a través de Él.

Un "amante inferior" es una persona que no es la elección de Dios para usted. Esta persona puede ser una persona maravillosa, un ser amable, amante pero sin visión y ningún interés en Dios. Dios invierte en las personas con la intención que buscaran sus destinos a través de Él. Sin embargo, algunas de estas almas prefieren compromisos sociales y ambiciones profesionales, primero, por encima de la búsqueda de llamado de Dios para su vida. Lo triste es que, en algunos casos, estas inversiones de Dios nunca alcanzan su potencial. Más triste aún, es que en algún punto, estas mismas personas llegan a sentir un vacío, rodeadas sólo por sobras de una mesa mayor.

Tengo que admitir que, en mi soledad, me enamoré de las sobras de la mesa. Pasaba el tiempo con la gente equivocada. Hoy, tengo la mesa delante de mí, con lo mejor de lo mejor y lo más importante, me esforcé en nutrir mi gratitud dándole gracias a Dios.

Vamos a declarar, justo aquí, que darse por vencido y comer sobras es son sólo para los que se rajan. Sí, usted sentirá que en algún momento, es demasiado difícil. Estoy de acuerdo que todos estos conceptos que estamos discutiendo son muy difíciles. Algunos, casi imposible. Y estoy segura de que su experiencia será la misma. Pero pregúntese esto: ¿Dios ha renunciado a sus hijos alguna vez? De cierto, no. Ni su voz renuncia a hablarnos. Él es fiel a nosotros y siempre el mismo en todas sus acciones. Así como he aprendido y se los quiero compartir, simplemente confié en Dios. Deje de buscarle a Él para razones egoístas. No le pida palabras o mensajes que son solo para usted.

Increíble, pero Dios me habló aunque yo estaba desobedeciéndole. De hecho, fue durante este tiempo que me di cuenta de lo claro que podía oír su voz: "Por favor, no se dé por vencido." Aquí estaba yo, en medio de una confusión personal y un trauma emocional, en busca de consuelo donde nunca lo iba a encontrar, queriendo librarme de las demandas que Dios me exigía. Sin embargo, a través del gran abismo ocasionado por mi pecado y desobediencia, Dios no se dio por vencido conmigo. Escuché su voz llamando con mayor claridad. No le será negado a Dios lo que a Dios le corresponde.

Permítanme concluir este capítulo como lo hemos hecho a lo largo de estas páginas, con toda sinceridad. Paré de escribir este libro durante cuatro años. Lo tiré en una caja y lo sepulté. Le temía. Me di por vencida y todo murió. Entonces Dios envió a alguien para excavarlo de su "tumba" que lo financiara y para que yo continuara. Por lo tanto, como he dicho antes, ni yo ni nadie somos una persona "noble". Me motivaba terminar de grabar mi historia. Fue el dinero para financiar la realización del libro y el apoyo psicológico que mantenía enfocada, lo que impidió que me diera por vencida, sino que continuara a seguir adelante y completar lo que yo –lo que Dios –había comenzado. Parece lue Dios quería que mi historia se escribiera y nada incluido mis renuncias, iba a interponerse en su camino. Y hoy, el dinero es sólo una herramienta para transportar de la nada a algún lugar.

En el próximo capítulo, veremos un aspecto muy esencial, una clave: Como mantener nuestra mente abierta.

11

LO QUE "VES" NO ES
LO QUE "VES"

Si hay algo que Dios me ha enseñado es que incluso lo que vemos con nuestros propios ojos ¡puede engañarnos! Estar consciente de esto toma un sentido más profundo, un mayor nivel de significado, cuando uno tiene un llamado profético, cuando tus ojos se vuelven la puerta entre Dios y el objetivo.

Esta puerta ofrece una perspectiva muy diferente. Fue después de comprender esto que la referencia simbólica de la vida de un profeta es similar a la vida de un águila empezó a tomar mucho más sentido para mí.

El águila tiene una visión extraordinaria. Años atrás, tuve una experiencia espiritual donde Dios repetitivamente me mostraba un águila. Tuve una visión donde estaba en la cabeza de un águila, mirando a través de sus ojos, viendo una vista impresionante. Sólo más tarde, a través de la intuición de esta vista increíble que me han dado, pude empezar a comprender y aceptar el don profético en mi vida. Vi, claramente, los mensajes extremadamente fuertes que Dios me estaba dando. Estos mensajes, potentes, luminosos y amplios, como si me estuviera mirando hacia abajo desde una milla más arriba, capturo mi atención.

Debemos renunciar a nuestros ojos para ver lo que el Espíritu de Dios ve. Es un proceso de cambiar la forma en que uno mira las cosas, y sólo Dios puede enseñarte.

Romanos 8:14
"Porque todos los que son guiados por el Espíritu de Dios, éstos son hijos de Dios."[RV]

Fe es exactamente lo que no depende de lo que usted ve.

Recuerdo bien la primera vez que Dios me enseñó a no siempre creer lo que veo sino a ir con lo que mi espíritu ve. Fue hace 15 años. La lección vino a través de un incidente muy doloroso, especialmente para una ávida amante de perros. Yo tenía un perrita caniche blanca y muy pequeña que se llamada "Pillow." Sí, ella era muy esponjosa. Tuve a Pillow antes de que yo tuviera a Baby, mi chihuahua. Rescaté a Pillow desde el SPCA, que es un refugio de mascotas en Sudáfrica. Ella era una perra muy energética que odiaba estar encerrada, ya sea en su jaula o en un apartamento. Un día, mi amigo, sin saberlo, abrió la puerta delantera y Pillow se escapó. Ella se fue tan rápido, no pudimos encontrarla, en ningún lugar. Para empeorar las cosas, sucedió justo antes de ir a trabajar. Más encima, me iba por 2 días, he regresado de mi turno, a la una de la madrugada. A medida que me acercaba a mi casa, aun conduciendo en la autopista, oí la voz de Dios decir, "Lo que ves no es lo que ves."

No pasaron ni siquiera cinco minutos cuando vi el cuerpo de un perro tendido en el medio de la autopista cerca de casa. Un esponjoso, pequeño, caniche blanco, cubierto de sangre. Inmediatamente me salí de la autopista y corrí hacia el perro. Cuando vi al perro de cerca, supe que era Pillow y empezó un llanto descontrolado en mí. Levante a mí querida Pillow y la lleve a casa, a sólo dos minutos de distancia.

A las dos de la mañana, llamé a un amigo, Jorgen, pidiéndole que viniera inmediatamente. Él me encontró con el perro en mi regazo, llorando descontroladamente. Él conocía a Pillow también, y compartió mi pérdida. Como buen amigo que era, la envolvió en su manta y la enterró sin importar que fueran las 4 de la mañana. Perdida en el dolor, yo continuaba llorando,

"Señor, ¿cómo puedes dejar que algo tan cruel me suceda? ¿No he sufrido bastante en mi vida ya?".

Ver a alguien que amaba tanto tener que sufrir una muerte como esa era simplemente demasiado para mí.

Mi tristeza me empujó a enojarme con Dios!

Para las nueve de la mañana del siguiente día, me encontraba sin lágrimas, completamente agotada. Cualquiera viendo mis rojos ojos hinchados, sabría yo era incapaz de ir a trabajar. Para un amante de los animales, la muerte de Pillow me golpeó como un desastre enorme. Quería llamar a mi trabajo y decir que estaba enferma.

Justamente en ese momento, sonó el teléfono. Fue la SPCA preguntándome si yo había perdido a mi perro. Con una voz llorosa, le dije, "Sí, ya la enterramos". La mujer en el teléfono hace una pausa y luego, de repente, me dice: "Pero, señora, tenemos un perro aquí con su número de teléfono en el collar alrededor de su cuello."

¿Pueden ustedes imaginarse cómo esto me golpeó? Me había olvidado por completo sobre la etiqueta de Pillow. En el SPCA, Pillow estaba tan contenta de verme. Dejaré el resto a su imaginación. Había enterrado el amado perro de otra persona, envuelto en la amada manta de mi Pillow.

Me había olvidado por completo lo que Dios había dicho, "Lo que ves no es lo que ves."

Las circunstancias, incluso nuestras propias emociones, pueden ser muy engañosas. La Biblia dice que el corazón es malvado. No es difícil de entender, y contra la lógica de lo que todos piensan cuando oyen, "¿la Biblia?" Pero, cuando estamos sin Dios, tiene mucho más sentido. Tal como no podemos vivir sin oxígeno, ¿cómo podemos vivir sin la voz de Dios? Muchas veces, es la voz de Dios que me salva de la crueldad de mis propios ojos.

Después de la muerte de mi madre, mi padre tuvo tres ataques al corazón y, posteriormente, una cirugía de bypass. Por si no fuera poco, ¡el cáncer! Hubo un tiempo donde los médicos le dieron sólo unas pocas semanas de vida. Mis ojos, lo que estaba viendo, me dijeron que iba a quedar huérfana. Temía que iba a terminar en un orfanato, extrañando a mi papá, mi seguridad, por el resto de mi vida.

Durante este período de estrés, mi padre habló conmigo abiertamente de su testamento. Creo que, en este proceso, en realidad, él se estaba preparando para pasar a mejor vida. Para mí, fue un tiempo de temor constante e inminente abandono. Pero, desde el cielo, porque sólo desde allí puede venir tal suceso, Dios lo sanó milagrosamente. Mi padre estaría conmigo durante otros veinte años.

Antes de irme para los Estados Unidos, la condición y salud de mi padre mejoró. Había orado mucho, pidiéndole que tuviera piedad de mí y dejara que mi padre viera la obra de Dios en mi vida. Dichas oraciones fueron contestadas. Sin embargo, cuando mi padre, a los 80 años, tuvo otro repentino episodio cardiaco, él me enseñó nuevamente donde estaba todo. Recuerdo su cara blanca como la nieve. Todavía puedo ver a mi padre llorando y muy emocionado.

Yo corrí a Dios recordándole que me había dicho que no se llevaría a mi padre antes de que él viera el fruto en mi vida. Pero yo tenía que mirar esta situación no con mis ojos, sino con mis oídos que "escuchan" lo que Dios había dicho. Tuve que recordarme a mí misma que lo que he visto y oído de mi padre terrenal decir no era lo que tenía que escuchar. Fue entonces que escuché a Dios decirme que mi padre no moriría en ese momento. Y, de nuevo, no lo hizo.

Cuando le llegó el momento a mi papá de partir (a la edad de 83), lo hospitalizaron pues estaba muy enfermo. Por lo que "vi" que Dios me mostró, yo sabía que no sería en una semana y que iba a pasar pronto. Dios me dejó saber cuándo mi padre se uniría a Él.

Imagine saber exactamente el día de la muerte de tu padre, ¿en algún momento en el futuro? Como saldría, cuando finalmente recibí el mensaje de su próxima muerte, llegó como una de las principales experiencias de la voz de Dios en mi vida. Dios sintonizó mis oídos con una increíble claridad que cuando mi padre entró en coma, le dije que no era todavía el momento. A pesar de los diagnósticos médicos", le dije a mi padre lo que Dios dijo directamente en mi "oídos". Todavía hay más tiempo. Más detalles de este relato personal aparecen en las próximas páginas/capítulos.

Una vez tuve una visión de un manzano con solo una manzana. El propietario vino y yo, de alguna manera, pensé que podría cortar el árbol. Cuando oré por el significado de esta visión, Dios me preguntó, "¿qué ves?" le dije que veo un árbol con solo una manzana. Él dijo, "Veo esperanza" a causa de la esperanza. Él es como un padre que espera, paciente, dando a sus hijos la oportunidad de dar más frutos en sus vidas. Él ve que un árbol con una manzana tiene el potencial de tener muchas más manzanas. Yo creo que esta es la razón por la que Dios no "derrumba" a toda la gente mala en el mundo. Él sostiene la esperanza en todos. A todos, Él les da una oportunidad justa y extendida. La forma en que vemos las cosas y la forma en que Dios las ve son muy diferentes.

Veamos otra historia acerca de confianza y fe en la cual Dios nos pide ver. Dios no le dijo a Moisés exactamente cuándo tenía que dirigir al pueblo fuera de Egipto. Él no le dijo a Moisés que tendría que estar en el océano, en la orilla del mar, exactamente a las cinco de la mañana para que los mares se partan y les permitan hacer su fuga en un espacio de treinta minutos. No, Moisés tuvo que llevar al pueblo sólo con lo que él podía ver con sus ojos. Un mar ¡No hay forma de salir! Dios estaba enseñando a Moisés a no buscar con sus ojos, sino buscar con su fe.

Más sobre la fe. Mientras trabajaba en el ministerio a tiempo completo, conocí un amigo cristiano que quería algo más que una amistad conmigo. Me gustaba y compartíamos una maravillosa pasión por la misma visión. Fuera de la conexión que teníamos, él pensó que yo era la mujer con la cual se casaría como parte del plan de Dios, un plan en el que estaríamos juntos en el ministerio. Sin embargo, aunque sabía que mi futuro esposo no sería un pastor, estaba luchando con la soledad. Así que esta fue una prueba.

Dios me dio esta experiencia para poder aprender dos cosas específicas. Este amigo masculino tuvo una visión de nosotros, caminando juntos. Incluso me confirmó mi mensaje de *"Lo que el viento se llevó"*. Recuerde, vi a un "amigo" que me respaldaba. Sabía que mi amigo era un devoto cristiano; mis ojos incluso vieron una persona amorosa, así que yo creía que él no iba a "oír" nada equivocado. Él, sin embargo, escuchó y creyó una mentira, confirmando que era cierta. Esto me dejó, una mujer joven, preguntándome cómo iba a encontrar la verdad en medio de toda la locura. ¿Cómo sabría lo que es verdadero mientras intentaba "oír" de Dios? Estaba justo aprendiendo que, si yo usaba sólo mis ojos y no mi fe para ver, sería mi perdición.

Como has visto en lo que he compartido hasta este punto, Dios nos pone pruebas en el camino con el objetivo de que observarnos y aprendamos a responder a estas. Cuando te vuelves consciente de tus propias debilidades, puedes desarrollar el control sobre ellas. Dios hace maravillas con la gente humilde que llegan a darse cuenta de que no son tan inteligentes. Cuando tienen esta epifanía, también se dan cuenta de que necesitan ayuda para alcanzar su grandeza. Mantenga esto en mente: Dios está esperando para ayudarte a alcanzar tus mayores frutos.

En su infinita sabiduría, Dios sabía que yo necesitaba escuchar de alguien que confiara y estimara, así que me dio un mensaje a través de buenos amigos. La pareja creía que Dios estaba dándoles palabras de sabiduría, especialmente para mí, durante este tiempo que yo estaba siendo tentada a través de una relación con mi amigo cristiano.

Ellos me enviaron por email el siguiente mensaje.

"El enemigo está lanzando frutos impropios en tu camino para sabotear tu llamado, dice el Señor. No caigas en la tentación de recogerlos. Conocerás qué clase son fácilmente, y claramente, por mi espíritu, dice Dios. Si los contemplas terminarás dudando de ti en la carne, y se romperá el escudo de protección que te rodea. Evita tomar dicha acción. Aunque un cerdo tenga una sonrisa en su rostro, profesando querer lo mejor para ti, sigue siendo un cerdo. Este cálculo es simple. ¿Permitiría el Espíritu Santo que uno coquetee con el pecado que acosa tan fácilmente? Esto es un simple "sí" o "no". Ahora bien, si la respuesta es 'no', es evidente lo que está teniendo lugar aquí."

¡Wow! Este es el mensaje completo que recibí. "Es el tiempo de fortalecerse como persona", dice Dios.

"La serenidad de Daniel y su fe suprema fue lo que evitó que los leones lo devoraran. Esas bestias lo vieron como uno igual a ellos, un rey entre reyes, como lo eres tú, dice el Señor.

"Si bien es cierto que muchos son llamados, pero pocos son escogidos, también hay diferentes niveles de llamados y responsabilidad en el ámbito terrenal para mis hijos. Los que están en cierto nivel no pueden comprender verdaderamente los requisitos de los que están en un nivel superior. Tratan de razonar y racionalizar con la mente humana, que, por supuesto, es una locura", dice Dios. "No saben que Mi camino, la fe, es su único consuelo. Sin fe, todo va a resultar muy difícil, tal vez imposible. La ausencia de fe promueve el miedo y, como saben, el espíritu de temor no viene e Mí", dice el Señor, "sino del enemigo. Habrán otros cristianos en niveles inferiores en el reino espiritual que va a ver las cosas de manera diferente".

Dios permite que otros te confronten con "mentiras", aunque estas situaciones podrían no parecer mentira a los ojos de otros. Tales son las pruebas que encontrará. En tiempos como estos, debe protegerse los ojos, no ver lo que otros ven, sino permanecer fiel a lo que Dios dice para que pueda visualizar lo que es verdad.

En mi caso, Dios permitió que mi amigo se cruzara en mi camino porque creía que iba a ser su futura esposa, pero él fue sólo un buen amigo. Él vio esto como una verdad; pero a través de los ojos de Dios, mi claridad vino por el camino de una visión de la pareja que mostró que la creencia de mi amigo era una mentira.

Si un ángel viene a usted con una sonrisa, pero Dios no ha enviado a este ángel, probablemente serás tentado a aceptar el ángel porque es encantador y amable. Sin embargo, no se deje engañar. Esta es una encrucijada muy difícil en su vida, pero muy importante. Para saberlo que es verdadero, mientras que discernimos la mentira hace falta mucho más que una esperanza. Muchos mensajes equivocados vendrán como algo hermoso, vestidos con apariencia de una amable intención. Cuidado, lo que ve y oye no es siempre lo que ve y oye.

Yo sinceramente les digo que no es fácil ver las cosas de la misma manera que Dios las ve. Podrías creer que Dios no quiere que tengas diversión y emoción. ¿Por qué Dios no quiere que caigamos en coqueteos o superficiales relaciones con el sexo opuesto? Puede ser emocionante agitar las emociones de alguien y ser conmovida, pero esto puede llevarnos por un camino peligroso, y muchas veces así es. Un día, usted puede descubrir que sus emociones están fuera de control. El resultado podría ser una relación emocional con una persona que no es en absoluto adecuado para usted, y el dolor de una ruptura le seguirá.

Proverbios 4:23
"Guarda tu corazón por encima de todo, que determina el rumbo de tu vida."
[NLT]

En otras palabras, tu corazón es el manantial de vida.

Dios ve el futuro. Él ya sabe cuándo y por qué te vas a hacer daño. Yo enseño por los ejemplos que he aprendido en visiones.

Los pescadores les mienten a los peces. Pensemos en esto. Ese pedazo de carnada en el anzuelo atrae a los peces. El pez ve una "mentira", pensando que es una verdad que cumplirá su hambre básica. Por lo tanto, actúan y agarrar la carnada. No viendo que la verdad significa que quedarán enganchados. Y, dependiendo de la compasión de los pescadores, o son capturados y liberados sin daño o la última cosa que aprenden es que una mentira los mata.

Esto sucede en la vida real, también. Volvamos a mirar el contenido que proviene de Hollywood. Millones de adolescentes ven ejemplos, carnada en un anzuelo. Cogen a estas mentiras y crean objetivos para convertirse en lo que ellos ven, pensando que los completará y les dará la alegría y éxito.

Yo estaba caminando entre esas personas en un centro comercial de West Hollywood. Las multitudes se paseaban por las tiendas de moda, tiendas gizmo, restaurantes, todos centrados en hacer lo que todo el mundo estaba haciendo. Aquí estaban, viéndose los unos a los otros, mirando los peces agarrando la carnada y quedar atrapados, incluso mientras ellos mismos también estaban buscando la tentadora carnada exacta. Mientras caminaba, Dios me dijo de repente, "Lo que ves no es lo que ves." Por lo tanto, le pregunté qué quería decir. La respuesta llegó, "todo son simplemente cosas. En algún punto, estas cosas se convertirán en nada. Esta no es la búsqueda de lo que importa; esto es escapismo."

Cuando recibí esa llamada de la SPCA sobre Pillow, me sorprendí. Yo no había, ni siquiera por un instante, considerado que el perro, el perro que mi amigo tan amable enterró, no era mi perro. ¿Qué es lo que vi? Un perro muerto que era exactamente igual a mi perro. Jamás pensé que el perro que estaba en mi regazo era de otra persona. Cuando estamos angustiados no sólo estamos ciegos sino también sordos.

Ahora piense en las muchas almas en este mundo quienes están angustiados, que están buscando, que son tentados a tomar la carnada, quienes no ven con su corazón, que no están atentos a las instrucciones de Dios. Mientras caminaba por el Teatro Kodak, vi todos los preparativos que se realizan para los Oscars. Una vez más escuché la voz del Señor que me decía, "Lo que ves no es lo que ves." Me di cuenta que millones de jóvenes y ancianos están soñando con ser famosos, recibir un Oscar, atraer la atención y la admiración de los demás. Muchos jóvenes piensan que esta fama es la alegría más grande de la vida. Se visualizan rodeados por cientos de admiradores que los siguen a todas partes y se consideran como la gente más feliz de la tierra. ¿Y por qué no deberían sentirse de esa manera? Ellos están siendo bombardeados con esos ejemplos de Hollywood, y lo que se ve influye en los pensamientos, las emociones, y el comportamiento.

¿Necesitas otro ejemplo de lo que podemos ver que no es verdad? Aquí va uno: un anuncio de una pastilla de dieta. Se presenta una mujer, en bikini, por supuesto, y pensamos que, si tomo esta pastilla, voy a tener ese aspecto. Debido a que esta "carnada" nos hace sentir optimistas, incluso entusiasmados, la mordemos. Piense en todos los diferentes productos de dieta en el mercado. Todos se venden, no necesariamente porque funcionan bien sino porque influyen en las mentes de tanta gente. Tenemos que hacer más que simplemente reaccionar ante lo que vemos. Necesitamos que el espíritu de Dios nos ayude a recibir la verdad a través de la visión verdadera.

Durante años, veía las historias de amor en la televisión. Por consiguiente pensaba que mi futuro esposo y yo tendríamos que sentir pasión ¡a primera vista! Pero no fue así, en absoluto. Me tomó dos años darme cuenta de que mi novio era, de hecho, exactamente lo que necesitaba en un esposo. Nuestra relación creció hasta convertirse en algo hermoso, cumpliendo con la convivencia, pero de una manera totalmente opuesta a lo que había visto en la televisión y en las películas.

Cómo nos vemos a nosotros mismos puede ser un producto de cómo pensamos que nos ven los demás, especialmente cuando nos critican. De hecho, un padre que condena constantemente a su hijo diciendo que es estúpido seguramente afectará a ese hijo, por lo que le hace pensar y verse a sí mismo como un estúpido. Más irónico es que puede ser una reacción exagerada del padre provocada por el estrés en su propia vida y por lo tanto exagera sus palabras duras, pensando que ayudará a su hijo a evitar los errores que él cometió.

Aquí les doy un extracto de un poema escrito en África. Mira la forma en que esta mujer ve las cosas. "Un Amigo" es un poema sobre todas las fuerzas que pueden atacar: falta de amistad, la falta de cuidados, alimentos, refugio, incluso dinero. El único amigo, entonces, será la Madre Naturaleza, que ofrece tantas necesidades básicas, incluso la protección contra la intemperie.

Un amigo cuando las fuerzas opuestas de la vida me atacan
y no encuentro nadie que me consuele.

Estoy seguro de, al menos, un amigo,
que es la Madre Naturaleza.
La naturaleza es un padre para mí.
Cuando no tengo a nadie que cuide de mí o
me proporcione comida, refugio o dinero,
entonces sé que tengo que mirar
y usar el suelo alrededor de mí.
Cuando necesito refugio
Me siento bajo un árbol, protegido del calor.
Cuando estoy en necesidad de dinero
puedo plantar hortalizas y vender la fruta.
La naturaleza es de hecho mi amiga.

Ver las cosas de una cierta manera puede dictar cómo reaccionamos. Viendo a la naturaleza como un amigo, esta mujer encarna una gracia que sólo Dios da, la comprensión de la verdad que brota como un frijol de seca, tierra blanqueada. He aprendido que requiere constante atención y mi profundo compromiso para detenerme a mí misma de "escapar" a lo que creo ver. Esto puede ser difícil de entender. ¿Cómo escapar a lo que uno ve? Bueno, pues para empezar, abandonamos la elección que sabemos que es mejor, pero más difícil. El peligro: lo que veo muchas veces termina no siendo lo que yo pensaba. Creo que este es un reto de escapismo humano que todos compartimos. Perdemos mucho tiempo escapando a cosas que visualizamos como cosas cotidianas, eventos que son "sólo una parte de la vida"; el asado del próximo fin de semanas, un partido, la reunión semanal… nada que mantiene ocupada nuestra mente para que no tengamos que "oír" verdades vitalmente importantes, quizás inquietantes. En su lugar, nos mantenemos "protegidos", nos mantenemos ocupados planeando qué cosas divertidas haremos a continuación.

**Una persona que disfruta de las cosas con una mente
justa, una persona que aprecia estas cosas como
las bendiciones que verdaderamente son
realmente está adorando a Dios.**

Con los conocimientos que adquirí, yo elegí el "inquietante" camino, porque yo quería estar en sintonía con el plan de Dios para mi vida. No quiero perder más tiempo con cosas no relacionadas con mi destino. Por ejemplo, ya no estoy tentada a pasar tiempo socializando sin sentido alguno. A través de la experiencia, he aprendido a discernir cuando una temporada de amistad comienza y cuando finaliza. Pero esto no significa que disfrutar la vida es incorrecto o malo. No, una persona que disfruta de las cosas con una mente justa y quien es agradecido de estas como las bendiciones que verdaderamente son en realidad está adorando a Dios.

Pregúntese: ¿Es usted el tipo de persona que permite la voz de Dios en su vida sólo los domingos? ¿Teme que cuando Él empieza a hablar con usted diariamente, Él podría pedirle que deje determinadas actividades, o incluso poner fin a sus fantasías y placeres?

La gente me verá viviendo la vida de manera muy diferente. Y estoy segura de que todos ellos tienen sus propias opiniones calladas. Algunos probablemente pensaban que yo era una introvertida, pero nadie sabía que Dios me estaba entrenando, tal y como se lo había pedido. Yo no estaba plenamente consciente de los grandes cambios y lo que significaban. Mis ojos sólo "vieron" que mi vida ahora era extraña, quizás incluso aburrida. Mis ojos vieron lo que yo percibía como muchos años solitarios, mientras que Dios me veía ya con un esposo y niños viajando por todo el mundo. WOW! Mi camino hacia lo sobrenatural comenzó con estas palabras: "¡Señor, ayúdame, te lo suplico, ayúdame!"

¿Suena desesperado? Claro que sí. Yo estaba desesperada. Había llegado a un lugar donde sólo podía escapar en una dirección: a Dios. Pero, a este punto, mi visión única y mi visión acerca de las enseñanzas de Dios me hicieron sentir que estaba en una cárcel. Mi mayor enemigo era la soledad. Era difícil encontrar a alguien que me entendiera, quien no dudara de lo que yo estaba experimentando, que no pensara que lo iba a engañar, y que no me viera como si estuviera loca.

Dios decidió enviar un "mensaje" cuando cumplí 40 años. En mi fiesta de cumpleaños Dios me dijo, "a partir de ahora tu vida va dar un giro de

360 grados. La mayoría de las personas que están aquí en tu fiesta nunca las volverás a ver"

Por cierto no me esperaba un mensaje. ¡Especialmente este mensaje! Pero tengo fe en Dios y estoy comprometida a estar siempre abierta a lo donde me quiera llevar. Después de escuchar este mensaje, le advertí a mi esposo que un gran cambio estaba llegando, que éste me iba a separar de la gente que conocía, que la época de la publicación de este libro ya había llegado, y que tal vez Dios quería "eliminar" a determinadas personas de mi círculo íntimo o restringirme pasar tiempo con ellos. Y lo más emocionante, que tal vez íbamos a salir de Sudáfrica juntos como una familia.

¿Qué hacer con esos mensajes? Corrió por mi mente: ¡esforzándose por alcanzar el éxito, la fama, jubilarse a una edad joven, estando felizmente casada, financieramente segura, siendo bendecida con buena apariencia, y los niños sanos! ¿Verdad que sí? ¿no estaría bien? ¿Y no sería más que suficiente? Pero, en mi corazón, Dios parecía estar instruyéndome que incluso cuando deseamos alcanzar todos estos hitos de la vida, nunca será suficiente para nosotros para tener la verdadera satisfacción. Una fuerte sensación me sobrevino, que todos nos sentiremos vacíos hasta que hasta que escuchemos la voz verdadera de Dios dirigiéndonos a Su plan para nuestra vida.

Ahora creo que cuando encuentren la voz de Dios, los dirigirá pasó a paso por un camino para ayudar a los cautivos en mentiras, a los que están sufriendo. Él les pondrá en este camino para guiar a otros a la verdadera libertad. Es entonces que serán verdaderamente felices.

Una gran carrera, mucho dinero y un montón de amigos pueden hacerte sentir bien por un corto tiempo, pero es como tener todo en una canasta llena de agujeros. Tal alegría desaparecerá. La felicidad es vivir en la voluntad de Dios y "escucharlo hablar y dar" una orientación específica para su propia vida.

Si usted piensa que las cosas materiales o éxito mundano son el billete, me gustaría compartir con ustedes una visión personal basado en lo que he visto. He sido testigo de la terrible pobreza y sufrimiento extremo aquí en

África. Pero, también he visto una terrible pobreza y sufrimiento, un vacío emocional y espiritual en los Estados Unidos, una tierra de abundancia y aparentemente de interminable recursos.

Lo que Dios me mostró en todo esto es que cuando la gente no tiene una visión, un objetivo o un propósito, perecen. Creo que fuimos creados para tener una visión y un propósito. Puedes buscar toda tu vida e incluso tener algunas ideas, pero sólo cuando el plan de Dios se realiza, te sentirás completo y satisfecho. Sin duda, Él nos crea con nuestra propia voluntad y elección, pero Él planta en nosotros un talento específico, un único deseo. Él se arraiga dentro de nuestro corazón, esperando que utilicemos nuestro libre albedrío para pedirle Su guía y así nuestro don dé los frutos esperados.

Podemos elegir cómo queremos vivir nuestras vidas
e ir intentando crear nuestro propio futuro o

Podemos entregarnos a nuestro Creador y pedir que comparta
con nosotros cuál es su plan, y por qué Él nos creó

¿Esa cosa de "libre albedrío,"? Bien, para mí, significa que tenemos que tomar una decisión nosotros mismos, que podemos elegir cómo queremos vivir nuestras vidas e ir intentando crear nuestro propio futuro. O podemos entregarnos a nuestro Creador y pedir que comparta con nosotros cuál es su plan y por qué él nos creó.

Una parte de nuestro libre albedrío debería utilizarse en pedirle a Dios que nos ayude a ver lo que es la verdad total. Especialmente cuando los tiempos traen retos difíciles como la muerte. ¿Qué ve usted cuando alguien muere?

Creo que porque amo a mis perros tan profundamente, Dios los utilizó para enviarme un mensaje. A través de ellos, he aprendido que lo que vemos nos puede traer un dolor terrible, pero lo que oímos, cuando estamos abiertos a Dios, puede quitar este dolor.

Cuando Baby, mi Chihuahua murió, era el momento perfecto, por decirlo así. Dios sabía que yo hubiera querido estar con ella. Era domingo y estaba en mi casa, con mi esposo y mi hija. Concedido, la realidad de su muerte rompió mi corazón en pedazos, sucedió tan de repente. Fue un accidente cerebro vascular o una convulsión. Dios usó este minúsculo, amado perro para simbolizar lo que es valioso para Él, para mí y para mi padre terrenal. Y ahora se me fue.

Vi morir a Baby, pero, en ese momento, no vi la distribución sobrenatural del tiempo. El veterinario sólo estuvo abierto durante 30 minutos un domingo. Y así, Dios, sabiendo que yo no sería capaz de manejar las emociones de mí amado perro muriendo en mi regazo o incluso sola en casa, Él permitió que muriera mientras el veterinario, metafóricamente hablando, "me llevaba de la mano." Considerando que tuvo que sincronizar el tiempo para que yo estuviera con el veterinario, Dios solo "tenía" desde las 11.30 a las 12.00 horas para llevarse a Baby.

"¡Jesús, Jesús, Jesús!", grité. Sentía como si mi corazón fuera lanzado hacia el fondo de una fosa común. Pero Baby era la imagen de la paz perfecta. Ella no luchó contra la muerte. Ella parecía estar tranquila en sus últimos momentos. Ella no gritó ni gimió, se movió sólo ligeramente cuando su última incautación se apoderó de ella exactamente a las 11.45 horas. Después de que el veterinario la pronunciaba muerta, tomé Baby a casa, pero no se sentía muerta. La mantuve en mi regazo. No quería oír nada. Mi esposo sugirió que la enterráramos, pero le dije, "No, no todavía. Ella todavía está aquí."

Allí estaba yo, sosteniendo a mi amiga, mi compañera, en mi regazo, pero no le podía decir nada. Ella había estado conmigo durante todos estos largos y dolorosos años que Dios me estaba entrenando. Se sentaba junto a mí, en el suelo, cuando me pasaba horas orando y llorando. Mi mente vagó. Pensé, no volveré a comer tocino y huevos para desayunar. ¿Cómo podría yo? Ella siempre estaba allí conmigo, esperando que los pedazos que había dejado especialmente para ella. Su pequeño cuerpo estaba aún cálido, pero sin respiración. Todas las lágrimas me agotaron. A través de una fatiga terrible, sentí que mi mundo se había terminado. Nada importaba, ya. Baby había muerto.

Alrededor de una hora después de repente escuché hablar a Dios, "Ahora se ha ido."

Mire hacia ella y supe, sí, ella se ha ido; pero todavía estaba allí conmigo. Esto me hizo pensar. Dicen que los perros no tienen alma, pero cuando su cuerpo falleció, sentí que seguía allí, conmigo, por un tiempo.

Entonces Dios dijo, "Ahora se ha ido."

En algún lugar entre luto y quebrantos, hay Santidad.

Mi deseo era que Baby hubiese vivido por 17 años y no 13. Mi esposo siempre decía que sufriríamos demasiado el día que **Baby** muriera. A través de la tristeza, había una extraña comodidad. Yo sabía que Dios me ofreció misericordia por permitir que muriera a las 11.45 horas del domingo, cuando estábamos todos en casa y la pudimos llevar al veterinario. Ella no murió sola. Esa misericordia también llegó rápidamente pues no sufrió.

Y hay más, también. Cuando Baby murió, me volvieron los memorables quebrantos que soporté durante años, en Sudáfrica y en los Estados Unidos. Sé, porque he vivido, que, en algún punto entre luto y quebrantos, está la santidad. Pude sentir que Dios estaba tan cerca de mí. Aunque no hay manera en la tierra que yo podría hablar de tal dolor, sé que Él sabía cómo la pérdida de Baby me dolió. Dios también sabía que yo no podía dejar a Baby cuando me tocara ir a los Estados Unidos a lanzar mi libro. Como una regla cardinal, yo simplemente no la dejaba con extraños. Dejarla a ella, en absoluto, siempre fue un temor. Incluso cinco días después de que ella murió, no pude ir a cenar con mi esposo el día de San Valentín. La tristeza es seguramente un invitado de piedra que se queda por más de lo planeado.

Mientras deseo que no fuese tan doloroso aprender a escuchar la voz de Dios, también debo admitir algo: Escuchar se lleva el dolor. ¿Qué estoy diciendo? Estoy diciendo que, si usted lamenta la pérdida de un ser querido y "escucha" algo, si tienes un "mensaje" de Dios, podrá comprender cómo hace desaparecer el dolor al instante. Esto realmente me pasó dos veces, una vez con Baby y, anteriormente, con la muerte de mi padre.

Ahora, echemos un vistazo a algo similar.

Éxodo 33:14
"Mi presencia irá contigo y te daré descanso."(NKV)

Si alguien muere, ¿tiene usted paz? Es muy probable que no. Pero ¿y si le digo que el mensaje de Dios vendrá y, con él, le llevará a la paz?

He aquí un ejemplo, utilizando a Baby. Recuerdo salir de la oficina del veterinario, sólo por un minuto, para llamar por teléfono a mi esposo y pedirle que viniera. ¡Escuche decir a Dios, "¡Entra! Baby se está muriendo". Yo quería gritar: "No, Señor, no todavía. ¡Por favor, no te la lleves todavía!" Pero, recuerdo la firmeza en la voz de Dios. Era como un profesor instruyendo a una lección que había que aprender.

Cuatro días después de su muerte, experimentado un poco menos angustia "escuche" algo. Yo estaba un poco insegura de cómo sucedió, pero solo sabía que yo no estaba imaginando esto. Se sentía como si Dios quería que viera las cosas desde otra perspectiva.

"Dios dijo, ¿" tú y tú padre compartieron Baby?"

"Sí, Señor", le dije. Sé que la utilizaste en sueños como un ejemplo de lo que era valioso para mí y mi papá."

Entonces Dios dijo, "Por lo tanto, ella era preciada, para ti y para mí, pero tu papá te extraña a ti y a Baby."

"¿Qué señor? ¡Papá está contigo!", grité.

Entonces Dios respondió, ¿ah, sí? ¿Crees que todo es perfecto y que estas personas que están conmigo no extrañan sus seres queridos? No puedo llevarte donde tu padre aun, pero Baby es una parte de ti, y tu papá se sentirá mejor ahora".

"Oh, no, Señor, ¿me estás diciendo que yo voy a compartir mi perro de nuevo, con mi padre muerto?"

Yo sabía que el alma de mi papá no estaba realmente muerta. ¡Su alma estaba todavía muy viva! Viviendo en otro lugar, ¿pero la de mi perro?

De manera que la muerte no es lo que ves. Aprender a ver con los oídos y la eternidad es infinita belleza que te rodea al tocar a seres queridos, tanto en el espacio y en el tiempo.

Es casi imposible captar la gracia de Dios con simples palabras. Sin embargo, a veces algunos de nosotros nos casi lo logramos. El siguiente poema, escrito en 1932 por Mary Elizabeth Frye, de Baltimore, Maryland, en los Estados Unidos, parece ofrecer esa gracia al que la contemple en estas palabras. Casualmente, esta fue la primera pieza de la escritura Frye compuso, y la más perdurable. Léelo y podrás saber inmediatamente por qué.

No te pares delante de mi tumba y llores

No estoy allí; no duermo.
Soy mil vientos que soplan.
Soy el Diamante que brilla sobre la nieve.
Yo soy la luz del sol sobre el grano maduro.
Yo soy la suave lluvia de otoño.

Cuando te despiertes en el silencio de la mañana
Yo soy el surgir que se eleva
En un círculo de pájaros silenciosos volando.
Soy las suaves estrellas que brillan en la noche.
No te pares en mi tumba y llores;
No estoy allí, no he muerto.

Increíble, ¿no? Es como que lo que estoy compartiendo contigo: lo que ves no es siempre lo que ves.

12

EL INCENTIVO DE DIOS

Desaliento y falso estímulo.

Ahora tome un momento, y piense en cada uno de estos dos aspectos. Son similares, ¿no es así? Aún, cada uno puede y debe distraerlo del propósito de Dios si cualquiera logra salirse con la suya.

Dicho eso, usted está dotado con este conocimiento y debe estar constantemente atento a lo que ve y lo que oye. Le garantizo que usted, como yo, encontrará regularmente que las voces "equivocadas" se van a presentar y lo van a animar a proseguir algunas ideas equivocadas. De caer para estas ideas, es probable que acabe aceptando y creyendo mentiras y falsas palabras de aliento.

Usted debería ser consciente de que Dios puede lícitamente desalentar algo. Sin embargo, Él va a neutralizar ese desaliento con un ánimo completamente diferente para un propósito más grande para usted.

Como explicación, al leer este capítulo, vamos a explorar lo que sucedió durante mi viaje. Ese viaje marca una etapa cuando me alentó Dios y vamos a dar una ojeada distinta a una coyuntura muy específica *cuando renuncié a la verdadera esencia de este libro debido a la frustración.* Puede parecer una locura porque ahora usted está leyendo el libro pero puedo decirle que no habría sucedido si no fuera Dios quien reanimó este trabajo como Su propia obra. En otras palabras, Dios me alentó a escribir y Dios le animará de maneras diferentes, a través de Su voz, su Biblia, incluso con otras almas, a lo largo del camino. Dios estimula a un individuo en cada mensaje que Él ofrece.

Entonces, ¿cómo sucede todo esto? ¿Cómo ha llegado este libro? Al principio, yo no tenía un mensaje directo o sueño diciéndome que escribiese un libro. Sin embargo, empecé a tener algunas experiencias de vida increíbles, apariciones, sucesos que me di cuenta que me enseñaban, me ayudaban a ser más consciente, y empecé a sentir que debía compartir estas lecciones valiosas. A continuación, me llegó un mensaje a través de mi amigo, el Sr. Atkin que viven en los Estados Unidos. Dijo que sentía que Dios me iba a "ungir" para que escribiera este libro al regresar a Sudáfrica. Pero rechacé el mensaje.

De hecho, coloqué todas mis notas así como las notas que había recopilado durante mis charlas lejos en una caja. Como menciono anteriormente, una mentira morirá, pero una verdad siempre vive. Al guardar el contenido de este libro en una caja, yo estaba tratando de matar lo que yo pensaba que era mentira, pero Dios lo resucitó.

¿Cómo? Dios me envió un mensajero quien me podría apoyar financieramente y me ofreció "siembra y puente de capital", para cubrirme mientras terminaba la redacción del libro. No sólo eso, sino que este benefactor también impartió algunas palabras excelentes, pensamientos e ideas en mi vida.

Mencioné arriba que Dios utiliza a otras personas para animarnos a cumplir Su propósito. Por eso es importante que mantengamos nuestra mirada centrada solamente en Dios, en todo momento. He aprendido esto de la manera difícil. Yo ocupaba mi mente buscando trabajo, de modo que aun cuando mi patrocinador del libro intentaba alentarme, su aliento no era suficiente para cambiar mis decisiones. Yo sabía que mi libro tardaría meses en finalizar y, también, los comentarios después de la redacción, el ciclo de la edición, la finalización del manuscrito, todo esto incluso antes de que pudiera llegar a la estantería.

Sin embargo, llevaba pensando en cómo un significativo libro podría ayudar a otros, también si el libro se vendería bien y si mostraría la necesidad de dicho mensaje. Pues con esta gran exhortación, sabiendo que mi escrito podía tocar la vida de millones de personas, todavía no me sentía segura de que iba a ser posible para mí aprovechar una fuente potencial de ingresos que me permitiría llevar a cabo el trabajo..

Cuando oraba a Dios, le pedía que me diera un buen trabajo y le decía que estaba cansada del miedo a gastar dinero. Oraba diciendo: "Si me atan ahora, Tú, Dios, tendrá que desatar el nudo."

Mi patrocinador me aconsejó que no buscara trabajo hasta terminar el libro. Me dijo que Dios me necesitaba disponible y que en este momento, no me podía involucrar con las cosas de la vida cotidiana Evocó también que no podía atascarme en un trabajo mundano. Dios me dijo: Ten fe, Yvon, las finanzas vendrán." Pero sentía que necesitaba salir para aprender cosas nuevas y adquirir experiencias de alto nivel.

Aunque su consejo fue realmente apropiado, ¿la retrospectiva siempre puede ser tan clara? Yo seguí orando a Dios para que me diese un buen trabajo. Tenía mis hijos y necesitaba un ingreso extra para proveer por dos niños. Pero yo no me di cuenta de que coordinar mis pensamientos y experiencias en secuencia, me agotaba emocionalmente.

La respuesta del señor me sorprendió. Simplemente dijo, "No necesitas el dinero."

Me sorprendió. Con esto, yo sabía que no me faltaba nada. Tuve suficiente para tener la conciencia tranquila. Supe que Dios estaba desalentando la "mentira" que necesitaba un trabajo. En aquel tiempo sólo tenía un hijo. Pero, así luchamos, a veces, ¿no? Prefería la rutina diaria: despertarme, tener ciertas tareas que realizar. Yo estaba impaciente, esperando para abrir una puerta, luchando con una temporada donde Dios simplemente quería que me quedase en casa y cuidara a mi hija. Entonces cuando leí esta escritura, me sentí alentada:

Salmos 131:1-2
"Señor, mi corazón no es soberbio, no ando tras las grandezas, ni en cosas demasiado difíciles para mí; sino que he calmado y acallado

mi alma; como niño destetado en el regazo de su madre, como niño destetado reposa en mí mi alma."[BLA]

Cuando se nos acerca, el estímulo será tranquilo y relajante. Los mensajes de Dios no inquieta sino dan calma. Los mensajes verdaderos no dan ansiedad.

Salmos 94:13
"para darle descanso en los días de aflicción, hasta que se cave una fosa para atrapar el malvado".[BLA]

Hebreos 4:1
"Por tanto, temamos, no sea que permaneciendo aun la promesa de entrar en su reposo, alguno de vosotros parezca no haberlo alcanzado."[BLA]

Hebreos 4:6
"Por lo tanto, puesto que falta que algunos entren en él, y aquellos a quienes primero se les anuncio la buena nueva no entraron por causa de desobediencia."[RVR1960]

Hebreos 4:9
"Por tanto, queda un reposo para el pueblo de Dios."[RVR1960]

Hebreos 4:10
"Pues el que ha entrado a su reposo, él mismo ha reposado de sus obras, como Dios reposó de las suyas."
[BLA]

Job 11:18
"Entonces confiaras, porque hay esperanza, miraras alrededor y te acostaras seguro."[BLA]

Me he dado cuenta que los mensajes que son demasiado "grandes" o demasiado "fabulosos" aun engendran ansiedad. Estos son los mensajes sobre los cuales nos debemos cuestionar.

En ese tiempo estaba preocupada y ansiosa respecto al mensaje que había oído sobre "Lo que el viento se llevó", qué tenía que ver conmigo, y si era real. El mensaje tenía un motivo muy específico para llegar a mí. No cabía duda. No sabía por qué estaba ansiosa. Quise analizarme, pero ese no era tiempo para hacerlo. Esa ansiedad tenía que ver con el aprendizaje de que más detalles vienen sólo en lugares de descanso. Una mente muy ocupada, en sí misma, es una voz más fuerte que la voz que utiliza el Espíritu Santo. Una mente preocupada muchas veces atrae el desánimo.

Sin embargo, Dios nos puede alentar directamente al revelarse a nosotros. Aunque esto puede suceder en cualquier lugar, en cualquier momento, lo más probable es que venga mientras estamos en una búsqueda conmovedora, y listos para escuchar. Recuérdese que la paz reside en el silencio.

Salmos 103:7
"Él reveló sus planes a Moisés…"[Versión Amplificada]

Pero, tenga cuidado: Él podría decirle cosas que usted no desea oír y advertirle sobre problemas potenciales en el futuro.

Vamos a ver cómo en este ejemplo en la Biblia, ***Éxodo 30:22-26***. Él puede ser muy preciso y exacto con Su mensaje. Aquí, Él da detalles específicos a Moisés.

"El Señor le dijo a Moisés, "toma las mejores hierbas; seis kilogramos de mirra líquida, tres kilogramos de olorosas canela, tres kilogramos de caña de olor dulce, y seis kilogramos de casia (todos pesaron según el estándar oficial). Añade 4 litros de aceite de oliva y aceite de la unción sagrada, mezclada como perfume. Utilícelo para ungir el Tabernáculo de mi presencia, el Pacto de verificación…"[NVI]

Con la misma exactitud con que nos guía y anima, Dios también elimina en nosotros el temor de la pérdida.

Tal estímulo puede llegar a través de los sueños, visiones y detalles que sólo tienen sentido después de captar su significado divino.

Permítanme explicar cómo. A través de un sueño, Dios me dio ánimo al mostrarme lo que me preocupaba y estresaba. El Señor usó un escenario empresarial para mostrarme cómo yo había estado irremediablemente ligada en una escapatoria por más de veinte años. En el sueño, yo estuve tan molesta que culpé al comprador de moda. Su mala planificación de inventarios dio lugar a una reducción de reservas apropiadas durante una tremenda temporada de venta. Mi temor era que tendríamos enormes pérdidas económicas a causa de las malas acciones del comprador.

Dios me estaba mostrando mi temor a perder a causa de las acciones de otras personas. Pensando en esto, me di cuenta de que, por más de veinte años, le eché la culpa a mi familia para no impedir el suicidio de mi madre. Yo había sufrido una tremenda pérdida y sentía que de alguna manera hubieran podido evitar esa bala en su corazón.

Con esta conciencia del cristiano recién nacido, Dios me llevó a un lugar donde yo tenía que perdonarlos, un lugar donde yo no podía acusarlos basado en mis propias percepciones erróneas, donde yo podía ver que eran tan inexperto como yo, en el momento en que todas estas cosas ocurrieron. Dios mismo me alentaba a no temer la pérdida debido a las acciones de otras personas.

Muchos años después, una experiencia impactante demostró aún más que Él me podía salvar de otras acciones de la gente. Cuando las actividades de mi socio de negocios me obligaron a entrar en una lucha legal por el dinero de las acciones de mi empresa, Dios me mostró que, una vez más, aunque estaba aprendiendo, todavía temía la pérdida a causa de las acciones de otras personas. Sí, podemos y podríamos a veces experimentar una pérdida como resultado de lo que otras personas hacen, pero debemos saber que Dios siempre nos defiende de nuestros enemigos. Esta fe es sinónimo de la fuerza contra el daño que prolonga la preocupación en nuestras mentes y cuerpos.

Siento este dolor de una manera muy personal. El temor en mí daría lugar a un estrés tremendo pocos años más tarde. El sueño en que me veía luchando con mi comprador de moda representa el miedo que equivale a la incredulidad, luego la incredulidad equivale a la falta de esperanza, y, finalmente, la falta de esperanza da lugar a tensiones peligrosas. Sólo la fe me mostró el camino para salir de esta depresión.

Así como Dios puede usar a otros para desanimarnos cuando estamos buscando el camino equivocado, Dios también nos anima a través de la gente cuando estamos en necesidad.

Por lo tanto, podemos "ayudar" a Dios. Cuando usted necesita ayuda, intente encontrar a alguien que ore por usted con toda honradez. Esta intervención de su parte, le puede servir cuando necesite tomar una decisión importante y esté esperando la confirmación.

En mi opinión, esta ayuda llegó a través de un cierto pastor quien se acercó a mí y me dijo, "Yvon, oré y el Señor me mostró que te ha llamado para un propósito específico. Eres como un astronauta; irás a muchos lugares desconocidos." Lugares donde muchas personas no pueden ir.

Dios nos exhorta con visiones también.

Una amiga mía oró por mí cuando estaba desesperada por escuchar que dirección debía tomar. Esto ocurrió antes del viaje a Los Ángeles. Ella tuvo una visión de una oveja viejísima cargada con una lana muy pesada. Esta oveja necesitaba ser trinchada en serio. Aún necesito un poco de "aseo" y sabía que aún no había llegado el momento. Así que oré para que Dios enviara ángeles no sólo para aportar claridad sino también para luchar contra los demonios que trataban de impedirme tener un mejor entendimiento, como en la historia de Daniel:

Daniel 10:11-12

"Y me dijo: Daniel, Dios te ama, está atento a las palabras que te hablare, y levántate sobre tus pies; porque a ti he sido enviado ahora. Y estando hablando conmigo esto, yo estaba temblando.
Y me dijo: Daniel, no temas: porque desde el primer día que diste tu corazón a entender y a afligirte en la presencia de tu Dios, fueron oídas tus palabras, y a causa de tus palabras he venido."[RVR]

Al igual que Daniel, yo estaba ahora confiando en Dios para ayudar esta oveja desesperada a ser lo suficientemente "acicalada" para el trabajo que Dios me exigía. Mirando atrás ahora, no fue hasta muchos años después que comprendí cuan "incompleta" era yo, con respecto a entender la voz de Dios. Por supuesto, yo era inmadura. Cuando Dios me habló, me puse tan ansiosa por recibir más información que me le adelanta a la agenda de Dios. Y yo estaba viviendo en la creencia de que tenía que hacer algo, en seguida que Dios hablaba. Ahora, yo sé. Algunos mensajes son sólo para informar. Le pido que tenga en cuenta que dichos mensajes, y usted lo sabrá cuando vengan, serán para recordar y no para actuar sobre ellos de inmediato, o incluso para intentar ser entendidos completamente.

Otro ejemplo en el cual Dios usó un mensajero para alentarme cuando un joven de mi iglesia tuvo un sueño sobre mí. Se quedó sorprendido, aun avergonzado, y se mostró algo renuente a hablarlo. En su sueño, yo estaba en el escenario de una película y me despojaban de mi ropa con mi pleno consentimiento. Por supuesto, él estaba mortificado al compartir esto conmigo. Pero, los sueños sobre la ropa significan preparación:

Apocalipsis 16:15
"He aquí, yo vengo como un ladrón. Bienaventurado el que permanece, el que vela, y guarda sus vestiduras, porque él anda desnudo, y vean su vergüenza."

Mateo 22:12
"Amigo, ¿cómo entraste aquí, sin estar vestido de boda"? El rey le preguntó. Pero el hombre no dijo nada. [RVR 1960]

Esta es la interpretación plausible del sueño del joven. Mi "ropa" representada toda la preparación que había hecho. Sería "expuesta" en el mundo y, por supuesto, yo lo permitiría como fue el mensaje de Dios. El sueño de este joven me animó y me hizo entender que un día estaba llegando cuando me quitarían toda mi preparación y sería utilizada para el propósito correcto. ¿Podría hacerse una película de este libro y terminar como un viaje de libro a pantalla? Cosas más extrañas han ocurrido.

En otro caso, una mujer que yo conocía tuvo una visión mientras ella estaba orando por mí. En esta visión, unos hombres pequeños llevaban una gran canasta llena de piedras de mi vida. Luego oyó el nombre de una casa de cosméticos baratos. Comprensiblemente, ella no sabía lo que significaba todo esto.

Pero entendí el significado: yo tuve una mentalidad de "pobre predicador" y sólo compraba el más barato de los productos cosméticos. No podía gastar dinero en mi misma. Llevé ese miedo de gastar el dinero como una gran canasta llena de piedras. El motivo de mi comportamiento fue debido al sufrimiento económico que experimenté durante mi infancia, una privación tan vasta que mi madre se suicidó.

Tuve que pedir a Dios que me librara del espíritu de temor a la pobreza. Sin embargo, recordando que vemos más lejos cuando estamos de rodillas orando, me entregué personalmente a la agenda de Dios. Me di cuenta de que tenía que tratar con esta incredulidad y hacerlo de inmediato. Una vez, Dios dijo que necesitaba aprender a "vivir de modo extraordinario sin gastar dinero."

Para disfrutar de la herencia, usted tiene que librarse de su mentalidad de esclavo y sumergirse como un digno heredero. Sólo un hijo fiel puede heredar las promesas que Dios hace.

Ahora, hay muchos misioneros en el mundo que sufren financieramente. Pero debo reiterar que Dios proveyó para mí para que no faltara nada, después de dejar el negocio de la familia para trabajar para Él.

Desde ese momento, cuando regresé a Sudáfrica, no he vuelto a trabajar a tiempo completo durante casi siete años. Claro, tuve que sacrificar mi carrera y pagar un precio. Pero lo que he adquirido espiritualmente es inconmensurable. Descubrí y sigo descubriendo un conocimiento más profundo de Dios y la bendición de tenerlo en mi vida.

Aclaremos lo que quise decir en el inicio de este capítulo al decir que Dios permite el desánimo, inclusive lo facilita a veces. Sin embargo, esto puede ser una forma de estímulo para cumplir un propósito diferente superior para esa situación particular. Durante años, me sentí demasiado desalentada para intentar una carrera a tiempo completa. Eso fue, hasta que llegó el momento para que me asentase en otras cosas.

Pero, ¿cómo explicar a otros que se siente demasiado desalentado viajando por el mundo para encontrar una carrera? Me sentí entumecida entonces no pude encontrar lo que se necesitaba para navegar por el Internet en busca de un trabajo de 9:00 am a 5:00 pm. Al regresar a Sudáfrica, sentí que después de haber entregado el mensaje que Dios me había dado, tuve que descubrir el próximo paso en mi vida. Hoy, estoy todavía sorprendida ahora que sé que puede haber una temporada donde Dios simplemente hará que alguien esté fuera del "mercado de trabajo".

Fue el tiempo de Dios para que me asentara; un tiempo para que creara una vida con un esposo y tener hijos. Este fue mi mayor deseo y eso llegó a ser mi "camino." Fue durante este tiempo que cambié mis pensamientos sobre el establecimiento de una carrera profesional y me convertí en un entrenador personal como pasatiempo. Yo viví una vida físicamente apta, esperando que Dios me ofreciera otra cosa.

Como mencioné poco diferentemente en capítulos anteriores, durante este período de mi vida siempre no fue fácil para subsistir con mis ingresos limitados. Pero me sentía "limitada" de otras maneras también. Yo estaba decepcionada porque yo no podía expresarme libremente. Como mujer, yo deseaba ser una actriz de Hollywood, pero acabé como una predicadora en Hollywood. Entonces, de repente, llegué a ser aún más transparente como un ama de casa aislada, escribiendo *Los mensajes de Dios*. Es verdaderamente como si Dios ya hubiese olvidado que me había llamado.

Creo que este mismo sentimiento es lo que Jesús experimentó cuando él fue crucificado injustamente. En su angustia, Jesús clamó a Dios, preguntando por qué le había renegado.

Nosotros, también, podemos y debemos preguntarnos esa misma pregunta. Si Jesús es el Hijo de Dios, ¿por qué Dios habría permitido una cosa tan terrible? Hacer esa pregunta nos lleva a la respuesta: esto tenía que suceder para que podamos contemplar el máximo sacrificio. También para que entendamos el amor infinito que Dios tiene por nosotros, para enseñarnos la salvación.

Yo estaba desesperada en este momento de mi vida porque todavía no había comprendido bien que Dios ha dedicado un tiempo para todo y que Él usa cualquier situación, de cualquier condición, cualquier experiencia para entregar Su mensaje. Lo que estoy aprendiendo, debo decirles esto, es que no se ofenda con Dios. Si nos ofendernos, nos vamos a perder la exhortación que viene con el problema y no podremos ver ni escuchar el mensaje que Dios nos está trayendo.

José fue secuestrado de su casa por sus propios hermanos que le metieron en un hoyo y le vendieron como esclavo. Tenía muchos motivos para sentirse ofendido, pero su actitud estaba arraigada en una fe diferente y más divina.

Génesis 15:19-20
"...pero como para usted, que usted entiende mal contra mí, pero Dios significaba para bien".[NVI]

Guarda tu corazón, en todo momento, para que no seas fácilmente ofendido. Si están preparados en su fe, su corazón está protegido de las inevitables indecencias que encontrará.

Lucas 17:1
"... Los tropiezos son inevitables, pero Ay de aquel que los ocasiona."[NVI]

Mateo 24:10
"... En aquel tiempo muchos se apartaran de la fe; unos a otros se traicionaran y se odiaran; (NVI]

Dios nos sugiere que no nos apresuremos.

Ahora sé que no me convenía tener una ocupación a tiempo completo en aquel momento debido a la temporada en que me encontraba. Coincidentemente, si podemos llamar coincidencia a los actos divinos, Dios me envió otra mujer con una escritura. Claramente no estaba en la agenda de Dios que me fuera de Sudáfrica de nuevo, era más bien un tiempo para descifrar más asuntos en mi vida. Les pido que consideren lo desanimada que estaba después de todo la preparación y batallas que había combatido, Dios todavía no me veía lista.

Desde entonces, he aprendido que las medidas humanas que perseguimos como el dinero y el éxito, no cuentan para nada en realidad. A veces, los medios de comunicación sociales simplemente se convierten en un "canal de presunción", sin tener ningún valor intrínseco sino una vía de alarde y egocentrismo.. Y estas ambiciones superficiales que perseguimos son las que contaminan, nos distraen de nuestro verdadero objetivo. Dios usa gente "limpia" y esto lleva tiempo, a veces mucho tiempo, para limpiarnos como es debido

Isaías 52:2
"Sacúdete del polvo, levántate y siéntate, Jerusalén, suelta las ataduras de tu cuello, cautiva hija de Sion! [RVR 1960]

Isaías 52:11
"Apartaos, apartaos, salid de allí, nada inmundo toquéis; salid de en medio de ella, purificaos, vosotros que lleváis las vasijas del Señor."[LBLA]

Isaías 52:12
"Pues no saldréis precipitadamente, ni iréis como fugitivos porque delante de vosotros ira el Señor y vuestra retaguardia será el Dios de Israel."[LBLA]

Tenga en cuenta que cualquier cosa hecha de prisa no es de Dios. Debe poner en tela de duda lo qué estás haciendo si está bajo presión o la necesidad de actuar rápidamente.

La razón por la cual tuve que esperar fue porque mi mentalidad requería cambios. Yo necesitaba eliminar las dudas. Necesitaba deshacerme de las actitudes del pasado que llevaba en mi cuello. Yo estaba "encadenada" a un pasado abrumador.

Esto le sucedió también a David, pero Dios le prohibió vengarse de sus compañeros cristianos.

1 Samuel 24:6-7
Y dijo a sus hombres: Jehová me guarde de hacer tal cosa contra mi señor, el ungido de Jehová, que yo extienda mi mano contra él; porque es el ungido de Jehová. Así reprimió David a sus hombres con palabras, y no les permitió que se lentezcan contra Saúl. Y Saúl, saliendo de la cueva, siguió su camino."
[RVR 1960]

Dios lo salvó de una grave acción, tal y como él envió a una mujer para impedirme comprar un boleto de avión de regreso a Los Ángeles. Fue un viaje para el cual pensé que estado preparada. Te quiero enfatizar cuando Dios te detiene de esta forma en un momento así, lo debes considerar una exhortación positiva. Dios sabe mejor que nosotros el momento en que estamos listos. Cuando llegue ese momento, Dios despeja el camino delante de nosotros y, créame, nada en absoluto se interpondrá en su camino.

Ahora, echemos un vistazo a la exhortación falsa de otros. Si bien algunos, por muy buen amigos que sean, pueden pensar que estamos listos para una misión y derramar sobre nosotros tantas palabras amables de ánimo, recuerda que sólo Dios conoce verdaderamente nuestro estado de preparación.

Les digo otra vez que guarden su corazón, sólo confíe en los mensajes que edifican. . Si le hacemos caso a los halagos de otros que vienen con palabras de consuelo de los demás, estamos en peligro de creer que estamos aptos para lo que se avecina. Deja que Dios decida

Miren este ejemplo. Hubo un tiempo en que creía que me iba a casar con un hombre en los Estados Unidos porque soñé que trabajaba con un hombre en la industria del entretenimiento en los EE.UU. De hecho, yo soñaba constantemente con un hombre Americano que se iba a convertir en mi esposo. Esta emoción se apoderó de mí y me cautivó. Me puse a reflexionar sobre esta "mentira" muchas veces diciéndome que hacerlo era peligroso incluso cuando usted tiene muy buenas intenciones. Para mí, con el transcurso del tiempo esta "mentira" se convirtió en una obsesión. Recuerda lo que dije de la obsesión. Es una distracción para impedir el crecimiento.

Para colmos, fue durante este tiempo que una mujer profética vino a mi casa y confirmó una vez más la mentira. Ella no sabía nada sobre las promesas que el Señor me hizo en cuanto a un esposo. Cuando ella entró en mi casa, el espíritu de adivinación cayó sobre ella y se puso a profetizar.

Como les dije, en mi sueño vi a un hombre prominente moreno con quien me había conectado en los Estados Unidos. Sin embargo, no soñé con matrimonio. Mientras este sueño podría haber representado una simple relación de trabajo que nos reunió en un proyecto, la mujer profeta evocó las increíbles y palabras precisas siguientes, considerando que no sabía nada de mi propio sueño.

Al escucharla, sus palabras me alentaron a creer y malinterpretar mi sueño.

Decía la mujer: "Tu futuro esposo tiene cabello negro y casi parece italiano, pero no lo es. Él podría ser un famoso profesional; él es muy fuerte desde el punto de vista financiero. Él se viste de una chaqueta, pantalones largos y camisa blanca. Yo tendría que llegar a él con toda la verdad de Dios. Este hombre tiene fuertes conexiones con la industria del cine."

Ahora, aunque esta mujer era cristiana, estaba escuchando mentiras que me alentaron a creer la mentira de mi sueño. Ella podría haber malinterpretado la sensación de mí en una "relación de pacto de trabajo" con un productor de películas.

¿Puede usted imaginarse mi asombro total? Resulta que llega a mi casa una persona desconocida, que no sabe nada de mi sueño y mi obsesión, sin embargo, me está describiendo en detalle cada faceta de mi secreto. Es increíble cómo alguien puede aparecer en nuestras vidas, teniendo un mensaje detallado que puede hacen creer más todavía en algo que está completamente equivocado. Dios dijo que me iba a casar. Pero aquí está otra voz queriendo asegurarse de que yo esperara, pero por el hombre equivocado.

Hoy, estoy casada y mi esposo es un hombre maravilloso. Pero él es totalmente diferente de la imagen dibujada en la misma visión, la misma visión que la mujer había avanzado. Cuando una visión se interpreta incorrectamente y nos aferramos a ella, se convierte en un ídolo para nosotros, basándose en sus propias voces predispuestas a alentarnos más.

Mi sueño y la visión de un hombre trigueño vinieron después del sueño que tuve de "Lo que el viento se llevó". Pensando que este sueño me mostró mi esposo, yo reflexionaba a tal punto que afectó completamente mis pensamientos. Doy gracias a Dios que Su voluntad, no la mía, se manifestó en mi vida. Mi verdadero esposo, quien llegó más tarde, según el designio de Dios, es exactamente la persona que necesitaba. Somos una familia feliz.

Es importante notar que una persona que de verdad quiera seguir el plan de Dios para su vida puede irónicamente y sin saberlo, encarnar y presentarse como una fuerza peligrosa. Usted puede convertirse en una herramienta muy poderosa no sólo en las manos de Dios, sino también en las de personas malvadas. Estas fuerzas pueden, igual que lo hace Dios, utilizar otros para extraviarte. Una vez que está consciente de esto, debe estar continuamente fijándose si los mensajes son falsos o erróneos. Pero esos mensajes no son de Dios; estos mensajes son fuerzas que imitan a Dios, son fuerzas que buscan apropiarse de usted como una poderosa herramienta para un fin distorsionado. La gente puede continuar llegando a su vida para convencerlo a seguir creyendo en una mentira. Si, después de leer este libro, usted decide caminar este camino que estoy describiendo, usted, en algún momento, alcanzará el nivel de la verdad y llegará a ser uno que conoce la voz del Padre.

Nacimos de la verdad, asediados con mentiras, pero a través de nuestra oración y de la gracia de Dios, volvemos a la verdad.

Ahora, la pregunta es ¿por qué un falso mensajero entraría en mi vida para alentarme a creer la mentira sobre un hombre para mí en Los Ángeles? La respuesta es simple y reveladora. Dios no permite que los ídolos así como la gente entren en el ministerio; las personas que trabajan para Dios, pueden dejarse llevar y permitir que sus propios ministerios se conviertan en ídolos. Los mensajes o promesas de Dios pueden convertirse en un ídolo en su vida. Usted puede, si busca sin dejar espacio para las verdaderas intenciones de Dios, encontrar falsas esperanzas en la voz de Dios. Me puse en una situación tan desesperada como quería casarme tanto que esta visión que tuve en consecuencia se convirtió en un ídolo para mí. Como resultado, llegó el falso estímulo. La verdad viene de sí misma, una vez que usted pone la presencia de Dios y de su Escritura antes de Su voz.

Yo había llegado a un lugar donde dije, "mi Dios, puedes alejar Tu voz para siempre, pero por favor, no alejes Tu presencia de mí."

Si usted realmente quiere escuchar a Dios, tiene que ser humilde ante El, leer la Biblia y pedirle a Dios que le ayude a deshacerse de las mentiras en su vida. Como se ha mencionado en los capítulos anteriores, usted tendrá que hacer la guerra; sí, insisto que hay que hacer la guerra contra las mentiras y los ídolos en tu vida.

La Biblia ayuda a responder por qué Dios envió a una mujer para que "avivara" mi mentira, una mentira que yo había convertido en mi ídolo.

Ezequiel 14:3-5,
Hijo de hombre, estos hombres han erigido sus ídolos en su corazón y han puesto delante de su rostro lo que los hace caer en su iniquidad. ¿Me dejaré yo consultar por ellos? Por tanto, háblales y diles;" Así dice el Señor Dios, cualquier hombre de la casa de Israel que erija sus ídolos en su corazón, y que ponga delante de su rostro lo que hace caer su iniquidad, y después venga al profeta, yo, el Señor, le responderé entonces de con la multitud de sus ídolos, a fin de alcanzar a la casa de Israel en sus corazones, que están apartados de mi a causa de todos sus ídolos."[LBLA]

Ezequiel 14:9
"Pero si un profeta se deja engañar y dice algo, soy yo; el Señor; el que he engañado a ese profeta; y extenderé mi mano contra él y lo exterminaré en medio de mi pueblo Israel."[LBLA]

¿Ese falso mensaje de la mujer venia de Dios? Como una mujer de fe, yo ahora entiendo que Dios se hace disponible para cada canal a través del cual trae a su siervo dispuesto a un lugar de conocimiento, de disposición y de accesibilidad humana. Nacimos de la verdad, asediados con mentiras pero a través de nuestra oración y de la gracia de Dios, volvemos a la verdad.

Vamos a enfocarnos ahora en algo que es inevitable cuando usted decide buscar a Dios con su alma. Invariablemente, se le invitará a ser "diferente".

¿Qué quiero decir por eso? Digamos simplemente que muchas personas afirman estar ofendidas con usted, o por usted, cuando esté firme y se compromete a obedecer el Espíritu de Dios. Algunos no le entienden. De hecho, usted no debe permitir que la respuesta desagradable que obtendrá logre disuadirlo de lo que sabe es verdad. No se moleste cuando escucha comentarios desalentadores procedentes de personas que, de lo contrario, están cerca de usted. De hecho, usted probablemente podrá aun escuchar una declaración ocasional y sorprendente de algunas personas religiosas que están operando dentro de los límites de parámetros determinados, porque ellos siempre van a proteger sus propias creencias. Casi siempre es mejor compartir el mensaje sólo con personas que han revelado a usted su carácter abierto y de confianza. Y eso puede ser una sola persona. Nunca he tenido más de un verdadero amigo. Chocante, pero la calidad importa más que la cantidad.

Me di cuenta de que no me adaptaba. Pero, y este es un gran "pero", también sabía que yo no estaba creada para adaptarme, pero a salir diferente.

Ni Moisés ni Joseph, Sansón ni Noé, podrían haber creído que lo encontrasen sencillo. Y allí estaba Esther, también, que permaneció inalterada aunque se encontraba entre todas las mujeres. Sin embargo, aunque ella no quiso enriquecerse, debía haberse sentido muy solitaria en no pertenecerse a alguna parte. No obstante, sus convicciones eran puras y por eso siempre ocupó un lugar legítimo. Otra vez, mire a la Biblia, tome ejemplo de Esther para que se siente fortalecida. .

Y, por supuesto, lo más importante, Jesús no encajó nunca. Se destacó y todavía está de pie, cambiando el mundo.

Jesús es el mejor ejemplo de lo que puede suceder cuando se alcanza ese nivel alto de disponibilidad para oír a Dios. Junto con Sus mensajes, es posible que usted se enfrente a una vida difícil, quizás incluso una vida solitaria. Pero, resaltará como un ejemplo que inspira a otros, a ser un líder y marcar una gran diferencia en este mundo.

Los ejemplos en la Biblia están allí para animarnos.

Éxodo 31:3-6
"y lo he llenado del Espíritu de Dios, en sabiduría y en inteligencia, en ciencia y en todo arte, para inventar diseños, para trabajar en oro, en plata y en bronce, y en artificio de piedras para engastarlas, y en artificio de madera; para trabajar en toda clase de labor. Y he aquí que yo he puesto con él a Aholiab hijo de Ahisamac, de la tribu de Dan, y he puesto sabiduría en el ánimo de todo sabio de corazón para que hagan todo lo que te he mandado."
[RVR 1960]

Como se señaló anteriormente, en Éxodo 31, leemos que Bezalel estaba lleno "con el Espíritu de Dios en sabiduría, en inteligencia, en conocimiento y en todo tipo de artesanía." Este empoderamiento sobrenatural estaba en él para diseñar obras artísticas en oro, en de plata y bronce, y en el corte de piedras para la configuración y tallado de madera, todo para la excelencia divina de su trabajo como un artesano de máxima categoría. Bezalel recibió una impartición divina realizar diseños de arquitectura y de ingeniería. Pero Dios también nombró a Ohaliab para trabajar junto a Bezalel, y a otros que hombres y puso dones de diseño y arte "en el corazón de todos los que son hábiles." Al conclusión podemos ver que este verso demuestra claramente que lo que los artesanos produjeron con sus manos fue un reflejo de algo más grande que Dios había depositado en sus corazones.

Vamos a tomar nota, aquí, que este tipo de empoderamiento o unción no es un caso aislado. Noé recibió una unción especial para construir el arca, una asignación sin precedentes, ¿no? Y entonces tenemos a José que recibió una poder habilidad poderosa para administrar el imperio egipcio. Moisés también está en este grupo. Él recibió una abrumadora misión y el poder para llevarla a cabo, conducir el pueblo de Israel a través del desierto. También Daniel, quien recibió la unción de Dios para convertirse en el primer ministro de Babilonia. Y Nehemías, quien fue bendecido con los medios para reparar el muro.

Cada una de estas personas operó en un nivel de eficacia sobrenatural. Tal excelencia es posible solamente por el Espíritu de Dios dentro de ellos. ¿Qué tienen en común?, podría preguntar. Todos se han comprometido a su objetivo específico, un propósito iniciado por un mensaje. De todos ellos para seguir adelante, sin embargo, cada uno tenía que convertirse en una persona diferente.

Un "evento impactante" que quiero compartir con ustedes es que este mismo poder –el poder sobrenatural dado a Noé, José, Moisés está disponible para ustedes hoy. Siempre está disponible, siempre presente y espera. Dios da este "regalo" para aquellos que son capaces de, entregarse verdaderamente y totalmente a Él.

Es importante, señalar que durante los momentos en los que necesitan desesperadamente el estímulo de Dios, sus oraciones y su conversación con Dios a través de las palabras de absoluta fe pondrá ángeles a trabajar para usted. Los ángeles están siempre escuchando sus palabras. Y aunque Dios no siempre les dice qué hacer exactamente, es a Dios al que debemos orar para que Él envíe ángeles en su nombre. De nuevo, porque esto es importante: no debemos orar a los ángeles, sino directamente a Dios. Es a partir de Él que, en última instancia, la "dirección" de la hueste celestial emana.

Salmos 103:20
"Bendecid al Señor, vosotros sus ángeles, poderosos en fortaleza, que ejecutáis su mandato, obedeciendo la voz de su palabra."[LBLA]

Recuérdese tener cuidado con lo que dice porque los ángeles que Dios le asigna a usted escuchan. Las palabras negativas de incredulidad tan fácilmente pronunciadas cuando estamos en una situación desesperada, impedirán a los ángeles de Dios trabajar para usted.

Una nota rápida sobre la oración: pida a Dios sobre qué y cómo se debe orar.

Hace algún tiempo, me di cuenta de que Dios, como regla general, no proporciona mucho detalle antes del momento necesario. De hecho, es como una necesidad de conocerla. La mayor parte del tiempo, cuando me enteré de que tenía que volar a algún lugar, normalmente se trataba de un corto tiempo antes del viaje. El Señor me dio muy pocos avisos para hacer mi maleta. Pero, después de que nacieron mis hijos, Dios proveyó avisos largos sobre viajes que yo estaría haciendo. Con este desarrollo como se ha hecho, lentamente pero seguramente, Dios estaba plantando las semillas dentro de mi esposo y yo que tendríamos que estar regresando a los Estados Unidos para encabezar personalmente el lanzamiento de *Mensajes de Dios*.

Aquí vale la pena mencionar otro aspecto de la comunicación con Dios. Ahora, permítanme decirles esto: es una experiencia maravillosa cuando Dios habla conmigo, especialmente durante los tiempos antes de que comience mi oración. Sin embargo, hay una cosa más inmensa que escuchar Su voz, que es, encontrar Su amor.

Cuando empecé a ganar más confianza para pedir a Dios ciertos detalles, mi amigo y yo decidimos orar la misma oración. Pedimos que Dios nos muestre qué es lo que debía hacer para demostrar al mundo que Dios me había dicho todas estas cosas. Mi amigo, Yulani, entonces tuvo una visión de una hormiga. Imagínense. ¿Qué hace una hormiga? Aparentemente funciona las veinticuatro horas al día y siempre lleva algo. ¿Quién en la vida de hoy hace la misma cosa? Los medios de comunicación. Me di cuenta de que los medios de comunicación nunca descansan y siempre están llevando noticias de importancia de última hora.

Con la visión Yulani, Dios me dio la idea de colocar anuncios en los periódicos. Pero estos no serían los anuncios habituales que vemos todos los días. De ninguna manera. Estos anuncios anunciarían mis profecías antes de que se realizaran.

Yo personalmente creo que cuando la gente en la industria del entretenimiento lea mi libro, nacerá un nuevo mundo en el corazón de muchos.

Isaías 66:7
"Antes de estar con dolores de parto, Jerusalén tuvo un hijo, antes que le llegaran los dolores, dio a luz un varón." [NVI]

Para todos aquellos artistas:

Isaías 65:1
"Fui buscado por los que no preguntaban por mí; fui hallado por los que no me buscaban. Dije a gente que no invocaba mi nombre."[RVR 1960]

Más sobre la orientación de Dios. Él nunca se cansará de alentarnos pero, es también importante saber que Él nunca nos apoyará en algo que nos aleje de Él o de Su camino. En mi vida, El me desanimaba fácilmente para que la gente no me use.

Cuando quise desarrollar y mejorar mi propio conocimiento y ministerio, me uní a un grupo cristiano de estudio bíblicos. . Aunque yo tenía grandes esperanzas de que pudiéramos compartir nuestros estudios y conocimientos, el grupo no compartía nada positivo conmigo y Dios me mostró lo que tuve que hacer, incluso mientras yo pensaba que estaba haciendo lo correcto.

Dice la Biblia:

Gálatas 6:9
"No nos cansemos de hacer el bien... "[NVI]

Gálatas 6:6
"El que es enseñado en la palabra, haga partícipe de toda cosa buena al que lo instruye."[RVR 1960]

A través de mi corta incómoda experiencia con este grupo de estudio bíblico, sentí Dios avisándome que no regresara al grupo. En efecto, Dios me desanimaba a seguir intentando enseñarles. Pero también me di cuenta de que el inverso era cierto, que si bien no estamos obligados a compartir continuamente con quienes no comparten con nosotros, debemos compartir libremente con quienes sí comparten voluntariamente con nosotros.

Lo que estoy diciendo es que usted debe bendecir a quienes les enseñen y que verdaderamente le exhortan con la verdad. Como lo dice una ley espiritual: Si mi mensaje esta supuesto a bendecirlo, por favor, comparta con otros ese efecto positivo a los que se puedan beneficiar de estas enseñanzas.

Tome mi caso como ejemplo más evidente: Recibí un capital inicial para poder completar este libro. Recibí esta ayuda de alguien a quien pienso ha aprendido de mis enseñanzas. Al ofrecerme una ayuda financiera, esta persona no honra el libro sino honra a Dios y también la verdad.

Disintiendo con este generoso "ángel", una cosa es realmente segura. Durante este viaje, es cierto que recibí poca o ninguna ayuda y fuerza de muchas otras personas. Solo Dios fue mi fuente de ánimo. Incluso cuando tiré mi manuscrito en un agujero, Dios resucitó mi trabajo. Ninguna iglesia jamás fue capaz de financiarme para que enseñara a la gente los mensajes de Dios. Solo recibí asistencia de dos personas: Xiomala, una mujer de Los Ángeles, quien viajó conmigo. Mientras en Los Ángeles, Dios me bendijo con un alojamiento gratuito durante más de cuatro meses, pero no recibí ningún tipo de apoyo financiero.

Tal vez no es una sorpresa para usted mientras usted lee esto que muchas personas no actúan de acuerdo con la Palabra de Dios.

Pero permítanme dar testimonio de que Dios sí incita a algunas almas y es obvio que tocó el corazón de la persona que me ayudó a completar este artículo.

Entendí por qué Abraham dijo:

Génesis 14:22-23
"Y respondió Abraham al rey de Sodoma: He alzado mi mano a Jehová
Dios Altísimo, creador de los cielos y de la tierra, que desde un hijo
hasta una correa de calzado, nada tomaré de todo lo que es tuyo, para
que no digas: Yo enriquecí a Abraham." [RVR 1960]

Ninguna iglesia podrá jamás pretender que financió o estuvo involucrada, de alguna manera, en los *Mensajes de Dios*.

Mientras predicaba en Los Ángeles, vi muchas diferentes actitudes desplegadas por el pueblo. No todo el mundo está libre de falsedad. Por ejemplo, las personas adineradas me invitaban a cenar a sus casas, con la esperanza de que les profetizara a sus hijos. Sin embargo, perdieron su tiempo. Verdaderamente, fue el pueblo de las iglesias pobres que me atendieron sin esperar nada a cambio. Tenían muy poco para ofrecerme para que yo siga predicando. Sentí que este era el motivo por lo cual Dios me envió a varias iglesias hispanas en Los Ángeles. Aprendí, por lo que he visto, la esencia misma de la fe verdadera y del amor divino. Me recuerdo de una mujer dándome cinco dólares. Esto era todo lo que tenía, y fue a comprar comida para el día. Aunque yo no quería aceptarlo, Dios dijo, "acéptalo". Fue entonces que yo supe que ella iba a ser bendecida considerablemente.

2 Samuel 24:24
"No voy a sacrificar a Jehová mi Dios holocaustos que me costó nada."
[NVI]

En mi caso, tuve que financiar personalmente mi llamado. Pero, también puedo decir que fue empleada a tiempo completo por Dios, y El siempre proveyó para mí de muchas maneras, para que yo cumpliera este llamado. Aunque yo no recibí fondos suficientes procedentes de mi negocio que me permitiese alojar en hoteles durante mis viajes, Dios proveyó un techo. Yo sabía, más allá de toda duda, que tuve que confiarme completamente en Dios para proporcionar todos mis gastos. Y cuando me empujó el libro fuera de la caja, una vez más, Dios proveyó y trajo un mensajero para financiarme y completar el trabajo. Para aquellos que necesitan una "prueba" de que Dios les ayudará cuando parece que no hay esperanza o ayudar en cualquier lugar, vuelvan a tomar ejemplo de mí. Incluso cuando se trata de pagar sus cuotas mundanas, Dios no lo abandonará a usted. Dios me alentó financieramente, emocionalmente y en muchos sentidos que son imposibles de describir con palabras.

Dios va a desalentar la mentira y alentará la verdad.

No es un camino fácil. Pues, como hemos visto, está bordeado con muchas distracciones que parecen verdaderas. Añada a esto el hecho de que usted se encontrará con muchos falsos mensajeros que lo embullarán con mensajes atractivos pero falsos. Así que, ¿cómo podemos distinguir la verdad de las mentiras? La respuesta es, y le profetizo que siempre lo será, la Biblia. La verdadera prueba de los mensajes debe hacerse a través de la Biblia.

Dios va a desalentar la mentira. Dios alentará la verdad. Mantenga esto en su mente, especialmente cuando enfrenta los mensajes que suenan demasiado maravillosos para ser ciertos. En la mayoría de los casos, son mentiras. Intente ubicar un mensaje similar en la Biblia y úsalo como prueba. La respuesta le llegará cuando abra su corazón para escuchar y cierre sus ojos a las mentiras.

Mientras hace esto, nunca olvide que Dios puede y a veces le enviará un gran mensaje. Pero para que esto suceda, el alma debe ser preparada, debe ser digna. Usted debe ser humilde.

Consideremos de nuevo los Salmos:

Salmos 131:1-2
"Señor, mi corazón no es soberbio, no ando tras las grandezas, ni en cosas demasiado difíciles para mí; sino que he calmado y acallado mi calma; como niño destetado en el regazo de su madre, como niño destetado reposa en mí mi alma."[BLA]

Lo que viene de Dios vive y respira verdaderamente. Es realmente tan sencillo como eso.

Nuestra comprensión de la sabiduría de Dios crece a medida de que aprendemos a utilizar todos nuestros sentidos para ampliar nuestra visión y aumentar nuestra comprensión de Dios y de nosotros mismos. En las próximas páginas, progresaremos en este territorio prometedor.

Sugerencia: Tomemos un descanso ahora, de la fuerte concentración de la lectura de estos conceptos complejos personales y enormes. Voy a compartir un secreto con usted en el capítulo siguiente. Con suerte, usted lo encontrará un poco más ligero. Dicho esto, sin embargo, es importante y les pido que consideren sus posibilidades.

13

CUANDO TUS "OÍDOS" PUEDEN "VER"

¿Sabes lo que es un tutor? Es un "arnés o correa" corta que algunas madres utilizan para sus niños cuando van de compras. La diferencia principal entre este y la correa para perros es que con la correa para perros, tu perrito va a tirar y aflojar cuando tu paras, así que tienes que seguir caminando, mientras que con el arnés para niños, tú puedes detenerte, digamos, en una librería, y hojear un libro o una revista, mientras tu niño juega de forma segura a tu lado, con un poco de espacio. Usualmente, no tienes que mirar hacia abajo para saber exactamente dónde está tu niño; puedes sentirlo moverse hacia adelante o hacia atrás al tironear ligeramente tu brazo.

En realidad, en este caso, estás "viendo" con tus brazos, de la misma manera que se puede ver con tus "oídos" cuando te encuentras en completa oscuridad.

Déjame explicarte: Tengo este arnés invisible o virtual con Dios, pero por una razón diferente. Esto no es para tratar de mantener a Dios a mi lado pero para detectar dónde Él va. Así que, no es exactamente una correa colocada en Dios. De hecho, creo que de alguna manera que Él me la puso a mí, para mi propia protección. Honestamente, soy yo la que realmente obtiene todos los beneficios de este arnés. Mientras pensaba sobre la siguiente historia, no sabía cómo explicarla. Luego me acordé de la imagen del arnés. Por lo tanto, ten paciencia conmigo cuando leas esto y piensa sobre esa imagen a medida que avancemos.

Cuando los oídos ven para evitar que te preocupes

Mi esposo y yo fuimos de campamento. Recibimos un mensaje de texto muy inquietante de un amigo de la familia. Sabíamos que él estaba en un estado terrible, después de su divorcio. Él y su esposa habían estado casados por 15 años. El mensaje de texto nos asustó ya que mencionaba un "adiós", "lo siento", y "no puedo vivir más". Evidentemente, una nota de suicidio. Ambos estábamos inquietos y desesperados, ya que estábamos a cuatro horas de viaje en carro. Todo lo que pudimos pensar fue en contactar inmediatamente a su padre y le rogamos que intentara localizar a su hijo. El teléfono móvil de nuestro amigo estaba apagado, y su casa estaba vacía. Mi esposo estaba muy preocupado, porque en una ocasión anterior, nuestro amigo había conducido su coche fuera de la carretera.

Luego, sentí una sensación repentina y extraña. Le dije a mi esposo, "Él está bien. Él está muy bien". Tuve una sensación de "no te preocupes" o "Dios está calmo y para nada perturbado", por lo que yo realmente pensé que él estaba bien, dondequiera que estuviese. Ciertamente no estaba por suicidarse. La sensación de alivio que sentí fue tan intensa que casi pensé que Dios me estaba diciendo que el joven estaba, en realidad, disfrutando. Ahora, esto puede parecer una locura, pero yo pensé momentáneamente, en ese momento, que no deberíamos interrumpir nuestras breves vacaciones por algo tan trivial.

A la mañana siguiente, su papá nos explicó que había encontrado a nuestro amigo, después de conducir durante casi tres horas a todos y cada uno de los bares. Su papá le encontró bailando y divirtiéndose. Habíamos estado casi a punto de acortar nuestro fin de semana, sacrificar nuestra privacidad y volver a casa a toda prisa para intentar evitar un suicidio.

Pero Dios me confirmó que mirara con mis "oídos", y eso es lo que la imagen del arnés para niños me recuerda. Durante todo este episodio, no sentí que DIOS se apresurara en alguna dirección firme. De hecho, Él estaba muy tranquilo. Por lo tanto, yo estaba tranquila. El arnés no se había movido, y eso se convirtió en mi mensaje, ver con mis "oídos". Recuerda, ahora, el suicidio de mi madre me afectó terriblemente. Por lo tanto, no tomo ninguna nota de suicidio a la ligera. Pero, esta vez, yo estaba totalmente tranquila.

Cuando los oídos ven un buen desenlace

La mejor manera en que mis oídos ven es cuando de repente, de la nada, ciento una sensación de extremo entusiasmo. . No es un entusiasmo normal, sino una verdadera emoción intensa, la manera en que te sentirías si te estuvieras por casar o irte a tus vacaciones soñadas. Sé, entonces, que mis oídos están viendo en el Espíritu.

En esos tiempos, Dios está diciendo, "Estate alerta, mi hija, algo grande está a punto de suceder".

Aquí hay un ejemplo de un buen desenlace. ¿Recuerdas cuando regresé a Sudáfrica desde Los Ángeles? Era un período donde no tenía ningún salario. Y era difícil encontrar un trabajo decente. En resumen, yo no tenía ingresos,¡aunque yo tenía 40 por ciento de acciones de dos tiendas Worth! Como mencioné en páginas anteriores, yo era una accionista minoritaria, y me habían hecho creer que yo no iba a recibir los dividendos. Pero este "acuerdo" abrió la puerta a posibilidades inquietantes incluyendo que el accionista mayoritario, sin escrúpulos, se llevara la parte de mis ingresos a su propio bolsillo, mientras que no declaraba dividendos, además de aumentar sus costos para la empresa.

Pero, yo recibí "buenas noticias" distintas. Esperaba conseguir un trabajo.

En menos de 24 horas después de sentir esto, recibí una llamada con buenas noticias, aunque vinieron de un modo extraño. Anteriormente, una buena amiga mía, una mujer que padecía de rubéola mientras estaba embarazada, me confió su extrema ansiedad porque los resultados de su análisis inicial dejaron abierta la posibilidad de que la enfermedad había afectado a su bebé de 16 semanas. Ella estaba a la espera de un análisis final.

Cuando ella me llamó esta vez, no estaba preparada para noticias peores porque, irónicamente, tenía una extraña sensación de calma sobre todo. De hecho, yo ni siquiera consideré necesario orar por ella. Le dije que su bebé estaba en las manos de Dios y que ella debía repetir esto una y otra vez. Decidí no decirle que no sentía la necesidad de orar. Simplemente le dije: "El bebé está en las manos de Dios, y sigue repitiéndolo", a pesar de que dos informes de especialistas eran bastante negativas.

Ahora, recibí la buena noticia que yo ya "sabía". ¿Cómo puede ser? Porque yo estaba muy emocionada. Mis oídos ya habían visto las buenas noticias que iba a recibir. Este fue, de hecho, noticias muchas mejores que la de conseguir un trabajo para mí. ¡Un niño iba a vivir!

Cuando los oídos te dicen qué hacer

Una manera menos emocionante de que tus oídos puedan ver es cuando te sientes absolutamente enferma, tanto que te sientes sucia, como si estuvieras contaminada. Por ejemplo, hay un libro que todo el mundo me recomendó leer. Este libro contiene muchas escenas sexuales explícitas, plagadas con sexo prematrimonial. En la mitad del libro, me sentí físicamente enferma y sucia. Me di cuenta de que no necesito chapotear en el fango para saber que es fango. Mis oídos espirituales me decían que esto no era buen alimento...

Mediante la lectura de un libro, te alimentas a ti misma. Esa misma noche tuve sueños y pensamientos sexuales, pero no estaban dirigidos específicamente hacia mi esposo. Supe entonces que había leído basura y no debía leer libros como este.

Leer libros lascivos e impúdicos es como comer vómito. Ello te influencia, te lleva al rumbo de un perdedor y, ciertamente, impide que tus oídos escuchen y vean. Lee y alimenta tu mente con lo que tus oídos te dicen que es nutritivo.

Otro ejemplo de dejar que tus oídos te digan qué hacer por lo que Dios te muestra a través de la emoción, he aquí una experiencia que tuve. Yo estaba esperando que algo sucediera porque mis oídos estaban "viendo". ¡Sentía la emoción en el aire! Quería compartir esto con mi esposo para que él también aprendiera de mis experiencias. Mientras conducía a mi casa, oí, "Te pondré en un barril y te lanzaré". Al oír esto, exploré lo que podría significar. ¿Quizás había llegado la hora para un trabajo o carrera?

Pero con la tarea de escribir una obra específica como *Mensajes de* Dios, un libro que planeé lanzar y comercializar comenzando con exposiciones de libros en Nueva York y Londres, he tenido que deducir que este mensaje debía significar que mi "trabajo" sólo sería temporal, salvo que era el tipo de trabajo que me daría mucha libertad para poder completar el proyecto del libro. La respuesta llegó cuando una puerta se abrió para que pudiera estudiar y convertirme en una asesora financiera y especialista en inversiones. Dios dijo que "me lanzaría", por lo que dejé que mis oídos me dijeran lo que hacer. Fui paciente y esperé, y "boom", salí adelante.

Debo mencionar que habrá momentos en que tus oídos simplemente no querrán ver. Por ejemplo, cuando estás demasiado emocionada acerca de algo o incluso asustada. Dios entonces te enviará un mensaje de otro modo.

Permíteme ponerme de nuevo como ejemplo. Yo era una mujer con una cicatriz. Cuando me asusto, corro. Y uno de los peores momentos que he experimentado fue cuando de niña recibí un disparo y cuando de adulta tuve una pistola apuntándome durante 9 horas. Esos acontecimientos, junto con el suicidio de mi mamá, me afectaron tanto que, si alguien era un poco cruel conmigo, inmediatamente me preparaba para escapar. Este comportamiento también afectó mi matrimonio, especialmente en los dos primeros años. Siempre que tenía sentimientos fuertes, quería un divorcio. Ningún debate. Ningún compromiso. Sólo correr y correr.

Luego, una amiga cercana tuvo un sueño que le pareció muy extraño. Pero yo sabía que era un mensaje muy claro para mí. Era acerca de mi actitud, una actitud extremadamente problemática.

En el sueño, yo era soltera, de nuevo. Estaba tomando drogas, heroína en pequeñas cantidades. No tenía mucho efecto en mí en esas pequeñas dosis, y me "escapaba", de vez en cuando. Pero el sueño también era una advertencia de "peligro" al escaparme constantemente de esta manera. Estaba usando heroína para escapar de una frustración emocional, pero aún no estaba adicta. En el sueño, era como si me tuviera que despertar y darme cuenta de que este comportamiento era más peligroso de lo que pensaba. El hecho de que una querida amiga haya tenido el sueño, me mostraba que Dios estaba tomando un camino diferente para advertirme sobre mi conducta de siempre querer escaparme de mi esposo cuando se presentaba el menor indicio de un problema. Mis oídos me ayudaron a ver el mal comportamiento en mi vida.

Aunque he sido bendecida con una "capacidad" para detectar donde Dios me lleva, todavía tengo una tendencia natural a ser temerosa. Cuando volví de Hollywood, tuve un gran shock acerca de mis finanzas, mencionadas anteriormente. Pensar que mi socio, que controlaba todas las franquicias Worth, no había estado actuando de una manera que protegiera mi participación. El shock de darme cuenta que mi confianza había sido traicionada sólo promovió mi miedo innato.

Fue en ese momento que Dios quiso que yo viera algo con mis oídos. Inicié una investigación rigurosa a través de mis abogados. Sin embargo, mi ex socio casi ni notó mis esfuerzos ni amenazas. Habiendo adquirido una sólida posición jurídica a través de la investigación, comencé a elaborar un caso criminal contra él. Contraté a una empresa independiente para auditar los libros de la empresa. Aunque resolvieron algunas de las discrepancias, no todos los problemas fueron tratados. Quedó claro que su objetivo, en todo sentido, era enriquecerse tanto como sea posible, a expensas de la otra única accionista, yo.

Esta experiencia fue extremadamente difícil y dolorosa para mí. Yo confiaba en él. Y ahora, tan vilmente traicionada, me dolía. Me llevó meses antes de que yo pudiera construir un caso convincente para escribir una declaración jurada totalmente detallada para presentar en el tribunal. Durante este tiempo, trabajé con mi abogado para obtener respuestas, pero la evidencia para sustentar una acusación convincente nos eludía.

Al enredarme cada vez más en el asunto, puedes imaginarte cómo yo temía por mi futuro financiero. No tenía trabajo, y mis acciones de la compañía parecían que eran sólo de papel, y nada más. Cuando llegó el momento para presentar mi informe a la policía, no hice nada. ¡No podía ni siquiera orar! Sin embargo, Seguí recordando que años antes, Dios me había dicho, "Las tiendas Worth no son mi voluntad para ti pero te bendecirán". Este mensaje fue puesto a prueba. Mi fe fue puesta a prueba. Hoy me siento agradecida por estos problemas ya que Dios los usó para entrenarme.

Tan extraño como esto puede parecer, percibí a Dios sentado en una silla. Mis oídos vieron un mensaje en el que muchas cosas estaban sucediendo, pero Dios estaba tranquilo. A pesar de que llevó dos años para completar mis investigaciones y el informe subsiguiente, este mensaje de Dios tranquilizándose me hizo sentir perezosa. Sí, bien perezosa, para presentar mi informe a la policía. Dios estaba tramando algo...

Pasarían varios meses y luego, una noche, intuí que Dios estaba enviando a mi padre a decirme que ahora era el momento para continuar con el pleito contra mi ex socio. Mi padre me habló y dijo que el caso debería avanzar porque mi socio actuó deshonestamente no sólo contra mí sino también hacia mi abuelo. En el sueño, él dijo, "abuelo".

Mi papá también me mostró los documentos. Recuerda que ahora yo estaba "viendo" con mis oídos. Con esto, me pregunté lo que Dios estaba realmente diciendo. Y ¿por qué mi padre dijo que mi socio actuó deshonrosamente hacia mi abuelo también? ¡Ay Dios, fue entonces que me di cuenta de que "gran padre" es Dios mismo! ¿Quién es el padre de mi padre? ¡Dios! ¡Ah, guau! Mis oídos estaban demasiado asustados para escuchar más. Estaba a punto de abrir un caso en contra de mi socio, el CEO de una franquicia Worth, una de las tiendas más populares en Sudáfrica.

¿Qué hace uno en esta situación? Avanzar con certeza. Por lo tanto, avancé. Comencé siguiendo el tutor (arnés). Mis oídos vieron a Dios orquestar mi caso. Él dijo que las acciones deshonestas no eran sólo contra mí sino contra Dios mismo. Con esas palabras, yo sabía en mi corazón que se haría justicia.

Cuando los oídos ven los muertos

Cuando alguien muere, quienes pueden escuchar la voz de Dios tienen
una ventaja sobre otras personas. Digo esto mientras te pido que recuerdes
que yo no hablo con los muertos, porque Dios no quiere que lo hagamos:

Levítico 20:6-8:
"Si alguien va a pedir consejos a las personas que consultan a los
espíritus de los muertos, pondré mi rostro contra tal persona y ya no
la consideraré como uno de Mi pueblo. Manténganse santos, porque
yo soy el Señor, su Dios. Obedezcan Mis leyes, porque yo soy el Señor,
y Yo los santifico."[NVI]

No puede estar más claro que esto. Sin embargo, el puente entre la vida
y la muerte está en el reino de Dios, y sé que Dios a veces permite que
los muertos nos hablen, para entregar un mensaje específico. En estos
momentos, sin embargo, es evidente que Dios los envía, y no somos
nosotros quienes los llamamos.

Y así, aprendí que a través de mis oídos vería cosas y adquiriría conocimientos,
especialmente en los momentos en que alguien cercano muriera, cuando
yo era consciente de su enfermedad o muerte inminente.

Yo me asombré mucho, mejor dicho extremadamente, cuando mi padre
estaba en coma y yo podía escuchar que él hablaba conmigo. Experiencias
como éstas deben suceder más de una vez antes de que puedas captarlas,
antes de que puedas darte cuenta de que en realidad son verdaderas.

Cuando mi padre falleció hace unos años, lo que mis oídos vieron alivió
un poco el dolor de verlo partir. Mi papá, ya de 83 años, sintió que el final
se iba acercando. Como su condición empeoró progresivamente y más
rápidamente, me pidió que lo llevara a un hospital cercano a mi casa.

Pasó un tiempo en la unidad de cuidados intensivos y, luego, su estado
mejoró, tanto que finalmente fue dado de alta y se quedó conmigo. Resultó
ser que nuestro tiempo sería breve, sólo siete días. Dios me dijo que le había
dado un "respiro" a mi papá porque quería rectificar ciertas cosas y preparar

otras cosas. Mi papá también necesitaba tiempo para resolver algunos problemas con mi hermana, quien llegó desde el extranjero. Ciertamente, Dios es misericordioso a quienes buscan humildemente Su gracia.

Mi hermana llegó a Sudáfrica para pasar un tiempo con mi hermano y conmigo, pero sobre todo para visitar a nuestro padre. Viendo que mi papá estaba mejor, mi hermana decidió que era hora de volver a su casa el día seis. Irónica y funestamente, justo después de que ella partiera, la salud de papá empeoró muy rápidamente. A las 24 horas, su cuerpo y su salud general, se volvieron mucho más frágil de lo que esperábamos. Un especialista que lo atendía le recetó warfarin para anti coagular la sangre, pero esto resultó causar hemorragias internas. Aunque quería morir en mi casa, le rogué que me dejara llevarlo al hospital. Finalmente, aceptó.

Al internarse, su especialista ordenó que se lo llevara a la unidad de cuidados intensivos, de inmediato. Ya para entonces, estaba sufriendo una hemorragia cerebral. Con el corazón roto y sintiéndome una inútil, me fui a casa donde me escapé al baño, sentada en el inodoro, llorando descontroladamente. De repente, oí la voz de mi papá. Por un segundo, pensé que estaba loca. Nunca había oído nada similar. Pero, sin lugar a dudas, era mi papá. No sólo la voz sonaba exactamente igual que la de mi padre, hablando del mismo modo que lo haría en su tono hermoso y calmado, pero supe seguro que era mi papá cuando me llamó por el apodo que usaba para mí.

Las cosas que papá dijo eran para tranquilizarme. Él me dijo que era hora de que él se fuera. Pero luego añadió, en una forma más consoladora, que estaría bien. Me aseguró que yo iba a estar bien. En ese momento, yo todavía no me había dado cuenta de que Dios había abierto mis oídos a tal punto que yo podía escuchar desde tan lejos.

En el hospital al día siguiente, mi papá estaba sólo semiconsciente. El médico de cabecera le preguntó a mi hermano y a mí si pensábamos que mi papá querría que llamáramos a nuestra hermana nuevamente, pidiéndole volver desde Canadá. El pronóstico no era prometedor: Papá probablemente iba a vivir unos tres días más. Les dije algo directamente al médico y a mi hermano, que hizo que ambos me miraran como si yo estuviese loca. Señalé a papá y les ordené: "Pregúntale, pregúntale a papá." Ellos hicieron eso. De repente se despertó en ese segundo y respondió, "Sí." Nada más, sólo un simple sí.

Los tres estábamos allí cuando él murió. Mi hermana había llegado recién desde Canadá. Realmente fue muy interesante, de un modo extraño. Yo estaba con papá cuando él dijo que había visto a mi madre que había fallecido hace 20 años. Cuando me enteré de esto, yo estaba segura de que su tiempo estaba limitado a sólo minutos o segundos. Salí de la habitación luego de susurrarle al oído: "Papá, debes decir algo antes de irte. Di "Jesús, por favor perdóname. Por favor, quítame mi dolor."

Luego de fallecer, todos fuimos a la habitación a compartir un tiempo privado. Mi hermana, quien permaneció con él en el último momento, me dijo que sus últimas palabras fueron: "Señor, por favor perdóname. ¡Por favor, quítame mi dolor!".

Era tan simple como eso, y sé que él se fue al lugar "correcto". Mientras estábamos sentados junto a su cuerpo, me preguntaba si su espíritu había partido ya o si todavía estaba en la habitación. Fue entonces que me sobresalté cuando escuché a papá, claramente irritado y molesto, decir en voz alta, "¡Fuera! Vayan, vayan. ¡Vayan ya!". Era sólo yo quien lo escuchó, así que sugerí que nos vayamos.

Más tarde, le dije a mi hermana exactamente lo que mi papá había dicho. Él quería que saliéramos de la habitación, que nos alejáramos de su cuerpo muerto, ya que él quería marcharse también.

Mi hermana y yo fuimos a casa en silencio, cada una perdida en nuestros propios pensamientos, reflexionando sobre los acontecimientos de los días anteriores. Estábamos agotadas, nuestros cuerpos suplicaban para descansar. Eran casi las 3 de la mañana, pero volví de nuevo a la realidad, bruscamente, cuando vi la vista más maravillosa, la luna más hermosa, inmensa y espectacular, simplemente colgada allá, sobre la carretera, tan cercana, que parecía estar tocando la carretera justo delante de nosotros. Emocionada, le grité a mi hermana, "¿Puedes verla? ¿Puedes verla?" Por supuesto que podía, era enorme, pero ella estaba más preocupada con agarrar el volante y gritándome, "¡Nos vamos a matar!", o palabras a ese efecto.

Yo le pedí a Dios que por favor me diera una señal de que mi padre estaba con Él y feliz. Pero, no me esperaba algo tan espectacular. Suspiré felizmente y esa noche dormí como un bebé.

Ahora, pensando en esa luna de nuevo, esta no era cualquier señal. De hecho, la iba a ver nuevamente en un futuro no muy lejano mientras conducía en la autopista en Los Ángeles. Esa noche, yo estaba en camino a un canal de televisión para una entrevista. Allí, adelante, en la autopista, esa misma luna magnífica estaba colgada bien baja, una pelota grande y hermosa. Recuerdo gritar asombrada, dándome cuenta que había visto este mismo exacto momento en Sudáfrica, conduciendo a casa desde el hospital con mi hermana, a las 3 de la mañana del 19 de abril del 2008.

La parte más extraña: la carretera en la que mi hermana y yo encontramos esa luna era muy plana. Si hubiese habido cerros altos, la misma escena ocurriría con bastante regularidad, ya que la luna estaba muy alta en el cielo a esa temprana hora de la madrugada. Habiendo investigado, desde entonces, este fenómeno, descubrí que lo que mi hermana y yo presenciamos la noche en que mi papá se unió a nuestro Padre Dios, ocurre sólo en raras ocasiones.

Mis oídos pudieron ver que mi papá estaba feliz de irse y esto me dio una gran paz dentro de mi corazón, que me ayudó a sobrellevar el dolor de tener que decir adiós.

Cuatro años más tarde, una señorita me llamó acerca de Leena, mi "niñera" negra que me cuidó después del fallecimiento de mi madre en Sudáfrica durante los años del apartheid. Leena significó mucho para mí. Ella fue la única "familia" presente en mi primer día de boda. Era Leena la que realmente encontró a mi mamá después del suicidio. Mi madre le pidió a Leena que le prometiera que iba a cuidarme Esto fue justo antes de que ella se disparara a sí misma. Así, Leena fue como una madre para mí.

Ahora, Leena estaba muy enferma, y apresuradamente llamé a una ambulancia para llevarla al hospital. También comencé a buscar un hogar de ancianos adecuado cerca de mi casa. Tendría que estar equipado con una unidad de cuidados frágiles porque había comprobado que Leena no estaba caminando bien, estaba comiendo como un pájaro, y estaba en general muy débil.

Oré y le rogué a Dios que permitiera que Leena viviera sólo un poco más, para que ella pudiera ver a mi pequeña Bella. Hasta ese entonces, ella sólo había visto una foto. Quería yo cuidar de ella ahora, como ella me había cuidado en ese entonces, tenerla cerca mío durante un tiempo. La amaba y quería mostrarle lo mucho que su vida significaba. Quise devolverle el favor de puro agradecimiento por la mujer que me vio como su "hija". Imagínate, aquí estaba yo, haciéndolo una vez más, sugiriéndole a Dios. Y la peor parte es que era para mí, no era realmente para Leena.

En retrospectiva, estoy segura de que ella hubiese preferido estar con su propia familia. Leena falleció dos días más tarde, incluso antes de que yo pudiera finalizar los arreglos para verla durante el fin de semana.

Es un largo camino a la Provincia del Noreste, aproximadamente seis horas conduciendo, y demasiado lejos para un viaje de un día, durante una semana de trabajo. Después de la llamada telefónica confirmando su muerte, lloré toda la noche. Me quedé aislada, en la habitación de Bella. Mi esposo fue muy comprensivo, llevándose a Bella a nuestra habitación para dejarme sola. Me di cuenta que tenía que calmarme y dormir. Tenía que enfrentar una difícil tarea al día siguiente. Pero no podía hacer ninguna de las dos cosas. Muchos de ustedes probablemente saben de lo que estoy hablando cuando digo que intentando calmarte a veces empeora la situación, provocando más inundaciones de lágrimas.

Bien, sucedió esa noche. Pero luego, en las primeras horas de la mañana, y alrededor de 12 horas después de su muerte, oí la voz de Leena suavemente, claramente, "vamos, mi pequeña nonnie, no llores. ¡Estoy mucho mejor, y mis pies no me duelen más!".

Yo sabía con gratitud en ese instante que me habían dado la oportunidad de hablar con Leena una vez más, pocas horas después de su muerte. Pero tendría que ser breve. Y luego, solté todo. Me desahogué, todo lo que estaba sintiendo por dentro, todo lo que me estaba doliendo, como si hubiesen permitido que mi propia alma, golpeada y herida, llorara.

Le dije a Leena cómo me dolía el corazón porque no pude ir a verla.

"Sé cuán lejos estás, mi niña, no debes preocuparte", dijo. "¿Puedes escucharme claramente?", preguntó.

"Sí, Leena, el Señor me ha enseñado a 'escuchar'. Yo realmente no sabía lo enferma que estabas. Encontré un hogar de ancianos para ti". Entonces, comencé a llorar nuevamente.

"Por favor, por favor, por favor, mi pequeña nonnie, no llores. Estoy mucho mejor ahora".

"Pero yo quería tanto que viera a mi hija, mi pequeña Bella".

"No te preocupes. La vi en las fotos".

Le agradecí por todo lo que había hecho y significaba para mí y le dije que la amaba y le pedí perdón por no cuidarla mejor. Ella simplemente dijo, "No se preocupe, mi querida, mi niña, usted ayudó mucho. Por favor, deje de llorar. Yo estoy bien, ahora".

"Mi corazón está roto, Leena, ahora que se ha ido", yo dije.

"No, no me he ido. Estoy en un lugar mejor, donde mis pies ni siquiera me duelen. Tengo que irme ahora, el Señor me está llamando".

"No Leena, sus hijos...".

"No se preocupe por el funeral, es demasiado lejos para el bebé", dijo.

"Pero Mamá Leena, quiero ir, saludarla correctamente, presentar mis respetos...".

Su voz se iba desvaneciendo mientras decía, "Se preocupa demasiado. Yo misma no voy a esperar para el funeral. No voy a estar allí. Tengo que irme ahora, Dios me está llamando. Dele mi amor al muchacho".

Ella le decía muchacho a mi esposo.

"Se lo daré, gracias, Leena. Me casé con un hombre muy bueno. ¡Hambagahle, vieja madre!".

Esto significaba que le vaya bien, con amor y paz.

Luego, escuché claramente, "¿Eres mi hija?".

Le contesté rápidamente, "¡Sí, Leena, soy su hija!".

Luego, el silencio. Nada. Sólo yo y mis lágrimas.

Después de la experiencia con mi padre, sentí que ver con mis oídos era una situación única, probablemente reservada para la familia. Pero, después de la maravillosa mi conversación con Leena, estoy segura de que Dios había organizado las dos conversaciones para calmarme, consolarme, y enseñarme el alcance de Su cuidado. Y, francamente, ¡qué impresionante que es su poder sobre una sola persona!

Hay todo un nuevo mundo para experimentar cuando tus oídos pueden ver. Para estar seguro, necesitamos utilizar todos nuestros sentidos para su total comprensión.

Confesión: Cada vez que leo este capítulo, sollozo de nuevo. Por favor considera simplemente pensar un rato sobre el secreto que he revelado en estas páginas.

DIOS SIEMPRE CONFIRMA
SU MENSAJES

Ahora vamos a echarle un vistazo a algunas cosas que le podrían suceder a usted cuando empiece a escuchar, quizá por primera vez, la voz de Dios.

Hay una buena probabilidad de que usted comience a escuchar algunas "cosas extrañas". En primer lugar, Dios no siempre hablara de algo que puede lograrse únicamente con el esfuerzo humano. Dios le dirá cosas que suenan bastante imposible, pero a la larga, no es descabellado. A veces, especialmente cuando Él le dice algo que parece inverosímil, usted tendrá que depender completamente de Él por su intervención divina para que su promesa o plan fructifique.

También es importante estar consciente de que Dios honra lo "natural". A veces le llegarán mensajes que suenan como si son de Dios; sin embargo, puede que no lo sean, porque Dios prefiere que las cosas en la tierra sigan el camino natural, ordinario.

Algunas personas me han dicho que Dios iba a proveerles millones de dólares para que puedan trabajar para él y, entonces, pasan su vida, ¡esperando! Yo siempre pregunto, "¿Qué estás haciendo ahora mismo con lo que tienes disponible?"

Cuando dejé mi vida atrás para ir a Los Ángeles, no pensé en poseer una casa o tener una carrera, simplemente creí e hice lo que Dios deseaba.

La confirmación a través de los demás,

2 Corintios 13:1
Ésta será la tercera vez que vengo a ti. Por boca de dos o tres testigos cada palabra será establecida."[RV]

Es importante que solicite confirmación, porque somos humanos y nos necesitamos unos a otros. Estas confirmaciones pueden llegar de muchas maneras diferentes. Dios nos da confirmaciones en sueños. En mi caso, Dios repetidas veces me dijo que me iba a casar. También confirmó esto a través de una mujer en California, quien también tuvo un sueño. En su sueño, ella vio que después de dar a luz, mi esposo entró por la puerta. Yo sabía de hecho que iba a casarme, pero nunca nadie confirmó quién era mi esposo o que aspecto tendría. Como se mencionó anteriormente, mi esposo llegó a la escena después de que regresé a Sudáfrica.

Por lo tanto, Dios a veces utiliza otras personas para confirmarnos. Es importante para usted tener a alguien en quien pueda confiar en que realmente tenga una relación de pacto con Dios, alguien que pase mucho tiempo de rodillas. Encontrar tal persona es difícil. Pero teniendo tal confidente es de gran valor en el camino de la fe.

Esto, también, es importante recordar que: tanto como usted busca la "confirmación" de un mensaje allá fuera hay una voz "mentirosa" que, muchas veces, se "introducirá" para confirmar una mentira que creen o quieren creer. Tenga cuidado, especialmente cuando se trata de confirmaciones. Extrañamente, con frecuencia serán cristianos que parecen confirmar la mentira. De hecho, podría incluso ser alguien que cuenta con un alta estima.

Para mí, fue difícil porque yo venía de una relación rota, y aceptar que realmente hay esperanza después de un divorcio, puede ser un reto difícil de superar. Lo que hace aún más difícil, una mujer divorciada en la iglesia y, más aún, en el ministerio, se juzga continuamente y a veces muy duramente.

En mi caso, yo estaba divorciada de un matrimonio al que fui guiada por una profecía falsa. Pero este desafío que enfrenté también me permitió hallar gracia y, debido a ello, he podido ir a Hollywood y honestamente predicar la gracia. Vale la pena recordar que si Dios podía mostrar gracia a un asesino en los tiempos bíblicos, seguramente puede mostrar gracia a personas en la industria del entretenimiento, ahora. Es decir, si están dispuestos a hacer los cambios necesarios.

He aquí una confesión personal: Yo tenía un gran problema con mi percepción de Cristo cuando yo era joven. Después de todo, perdí a mi madre por suicidio. Atravesé un trauma enorme. Tantas cosas me hicieron creer que yo no podía confiar en Dios. Pero entonces recordé cómo lloraba por horas en Los Ángeles, queriendo volver a casa, cuando el Señor diría "Yvon, no he quitado mis ojos de ti. Puedo ver todas tus lágrimas."

De hecho, fue en ese día de lágrimas en Los Ángeles que Dios le dio al Sr. y la Sra. Atkin un mensaje de aliento para que me lo pasaran. En ese momento, no sabían mucho sobre mí. No sabían que Dios me había enviado en una misión a la industria del entretenimiento, con un mensaje de "llamada para un cambio." Las palabras que el Señor ofreció a través de los Atkins eran para fortalecerme, mentalmente. El mensaje estaba lleno de sabiduría, un maravilloso estímulo para mi viaje.

El señor Atkin tenía una gran habilidad para discernir de forma muy precisa lo que oyó de Dios. Ofrezco lo siguiente para mostrarles conceptos, promesas y nociones, todos los cuales probablemente enfrentarán en su viaje. Aquí está el mensaje completo del Sr. Atkin. Al leer estas palabras, considere los aspectos a los que pueda relacionar ahora, y aquellos que se pueden aplicar en su propia vida y su propio camino, hay mucha sabiduría aquí.

Y recuerde, todo lo que tenía cuando fui a Los Ángeles era un "mensaje". El señor Atkin escribió este mensaje increíblemente detallado de su experiencia cuando el Espíritu del Señor lo envolvió de plenitud. Su mensaje para mí fue basado en la historia bíblica de Esther:

"Esther, fue designada para su cargo exclusivamente para salvar a la gente. Ella era hermosa y muy popular. Ella habría prosperado mucho en cualquier ambiente, pero fue nombrada en ese momento, a ese lugar, por una razón concreta. Y así es con ustedes, dice el Señor. La única manera de que su misión sería cumplida seria para Esther afrentar, con fe, una situación donde no estaba claro cuál sería el resultado.

"Después de todo, ella estaría (al menos en el entendimiento natural) yendo totalmente en contra de las reglas. Su nivel de fe era tan grande que estaba dispuesta a arriesgar todo para completar aquello por lo que Dios la había llamado a hacer. Ahora, mire el resultado. Lo que puede parecer a algunos como un simple acto de obediencia formo completamente el destino del mundo conocido hoy. Los judíos tuvieron que vivir como lo hicieron de modo que las cosas, y la sociedad, fuesen como lo son hoy. Así es que he asentado importantes tareas en la puerta de su casa, dice el Señor. Las consecuencias eternas no pueden ser reveladas en este momento, pero la historia de Ester revela la importancia de los resultados que superan con creces la dificultad de la tarea. ¡Yo hice que te gustara y admiraras a Esther para este fin, dice el Señor!

"El enemigo está tratando de subvertir tu llamado lanzando frutas extrañas en tu camino, dice el Señor. No esté tentada a recogerlas. Usted reconocerá su tipo fácil y claramente por mi Espíritu, dice Dios, y reflexionando sobre ella le hará preguntarse y dudar de sí mismo.

"Las piezas de este rompecabezas pronto empezarán a caer en su lugar, dice el Señor. No he quitado mis ojos de ti ni por un segundo, dice Dios. Oigo tus gritos, tus frustraciones, tus preguntas, incluso, a veces, tus impresiones. Lo escucho todo, y debes saber que todo es parte del proceso.

"Mira el trabajo implicado en el pulido de un diamante. Tiene que ser cortado y pulido. Sostenido a la luz y visto desde todos los ángulos. ¡El joyero sólo será feliz cuando cada faceta brilla con la luz más pura, cuando es "impecable!"

"Yo soy el Maestro joyero, dice el Señor. Yo sé dónde está cada mancha, donde cada imperfección permanece, y simplemente estoy trabajando en ellos, dice Dios. No te centres en el proceso, dice el Señor. Céntrate en el desenlace

inevitable, que cuando finalmente se ponga a la luz, brillará como una estrella brillante y resplandeciente.

"Guardaos de transigir: nunca habrá una justificación para ello. Nunca puede comprometer quien es usted para proteger los sentimientos de la gente en el mundo.

"Yvon, debes utilizar la autoridad que he derramado sobre ti, dice el Señor. No confundas humildad para "mentes pequeñas." Uno es necesario para ti y el otro es un engaño. Sólo por mi Espíritu puedes tomar decisiones acerca del traslado de ubicaciones, transporte, y sus puntos de contacto espiritual. Mi espíritu le ha revelado la verdad en estas cuestiones, dice Dios. No se puede permitir que las opiniones y aportes de otro provoquen cuestionar la verdad. La única opinión que importa viene directamente por medio de mi espíritu, dice el Señor, y usted siempre sabrá exactamente cuál es, por el Espíritu que está en usted, dice Dios.

"Los pactos no se renuncian, dice el Señor. ¿Crees que soy de doble ánimo? Te he llamado a levantarte en el poder de mi verdad y no encerrarte en una bóveda de duda y aprensión. Sea audaz, mi niña, con la humilde audacia de un guerrero elegido.

"Las cosas en tierras lejanas son sólo eso. Son cosas en tierras lejanas. Si quisiera que estuvieras preocupada con ellos, ¿no te hubiera dejado en ese lugar por esas razones? ¿Deben la gente suponer que hay cualquier malentendido o interpretación errónea en mi planificación? (Recuerde, yo fue asediada con bastante duras críticas en Sudáfrica.)

"Las fechas y horas no siempre tienen que ser conocidas con suficiente antelación. El tiempo es corto, de todas formas, y por razones de la ilustración, a menudo es importante para que las cosas tengan un impacto "repentino", una "repentina" explosión de actividad.

"Todo esto es aceptable cuando es guiado por el Espíritu. Los pensamientos y sentimientos de los demás no son importantes en este sentido, porque si están en tu longitud de onda espiritual, tendrán la comprensión que es el Espíritu Santo trabajando, y ellos serán bendecidos al presenciarlo.

"Si no están en tu onda espiritual, que no estarán jugando un papel en el procedimiento y sólo podrán ver a través de la carne, de todas formas, y por lo tanto, no importa.

"En Juan 9 hay un mensaje importante para ustedes, dice el Señor.

"Como ustedes escucharon, ayer, fueron seleccionados como un profeta desde el comienzo de los tiempos. Por lo tanto, no hay condiciones o las calificaciones necesarias para ser efectivos en su llamado. Usted sabe también que cualquier negatividad o duda que le rodea es sólo la semilla de sus propias dudas de temporadas anteriores".

Por lo tanto, ahí está, entonces. Dios, mediante el Sr. Atkin en este modo divino, está alentándome y confirmando mi llamado. El señor Atkin recibió este mensaje muy claro explicando mi destino, para ayudarme a entender. El mensaje prosigue, a continuación. Pero quiero que entiendan, aquí mismo, mis razones para compartir este mensaje en su totalidad. En primer lugar, es porque usted también necesitará similares palabras de aliento, en igualdad de detalle, en alguna etapa de su propio desarrollo.

He orado por días, clamando a Dios acerca de mi vida, sobre todo estos mensajes estaba escuchando, y necesitaba que Dios enviara una confirmación clara demostrando que no estaba perdiendo mi mente.

En segundo lugar, comparto este mensaje que cambia vidas porque es también el propósito de mis escritos, ¡terminando con su principio! Quiero enviarlos como un barco en el océano, que será dirigido escuchando los mensajes de Dios. Sigue leyendo, esto tendrá sentido.

El mensaje continúa...
"Yvon está actualmente en un pequeño bote de remo. Su tarea en las próximas dos semanas es remar este bote para llegar al nuevo buque que he anclado en el puerto para ella, dice el Señor. Esta es una embarcación magnífica con enormes velas, muchas habitaciones y terrazas es un barco que dará cabida a muchas personas, y sus vidas serán bendecidas pasando tiempo en ella. Este buque llevará mensajeros a las esquinas lejanas de la tierra. En cierto modo,

se asemeja a los grandes buques de antaño que se utilizaron para descubrir los territorios inexplorados de esta tierra.

"El barco estará equipado con las últimas tecnologías. Tiene un enorme mástil para la vela principal. Esto es para permitir que la embarcación navegue 'silenciosamente' cuando es prudente hacerlo. En la parte superior del mástil, hay algo diferente. En lugar de la "cofa" que es típico de ese buque, este tiene una plataforma de águila, un mirador desde el que se puede encumbrar y precipitarse sobre la tierra, utilizando continuamente ojos de águila para buscar a aquellos que han sido marcados para la comunicación. El águila puede moverse desde o hacia el barco, como Mi instrucción indique, dice el Señor. Para este propósito, ella no será el capitán del barco, como otro debe asumir ese papel. Ella será el piloto y director de las operaciones. Este será el primero de muchos de tales buques, dice el Señor, e Yvon acabará por asumir una posición que es similar a la del Almirante de la flota, en el mundo.

"No hay gran embarcación que pueda intentar embarcarse en incluso el más corto viaje hasta que el piloto la navegue al océano desde la seguridad del puerto. Hay muchos que trataran de detener el pequeño bote de remo por alcanzar el buque anclado, porque hay otros botes remando en la misma dirección tratando de ganar el liderazgo. Usted tiene una gran ventaja, dice el Señor, como su bote de remo está equipado con una pequeña vela y esto le permitirá superar y mantenerse por delante del adversario. La única manera de izar esta vela es a través de la obediencia absoluta y apego a mis instrucciones.

"Por lo tanto, adapte su oído a mi voz y escuche cuidadosamente. Para izar esta vela, debe realizarse a la perfección o no funcionará eficazmente. Una vez que la vela ha sido izada, necesitará el viento para la aceleración. Este viento será proporcionado por mi Espíritu Santo, dice el Señor. Cuanto más cumpla con Él, más aliento va a verter en su vela, dice el Señor. Le he provisto con muchos buques de apoyo para ayudarle a lo largo de la ruta, pero ten cuidado: todos los buques distintos a los suyos con la vela, aparecerán ser a primera vista exactamente iguales. Sólo a través de discernimiento espiritual sabrá si son embarcaciones de apoyo o a las de sus adversarios, por lo tanto, hay que estar vigilantes.

"La fuerza del Espíritu trabajando a través de usted es tal que los adversarios saben que no pueden hacerle daño físicamente, en este momento. Pero ese no es su objetivo., Simplemente desean obstaculizar su progreso lo suficiente como para ocasionar que pierda la marea. Tome las herramientas que usted necesitará para configurar su curso, y empiece a remar fuertemente, dice el Señor. Recuerde, cuanto más rápido usted iza la vela más fácil será para desbancar las filas de los competidores. No nos equivoquemos, que te perseguirá vigorosamente, como saben lo que se desatará una vez que el buque principal embarque en su viaje inaugural.

"Su primer deber será traer el capitán a bordo, y esto será el principio de un maravilloso e increíble viaje que causará estragos con las flotas de los némesis pero traerá bendiciones e iluminación a muchos que, por el momento, no tienen idea de cómo navegar sus propios barcos por el camino correcto.

"Los días de los antiguos exploradores y pioneros fueron siempre difíciles, pero también llenos de la alegría de descubrir territorios inhabitados y desconocidos. Las mismas alegrías te esperan, pero el viaje no puede comenzar hasta que tome posesión de la magnífica embarcación que he preparado para usted, dice el Señor. ¡Así que tome camino al puerto y empiece a remar!"

(Del Sr. Atkin)

Este mensaje, específico para mí, fue la confirmación segura por la que oré. Estas palabras confirman mi llamado para una misión en Hollywood. Curiosamente, ambas confirmaciones advirtieron contra la distracción. Es importante tener en cuenta que cuando Dios envía confirmaciones, fuerzas contrapuestas enviará las distracciones. Hoy estoy en mi barco, ocupada, equipándolo con las últimas tecnologías para poder llegar a usted.

La confirmación afirma claramente que aunque Dios creó un moderno barco para mí, no puedo hacerlo sola. Voy a ser como un águila, moviéndome de aquí para allá. En planes detallados de Dios, no estamos llamados a estar solos. Sólo Dios puede colocar a la gente adecuada junta para una misión específica. El barco necesita un capitán. Soy un águila. ¿Quién es usted?

Una lección fundamental a aprender, y repito esto una y otra vez a lo largo de este libro, es asegurarse de que tus ojos estén centrados en Dios solamente, en todo momento. Muchas personas, especialmente los cristianos, sorprendentemente, accidentalmente o sin saberlo te defraudan y distraen. Mantente enfocado.

Cuando Dios empieza a hablarle y hacer grandes promesas, no esperes encontrar confirmación de nadie, ni siquiera en el liderazgo de la iglesia. La mayoría de mis confirmaciones y ánimo vino de extranjeros a quienes Dios escogió y envió.

Pero, también, sucedió lo mismo en la Biblia. Tome a David, por ejemplo. Saúl no lo reconoció como su sucesor a rey. A veces, incluso en las iglesias, hay "actitudes tipo Saúl." Hay iglesias que irónica y egoístamente se concentran en sus propias necesidades institucionales y no demuestran cuidado a los rebaños de Dios. Poco saben que entre las ovejas de Dios podría estar el próximo Elías, alguien especial que Dios está levantando como un ejemplo para mostrar que el reino de Dios no es una cuestión de hablar, sino de poder.

En las confirmaciones que va a pedir a Dios, asegúrese de incluir detalles como lo había hecho en el pasado con la promesa de *"Lo que el viento se llevó"*. Cuando esa "palabra", vino la voz audible en mi habitación era tan increíble que yo no, ni siquiera por un momento, dudé que no era Dios. ¿Por qué? Tal vez por los principios bíblicos sobre los ídolos. Pero no idolatré a Scarlett O'Hara? No, en absoluto. Pero descubrirá más tarde que... [Primero, necesitamos mirar algunos otros puntos antes de que termine la parte de esta historia.]

Esto es donde entra en juego el peligro. Yo quería una sólida confirmación de mi vínculo con el sueño que tuve sobre *"Lo que el viento se llevó"* que les dije a mis amigos acerca de mi preocupación, y que había recibido un mensaje. Yo también revelé la experiencia que tuve en medio de la noche, acerca de un proyecto de película. Yo, sin embargo, no les di el nombre del proyecto de película.

Después de que el Sr. Atkin orara, me dijo que Dios le mostró el ambiente de la película era la Guerra Civil Americana. Yo estaba totalmente aturdida, pero todavía no contestaba específicamente a la pregunta. El mensaje que el Sr. Atkin recibió fue sin duda una confirmación pero llegó sólo como un mensaje de información. Lo que yo aún quería era una simple respuesta: Sí, es cierto, o no, es falso o si ¿Dios bendecirá el rehacer de esta película si...?

Es posible que cuando tu mente es consumida con algo, la gente cercana a ti puede estar influenciada por tu preocupación.

Es como alguien que está rodeado por una nube o una neblina. No hay nada claro. Cuando alguien cercano entra en la nube contigo, muy bien podría imaginar que ha escuchado lo mismo que tú; por lo tanto, una aparente, pero no la auténtica, confirmación de su mensaje.

Incluso a medida que crecemos en sabiduría y madurez, todavía puede tomar años para encontrar la respuesta, a menos que, por supuesto, Dios decide darle la confirmación, él mismo.

Espero, cuando explico las complejidades de discernimiento entre palabras reales de Dios y posibles mentiras, que puede conjurar cuan confuso todo esto puede ser. Pero por favor, no deje, aunque sea por un momento, que le asuste. Yo todavía no estaba segura de si mi experiencia fue iniciada por Dios o desencadenada por una voz mentirosa, pero seguí adelante, con fe. Ciertamente, no esperaba lo que me había sucedido en mi habitación en esa fatídica noche. Tampoco entiendo por qué un demonio entraría en la habitación y me golpea en el pecho, como si apuntando a mi corazón.

Me costó mucho encontrar a alguien para confirmar mi vínculo con *"Lo que el viento se llevó"*, así que empecé a rogarle a Dios mismo, por algún tipo de confirmación. Yo sabía que no podría esperar encontrarla en la Biblia.

Y luego, esta oración. Abrí mi Biblia Mensaje al azar y, para mi sorpresa, lea:

Isaías 40:17-26
"como motas de paja, que se han ido con el viento."[MSB],

Me di cuenta entonces que Dios me quería enseñar algo realmente importante y estaba usando la película, *"Lo que el viento se llevó"*, como base. Era un mensaje que revelará una gran lección acerca de oír de Dios.

Tras tan largo período de espera para la confirmación, esperando encontrar un confidente, anhelando oír de Dios, yo estaba encantada, ¡como bien puedes imaginar! Es un concepto muy trillado que muchos Cristianos creen que si ellos le piden a Dios un signo, todo lo que tienen que hacer es abrir la Biblia al azar y el mensaje, o signo, estará en las escrituras que encuentran.

¿Y yo? Bueno, me tomó mucho más esperando, orando, y mucha más fe para ser llevado a ese libro donde, finalmente lo encontré *Lo que el viento se llevó*, ¿Podrá creerlo? ¿En la Biblia?

Para poner fin a este período de sesiones, permítame preguntarle: ¿Qué piensa usted?

Sí, las confirmaciones son maravillosas. Pero, ¿se pueden confiar en ellas siempre? ¡No!

¿Es maravilloso poder escuchar la voz de Dios o algo sobre tu propia vida? Sí. Pero, la cosa más importante a recordar es el de llegar a conocer al entregador del mensaje, Dios, antes de tratar de recibir una palabra de Él.

Centrémonos en nuestro amor a Dios. Como sé ahora, usted pronto descubrirá por sí mismo que Dios quiere una relación con usted. Y sí, ¡Él quiere hablar con usted!

Empezar por lo más sencillo, pero comience ahora.

15

COMPRENDIENDO AL
MENSAJERO

Dios no puede ser explicado, así que ¿por qué Él debe ser cuestionado? Los siguientes ejemplos bíblicos pueden ser útiles para clarificar nuestro entendimiento.

Job seguramente pasó por momentos muy difíciles. Durante su vida atormentada, hubo probablemente muchos días cuando quería entender por qué Dios permitiría tal dolor. Sufrió por un capítulo entero de la Biblia. ¿Cuánto tiempo fue en tiempo real?, nunca lo sabremos. Mientras que pude haber sufrido durante años para decirle a mi propio misterio en Mensajes de Dios, también he encontrado mucha diversión durante ese mismo período. Oh, cómo anhelaba entender lo que Dios estaba haciendo, cómo deseaba entender los mensajes que Él estaba dando. Este Dios que le dijo a Adán y a Eva no comer la fruta de un árbol, un árbol creado por Dios mismo. El mismo Dios que me dio los mensajes maravillosos, ¡que me ayudó a crecer a través de las luchas y tormentas de cada temporada!

Ahora creo que es sólo a través del sufrimiento que podemos comprender totalmente y generar esperanza. Mire estas esperanzadoras palabras.

Romanos 5:34
"también podemos presumir de nuestras tribulaciones, porque sabemos que el problema produce resistencia."[NVI]

Según el *Diccionario Oxford*, resistencia significa la capacidad para resistir el esfuerzo prolongado. La resistencia, encontré, trae la aprobación de Dios, y su aprobación crea esperanza. En el mensaje, la Biblia lo explica bellamente diciendo que los problemas pueden desarrollar una paciencia apasionada dentro de nosotros para mantenernos alerta para lo que Dios va a hacer a continuación.

Este mismo Dios me dio mensajes pero no me permitió obtener seguridad de ellos. La sabiduría que he adquirido recibiendo mensajes de Dios es que usted nunca debería centrarse en los mensajes, por sí mismos, o desear que estos mensajes vengan a usted. Cuando usted aprenda a centrarse en el que está detrás de los mensajes, aprenderá a discernir los mensajes en su pureza.

Un ejemplo: debido a que recibí un mensaje que decía que pronto volvería a quedar nuevamente embarazada, inmediatamente comencé a concentrarme en tener otro hijo. Pero la palabra "pronto" me distrajo totalmente. Cuando usted llega a conocer al Dios detrás del mensaje, usted comienza a comprender que el tiempo le pertenece a Dios. Su pronto es su pronto. En mi caso, el pronto fue tres años después de nacer mi primer nacido que mi segundo hijo iría a nacer en este mundo. No es para nosotros centrarnos en la sincronización de una promesa. Dios revela cosas en su propio tiempo.

Regresé de Hollywood preguntándome si yo volvería alguna vez a "trabajar" para Dios. Me casé, tuve mi hija y después mi hijo, y luego procedí a vivir una vida "normal". Yo no entendía lo que iba a hacer con los Mensajes de Dios una vez que estuviera terminado.

Sin embargo, iba a permanecer totalmente dependiente de Él incluso para un techo sobre mi cabeza. Dios comprende que somos alumnos lentos. Muchas veces conmigo, tenía que repetir los mismos mensajes acerca de una debilidad o un viejo hábito que debía ser removido. A veces, Dios tendría incluso que enviarme personas e iglesias que me trataran mal y me hicieran enojar, y luego Él preguntaría esa pregunta cargada, "¿Dónde está tu gracia, Yvon?"

Yo sentí que este "entregador de mensaje" era mi psicólogo, pero nunca hemos tenido sesiones de "arrégleme" de una hora. Al igual que con Job, Dios tomó su tiempo y me puso a través de gran malestares. El cambio siempre parece ser doloroso, de alguna manera, y siempre pareces perder algo; es la vieja historia de sin dolor, no hay ganancia. Mientras que el precio que se paga es para su propio cambio, también es bueno recordar que el sueño de Dios es para mejorarte en el proceso.

Dios nos entrena

Cuando llegó el momento de encontrar la comprensión de determinados mensajes de Dios, me hizo falta cada partícula de energía en mi cuerpo para hacerlo. Era agotador, especialmente durante los tiempos, y hubo muchas, muchas veces, que yo no podía entender lo que significaban ciertos mensajes.

Sólo Dios da a entender cuando siente que usted está listo, o, cuando Él está listo. No solamente un momento exacto para vengan los mensajes, sino también hay un momento específico cuando vas a entender esos mensajes. Algunas respuestas vienen a veces en momentos designados. Hoy, me doy cuenta de que si Dios no hubiese sido paciente conmigo, yo no me habría convertido en la mujer que soy.

2 Corintios 6:2
Escuche lo que Dios dice: "Cuando llegó el momento para mí para mostrarle favor, le escuché; cuando llegó el día para salvarte, la ayudé... "[NVI]

2 Samuel 24:15
"Por lo tanto, el Señor mandó una epidemia sobre Israel, que duró desde esa mañana hasta el momento en que Él había elegido..."[NVI]

Cuando usted oye que Dios hace una promesa de que algo "pronto" va a venir, recuerde que pronto será a su momento designado, su "pronto."

Salmos 69:13
"Pero en cuanto a mí, voy a orar a ti, oh SEÑOR; respóndeme, Dios, en un momento que usted elija..."[NVI]

Ezequiel 16:8
"Mientras pasaba de nuevo había visto que había llegado el momento para que te enamoraras. Cubrí tu cuerpo desnudo con mi manta y prometí amarte. Sí, he hecho un pacto matrimonial con usted, y usted se convirtió en mía. Esto es lo que afirma el Señor omnipotente."[NVI]

Para ser honesto, este capítulo que está leyendo ahora fue difícil escribirlo; me hizo sentir incómoda. Porque experimenté mucha negatividad, por lo tanto, sé cómo explicar ciertos hechos tal como son. Para una cosa, este Dios que da mensajes también le permitirá recibir mensajes de otros lugares que no son de él. Aun así, por lo demás, este estado de cosas es confuso por una razón piadosa.

Isaías 19:14
"El Señor les ha hecho dar consejo confuso. Como consecuencia, Egipto hace todo mal y tambalea como un borracho patinando sobre su propio vómito."
[NVI]

Miren lo que sucedió a Elías justo cuando su confianza era alta en el Señor. Dios permitió que el enemigo le enviara un mensaje.

1 Reyes 19:1
"Jezabel envió inmediatamente un mensaje a Elías con su amenaza. "¡Los dioses se desquitaran por esto y yo voy a desquitarme contigo! A esta hora mañana, vas a estar tan muerto como cualquiera de los profetas."[MSB]

Elías obtuvo tal susto que salió corriendo, e incluso quería morir. Créeme cuando le digo esto, si usted también decide escuchar los mensajes equivocados, el miedo entrara en su vida.

Hebreos 2:1,
"debemos prestar cuidadosa atención, por consiguiente, a lo que hemos oído, para que no nos alejemos."[NVI]

Hay otra lección de formación dolorosa que es en realidad un mensaje que Dios me envía muy a menudo.

He venido a aprender que cada vez que me resbalé en la incredulidad o actuado en desobediencia hacia Dios, caía en una depresión. Dios permitiría que esta depresión me ayudara a permanecer fiel a su llamado. Así que, por favor, tenga en cuenta que mensajes erróneos conducen a una reacción en cadena, empezando por la incredulidad, lo que lleva a la desobediencia, que conduce a la infidelidad, lo que finalmente conduce a la depresión. El lado bueno – y es uno de valor, es que vivir de acuerdo al plan de Dios te hará sentir tranquilo. Y esta paz es como nada que usted ha sentido nunca.

Esté consciente de que esa inquietud es generalmente la primera indicación de la intención de Dios de moverte, o crear un cambio dentro de usted.

La inquietud es un mensaje en su proceso de formación

La vida, es por encima de todo, un proceso de aprendizaje constante. Cuando terminé mis escritos, no entendía exactamente cuáles eran las intenciones de Dios. Tras largas discusiones con mi esposo, decidimos que yo debería volver al trabajo hasta que el proceso total del libro y su publicación estuviesen completos. Pero, por ahora, mi "CV", mi currículo, no era muy bueno; ciertamente no tenía experiencia actualizada dado haber estado fuera del mercado de trabajo durante algún tiempo.

¡Qué desastre! Desde el momento en que empecé a ir a entrevista de trabajo, me sentí completamente avergonzada e incómoda. Una mañana, fui a una entrevista y regrese a decirle a mi esposo cuán absolutamente terrible que sentí. Esa ansiedad se mantuvo golpeándome, acosándome todo el día. Claramente, el "entregador de mensaje" estaba diciendo algo, pero yo no entendía de qué se trataba.

Cuando la terrible sensación no desapareciera, me fui a mi dormitorio, cerré la puerta y sollocé. Lágrimas a chorro, me pregunté, "Señor, ¿qué está pasando conmigo?"

Dios respondió, "Tienes que ir al extranjero. No te preocupes por la reacción de tu esposo. Él caerá con tus planes. Voy a dejar las cosas claras, más tarde".

Esto no era una respuesta; esta era una orden. Después que mi asombro se calmó, una muy obvia paz volvió, y la incómoda sensación de antes simplemente desapareció. Era muy claro que Dios no quería que considerara otro trabajo todavía. Fue un tiempo muy confuso como yo quería construir una carrera y publicar mi libro. Él quería que planeara un viaje a los Estados Unidos.

Confiando en el Entregador de Mensajes

Quiero decirles más acerca del "Entregador de Mensajes", pero en primer lugar, quiero mostrarles la mentira sobre Dios en que creí por un tiempo muy largo. La manera más fácil para mí hablar de esto es dar un paso atrás y hablar de mí misma como un alma totalmente diferente. Aquí va:

Mientras Yvon crecía, adquirió una inquietante perspectiva en torno a las cuestiones del amor. Ella le temía el amor. Ella luchó para confiar en su creador. Esto fue antes de que ella lo encontrara. Y antes de que Él la salvó.

Yvon tendría unos 10 años cuando notó que había algo mal con la persona que ella amaba tanto, su madre. Un día, Yvon encontró a su madre tendida en el suelo. Algo estaba terriblemente mal. Entonces, su padre entró en la habitación, pasándola, y haciendo caso omiso de su madre. Le dijo a Yvon que ella estaba simplemente fingiendo. Pero Yvon inmediatamente tuvo la sensación de una falta de atención, afecto y cuidado donde se necesita desesperadamente.

Incluso ahora, ella no puede recordar cómo su madre llegó al hospital, ese día. Los repetidos intentos de suicidio de su madre fueron un verdadero grito de ayuda y, sobre todo, ¡por amor! Pero el padre de Yvon simplemente hizo caso omiso de su madre.

Pocos años después de este incidente, en la noche del 21 de agosto de 1985, la madre de Yvon vino y le dijo, "No importa lo que suceda, Yvon, yo te amo mucho." a la mañana siguiente, la madre de Yvon se disparó ella misma en el corazón.

La vida se destrozó. Nada volvería a ser el mismo. Suicidio, la acción de una mujer cuyo corazón dolía tanto por la falta de amor, esperanza y visión, tanto así que ella tuvo que silenciar los gritos de ese corazón con una bala.

La madre de Yvon, una cristiana renacida, de alguna manera, luchó para encontrar ayuda de su Dios. Ella estaba deprimida. Y, en algunos sentidos, ignorante de cómo obtener la ayuda que tanto necesitaba.

Creo que su ignorancia e intensa desesperanza la llamó para escapar a la muerte. Agregando a lo que debe haber sido un increíble abandono, ella también había estado desempleada durante muchos años. Separada del resto del mundo. Aislada. Sola.

Yvon nunca sabrá si su madre oyó la voz de Dios, pero ella si lo amaba y quería servirlo a Él. En un capítulo posterior, voy a compartir con ustedes lo que estaba sucediendo en el reino espiritual durante este tiempo alrededor del suicidio de mi madre.

Por lo tanto, ¿a dónde condujo todo este dolor? Condujo a una joven a creer que Dios era cruel, pero el amor era aún más cruel. Yvon resistió confiar en el amor de un Dios que dice que la amaba, pero luego le permitió experimentar el trauma del suicidio de su propia madre. Yvon estaba perdida preguntándose cómo una madre que dice que la amaba se dispararía a sí misma al día siguiente. No es de extrañar que Yvon temiera el amor. Y ciertamente era comprensible cómo Yvon acabaría muy enojada con este mismo Dios de amor que la llamara a trabajar para Él.

Por todos esos años después de la muerte de su madre, resultó que el hombro de Dios era el único en que Yvon podía llorar. El padre de Yvon ya había sufrido tres ataques al corazón. Luego, tras la muerte de su madre, desarrolló un cáncer. Era como si la ira de Dios cayó sobre el padre de Yvon, el cayó terriblemente enfermo.

Él colocó a Yvon, de 13 años de edad, en un internado. La hermana y el hermano de Yvon, que eran mucho mayores, de alguna manera, desaparecieron de su vida.

Todo lo que Yvon tenía ahora, era Dios. Sobrepasando el terrible dolor de su pérdida, comprendió que Dios, fuese lo que sea, estaba allí para ella. Y ella llegó a amarlo, casi desesperadamente. En algún lugar de su interior Yvon sintió que Dios la llevaría a su futuro, uno en el que ella estaría dispuesta a hablar con otras personas que sufren, que sienten dolor, que necesitan la paz que sólo Dios les puede ofrecer.

Era un dolor que construyó y reforzó el carácter de Yvon, una preparación para lo que iba a venir. También fue el dolor que la obligó, más allá de la desesperación, para encontrar el Entregador de Mensajes. Y sus mensajes le dieron a Yvon esperanza, dirección, propósito y vida.

Bien. Eso es difícil. Algunas cosas parecen volver a la vida cada vez que las recuerdas. Y supongo que siempre voy a sentir el dolor como un recordatorio de la fragilidad y la magnificencia de la vida.

Entendería si algunos de ustedes me dicen que no debería confiar en este Dios que permitió que tales crueldades me sucedieran. ¿Por qué incluso quisiera hablar con Él, y mucho menos obtener mensajes de Él? Preguntas válidas.

De la mejor manera que podamos, vamos a intentar establecer una razón detrás del comportamiento de Dios. Él permitió la muerte de su propio Hijo, eligiendo no ayudarle en la cruz. Jesús, consciente de la necesidad de su propia muerte, no lucho contra esta injusta humillación, el dolor, la crueldad. Ni siquiera le dijo nunca a su padre, "¡yo te odio! ¡Yo te odio!" amor "tan grande" es difícil de imaginar, ¿no es así?

Cuando la cabeza de Juan el Bautista fue cortada en la cárcel, Jesús no empezó a jurar en su Padre, Dios. No, él apenas entró en reclusión, a orar.

Mateo 14:13
"Cuando Jesús escuchó las noticias acerca de Juan, salió de allí en un barco y se dirigió a un lugar solitario por sí mismo. ..."[NVI]

Jesús sabía algo sobre Dios que nosotros no conocemos. Él sabía que Dios no tenía otro modo humanamente significante para traer la redención a esta tierra, aunque muchos científicos y estudiosos estarían en desacuerdo. Pero al hacerlo, también ellos no vinieron con ninguna razón mejor.

¿Sabía usted que la crucifixión no era la peor forma de ejecución romana? Los romanos tomaron un paso más allá en total horror. Colgaron un cadáver al cuerpo desnudo de un condenado pero aún vivo. El hombre viviente se vio obligado a llevar el cadáver pudriéndose hasta que la putrefacción del cadáver en descomposición se adentrara en el cuerpo en vida, y lenta y dolorosamente matando a su anfitrión.

¿Cómo puedo reconciliar este espectáculo de horror, esta increíble profundidad de crueldad, en el universo de un Dios que da a su único hijo para salvar a sus otros hijos? Bien, en parte, a través de la oración. Y de otras maneras: a través de la educación, y a través de una profunda discusión con almas que buscan respuestas, como yo.

He aquí un ejemplo de un escrito que te hará pensar. Me encontré con este mientras se hacía investigación en línea. Se trata del comienzo de la creación de la tierra. Esta es una historia que todos conocemos, pero viéndolo en una forma tan simple le da nueva luz en cada lectura. Aparece aquí parafraseado en mis propias palabras:

"Hace mucho tiempo, Dios vivía en una galaxia poblada solamente por sus ángeles. Dios existió, a través de la eternidad, como el Padre, Hijo y Espíritu Santo. Él era como lo es ahora, el poder supremo. Él es perfecto en sabiduría e infinito en su amor incondicional.

Los ángeles habitaron con él en su divinidad y compartieron su amor que lo engloba todo. Los ángeles eran libres y comulgaban en la suprema sabiduría y orientación de Dios.

Nada dura para siempre, a menos que Dios lo considere así. Curiosamente, uno de los ángeles, llamado Lucifer, decidió no seguir a Dios más. Rechazó el amor de Dios y decidió que él era tan inteligente como el propio Dios. De hecho, él se sintió superior a Dios. Lucifer entonces incitó a algunos de los ángeles y los llevó a rebelarse contra Dios, creando así tanto el pecado y el mal. Él era muy encantador y mentiroso, convenciendo inteligentemente alrededor de un tercio de los ángeles a unirse a él, convirtiéndose en lo que conocemos hoy, como "demonios" o "diablos".

El resto de los ángeles eran completamente inconscientes del pecado o el mal. Dios eligió no aplastar y destruir la fuerza rebelde porque, a través de tal acto, el amor y la bondad serían completamente destruidos.

Dios permitió que esto sucediera para que todos los ángeles pudieran presenciar el verdadero poder destructivo del mal, porque si no estaban enterados, ellos no tendrían conocimiento y apreciación de "el amor de la verdad", y la absoluta libertad de adorar a un padre que es sabio, perfecto, bueno y siempre correcto. Optando por no condenar o destruir a los rebeldes que se alinearon con Lucifer, Dios mostró que él es, de hecho, el amor personificado. Él permite la libertad de elección y no fuerza el amor.

Porque Dios cuidaba de los rebeldes, en lugar de destruirlos, todos fueron desterrados a un lugar llamado Tierra. Este fue el comienzo de la creación como nosotros los humanos lo conocemos. Según las Escrituras, Dios creó una criatura a su propia imagen y le coloco en uno de los jardines de la tierra. Dios le dio a este ser que conocemos como al hombre la capacidad de amar y ser amado, y lo bendijo con una compañera.

Aun cuando Dios los bendijo abundantemente, hombre y su compañera eligieron creer la mentira de Lucifer diciendo que "ellos no morirían si ellos pecaban, sino que se convertirían en dioses." Adán no estaba consciente de que había sido creado para ser un gobernante, un rey para ser exaltado superior a los ángeles. Lucifer mintió a Adán y Eva, porque él no quería que averiguaran la verdad.

Ambos Adán y Eva se sometieron voluntariamente, y creación, a la carga de Lucifer. Pero, todavía existía la promesa de esperanza de Dios. Porque Dios es amor, Él prometió que vendría un libertador. Este libertador destruiría la maldad de Lucifer. Así, desde ese día, todos los participantes comenzaron a velar por el Salvador que Dios había prometido llegaría a aplastar el diablo.

Satanás se enfureció no tenía idea de quién o cuándo esperar el Salvador. Así, él arremetió contra todos y cada uno. Él creó el caos, elaborando más tipos de violencia y el pecado. Él lleno la tierra con pecado y terror, a partir el primer hijo nacido de Adán.

Mil años después, Dios renueva su promesa de salvación con un arco iris apareciéndole a Noé después del diluvio. Y mil años después de eso, la Biblia dice que Abraham recibió la promesa de ser el antepasado del Mesías. Y así, la promesa siguió adelante, próximo retransmitido al rey David. Hasta cuatro mil años más tarde, el Salvador nació de una mujer terrenal pura y casta, un nacimiento virginal.

Cuando Lucifer se dio cuenta de lo que había sucedido, él estaba fuera de sí. Encargo a Herodes para matar a El Salvador, que prácticamente lo conseguido. Durante los próximos 33 años, Satanás intentó continuamente hacer que el Salvador cayera en pecado, lo mismo que había triunfado en lograr hacer con Adán.

Incluso trató de matar a El Salvador, pero fracasó rotundamente. Un día, Satanás se dio cuenta de que Cristo parecía desprotegido. No desaprovechó la oportunidad, mediante personas que lo traicionaran y fue arrestado. Cristo fue juzgado en un tribunal y condenado a muerte por las mismas personas que anteriormente le dieron la bienvenida a Jerusalén. Se burlaron de él, golpeado, torturado y despojado. Finalmente, fue clavado a la cruz en la que murió una muerte horriblemente lenta.

Después de su muerte, Lucifer sufrió el mayor sobresalto imaginable. Cristo se levantó de entre los muertos al tercer día. Aunque Satanás había manipulado para matar a Jesús legalmente, La Biblia afirma claramente que "la paga del pecado es la muerte", Jesús ha vencido el mal de Lucifer.

Jesús, muriendo en la cruz sin pecado, fue capaz de sacrificar su propia sangre para la expiación de nuestros pecados.

Ya no somos esclavos de Satanás. Todo lo que tenemos que hacer es pedir el perdón de Dios para recibir la redención de todos nuestros pecados. Dios venció el mal y a Satanás a través de Su máxima brillantez. A pesar de que significaba que Él tendría que a sacrificar a Jesús, Dios demostró su sabiduría suprema y su amor incondicional para todos los que aman y tienen fe en Jesús. ###

Ahora ponga en esas palabras, ¿no es más fácil de ver y entender lo que es amor "incondicional"? Le pregunto, ¿cree usted que hay alguna otra manera que Dios podría haber elegido para llevar la verdadera redención de la humanidad?

A nivel personal, ahora que ya sabe algunos de los dolores que he experimentado en esta vida, ¿crees que yo hubiera deseado y necesitado conocer su voz y escuchar sus mensajes? [Por cierto, mi nombre de nacimiento, Yvon, es de origen francés. Que significa "ejército o pueblo victorioso,"] Una vez más, debo recordarles que, aunque he experimentado gran dolor, Dios siempre ha utilizado su voz para aliviar ese dolor incluso fortaleciéndome.

Permítanme explicarles lo que Dios me dijo acerca de mi propio sufrimiento y por qué puedo decir tan fácilmente que la proporción que he sufrido ni siquiera estrechamente pesan en contra de las bendiciones que he recibo.

El Profeta Abraham tuvo que sacrificar a su hijo, una prueba como una declaración profética. Pero fue sólo una prueba y una declaración profética porque realmente Dios no iba a permitir que Abraham matara a su hijo. Ahora, yo: Yo estaba proféticamente desafiada con los mismos sentimientos que Jesucristo, el profeta más grande, tuvo que superar. Yo podría haber elegido odiar a Dios por no detener a mi madre halar el gatillo. Hoy, me doy cuenta de que mi mamá era una mujer desesperada que, debido a circunstancias ajenas a su control, no tenía ni visión ni esperanza, permitiendo así la depresión a tomar lugar.

He descubierto por qué Dios permitió que mis tragedias sucedieran y luego cambiarlas totalmente. Fue el sacrificio de Jesucristo que nos dio acceso a nuestro Creador. El sacrificio de mi madre abrió mis oídos y me hizo caer de rodillas. Mi matrimonio con mi primer esposo activó mi nacimiento como una profeta que condena abiertamente la falsa profecía.

En el espíritu de la confesión completa, también debo compartir con ustedes que Dios me dijo que la mía era la forma más ligera de sufrimiento que Él permitiría a fin de construir el carácter que Él sabía que necesitaría para mi tarea. Ya hemos visto tragedias aún mayores que Lucifer tenía previstas para mí: casi muriendo al nacer", siendo disparada posteriormente accidentalmente por mi madre.

Durante años, me sentí como la persona más terrible de la Tierra, cometer adulterio aunque casada con un esposo que creía que Dios había escogido para mí. Dios permitió todos estos sentimientos y todas esas deficiencias, todo este dolor, para humillarme, y demostrarme que él puede cambiarme a mí, a ti, y a todos, y luego ponernos en un curso para lograr grandes destinos.

"No, ¡Jesús! ¡No te puede comer uno de mis huevos de Pascua de chocolate!"

Antes de irme a los Estados Unidos para entregar mi mensaje, tuve un sueño en el que sostenía dos enormes huevos de Pascua y conejitos de chocolate. Ahora, usted debe comprender, ¡A mí me encanta el chocolate! Yo estaba tan contenta con ellos, pero eran tan grandes que realmente no podría comerme ni uno de ellos. Espere, esto se pone mejor: En el sueño, Jesús viene a mí y me pide uno de los huevos de Pascua. Mi respuesta: "¡No!"

¿Puede usted imaginarlo? No querer darle a Jesús, la razón de la Pascua, uno de mis huevos de Pascua. ¡Cuán impactante! En realidad, ¡cuán horrible! Estamos hablando de Dios. ¡Yo no quería compartir con Dios! ¡Oh!

Como si esto no fuera suficientemente, di un paso más allá. En el sueño le di una piruleta. ¡Pero sólo porque no me gusta las piruletas! Como he llegado a ofrecer esta piruleta a Jesús, Él sonrió y aceptó alegremente.

Oh ¡Dígame que este era el sueño de otra persona! Pero no fue así. No. La despreciable en el sueño era yo. Cuando me desperté, sollozaba de la vergüenza por no querer darle a Dios un huevo de Pascua. Sin embargo, su actitud era increíble. Y fue entonces que me di cuenta que él me estaba asegurando que estaría feliz con cualquier pedacito de amor y afecto que le mostrara. ¡Alabado sea Dios!

Esta es la manera en que Dios se me empezó a revelar a sí mismo y su carácter. ¿Qué le dice esto? ¡Dios es feliz con las migajas que le damos! Dios es bien consciente de que un poco de afecto puede crecer y convertirse en amor incondicional. Él se conforma con piruleta, para empezar.

Avancemos, aquí, al compartir esto, mi parte de la Biblia más favorita, este maravilloso resumen de la vida mostrada tan claramente en el capítulo de:

Isaías 30:19-26
"que la gente que vive en Jerusalén no lloraran nunca más. El Señor es compasivo, y cuando le llora a Él en busca de ayuda, Él le responderá. El Señor le hará pasar por momentos difíciles, pero Él estará ahí para enseñarle, y usted no tendrá que buscarlo nunca más. Si se desvía del camino a la derecha o a la izquierda, oirá su voz detrás de usted diciendo, "Aquí está el camino. Sígalo." Usted tomara sus ídolos enchapado en plata y sus ídolos cubiertos en oro, y los tirara como suciedad, gritando, "¡Fuera de mi vista!" Cada vez que siembre sus cosechas, el señor enviará la lluvia para hacerlos crecer y te dará una cosecha abundante, y su ganado tendrá abundancia de pastos. Los bueyes y los asnos que aran los campos comerán los más finos y mejores forrajes. El día en que las fortalezas de tus enemigos sean capturados y sus personas asesinadas, arroyos de agua fluirán de cada montaña y cada colina. La luna será tan brillante como el sol, y el sol será siete veces más brillante de lo habitual, como la luz de siete días en uno.

Todo esto ocurrirá cuando el señor venda y cure las heridas que ha dado a su pueblo."[NVI]

Una cosa es cierta, Él quiere que sepamos que lloró cuando vio nuestro sufrimiento y nos lo quiere compensar ~~compensárnoslo~~. Cosas malas les suceden tanto a personas buenas como malas. Tengo confianza de que un día todo lo malo se acabará ~~terminara~~: el odio, la violación, el asesinato, el dolor... ~~No estoy diciendo~~ Eso no quiere decir que Dios deliberadamente permite que todas las cosas crueles le sucedan. En efecto, Dios nos advierte de muchas cosas. Él no quiere que cometamos ciertos pecados, porque ~~é~~Él sabe el daño que nos causarían.

Sin embargo, Dios permite el mal para lograr la mayor de las maravillas. Es tiempo, ahora, compartir con ustedes la más grande historia de amor cómo me enamoré de este Dios, cómo he encontrado un padre y un amigo, cómo llegué a conocer la personalidad y la voz de este Dios, que no es un Dios cruel.

Le pido a Dios que este libro que usted está leyendo ahora mismo no sólo le enseñe cuánto este Dios quiere compensar las adversidades que le suceden aquí en la Tierra, sino también cuan desesperadamente anhela hablar con usted. Sin embargo, como he dicho antes, es simplemente demasiado impracticable buscar su voz sin primero buscar el Dios detrás de la voz.

Esto puede sonar gracioso, pero Dios se preocupa por las cosas que nos importan. Una vez que entregue mi vida totalmente a Él, cuando empecé realmente honrar su visión, honrando todo sobre Él, empezó a honrarme y lo qué es importante para mí. Dios es considerado, tanto como un amante es, o debería ser. Una vez, durante la sesión de la mañana en que yo había estado predicando durante muchas horas y ya estaba seriamente agotada, me di cuenta de que tenía que predicar de nuevo en la próxima reunión de aquella misma tarde. Yo sabía que la única manera en que podía hacerlo era entregarme totalmente a Dios, para dejar que el poder de Su Espíritu Santo me fortaleciera.

Justo cuando yo estaba hablando, en mi alma le pregunte a Dios, "Padre, estas personas necesitan de esperanza." quieren escuchar un mensaje de usted. ¿Quiere que me adentre en la profecía personal de sus vidas?"

Él respondió: "Hija mía, ¿desea hacer eso?"

Dios estaba siendo considerado por dejar la elección de la respuesta a mí. Él sabía que yo estaba cansada, pero decidí continuar y su espíritu me fortaleció. Esto es algo que tienes que sentir para creerlo. Y usted lo sentirá. ¡Es increíble! Él me dio la elección incondicional. Podía continuar, o podría optar por tomar el descanso que tanto necesitaba. De cualquier manera habría sido aceptable a Dios.

Mientras escribo esto, pienso en cómo aprendí acerca de la personalidad de Dios. Es innegable en la manera en que Él me habla. Pero además, su carácter es revelado a través de las escrituras en la Biblia. De todas maneras, Él es el más fiable, y si habla, usted puede confiar en él implícitamente.

Isaías 46:10
"Desde el principio, predije el resultado; hace mucho tiempo, predije lo que iba a suceder. Dije que mis planes nunca fallan, que yo haría todo lo que me proponía hacer."[NVI]

1 Tesalonicenses 5:24
"El que llama lo hará, porque él es fiel."[NVI]

Isaías 55:11
"Así también será la palabra que yo hablo, no dejará de hacer lo que tengo pensado para ello; hará todo lo que envíe a hacer."[NVI]

Romanos 4:21
"él estaba absolutamente seguro de que Dios sería capaz de hacer lo que Él había prometido."[NVI]

En Apocalipsis 3:4, el Señor Jesús es llamado el "Amén." La palabra significa verdadero, fiel y seguro, y la expresión significa aquí que todas las promesas hechas al pueblo a través del Redentor ciertamente serán cumplidas. Son promesas que son confirmadas y establecidas y que, en ningún caso, fallan.

Como "sí" es su palabra, así que amen es su juramento que nos asegura la garantía de su cumplimiento doblemente. Compare estos dos conceptos inmortales, es decir, Su palabra y Su juramento. Por tanto, es imposible que Dios mienta.

Isaías 30:19,20 termina con dos escrituras que significa lo máximo para mí. La razón por la que incluyo estos pasajes aquí, de nuevo, es porque usted necesita estas palabras tatuadas en su corazón para saber quién es realmente Dios.

Isaías 30:19-20
"que la gente que vive en Jerusalén no lloraran nunca más. El Señor es compasivo, y cuando le llora a Él en busca de ayuda, Él le responderá. El Señor le hará pasar por momentos difíciles, pero Él estará ahí para enseñarle, y usted no tendrá que buscarlo nunca más. [NVI]

Isaías 30:26
La luna será tan brillante como el sol, y el sol será siete veces más brillantes de lo habitual, como la luz de siete días en uno. Todo esto ocurrirá cuando el señor venda y cure las heridas que ha dado a su pueblo." [NVI]

Dios quiere vendar tus heridas. Basta pensar en eso, sobre todo cuando te sientes lastimado, desesperado, abandonado.

Este es Dios que ciertamente nos muestra su corazón en la siguiente escritura:

Jeremías 29:10
"Apareceré y te cuidare como lo prometí y traeré de vuelta a casa"[MSB]

Y este:

Jeremías 29:13
"Sí, cuando se tome en serio encontrarme y desearlo más que cualquier otra cosa."[MSB]

También podemos aprender mucho de Job.

Job 5:17-18
"Así, ¡que bendición cuando Dios interviene y le corrige! Hay que tener en cuenta ¡no desprecie a la disciplina de Dios Todopoderoso! Es verdad Él hiere, pero también viste a la herida; la misma mano que te hiere, te cura."[MSB]

Job 2:9-10.
"Su esposa dijo, "¿todavía te mantienes aferrado a tu preciosa integridad, verdad? ¡Maldice a Dios y termina con eso!" Él le dijo, "Estás hablando como un tonto de cabeza vacía. Aprovechamos los días buenos de Dios, ¿por qué no también los días malos?" Ni una sola vez a través de todo esto Job pecó. Él no dijo nada en contra de Dios."[MSB]

Job 5:79,
"¡Realmente No! Traemos problemas sobre nosotros mismos, tan seguro como las chispas de un fuego. Si yo fuera usted, me ocuparía de regresar a Dios y presentarle mi caso. No podemos entender las grandes cosas que Él hace, y sus milagros no tienen fin."[NVI]

En un sueño, Dios me enseñó una gran lección. Él me mostró dos pequeñas niñas en la escuela. Robaron un trozo de tarta de la mesa de la escuela. Había visto lo que habían hecho. Estaban tan sorprendidas cuando las agarre por la mano y les lleve a Dios. Mientras las llevaba deseando explicar a Dios que eran dos ladrones, estaban tan contentas de ver a Dios, saltaron sobre sus rodillas y dijeron, "¡Padre, Padre!" y le besaron todo su rostro. Él estaba tan contento de verlas. Yo dije, "¡Padre, Dios, las cogí robando torta, y las traje aquí porque eran desobedientes!" Para mi asombro, Dios me ignoró. Yo sabía que habían robado, pero Dios me ignoró. Entonces, de repente levantando la vista del disfrute de su amor, Él dijo, "¡Yo soy padre, primero, y Dios, segundo! ¡Yo soy amor, primero, y juicio, segundo!"

Efesios 1:17
Y pídale al Dios de nuestro Señor Jesucristo, el Padre glorioso, que le dé el Espíritu, que os hará sabio y le revele a Dios, para que usted lo conozca."[NVI]

Busque al Dios detrás del mensaje, no el mensaje detrás de Dios.

Próximamente, veremos algunos principios fundamentales con respecto a la voz de Dios y juntos lo que afectaría a su capacidad para escuchar más claramente a Dios.

16

CRUZANDO HACIA LA TIERRA DE "LOS QUE ESCUCHAN"

Por favor no tengas miedo mientras lees este capítulo. Todos pasamos por dificultades. Nos moldean, estos desafíos pueden incluso moldear nuestra capacidad para oír a Dios.

La limpieza de primavera del alma

Antes de seguir, te pido que tengas en cuenta, de nuevo, que no puedo – y no – pretendo ser una experta en el campo de escuchar la voz de Dios. De hecho, creo que nadie se convierte en un experto, sino más bien un "testigo" a la increíble experiencia que cambia tu vida. En mi epílogo, Te muestro lo que me pasó cuando llegué a estar demasiado cómoda en mi "capacidad auditiva." Por ahora, sin embargo, simplemente estoy compartiendo mis propias experiencias personales con ustedes, tratando de simplificar los diferentes campos y permitir comprender, quizás un poco más claramente, lo que se necesita para alcanzar la preparación necesaria para disfrutar de sus propias experiencias con la voz de Dios. ¿Están listos? Bueno, vamos a tomar el camino a la tierra de la "audición".

Luchando contra tus enemigos

Hay distintos tipos de viajes que te llevan al lugar perfecto que Dios tiene pensado para ti. La Biblia nos enseña que los Israelitas tuvieron que cruzar el río Jordán. Esto simboliza cruzar atreves de la muerte para entrar a la buena tierra. Y sería en esa tierra que los hijos de Israel comenzarían a enfrentar y derrotar a sus enemigos. Aquí, Dios guio a los israelitas en el combate con sus enemigos y los ayudo a adquirir una mayor comprensión y sabiduría. En este lugar, tuvieron que superar enemigos en el interior como en el exterior. Hablando de este viaje a un lugar perfecto, me refiero al siguiente nivel más cerca de Dios y vivir en la mejor unidad con él. ¿Por qué? Porque las personas que están más cerca de Dios lo oyen con más claridad. Es simplemente una relación donde los dos hablan entre ellos.

¿Recuerdas leer la primera parte de mi testimonio? En él, vimos que había una larga temporada, en la cual yo anduve en un desierto – Lo "Desconocido". Ahora me doy cuenta, en retrospectiva, que Dios estaba entrenando a una mujer para aprender lecciones que simplemente no existen en ningún manual. Y, para ser sincera, no existe manera "fácil" de adquirir esta sabiduría específica, pero a través de las dificultades que surgen en la vida.

En esa temporada de preparación, me di cuenta de que yo estaba cruzando y entrando a un siguiente nivel en mi vida espiritual, porque de repente, más que nunca, mis enemigos internos aparecieron de la nada. Enemigos que nunca supe que existían ágilmente emergieron como alimañas desenfrenadas en toda mi vida. Se hizo dolorosamente evidente que Dios esperaba que yo luchara contra todos estos parásitos, como él aun lo hace, hoy, para poder "escuchar" mejor.

Por una vez, me sentí derrotada. Y ansiosa. Y probablemente, usted también lo hará. Yo estaba tratando, por mí misma, de hacer una primavera de limpieza en el alma. He tenido que conciliar que Dios nunca me envió a la batalla, él me condujo a ella. Tuve que adquirir la sabiduría esencial de que esta batalla no es mía, sino del Señor, y que Él mismo, permitiría asegurar mi victoria.

Antes de entrar en más detalles acerca de las guerras que tuve que ganar, veamos brevemente qué le sucedió a Josué en anticipo a que los Israelitas cruzaran el Jordán para entrar en la Tierra Prometida.

Separarse de las cosas impuras.

Josué dijo al pueblo:

Josué 3:5
"purificar ustedes, porque mañana, el Señor realizará milagros entre vosotros."[NVI]

Dios le enseñó a Josué cómo conquistar a sus enemigos. Con la ayuda de las fuerzas sobrenaturales del reino de Dios, Josué ganó su guerra contra Jericó. Esto fue posible por la devoción de Josué al obedecer la voz de Dios. Tras la victoria, Dios probó la obediencia de la gente al no permitirles tomar nada de la ciudad de Jericó.

Josué 7:13
"! ¡Levantarse! Purificar el pueblo y prepararse para venir delante de mí. Dígales que estén listo para mañana, porque yo, el Señor, Dios de Israel, ha dicho lo siguiente: ¡Israel, tú tienes en tu poder algo que te ordene destruir! ¡No podrás luchar contra tus enemigos, hasta que te deshagas de esas cosas!" [NVI]

Estoy segura de saber lo que Dios quiere decir con esto. Aprendí esta lección al cruzar en mi tierra prometida de un matrimonio feliz con niños. Durante este tiempo, Dios comenzó mi limpieza de primavera espiritual. Sólo después de estar limpia, incluso de dejar mi obsesión por querer un esposo pude estar completamente bendecida. Y lo más dulce que incluyó la bendición de Dios fue un esposo maravilloso y hermoso hijo e hija. Es más, me fue dada la notable habilidad de escuchar a Dios claramente y con mayor entendimiento, aunque el proceso de aprendizaje nunca termina.

Combatir al enemigo de la inseguridad

Como todos nosotros, hubo momentos en que Josué no se sentía completamente seguro. Los israelitas perdieron su valentía y tuvieron miedo cuando el Señor no los ayudó con la batalla en Ai.

Recuerdo muy bien ir a través de una caída en mi valentía durante mi preparación. A medida que me resistía, fui puesta a prueba por mis inseguridades cada vez más desconcertada por mis propias debilidades. Creo que Pedro, aquí niega a Cristo a través de su propia inseguridad.

Marcos 14:19, 30
"Atónitos, ellos comenzaron a preguntar, uno tras otro, "¿no seré yo, cierto?"
Jesús dijo, "No estén tan seguro. Hoy, esta misma noche, de hecho, antes que cante el gallo dos veces, tú me negaras tres veces.' [MSB]

Cuando me di cuenta de que estaba luchando con mis inseguridades, Dios me reveló que el motivo por el que he actuado de cierta manera se debe a mi pasado. El temor de la pérdida puede conducir a la inseguridad. Las personas inseguras inmediatamente se moverán de una relación rota a otra. Cuando el amor despierta en las mentes y el cuerpo de los adolescentes, buscarán el amor en todas partes excepto en Dios.

En el momento en que enfocamos nuestra mirada en otro lugar, lejos de Dios, en búsqueda de la seguridad, es como si lanzáramos una gran manta sobre nuestras inseguridades. De hecho, sólo estamos "dejándolas dormir", durante un tiempo. Te aseguro que estas inseguridades están ocultas, pero no han desaparecido. Y harán su reaparición cuando llegue el momento.

Exploraré el tema con más profundidad en el capítulo próximo. Pero permítanme decir esto justo aquí. En primer lugar, si usted no encuentra su completa seguridad en Dios, sus inseguridades se manifiestan en otras maneras. Para mí, ese momento llegó cuando me casé. He visto que es la inseguridad que provoca y comanda reacciones posesivas en las relaciones. Y lo mismo se aplica a las personas que tienen una necesidad desesperada de sentirse amados. De hecho, esto es exactamente donde surge el espíritu de seducción. Ten mucho cuidado con tus inseguridades. Tienen mucha más influencia sobre tu comportamiento de lo que te imaginas o temes admitir.

En resumen, Dios necesita que estés "más limpio" para que puedas "escuchar" mejor. Si tú no abordas la inseguridad, y esto significa dejar que Dios te lleve en la batalla con tus carencias, no será capaz de separar a ti mismo de cosas impuras.

Veamos cómo esto está presente en el mundo de hoy. De sus labios a sus caderas, las mujeres de todo el mundo están utilizando cirugía estética para arreglar cualquier cosa que no le gusta acerca de sus cuerpos. En Hollywood, la cirugía plástica es una industria enorme. Durante años, numerosas actrices han señalado que es raro ir a algún lugar donde la mayoría de las mujeres no han tenido algo que "mejorar" en su aspecto o aumentar sus cuerpos. ¿Por qué?

La seducción es el requisito previo más importante en la industria del entretenimiento. Es evidente que esa mentalidad está detrás del aumento en el número de niñas de 18 años y más jóvenes aún, con implantes, ojos y narices reconfiguradas, soportando los riesgos de los procedimientos de una liposucción. Estos "fracasos" personales son demasiado frecuentes. Y todo esto es alimentado por la inseguridad, el ardiente deseo de simplemente encajar en una percepción de la norma.

Lo natural es limpio y hermoso cuando se irradia con seguridad divina

Creo que detrás de todo esto está el surgimiento de una generación de mujeres jóvenes, y hombres también, que no le piden a Dios que les ayude con sus inseguridades. Cuando temprano en la vida, las personas no resuelven sus problemas de identidad con Dios, resulta aún más difícil mediante sus vidas crecer en responsabilidad cuando finalmente encuentran una pareja y forman una familia.

La única forma de conquistar las inseguridades en tu vida es pedirle a Dios que te libere de toda duda. Conociendo y sintiendo este amor de Dios directamente, tu podrás encontrar la más pura felicidad en una relación, porque ambos conocerán, y podrán ofrecer el verdadero "tú" que Dios conoce.

Tus inseguridades te hacen más vulnerables a los falsos mensajes porque los falsos mensajes cubren tus inseguridades.

Las personas inseguras son más vulnerables a mensajes falsos porque los falsos mensajes cubren sus inseguridades. Por ejemplo, una persona insegura desea fama. Son muy propensos a tener sueños donde son famosos. Con este sueño, están convencidos de que es la promesa de Dios para ellos. Es una lástima que ellos se aferren a este falso mensaje, esta mentira, por mucho tiempo. ¿Alguna vez has soñado con conseguir algo, convirtiéndote en algo que has querido? Muy emocionante, ¿no? En un instante, tu inseguridad es vencida y "llegas" a tu estado ideal. Pero no todos los sueños son de Dios. Tu inseguridad todavía está contigo, unida a ti como un esclavo. En efecto, la inseguridad crea esclavitud en tu vida.

El enemigo de los ídolos

Mientras yo seguía trabajando en los *Mensajes de Dios*, la mujer que estaba ayudándome a escribir el manuscrito escuchó la voz de Dios una noche, mencionando el siguiente pasaje de la biblia:

Deuteronomio 4:23
"Estar seguros de que no se les olvide el pacto que el Señor, su Dios, hizo con ustedes. Obedecer sus órdenes, no se haga ningún tipo de ídolo." [NVI]

Incluso mientras escribía, sorprendentemente, todavía tenía enormes ídolos que yo ni siquiera me daba cuenta o reconocía. Yo estaba consciente de que estas obsesiones son el enemigo, impidiéndome que entre plenamente en la tierra de la "audición".

Yo aún no me daba cuenta de cuántas cosas realmente podían convertirse en un ídolo en la vida de uno. Incluso las cosas que Dios ha prometido sacarlas de su bondad pueden convertirse en ídolos. Llegué a una conclusión penosamente errónea la cual era que Dios quería todo de vuelta y que tenía que renunciar a mi visión, mis esperanzas para el futuro, e incluso mi escritura y trabajo para Dios.

Mientras estaba sobre mis rodillas, llegó un momento en que nada de esto no importó más y me rendí diciendo a Dios, "Puedes hacer lo que quieras con mi vida. Si vivo, vivo. Si muero, ¡muero!" Nada tiene sentido nunca más. Realmente, no me importa mi vida, mi futuro, yo misma. Escuche bien, este no es un lugar que visitaras sólo una vez. Dios puede traerte de vuelta a este lugar cuando tu atención está solamente en tus ambiciones. Recuerda esto.

Estaba en la oscuridad. Era como si Dios me dejara caer en el pozo más profundo. Sin embargo, en toda esta oscuridad, la presencia de Dios no me dejaba. Estaba conmigo todo el tiempo. Yo estaba encerrada en nuestra casa, en África, con una nube oscura que Dios había enviado.

Durante días, lloré y pedí ayuda a Dios pero no hubo ayuda en el camino. Me puse a pensar acerca de las varias veces que clamé a Dios en mi viaje, durante períodos muy largos. Aunque él me ayudó en todo momento, no siempre llegaba inmediatamente, o en la forma que yo esperaba. A veces, se tardan días antes de sentir su asistencia. Otras veces, semanas. Los dos años de aislamiento completo que estuve en la granja se convirtieron en una verdadera prisión sin ventanas.

Luego vinieron esos años de soledad que se apoderaron de mí después de mi regreso de Hollywood, un período donde yo estaba estancada en Johannesburgo, sin amigos, sin esposo, sin trabajo. Parecía que todos tenían carreras, haciéndome sentir como una tonta. De una vez en cuando, un poco de luz brillaba a través de las nubes.

De alguna manera, estaba presa. Era una mujer a la espera de la próxima instrucción o de alguna orientación. En aquello momentos, ni siquiera sabía lo que quería hacer con mi vida. Nunca esperé sentirme tan completa al momento que fui bendecida con mis niños. De hecho, era como si yo estaba en un viaje a la nada, hasta que tuve a mi esposo y a nuestra hermosa hija e hijo. Para muchas de nosotras mujeres, la maternidad es nuestro llamado y no nos damos cuenta de lo grande que es, hasta que ocurre.

Tan feo como todo esto suena, por favor, comprendan que mi viaje fue duro. Dios sabía que tenía que llegar a ese lugar de "nada", me tuve que rendir al hecho de que Dios me estaba llamando para algo diferente, para que no siguiera persiguiendo cosas que no conducen a nada.

Durante este tiempo de soledad, el único consuelo que encontré fue el saber que alguien en la tierra se había sentido de mí misma manera anteriormente. Cuando leí el salmo 88 sentía como si estuviera leyendo mis propias palabras.

Salmo 88

Oh Jehová, Dios de mi salvación,
Día y noche clamo delante de ti.
Llegue mi oración a tu presencia;
Inclina tu oído a mi clamor.
Porque mi alma está hastiada de males,
Y mi vida cercana al Seol.
Soy contado entre los que descienden al sepulcro;
Soy como hombre sin fuerza,
Abandonado entre los muertos,
Como los pasados a espada que yacen en el sepulcro,
De quienes no te acuerdas ya,
Y que fueron arrebatados de tu mano.
Me has puesto en el hoyo profundo,
En tinieblas, en lugares profundos.
Sobre mí reposa tu ira,
Y me has afligido con todas tus ondas. *Selah*
Has alejado de mí mis conocidos;
Me has puesto por abominación a ellos;
Encerrado estoy, y no puedo salir.
Mis ojos enfermaron a causa de mi aflicción;
Te he llamado, oh Jehová, cada día;
He extendido a ti mis manos.
¿Manifestarás tus maravillas a los muertos?
¿Se levantarán los muertos para alabarte? *Selah*
¿Será contada en el sepulcro tu misericordia,
O tu verdad en el Abadón?
¿Serán reconocidas en las tinieblas tus maravillas,
Y tu justicia en la tierra del olvido?
Más yo a ti he clamado, oh Jehová,
Y de mañana mi oración se presentará delante de ti.

¿Por qué, oh Jehová, desechas mi alma?
¿Por qué escondes de mí tu rostro?
Yo estoy afligido y menesteroso;
Desde la juventud he llevado tus terrores, he estado medroso.
Sobre mí han pasado tus iras,
Y me oprimen tus terrores.
Me han rodeado como aguas continuamente;
A una me han cercado.
Has alejado de mí al amigo y al compañero,
Y a mis conocidos has puesto en tinieblas. (RVR1960)

El escritor de este Salmo fue Hemán, un hombre de oración incesante. De hecho, él se entregó a la oración en todo momento, especialmente cuando estaba afligido. La Biblia dice que si estamos afligidos debemos orar. Hemán era un hombre sabio, un hombre bueno, un hombre de Dios, y también un cantante Como tal, uno podría suponer que él era de espíritu alegre. Sin embargo, Hernán vivía con dolor, le perturbaban cosas en su mente y vivía al borde de la desesperación.

Los problemas interiores, los problemas del espíritu – son los más dolorosos de todos. Sin embargo, incluso el mejor de los santos y siervos de Dios han sido severamente expuestos a este dolor. ¿Qué alma, incluso entre las más grandes de las almas, puede resistir el derrumbe del espíritu interior? ¿Cómo puede un alma agobiada sostener su propio infinito? ¿Quién entonces puede soportar un espíritu herido?

Digo esto porque no puedo dejar de subrayar que nuestra temporada de sufrimiento es para bien. Termine de leer este libro y le voy a demostrar que tal sufrimiento extremo tiene final. Algo dentro de nosotros necesita romperse, y a través de las fisuras se vaciarán todas las mentiras dentro de nosotros para que podamos vivir en una nueva dimensión.

Sólo Dios sabía si me iba a enviar nuevamente a los Estados Unidos y si iba a predicar de nuevo. Algunas de las "cosas" de Dios dentro de mí morirían durante esos dolorosos años en Sudáfrica. Mientras escribo esto, creo, mejor dicho, veo que no habría podido sobrevivir en Hollywood con los ídolos dentro de mi propia vida. Los ídolos llegaron para atacarme. Era la sensación de que abrí una puerta en el reino espiritual que necesitaba permanecer cerrada.

Más allá de la duda, Dios te pondrá a prueba antes de que usted reciba tu promesa o un mensaje importante. Él pondrá a prueba tu fe. Él incluso pondrá a prueba tu devoción. En mi caso, él puso a prueba ambos, mi fe por él y a mí.

Filipenses 3:8
Por amor a él, he desechado todo lo demás y lo considero basura a fin de ganar a Cristo (NTV)

Les repito aquí una lección que deben aprender. Tengan en cuenta que las promesas de Dios no deben ser más importante que Dios mismo. Francamente, esto me pasó a mí cuando predicaba en Hollywood. Todas sus promesas se volvieron más y más importantes para mí que Dios todopoderoso. Pero ¿cómo podría saber? Yo reflexionaba sobre esto, constantemente. Me daba vuelta en mi cabeza: las promesas se convirtieron en obsesiones; se convirtieron en ídolos. Lo que es peor, incluso algunas de esas promesas no fueron realmente de la voz de Dios.

En Hechos 3:18, Dios anuncia que su Mesías habría de sufrir. En Isaías 53:10, dice, por muy duro que sea entenderlo, es la voluntad de Dios de "Quiso (causar hematomas) quebrantarlo, sujetándole a padecimiento." La palabra hebrea para el hematoma es daka, que significa golpear hasta destrozar, romper, aplastar y destruir. ¡Suena cruel pero fue ese inocente cuerpo roto que nos dio la salvación! Él nos dio la vida eterna. Es la personificación del amor duro.

En mi propia vida, doy gracias a Dios por el dolor, el sufrimiento, la desigualdad y los errores que he cometido. Me cambiaron cuando necesitaba cambiar. Y aunque mi espíritu puede amar, mi carne aborrece la ruptura y el proceso de enseñanza. Todos somos humanos.

Mientras sentía que estaba viviendo los sentimientos del Salmo 88, todavía me preguntaba si fue Dios quien me llamó para esta tarea, y ¿Por qué tendría que caminar tantas veces a través de sufrimiento y dolor? Otros jóvenes estaban en fiestas los fines de semana disfrutando de la vida mientras que yo estaba sola. He tenido este don maravilloso, pero era como si estuviera marcada como algo "caducado", o tatuada con un "no molestar".

Dios deja con moretones a la gente que ocupa.

Él te romperá para armarte.

Que dulce retrospectiva. Ahora comprendo cómo el Señor usó este tiempo no sólo para desarrollar su llamado en mi vida, pero también para prepararme para esa misión. Sólo ahora puedo ver que Dios dañará a la gente que utiliza. Él te rompe para moldearte. A medida que más te bendiga, el daño será equivalente.

En realidad, son estas personas que realizaron contribuciones sustanciales al reino de Dios, las que fueron primeras en ser quebrantadas. Dios confía en gente rota con cualquier tarea. Al leer las biografías de hombres y mujeres, elegidos para ser vanguardias en la época del renacimiento, verás que todos ellos pasaron por algún grado de sufrimiento. Sólo sabemos que los sufrimientos terminan y entre la temporada de formación, Dios nos da un descanso.

Tormentas para ordenar tus oídos

Como menciono anteriormente, algunas veces Dios toma unos días antes de traer la ambulancia. Hoy quizás te preguntas dónde está; pero mañana, sabrás que él nunca llega tarde.

Así mismo pensó Jesús en la cruz: "¡Dios mío! ¡Dios mío! ¿Por qué me has abandonado?"

En algún momento en el futuro, podrás intercambiar tus compañeros diarios, sufrimiento y dolor, por los compañeros divinos, paz y alegría. Y ésta va a ser una luz eterna.

Dios selecciona personas para las tormentas. Durante una tormenta, podrás sentir que todo se derrumba a tu alrededor. En realidad, quizás necesitarás el último de tus recursos para sobrevivir a la oscuridad de la noche.

Cuando los discípulos de Jesús se dirigen al barco, Marcos [4 y 5], fueron acosados por tormentas, pero ninguno se perdió en el mar. Después de eso, grandes milagros ocurrieron cuando llegaron a la costa. Antes de que la gloria sea revelada, el dolor se siente. La oscuridad huye al amanecer. El poder de la resurrección hace su camino hasta tu cementerio de sueños rotos.

Piense acerca de esto, sólo se puede ver un arcoíris después de una tormenta, no antes. Un arco iris representa la promesa de Dios y viene cuando la tormenta ha terminado.

(Génesis 9:11,15) su voz, también, es como un arco iris; ofrece una promesa.

Tú puedes sentir perfectamente que estás sufriendo, y que las tormentas, están tomando demasiado tiempo. Tú puedes comenzar a pensar que tus quebrantos nunca darán paso a tus bendiciones. En esos momentos, recuerda que toma tiempo para hacer algo precioso y único. Mira el proceso en el cual una perla es formada en una ostra.

Fueron veinte largos años para Joseph poder llegar desde el foso al palacio. Antes de entrar en el palacio, él estaba en el lugar más profundo de la oscuridad: la cárcel.

Aunque fuese un rey, le tomó quince años a David antes de alcanzar el ¡trono!

En la historia de Lázaro *(Juan 11:1,6)*, se ve que Jesús se tomó su tiempo para traer un milagro mayor. Jesús no fue a Betania a mostrar a la gente un milagro sino a mostrarles la gloria, y que Él es el Señor de todos. El deseo de Dios iba a manifestarse más allá de lo que María y Marta habían experimentado y presenciado. Jesús recibió la noticia de que Lázaro estaba enfermo, pero él no fue ni una sola vez a ayudarlo hasta que Lázaro murió. Respondiendo a esta muerte, Jesús dijo, *"El resultado final de esta enfermedad no será la muerte de Lázaro. Esto sucedió a fin de dar gloria a Dios y será el medio por el cual el hijo de Dios recibirá gloria."*

Durante mi tiempo en la primavera de limpieza espiritual del Señor, me sentí abandonada. Realmente fue una agonía mental. Una persona de mi grupo de estudio bíblico me dijo que yo estaba cruzando el Río Jordán para entrar en la Tierra Prometida. Prefiero llamarla tierra de paz, felicidad y dirección.

El Río Jordán es donde Jesús y Juan el Bautista fueron bautizados. Como representa la muerte, cruzar representa cruzar sobre la muerte. Realizar este cruce y alcanzar el mejor lugar de todos, un lugar donde se puede escuchar la voz de Dios, un lugar donde estás exactamente donde él quiere que estés. Simplemente, el mejor lugar en la tierra. Más cerca del cielo.

La tierra prometida no es necesariamente un mejor trabajo o una casa más grande. Ninguna de estas cosas puede hacerte sentir la forma en que un mensaje de parte de Dios te hará sentir. Nuestra tierra prometida es donde estamos libres y puros, donde podemos oír a Dios y conocer a Dios.

A medida que avanzas en tu viaje, sentirás el progreso. A través de todas mis lágrimas y agonía, vi mi orgullo debilitarse. Y yo estaba teniendo más sueños. He aprendido que, de la mano del sufrimiento, la soledad y la tristeza estaban siendo purificadas no como al ir de la mano con el orgullo. Escribí sobre trozos de papel, todas las batallas por las que estaba pasando, desde vencer miedos e indignidad, al más grande de todos: el asesinato de mis ídolos. De alguna manera, desde muy temprano, yo sabía que, en algún momento, los dolores escritos en los pedazos de papel se convertirían en las joyas de la corona. Es un gozo ofrecer esta corona a cualquiera, cualquiera que lea estas palabras y acepta el camino hacia Dios.

Como dicen, "y sabemos que vamos a conseguir lo que viene para nosotros, una increíble herencia; debemos pasar exactamente por lo que Cristo pasó. Si atravesamos los tiempos duros con Él, entonces ciertamente los buenos tiempos también vendrán a su lado", en el sentido de buenos tiempos en la tierra.

Romanos 8:17
"Y puesto que somos sus hijos, somos sus herederos. De hecho, juntos con Cristo, somos herederos de la gloria de Dios. Pero si vamos a compartir su gloria, también debemos compartir su sufrimiento."
[NVI]

Ahora, hay una escritura que vale la pena recordar. Se dice claramente que el hombre debe "tomar su cruz cada día."

Lucas 9:23
"Y él dijo a todos ellos, todo el que quiera venir conmigo, debe olvidarse a sí mismo. Tome su cruz cada día, y sígame." *[NVI]*

Hay una triste interpretación en los círculos cristianos hoy que sugiere que la cruz representa el sufrimiento. Pero debo decirles que la cruz se convierte en una bendición que deja de sentirse como una cruz para siempre.

La devoción que tú probablemente detectas en mi vida es producto de una cruz, la gran pelea necesaria para forjar esta fe. Este testimonio que se lee es el resultado de otro cruce, pruebas dolorosas. Mis victorias sólo surgieron atreves a través de otro cruce, problemas increíbles.

A medida que aprendes a llevar tu cruz, habrá momentos en los que todo parecerá tan difícil que bien podría ser imposible. Bueno, tienes razón. No hay ninguna posibilidad de éxito humano. He aquí el designio divino. Sólo Dios puede arreglarlo. Tu papel es tener corazón y pedirle ayuda.

Smith Wigglesworth, ¿lo recuerdan? Escribí acerca de él en un capítulo anterior. Él era un hombre que Dios escogió y utilizó para enormes tareas. Esto fue porque la fe de Wigglesworth era tan firme que Dios sabía intrínsecamente que este hombre era sólido como una roca. Y así fue. A través de su sorprendente fe, lideró a miles de personas, alrededor del mundo, a Cristo, y decenas de miles fueron curados por sus manos y por su ministerio. A través de la fe, resucitó la gente de la muerte, incluyendo a su propia esposa, Polly. Cuando ella murió, le resultó muy difícil seguir adelante sin ella. Él experimentó una profunda sensación de quebranto como no podía imaginar los próximos 34 años sin ella, como era la voluntad de Dios para él. Ella era su todo. Ella le enseñó a leer, a escribir – todo, ¡después de haber alcanzado la edad de 25 años!

Algunas de sus palabras:

"Yo soy un hombre solitario y, muchas veces, todo lo que puedo hacer es llorar y llorar. Me siento como si mil motores han llegado a lo largo de mi vida para romperme como un vaso de alfarero. No hay otra manera en las cosas profundas de Dios, sino un espíritu quebrantado. La mejor cosa que tú puedes tener es una gran prueba. Se inaugura en su herencia."

Estoy de acuerdo con sus declaraciones. Era un espíritu quebrantado que abrió mi vida a lo sobrenatural y las cosas profundas de Dios. Después de leer acerca del dolor de este hombre, me eché a llorar y ore a Dios diciendo, "no sé si puedo soportar más sufrimiento." Yo sabía, en el fondo, que la fe que crecía dentro de mí venia de este camino de purificación profunda y quebrantos que Dios permitió. Yo sabía que tales bendiciones son preciosas, y yo estaba agradecido por estas brutales experiencias. Pero la debilidad humana en mí se levantó y me pareció que ya era suficiente. Está bien ser honesto, decir, "Dios no puedo más". Dios siempre enviará alivio.

Coloca lo que es más importante en un altar, para escuchar mejor

Parte de la muerte llega con lo que se coloca sobre el altar. En ocasiones, serán muy pocas cosas que usted tiene que colocar en el altar. Cuando ganes victorias en el reino sobrenatural, que se manifiesta en el plano físico. Es aquí, en la vida cotidiana, que podría enfrentar una gran batalla. La manera en que usted puede ganar esta batalla estará relacionada a lo que esté sobre el altar.

A simple vista, parece que Jesús fue derrotado por la crucifixión, pero en lo sobrenatural, más allá de donde el ojo puede ver, Él ganó la victoria, y nos liberó, los cautivos. Esta victoria en lo sobrenatural se manifiesta en el medio natural, a través de la Resurrección. Lo que Cristo hizo aquí fue el triunfo sobre el altar. Es lo que puso sobre el altar, ante su padre, el Rey que trajo la mayor victoria jamás conocida. Jesús ha puesto su propia vida en el altar.

Usted también tendrá que colocar un sacrificio sobre el altar. Tomará la obediencia radical y carne muerta para entrar en este reino, como fue en el caso de Abraham. Dios le prometió a Abraham un hijo y, a continuación, este mismo Dios le pidió sacrificar a este hijo de la promesa. Este hijo era la personificación del Dios de la promesa exacta de Abraham y su descendiente. Pasaron 25 años antes de que Abraham entregara a Dios la prueba definitiva.

Muchos son los llamados pero pocos los escogidos. Sí, Mateo 20:16. Si quieres estar entre los elegidos, tendrás que soportar las pruebas de Dios. Pruebas preparatorias de Dios es lo que determinará si queremos llegar a la condición de ser elegido. Después de la última prueba, Dios cambió su palabra por profecía condicional para Abraham, ratificando el juramento. Se convirtió en una incondicional promesa profética apoyada por juramento propio de Dios, "Yo he jurado... Te bendeciré;" [Génesis 22].

Dios hará un camino para ti. Te fortalecerá cuando te sientas débil, en cada prueba. Después de todas mis pruebas, mis sentimientos de debilidad y soledad extrema, mientras estaba en Los Ángeles – he recibido la mayor palabra de Dios diciendo, "mientras que yo sea Dios, lo cual es para siempre, nunca te faltará nada." Este era un juramento que Dios me estaba dando.

El altar es la mesa de consumación en su relación con Dios. Un altar es un lugar donde el espíritu puede ser contactado. Es un lugar de comunión, pacto y bendición. La oración es la única manera de activar un altar y hacerlo funcional y dinámico. Usted necesita un altar para ponerse en contacto con el espíritu. Donde no hay ningún altar, es imposible tener contacto con el mundo espiritual.

El altar y el Río Jordán convertidos en uno, la única cosa necesaria en su vida que le permitirán convertirse en alguien "de confianza" para oír. Juan 24:4 nos dice que debemos adorar a Dios en espíritu y en verdad.

Ahora, esto es importante: la razón por la que Dios no da respuesta a muchas personas,—incluyendo intercesores,—es porque sus oraciones provienen de fuera del alma. En el Antiguo Testamento, altares eran estructuras físicas, mientras que, en el Nuevo Testamento, se convierten en estructuras espirituales. El altar de la oración es el lugar de la bendición.

Éxodo 20:24
"Un altar de tierra harás para mí, y usted deberá sacrificar en su holocausto y su ofrenda de paz, tus ovejas y bueyes. En cada lugar donde dejo constancia de mi nombre, vendré a ti, y te bendeciré."[RV]

Dios no podía bendecir a Noé y a sus hijos después de la inundación hasta que construyera un altar.

En Génesis 8:21, 22, 9:1, 7 Dios bendijo a Noé y su familia y confirmó su dominio después de que él [Noé] construyó un altar e hizo sacrificio. Repetimos, el altar de la oración es el lugar de la bendición.

Aunque Jesucristo pavimentó el camino para nosotros, tenemos que colocar nuestros propios ídolos en el altar.

Para tener una oración efectiva y funcional, esta debe tener el sacrificio adecuado. El reino sobrenatural y crecimiento espiritual no puede ser visitado y abierto a menos que un sacrificio esté puesto sobre el altar, y ese sacrificio puede ser todo lo que eres, todo lo que sueñas, todo lo que esperas.

Durante mucho tiempo no entendí por qué Dios quería que su pueblo sacrificara inocentes corderitos. En el Antiguo Testamento se habla del tabernáculo, el Arca del Pacto, los altares y sumos sacerdotes. ¡Me pareció tan confuso que no quería leer el Antiguo Testamento!

Lo que no sabía era que lo que Dios estableció en el Viejo Pacto fue un sistema temporal y preliminar de la permanente Nueva Alianza, a fin de que puedan reconocer ese 'Cordero'. Cuando fuera a surgir de ellos Dios habló de manera simbólica y sigue haciéndolo hoy en día.

Dios sólo podía abordarse, en cierto modo, antes de la venida de Cristo. El Tabernáculo era el lugar donde los hebreos traerían sus sacrificios por el pecado y los sacrificios de alabanza. Sólo podían acercarse a Dios de esta manera a través del Tabernáculo. El Tabernáculo era el lugar donde Dios se encontraba con ellos, donde Dios habitaba, y que era el único lugar donde se podría oír de Dios.

Éxodo 25:8
(Dios da las siguientes instrucciones a Moisés): "Dejemos que ellos hagan un santuario para mí que yo pueda morar entre ellos... Y harás conforme a todo lo que yo te muestre, el diseño del tabernáculo o morada y el patrón de todos los muebles."(Versión Amplificada)

El tabernáculo que el Antiguo Testamento describe iba a ser un lugar donde Dios se reunía y habitaba con su pueblo del pacto. La importancia del altar fue reconocida en todo el mundo. La gente en el Antiguo Testamento sabía que las poderosas cosas sucedieron cuando un sacrificio fue hecho sobre un altar. Vea lo que sucede en Josué 22:10,12 donde se describe que las tribus orientales habían construido un altar. [NVI]

El altar, como les mencionó anteriormente, es el lugar donde tú "mueres". Cuando la gente del Antiguo Testamento construyó el altar, ponían una imagen dentro de él. Reconocieron el altar como el lugar donde hicieron su sacrificio. De hecho, el sacerdote no bendecía a nadie hasta que llegara a este altar con un sacrificio.

Salmos 50:5
Dice, "Recoger mi pueblo fiel a mí, los que hicieron conmigo pacto con ofrecer un sacrificio."[NVI]

Porque era difícil mantener los Diez Mandamientos, era difícil acercarse a Dios a menos que un sacrificio fuera hecho. Entonces Moisés tomó la sangre del animal sacrificado y la salpicó sobre el altar. Porque la vida de una criatura está en la sangre — yo os la he dado para hacer expiación para sí mismo en el altar.

Por lo cual la misma sangre expiará la vida de uno. Esto se aplica aún en el Nuevo Testamento. Lo que realmente sucedió en el "mundo espiritual" fue que Dios estaba salpicado la sangre de su hijo sobre el altar. ¡Él puso a su hijo amado, que era parte de él, en el altar para salvar el resto de nosotros! Increíble.

¡Vaya sacrificio! ¿Podrías hacerlo? Míralo de esta manera. Si usted es un padre con diez niños y nueve de ellos estuvieran muriendo y la única forma en que podría guardar esos nueve fuera sacrificando el décimo en el altar, ¿lo harías?

En una aparición a sus discípulos después de su resurrección, Jesús dijo;

Lucas 24:38-39
Pero él les dijo: ¿Por qué estáis turbados, y vienen a vuestro corazón estos pensamientos? Mirad mis manos y mis pies, que yo mismo soy; palpad, y ved; porque un espíritu no tiene carne ni huesos, como veis que yo tengo." RVR1960

Hoy diríamos carne y sangre. Pero Jesús dijo carne y hueso porque él dio su sangre por nosotros.

Muchas personas vienen al lugar del altar y es ahí donde se detienen. Pero hay un lugar detrás del altar al que usted necesita ir a encontrar la forma más elevada de satisfacción y alegría. Es el único lugar donde alcanzará el poder sobrenatural de Dios en su vida.

Muchas personas quieren lo justo de Dios para hacer que sus problemas desaparezcan. Se pueden encontrar los milagros pero todavía sentirá que le falta algo. Él quiere que pase las pruebas necesarias, para que esté listo.

1 Corintios 10 explica que cada prueba que experimentas es el tipo de personas que viene. Las tentaciones en tu vida no son diferentes de lo que otros experimentan. Y Dios es misericordioso. No permitirá que la tentación sea más de lo que pueda soportar. Cuando sea tentado, Dios le mostrará un camino de salida de modo que puedas soportar.

2 Corintios 4:7
Ahora tenemos esta luz que brilla en nuestros corazones, pero nosotros somos como frágiles vasijas de barro que contiene este gran tesoro. Esto deja claro que nuestro gran poder viene de Dios, no de nosotros mismos. [NLT]

Romanos 4 dice que la fe de Abraham no salía de él, y él no duda de la promesa de Dios, pero su fe lo lleno de energía. Por esta razón, la Biblia dice que Abraham fue aceptado como un hombre justo por Dios.

Usted ha estado siguiendo mi viaje. En este punto, tú estás listo. Ahora estoy dándole el mapa de cómo llegar a este lugar sobrenatural en su propia vida. Es el lugar donde usted se sentirá completo y contenido, como nunca. Sin embargo, necesito en primer lugar llevarlo al lugar donde usted podrá pasar por el altar a la voz y a su presencia, más allá. Pero nunca piense que usted se enfrentará con un altar sólo una vez en su vida.

El pacto de sangre, lo que se traduce en la paternidad, no puede ser roto con Dios, pero la comunión con Él puede estar rota. El pecado, como el sexo antes del matrimonio, etc., así como todas aquellas cosas que nos idolatran, rompen nuestra comunión con Dios, ya que Él es santo. Es sólo cuando nos purificamos a través de arrepentirnos, que el Espíritu Santo restaura nuestra comunión con Dios.

No importa cuán terribles sean las cosas que haga. Por la sangre de Jesús usted es libre de acercarse a Dios. Medite en esto hasta que le salgan lágrimas.

La sangre de los toros y de los machos cabríos cubría solamente los pecados del pueblo, por lo que había que hacer sacrificios año tras año. La sangre de Jesús, sin embargo, ¡tomó todo el pecado y lo llevó lejos! No importa cuán terribles sean las cosas que haga. Por la sangre de Jesús usted es libre de acercarse a Dios. Medite en esto hasta que le salgan lágrimas.

Apocalipsis 21:7
"El que venciera heredará todas las cosas; y yo seré su Dios, y él será mi hijo."[RV]

Para recibir la última, más grande, recompensa, usted tendrá que dar el último sacrificio en el altar. Es el lugar donde usted tiene que ofrecer lo que es más importante para su persona, su carrera, su esposa o esposo, precisamente lo que no queremos hacer, que es perdonar al enemigo o incluso romper una relación indebida.

Nelson Mandela dijo, "Quiero que Sudáfrica vea que yo amaba incluso a mis enemigos, pero que odio el sistema que nos puso el uno contra el otro." Él mismo, "murió" en la cárcel para convertirse en el nuevo hombre que se convertiría en el presidente de Sudáfrica. Realmente un ejemplo para la humanidad. ¿Crees que Nelson Mandela podía escuchar la voz de Dios? ¡Yo ciertamente lo creo!

En mi caso, había puesto sobre el altar el anhelo que tenía por un esposo y quizás este libro tan bien. Llegué a un punto donde vi el altar como un lugar donde podía ir y descansar. Es aquí donde ya no importa si estoy o no casada. Sobre el altar, deben darle la bienvenida a la muerte. Sólo un cuerpo prácticamente muerto puede ser trasladado a ese lugar final, estoy hablando, el lugar de lo sobrenatural, el lugar donde sólo la presencia de Dios y Su voz están dentro de su ser. Algo sucede cuando estas quebrantado ante Dios.

Isaías 57:15 explica que Dios no desprecia a un corazón roto, o un espíritu contrito.

Dios vive con su pueblo, que es humilde y arrepentido, y él quiere restaurar su confianza y esperanza. No te resistas a los quebrantos, por el contrario, abrázalos. Pasé cuatro meses en el suelo, llorando. Tomando píldoras cada noche para dormir y cuando despertaba, tomar más píldoras para escapar del dolor. Todo lo que podía ver era una mujer, completamente sola, en una granja en Sudáfrica. Poco sabía yo que Dios ya había comenzado la poda de los muchos ídolos en mi vida.

Las escrituras resumen perfectamente, las etapas de la vida y cómo Dios nos poda para su resultado final. Esto puede llevarle a un viaje de muchas "muertes." Por lo tanto, ¿Qué es lo que estoy diciendo aquí? Estoy diciendo que la gente "muerta" es la que puede "oír"

Romanos 8:11
"Y si el Espíritu de Aquel que resucitó a Jesús de entre los muertos vive en vosotros, Aquel que resucitó a Cristo de entre los muertos dará también la vida a vuestros cuerpos mortales por su espíritu que mora en vosotros."
[NVI]

Efesios 1:19-20
"... y su incomparable gran poder para nosotros los que creemos. Ese poder es la misma que la poderosa fuerza ejercida cuando resucitó a Cristo de entre los muertos y sentado él en su mano derecha en el Reino Divino,..." [NVI]

Y esto:

Juan 14:12
"Les aseguro, solemnemente os digo, que, si uno cree firmemente en mí, él mismo va a ser capaz de hacer las cosas que hago; y lo hará incluso cosas mayores que éstas, porque yo voy al Padre." [AMP]

Ahora vamos a subir a lo sobrenatural, un lugar donde simplemente se convertirán en mejores personas, que serán capaces de hacer grandes cosas porque podemos oír.

17

LO NATURAL CONTRA LO SOBRENATURAL

Los cursos naturales son "el camino" de lo sobrenatural y hacia lo sobrenatural.

En Proverbios 24:3-4 (Palabra clave en el estudio de la biblia), aprendemos que "Mediante sabiduría, se construye una casa, mediante el entendimiento es establecida, y mediante el conocimiento, las habitaciones se llenan de preciadas y agradables riquezas".

Detente y mira el proceso natural. La sabiduría...comprensión...el conocimiento. En una manera espiritual, estos se convierten en los bloques de construcción de la vida.

Esta escritura claramente pone énfasis en las cosas naturales de la vida, no las cosas que sobrenaturalmente caen del cielo.

Tras haber reflexionado sobre esto durante bastante tiempo, a veces pienso que Dios "se relaja" y nos mira a ver cómo, a través de las circunstancias naturales, finalmente llegamos al lugar donde Él quiere que estemos. A veces pasan días, semanas o incluso meses. Entonces, de repente, algo dentro de ti encaja en su lugar, justo en el momento y lugar exacto que Dios quiere y espera. Gracioso, pero podrás encontrar con tanta frecuencia que es el momento cuando usted instintivamente comienza a orar y hacer exactamente lo contrario de lo que buscaba antes, incluso en el transcurso de meses o años.

Algunas veces las cosas salen terriblemente mal y podrá ver su situación como un completo desastre. Digamos que usted pierde su trabajo, o está obligado a enfrentar una crisis financiera personal. Se mantiene orando, pero Dios no parece escuchar o responder a estas oraciones. En esos momentos, te lo aseguro, Dios está trabajando detrás del telón.

Dios quiere que nuestras mentes estén tranquilas antes de introducir nuevas ideas que se manifestarán dentro de nosotros.

Tú puedes orar para que Él ponga fin a la crisis, pero en realidad Él está utilizando estas circunstancias que ocurren naturalmente para hacer algo grande para ti. En estos momentos, bajo este estrés, en medio de este caos, tus pensamientos se vuelven diferentes, más radicales y más creativos. De hecho, puedes tener una crisis real que te obliga a considerar otras opciones que, anteriormente nunca habías tomado en cuenta. Es entonces que un nuevo pensamiento llega, quizás cambiarse a un trabajo diferente, incluso optar por un cambio de carrera radical. ¿Grande? Te apuesto que sí.

Dios quiere y necesita nuestras mentes tranquilas antes de introducir nuevas ideas y conceptos que se manifestarán dentro de nosotros. Pero muchas veces, esa paz sólo puede venir cuando una crisis nos lleva completamente fuera de nuestra rutina habitual. Dios puede querer que cambiemos la dirección de nuestros pensamientos y, a veces, nos pondrá a prueba para garantizar que entendemos lo que Él quiere mostrarnos.

Sé esto de manera muy personal. Después de regresar de Hollywood, donde había "trabajado" para Dios, yo simplemente no tenía sentido alguno.

Mis fallas en torno a mi seguridad financiera, especialmente teniendo en cuenta mis antecedentes, dieron lugar a que mis prioridades siempre estuvieran vinculadas al dinero. Por ejemplo, para ahorrar, trabajaba como camarera cuando estaba en la universidad. Me compraba ropa solo cuando había liquidaciones. Mis gastos eran mínimos. Sin embargo, fue Dios quien estaba orquestando mi cartera financiera. Las acciones de la compañía fueron sin duda un "plan y regalo de Dios", pero creo que pasé Su prueba cuando sacrifiqué voluntariamente estas por trabajar para Dios.

La primera vez que escuché algo acerca de mis finanzas fue cuando estaba en Hollywood predicando. Nunca olvidaré las palabras de Dios, "mientras que yo sea Dios, y esto es para siempre, nunca te faltará nada." Era cierto. Sin embargo, como ama de casa, aun sentía la presión y por lo tanto, comencé a dar clases de entrenamiento físico para tener un ingreso pequeño aunque fuera. Esto era señal que todavía tenía una obsesión por sentirme segura económicamente, especialmente ahora con una familia.

Me gustó dar clases de entrenamiento físico. Para mí, no había deseo o ganas de volver al mundo corporativo si tenía la oportunidad de ganar un ingreso estable. No es que haya muchas oportunidades en Sudáfrica, de todos modos.

Habiendo regresado de Los Ángeles después de un año de charlas, no pude hacer nada ya que no me encontraba a mí misma. No tenía motivación alguna. De hecho, si no fuera porque mi patrocinador me motivó a reiniciar mi libro, no hubiese continuado con esto. Mientras escribo esto ahora me doy cuenta de que me sentía desolada y desierta, muy parecido a lo que mi mamá debió haber sentido (me imagino) pero no podía expresarlo. Mirando atrás, nunca me di cuenta que estaba tan deprimida. Peor aún, no podía encontrar mi identidad como madre viviendo una vida natural.

Durante este período, largo y preocupante, yo estaba buscando y tratando de encontrar una vida segura en donde Dios y sus "mensajes" encajaran. Pero, para ser honesta, estoy segura, parecía alguien paseando con anteojeras. ¡Durante siete años! Puede que suene loco, todo este estrés, pero fue precisamente este período que me enseñó que Dios a veces prefiere que los asuntos tomen su curso natural. Estar desempleada y ser mamá por primera vez te puede hacer sentir inerte, separada del mundo de los vivos, y pasiva sobre la vida y el futuro. Peligrosamente, esto invita a un tipo de depresión, que a veces se conoce como "Baby Blues". En otras palabras, la depresión posparto.

Cuando estás deprimido, se hace más difícil aun iniciar cualquier acción. Aquellos que están leyendo esto, que ya han pasado por este "desafío" saben muy bien a qué me refiero. Usted espera una motivación que nunca parece venir. Como un oso hibernando, conservando su energía, sentado en su "cueva" esperando la primavera. En ese momento puedes pensar en muchas cosas diferentes que podrías hacer, pero ninguna de ellas parece demasiado prometedora ni excitante. Finalmente, empiezas a examinarte fondo, pero lo que se ve no es mucho. Empiezas a dudar de ti misma, criticándote a ti misma por no hacer nada. Es una espiral descendente que te lleva a estar aún más deprimido, quedando atrapado en un círculo de oscuridad ineludible.

Necesitaba ayuda práctica. Y entonces descubrí información muy sabia en un libro acerca de la depresión. "Tengo que ganas de hacer algo" es un mito. Tú puedes cambiar. No necesitas una influencia exterior. Una vez que te das cuenta de esto, podrás tomar ese primer paso crucial, cambiar de ser alguien cuyo comportamiento es causado por la reacción a convertirte en alguien cuyo comportamiento y acciones ahora crean motivación.

Sin embargo, existe una línea muy sutil, y esto es vital, crítico e inquebrantable. Mientras estamos obligados a funcionar como seres humanos productivos, una vez que dedican su vida a Dios, todo tu ser querrá hacer sólo una cosa que consideras que está en el camino hacia el destino de Dios para ti. A veces, dejando a un lado otras cuestiones necesarias. Recuerde esto. Es un equilibrio que usted tendrá que adquirir. Pero será muy gratificante.

La vida ¿no es siempre así? Para mejorar hace falta una cierta cantidad de una molestia constructiva y natural a la vez. Perder peso requiere de ejercicio y disciplina. Conseguir un mejor trabajo requiere más estudios para adquirir conocimiento y ser competitivo, y esto, a su vez, requiere disciplina. La búsqueda de Dios requiere sacrificio, compromiso y un constante esfuerzo de tu parte y disciplina.

La única acción que yo conocía fue la acción que tomé, pedirle a Dios que me ayudara. Por mucho que necesitaba un trabajo, no quería dejar a mi niña. Pero también me di cuenta de que para lograr un bienestar positivo ella debía tener una mamá feliz, y esto a su vez lograría una familia feliz.

La respuesta llegó cuando mi abogado me pidió que me uniera a la firma y ayudara en la oficina durante tres meses. Esto rompió el círculo del miedo de salir, de lo natural, de ir al trabajo. Yo sabía, en mi corazón, que fue Dios quien me ayudó, pero también envió un claro mensaje en una subsiguiente noche para ayudarme aún más.

Permítanme explicar. Tener un bebé puede resultar en algunas falencias fisiológicas. Después del parto, la mujer experimenta un gran descenso en su estrógeno y progesterona (hormonas). La eficacia de la tiroides también se reduce, lo que puede conducir a la fatiga y la depresión. Estos cambios hormonales, junto con los cambios en la presión arterial, el funcionamiento del sistema inmunitario y el metabolismo, son demasiado comunes para las nuevas madres; todas juntas, estas radicales desviaciones del cuerpo muchas veces desencadenan la depresión posparto.

No hay duda de que el parto crea numerosos cambios físicos y emocionales que se manifiestan en tu cuerpo. Puedes estar tratando con dolor físico por el parto, o psicofísicas debido a la dificultad de perder el peso del bebé, causando la inseguridad con respecto a su apariencia física y el atractivo sexual.

El estrés de cuidar a un recién nacido y todos los ajustes que requiere la vida puede resultar difícil, especialmente si es la primera vez, especialmente si has tenido una experiencia que cambia tu vida (recientemente) a través de las cuales has adquirido una identidad completamente nueva. No hay formación disponible para ello. Y, en mi caso, no había nadie que conociera con esta condición. No había nadie con quien hablar de ello.

Sintiéndome miserable, busque la dirección de Dios. Pensé que necesitaba un trabajo para poder estar entre adultos. Pero qué pasa si Dios me "llama" a trabajar para Él de nuevo. Estaba ansiosa porque llegara un futuro empleador que aceptara "sólo trabajar para él durante unos meses." Fue una batalla psicológica y fisiológica al mismo tiempo.

Yo esperaba una respuesta de Dios, pero llegó de un lugar totalmente inesperado. Y esta respuesta era muy práctica. Una noche me desperté experimentando una depresión física y un sentimiento profundo en mi corazón. Una sensación como si mi cerebro estuviera en un hoyo. Me di cuenta de que Dios estaba enviando una respuesta a través de mi experiencia física. Lo único que podía hacer era estar en cama. Yo no quería nada, ni tampoco quería hacer nada. Nada me excitaba excepto mi bebé y pensar en ella. Quizás esto fue la manera de Dios decir, "tienes depresión postnatal; necesitas medicamentos."

Yo sabía que una de las características clave de la depresión es sentirse sin esperanza sobre el futuro. Esto era claramente yo. En realidad, cualquier cosa que Dios decía, o dudaba. Yo ya tenía la sensación de que ni yo, ni mis enseñanzas, volvería a ser feliz de nuevo, no importa lo que Dios digiera.

Me empujaba cada vez más en un hoyo. Dije, "Te conozco bien Yvon. No eres exitosa, ganas un salario promedio, no tienes trabajo, no tienes habilidades, no tienes experiencia específica, y sólo sabes muy poco acerca de la voz de Dios." abrumado por mis emociones en ese momento, la prometedora predicciones acerca de mi futuro eran olvidadas.

Evidentemente, nadie está siempre garantizado de felicidad o tristeza, dicho sea de paso, para el resto de sus vidas. ¿A mí? En mi estado de depresión, yo estaba totalmente convencida de que no tenía ninguna esperanza, y que esta desesperanza se quedaría ¡para siempre!

Pero mis propias predicciones sobre un futuro sin esperanza no son más fiables que las predicciones de otra bienaventuranza perfecta. Aunque sabía que Dios estaba diciendo que necesitaba ayuda, sentí que debía actuar con confianza, como si yo iba a ser un orador de renombre mundial, como si mi matrimonio sería perfecto y todos mis hijos serían inteligentes y hermosos. Pero cuando mi pequeña Bella era tenía sólo un mes de vida, Dios me preguntó, "¿cuántos hijos desea tener?" Mientras esas palabras seguramente me entusiasmaban, mis sentimientos de desesperanza aumentaron, preguntándome incluso si tener otro niño será prudente. En serio, ¿cómo podría tener más hijos? Lo último que quería era traspasar a ellos mi espíritu depresivo. Además, ¿qué pasa con mi situación financiera?

¿Ves lo que la depresión puede hacer en ti? La mía necesitaba una potente cura, ahora mismo. Una vez que empecé a leer sobre el tema, me di cuenta de la gravedad de mi desesperación. He aprendido que una persona deprimida piensa que necesita algo diferente para hacerlos sentir mejor. Ahora, comencé a creer en esta mentira y oré por una respuesta al respecto.

En base a esta mentira, mi mente corrió hacia adelante, a velocidad máxima. Ahora pensaba que mi mamá murió porque ella no tenía una carrera. Por esto, recé por un futuro, un trabajo, una carrera. Pero Dios permaneció en silencio. No dijo, "Adelante. Estudia. Conviértete en una abogada o una fisióloga. Abre una tienda de muebles." No. él simplemente dijo, "Tu está deprimida." ¡Eso fue todo! Esa fue la primera respuesta que necesitaba. No, "Necesitas conseguir un trabajo".

¿No es cierto que a veces nos encontramos con esa sensación de desesperanza sobre no llegar a adquirir una cosa que creemos es absolutamente necesaria para nuestra felicidad? ¿Por qué es esto? Básicamente, todo el mundo sabe que la felicidad no depende de una persona concreta, o casarse, o adquirir un trabajo lucrativo, o marcar un logro importante. Ni siquiera equivale a tener una enorme cantidad de dinero en el banco.

Dios no me dio un mensaje sobre esa mentira, me dio un mensaje diciéndome que estaba atrapada en esta mentira. Y, en mi caso, a causa de la depresión posparto.

Tomando una acción positiva, fui a ver a un médico. Por él, me enteré de que los altos niveles de continuo estrés que tuve a lo largo de los últimos años me han afectado, similares a las tormentas recurrentes que afectan a un pequeño árbol continuamente expuesto a vientos de alto nivel. Ese pequeño árbol se doblara, sus hojas yacerán sobre el terreno. Un jardinero podría utilizar un palo de espigas, fijando el frágil tronco como apoyo. El doctor dijo que la medicación me daría un apoyo y así podría levantarme nuevamente. Más memorable: Al médico le pareció absolutamente fascinante que me haya dado cuenta de mi estado y fuera "consciente" de esto. Yo quería decirle que fue Dios quien me hizo consciente de ello. Pero pensé que sólo haría que él se cuestionara más aun sobre mí.

Por otra parte, tener un hijo cambió mi capacidad de "oír", porque cambió mi forma de entender. Aquí está un ejemplo muy real de esto: yo sabía que, si había algo que a Bella le importara, incluso un objeto como a un oso de peluche, yo aceptaría de buena manera este peluche y lo trataría como a mi hija. Por lo tanto, aprendí que aquellas cosas que son importantes para nosotros son también importantes para Dios.

Sentiría tan fuertemente la presencia de Dios, que a veces, saldría de mi entorno. De alguna manera, mi esposo era como mi oso de peluche, pero él no estaba en sintonía con mi llamado. No era su culpa, no sabía que algo estaba pasando con su esposa. No vio que yo estaba experimentando una nueva "aparición". Pero yo sabía que mi esposo era importante para Dios, porque él era importante para mí, y parte de él gran plan. Sin él, yo no sería capaz de enseñar a otros.

Era como si Bella estuviera aumentando mi depósito de amor, mi capacidad para albergar más amor. Ser mamá era mi propósito, y yo no podía esperar por un segundo hijo. En ese tiempo, me di cuenta de que lo que Dios había hablado anteriormente se había convertido en un deseo de mi corazón. Su pregunta, "¿Cuántos hijos quieres?" encendió un fuego dentro de mí, pero mi esposo no sentía lo mismo. Él quería esperar.

Y así, después que empecé el tratamiento de la depresión, el siguiente paso fue conseguir un trabajo para hacerme sentir mejor.

Comencé a trabajar como temporal, por un pequeño salario, solo para estar fuera de casa por un tiempo. Necesitaba algo nuevo, refrescar mis pensamientos para aclarar mi mente, pensando en otras cosas, lejos de mi manuscrito. Yo estaba ganando un tipo diferente de impulso en el mundo natural.

Ahora fuera, miré al mundo que me rodea, lleno de gente motivada por sus carreras con un éxito masivo y salarios enormes. Como era de esperar, acabé comparando mi vida con los demás. Pero, cuando oré sobre una carrera, ningún mensaje llegó. Ciertamente, Dios tenía algo bajo la manga. Entonces, recordé el mensaje de Dios: "he planeado algo para ti".

Sin embargo, en el subsiguiente silencio que parecía sobre mí, y más allá de estas prometedoras palabras de Dios, orare por una carrera. No siempre es fácil de entender lo que Dios está diciendo, especialmente cuando él está tranquilo. Lo que yo necesitaba en ese momento, era la estimulación natural en forma de nuevas ideas.

Trabajando en el bufete de abogados terminó siendo una oportunidad propicia, ya que he adquirido nuevos conocimientos y una mejor comprensión de mí. En el pasado, me imaginé a mí mismo como, abogada, luchando por los derechos humanos, quizás incluso funcionando dentro de un bufete de abogados. Sí, hubo una Yvon en un papel similar al de Erin Brockovich. En la película del mismo nombre, ella luchó valientemente por los derechos humanos de las personas. Por supuesto, todos nos vemos a nosotros mismos como súper héroes de vez en cuando. Pero hay veces que "pido"" por esa oportunidad.

Sabiendo más que nosotros, Dios nos permitirá explorar el curso natural de los acontecimientos para encontrar nuestras respuestas. Trabajando en la empresa cambió mi percepción. Me di cuenta de que no quería ser abogada, en absoluto. Se hizo cada vez más claro que todo lo que yo quería era enseñar sobre la voz de Dios, mientras que aún albergan una gran pasión personal por proteger los derechos de las minorías. Así, fue a través de la experiencia natural del trabajo en la empresa que he aprendido acerca de mí mismo. No hubo mensaje sobrenatural diciendo: "No te gustara ser abogada."

Me enteré – de manera natural, que yo no habría sido apropiada para ese tipo de vida que me hubiera vuelto demasiado atrapada en otras batallas. Mientras yo podría ser feliz ayudando a la gente a luchar por la justicia, ¿Qué pasaba con Dios y su llamado en mi vida?

Entonces, fue mi esposo. Él estaba contento con la idea de que estuviera en casa para nuestros hijos, trabajando desde casa. Sin embargo, me sentí estúpida e inútil en casa, y tener hijos, ahora, añadido a nuestros gastos mensuales.

Esto fue una verdadera lucha entre mi corazón y mi cabeza, y yo sabía que Dios estaba mirando desde una distancia. ¿Qué debo hacer con mi vida como madre? Necesitaba saber de Dios. Lo que realmente estaba sucediendo es que Dios estaba enviando mensajes sutiles para permitirme explorar la manera natural, para encontrar mis propias respuestas a mis preguntas y frustraciones.

Incluso intente trabajar en una librería cristiana pero termine odiándolo. De hecho, irónicamente, sentí como si estuviera trabajando en el infierno. Que sólo duró un mes. A partir de esta breve pero reveladora experiencia, he entendido por qué Jesús estaba enojado cuando los judíos utilizan el templo para vender cosas. Los trabajadores de la librería, sólo estaban para hacer dinero, no para ayudar a la gente necesitada. Se sentía erróneo, incluso malicioso, y realmente me impresionó.

Más y más claro se convirtió. Yo quería estar en un escenario, una vez más, hablando de oír a Dios. Pero esto no ocurría, parecía que la única cosa que me gustaba de lo que estaba haciendo en ese momento era la rutina de un trabajo regular y, como todos los demás, ¡un buen cheque al final de cada mes!

Todo esto fue realmente un despertar. Mientras que yo debería haber sabido esto mucho antes, finalmente me di cuenta de que la mayoría de la gente va a trabajar principalmente por un cheque. Después de todo, ¿Cuántas almas tienen el privilegio de trabajar por la vida en su pasión, en su llamada? ¿Cuántos hacen todo por un salario que, a la vez, también les da satisfacción laboral real? Probablemente sólo médicos, pensé. Y, tal vez un poco amable y cariñosa almas contendiendo con el campo de la enfermería.

También me preguntaba cuántas personas no están cumpliendo con su llamado, porque no saben cuál es su llamado o cual podría ser. ¿Para ellos era, simplemente trabajar por el dinero para alimentar a sus hijos y pagar el alquiler? ¿Es esta la vida real?

La Biblia dice que debemos hacer lo que nuestras manos encuentran para hacer, y aquellos que no trabajen, no comerán. A la edad de 40 años, yo estaba luchando porque yo simplemente no sabía lo que quería hacer en el mundo natural tanto para ganar un ingreso decente y como para estar realmente apasionada sobre ello.

Creo que la gente debería hacer lo que pueden por sí mismos y, a continuación, pedir a Dios que les conduzca a su lugar de destino. A veces, siendo un limpiador callejero o tener un trabajo sencillo humilde, puede ayudar a una persona y con esto Dios puede confiarle más cosas.

Yo respeto, con todo mi corazón, los millones de almas que trabajan duro en el trabajo tedioso, aburrido, empleos inútiles, simplemente para llevar el dinero a casa para sus familias, para al mes. Pero, ¿están contentos? Conseguimos una respuesta en la Biblia. Creo que la voluntad de Dios, a veces, sigue siendo tan tranquila que puede recurrir en primer lugar a la respuesta de usted mismo. Entonces, una vez que tenga una pierna para estar de pie, él le dará la respuesta. Su silencio, Dios, y espera es un tiempo durante el cual usted puede y debe preparar su caso.

Eclesiastés 5:18
"He aquí, yo he visto a ser bueno y adecuado es para comer y beber, y a encontrar gozo en toda la mano de obra en la que trabaja bajo el sol y todos los días que Dios le da pero esta su parte."[NVI]

Lo más importante es que tienes que ser feliz con lo que estás haciendo. Si no, tomar las escrituras de Dios y pedir su ayuda. Dios no me contestara directamente sobre la orientación de mi carrera. En cambio, él quería que yo encontrara el lugar donde pertenezco, por mí misma.

Para ello, he tenido que considerar su viabilidad dentro de la temporada en la que me encontraba. Primero, yo era mama nueva. En segundo lugar, mí manuscrito no estaba terminado. Dios, en efecto, parecía ser que me llevaba a agregar contenido y enmendar lo que yo ya había escrito. Por lo tanto, cualquier trabajo que pude encontrar tendría que ser simplemente para aumentar mi flujo de efectivo y ojala mantenerme de alguna manera completa interiormente para así no estar estancada.

Pero la creación de una nueva carrera para mí en Sudáfrica tal vez no era lo que Dios tenía en mente. Mi mayor desafío estaba en tratar de superar la frustración de estar en casa. Necesitaba salir y estar entre los adultos. Pero, por otro lado, tampoco me parece justo que deba seguir una carrera de largo plazo o desarrollar un negocio sin interés por él. ¿Debo empezar a estudiar de nuevo? No hay oportunidades de trabajo correspondientes a mis calificaciones. ¿Debo iniciar un pequeño negocio?

¿Preguntas válidas? Equivocada. No debería haber preguntado esto. Lo que yo debía haber hecho es tomar mi frustración directamente a Dios, pidiendo una respuesta apropiada para la temporada en la que me encontraba. Estos eran tiempos confusos. Por encima de todo, la sensación de estar "profética" siguió instándome a esperar que Dios me dé cosas. Como en: ¡respuestas! Sin embargo, Dios quiso que yo tomara un viaje para obtener respuestas naturales a través de las experiencias de la vida, y aprender a disfrutar de tener una familia y niños. Por ahora, tengo un segundo bebé en camino. Un muchacho. Pero no quiero adelantarme en la historia.

Proverbios 16:19 explica que un hombre planea su camino, pero el señor elige sus pasos.

Fue por esta época que Dios dejo sobre mí una pregunta: "¿Cuándo quieres ir al extranjero?"

Yo simplemente dije, "probablemente cuando el manuscrito esté totalmente listo para la venta."

Pero Dios repetía la misma pregunta una y otra vez.

Yo no sabía cómo responder a él de un modo diferente al que hice. De hecho, yo no sabía cómo podríamos sobrevivir como una familia en los Estados Unidos; lo que es más, yo estaba confundida acerca de ¿Cómo algo tan "grande" podría ser para mí?

¿Que estaba esperando Dios de mí? ¿Qué diría un profeta, en respuesta a una pregunta como esta? He escuchado las características personales y peculiares de un profeta describiéndose así mismo. Vea si usted está de acuerdo:

Imagine un barco muy grande, algo similar a la QE2, muy elegante y ultra lujoso. Con la siguiente imagen en tu mente: muchas cabinas, y una tripulación corriendo tratando de satisfacer todos los caprichos y deseos de cientos de pasajeros. Esta vez, sin embargo, todos los pasajeros son felices profetas simplemente disfrutar del crucero. Los profetas, por naturaleza, son personas muy ocupadas con su mente inquisidora. Muy pronto, se vuelven inquietos, e incluso un poco aburridos. Necesitan una misión, una pasión, una meta, algo para mantener su mente ocupada. Ellos comienzan con claustrofobia, y lo que parecía ser un fantástico crucero en el inicio ahora se parece más a un "buque de prisioneros." En tales preocupantes límites, estos pasajeros profetas no encontraban ningún propósito en específico. Y nadie puede explicar dónde van. O por qué. Algunos contemplan abandonar el buque, simplemente saltando por la borda, de pura frustración.

Cuando estoy a bordo de dicho buque, me gustaría tener una oportunidad y fugarme, saltar hacia el mejor de los casos y empezar a nadar. En cierto modo, escribir este libro es ese salto de fe. Sé lo que sé, y sé que puede ayudar a alguien. Pero, ¿cómo puedo dejar este conocimiento en tus manos? Aprovecho la oportunidad de escribir y orar para que mis enseñanzas lleguen en beneficio de los más necesitados.

Cuando contemplé la pregunta de Dios, "¿Cuando quieres ir al extranjero?" Me di cuenta de que me había sido guiada a una respuesta práctica. Y fue sobre la base de lo que vi, constantemente. He mirado en todas partes, la gente estaba trabajando. Ahora, recuerde, estaba enfocado en quienes realmente tenían empleos, incluso mientras caminaba entre las hordas de almas desempleadas. Cuando llegué a casa, entusiasmada con mi epifanía, otras cuestiones exigieron de inmediato mi atención. Yo podía sentir la desunión dentro de mi matrimonio. Percibí que mi esposo estaba deprimido. En la parte superior de este estrés, su coche se había averiado; requiere una costosa pieza. Esto ocurrió después de meses de preocuparse por las finanzas. No podíamos cubrir ningún gasto extra.

Teniendo todo esto en mente, he continuado investigando cómo mucho el "mercado" ha cambiado desde la última vez que trabaje. Me pareció que había menos personas puestos a tiempo completos con buenos salarios. Pocos tenían los fondos de pensiones. El viejo lema de que estudiando mucho ganaría el trabajo de sus sueños se había ido. Ahora, es sólo a través de mi esfuerzo natural que he creado trabajos individuales o piezas de trabajo. Estos incluían la formación personal en mi estudio, completando los mensajes de Dios, y trabajar en empleos pequeños dondequiera que pude encontrar. Mientras tanto, seguí buscando una oportunidad de trabajo más sustancial.

Cuando las oraciones cambian de pedir lo que quieras a decir "gracias" por lo que tienes, es como si una puerta se abriera y la luz sale de ella.

Como he combinado mis propias aspiraciones con la estresante realidad de mi esposo, vi que Dios estaba señalando mi atención al problema exacto que se interponen en el camino de Dios y mi deseo: ¡Debía tener más hijos!

¿Qué? Mi esposo, una persona muy práctica, ya estaba agonizando porque se dio cuenta de que apenas ganaba lo suficiente para pagar sus gastos y el cuidado de un niño. Por lo tanto, es comprensible que pondría en tela de juicio toda consideración de tener más hijos, al menos en este momento. Claramente, Dios sabía que, en la mente de mi esposo, no era simplemente el no hay dinero para un segundo hijo. Junto con la opción del libre albedrio, el hombre también debe lidiar con su ego. Exacerbando este problema fue el hecho de que ya representaba muchos de nuestros gastos. Sin embargo, de alguna manera Dios respetó mi búsqueda de una solución a nuestro problema, en primer lugar.

Me di cuenta de que estaba recibiendo una respuesta práctica y fue como este:

Dios quería que tuviéramos más hijos, pero mi esposo no tenía fe en cuanto a su propia capacidad para proveer para ellos. Por lo tanto, tuve que resolver el problema de mi esposo sin que pueda sentirse inadecuados al ser incapaz de proveer para su familia; seguramente no quería hacerlo sentir menos exitoso. Además, Tuve que convencerlo de que Dios estaba planeando un cambio para nosotros, y que podríamos tener que desplazarnos fuera de nuestra zona de confort.

Tú encontrarás, como yo, que a veces no se entiende muy bien por qué Dios hace preguntas, o lo que está diciendo. Puede tomar algunos días o semanas, o incluso meses, antes de que se le prenda la ampolleta. Y cuando las respuestas vienen, no necesariamente vienen en cualquier orden que tengan sentido para nosotros, pero si para Dios.

Fíjense en la secuencia en la que he escuchado los mensajes siguientes: primero, la pregunta: "¿Cuántos hijos quieres?", y luego, mucho más tarde: "¿Cuándo quieres ir al extranjero?" no era definitivamente un plan bajo la manga de Dios, pero la respuesta no llegó hasta dos años más tarde, cuando estaba embarazada de mi hijo, y en un trabajo maravilloso en un proveedor de servicios financieros que pagó por todos mis estudios en la industria financiera.

Mi esposo tenía otro "problema" practico. La Biblia dice que el rey, el esposo de Esther, no "Llamo" de ella, durante un mes. Esto es impactante, ¡pensé! Así, cuando mi esposo no me "Llamo", por 17 meses, a partir de mi primer embarazo estaba en marcha, se sentía como si un tsunami nos hubiese golpeado. Era más que terrible; era un desastre total, en mis ojos. Yo pensé que mi matrimonio estaba condenado, y que no iba a tener más hijos. Y ahora, ¿Dios me hacía preguntas acerca de viajar al extranjero? ¿Qué digo? ¡Todo era cada vez más confuso!

Y entonces, la respuesta que yo más necesitaba, se presentó a sí misma. Empecé a entender lo que estaba sucediendo con mi esposo. El hombre con el que salí antes de conocer a mi esposo me llamó, después de cuatro años, para pedir mi perdón por la forma en que me había tratado. Curiosa por tener una mejor comprensión de mí misma y de las relaciones, en general, le he oído, en mi deseo de saber qué había ocurrido entre nosotros. Me dijo que él pensó que yo era muy feliz, que tenía mi propia casa, y vivía de manera independiente. En pocas palabras, él se había sentido inferior. Se sintió decepcionado en su vida personal. Se sintió financieramente débil. Creía que no tenía nada que ofrecerme. Y, puesto que era incapaz de hacer frente a esta situación, me dejó y se fue. Con esta idea, yo sabía que Dios me estaba preparando para lo que ahora tenía que hacer dentro de mi propio matrimonio. He recibido la respuesta. Pero iba a ser extremadamente difícil. Tuve que trabajar en mi estrategia, especialmente sobre cómo quisiera apoyar a mi esposo en una forma más inteligente que mantuviera su confianza.

A la mañana siguiente, algo dentro de mí cambió la forma que me sentía hacia mi esposo. Aparentemente de la noche a la mañana, me desperté viendo todos los aspectos positivos en nuestra vida compartida, bloqueando todas las vibraciones y pensamientos negativos. Esta fue la gracia de Dios derramada sobre mí, la sentía en mi corazón y mi alma al orar, y darle gracias por todas las cosas maravillosas en nuestra vida: el negocio que me dio, el tiempo que pasé en Hollywood hablando de cómo oír Su voz, mis viajes a los Estados Unidos y Canadá, mi esposo, mi hija Bella. De repente, todo era suficiente.

Doy gracias a Dios. Él iba a salvar mis finanzas. He dejado de pedir la atención de mi esposo, y desear otro hijo. Yo estaba satisfecha y feliz, no después, sino ahora. Mis oraciones cambiaron de pedir lo que quería a dar gracias por todo lo que tenía. Y entonces, inmediatamente después de estar agradecida, he dejado de quejarme.

Y ¿qué crees que sucedió? Fui bendecida con nuestro segundo hijo, nuestro hijo MJ.

A veces, Dios no puede llegar a nosotros, porque en un acto natural nosotros simplemente nos quejamos demasiado.

Durante el tiempo que estuve trabajando en este capítulo, he leí acerca de un asesinato en nuestra zona. Fue verdaderamente trágico en muchos niveles. Una madre soltera de 19 años de edad, exageró al extremo todo a causa de su sufrimiento personal. Ella tenía una hija de un año, pero no tenía trabajo. En Sudáfrica el desempleo y la falta de oportunidades de trabajo son insondables. Esta joven mama sufrió una sobredosis de píldoras. Pero antes de caer inconsciente, apuñaló a su bebé en el pecho, cinco veces. La bebé murió. La joven no. Ella fue a juicio por asesinato. Me sentí muy, muy triste. Me preguntaba, podría haber sido mejor para ella haber muerto, ¿Cómo así? ¿Cómo podría vivir con ella misma?

Pero mientras más pensaba en esta tragedia, más me preguntaba quién debería estar en el juicio. Sentí que la comunidad debía asumir parte de la culpa. ¿No estamos en la tierra para ayudar a las demás personas? ¿No tiene culpa también el gobierno sudafricano, que parecía ser un frío, despiadado, organismo sin rostro sin hacer nada para mejorar el bienestar de la población del país?

Nelson Mandela, un hombre piadoso, ha creado una magnífica imagen no sólo en y alrededor de él, sino también la de un mejor Sudáfrica, todo mientras enfrentaba los prejuicios con valentía, convicción y compasión. Hoy, sin embargo, el gobierno actual está "montando la ola" de su imagen mientras el país sangra.

Aquí, una fuerza policiaca saturada de trabajo barre muchos males bajo la alfombra. Aquí, la gente sufre las persistentes tensiones del alto desempleo. Aquí, el número creciente de desempleados cae, irremediablemente, en una pobreza inminente.

El apartheid era erróneo, así de simple. Pero las consecuencias naturales que vinieron después del apartheid están acabando con la posibilidad de una extraordinaria oportunidad en el país para elevarse por sí solo, para avanzar como una nueva comunidad, trabajando juntos a fin de sanar lo que nunca debió haber sido herido.

Dios me dijo, "Gracias, para iniciar el negocio Worth."(De nuevo, éste es el negocio de familia que mi padre inició conmigo y mi hermano.) Al oír la palabra de Dios, me quedé estupefacta que Él me diera las gracias. Pero después de pensarlo, me di cuenta que el negocio ha creado empleos, trabajos que le dan a la gente esperanza. Dios quiere ayudarnos a ayudar a otros. Nosotros somos sus ¿Qué manera más natural de ayudar que proporcionar empleos a personas que los necesitan? Dios nos llevó, nuestra familia, a abrir el negocio. Y me sentí bien cuando creamos trabajos para muchos en una provincia donde sólo la mitad de las personas tienen empleo.

En aquel momento, incluso cuando luchaba con el estrés financiero de no tener un trabajo y el dolor psicológico de sentirme inútil, algo en mí se mantuvo firme en que mi propósito en la vida no era hacer dinero a través de un negocio. De hecho, muchas veces controlé ese impulso para poderme concentrar en escribir el manuscrito y así poder ayudar a muchas personas. Pero entonces, algo cambió en mi mente. Fue cuando Dios me dio las gracias por la apertura del negocio que comencé a entender que un negocio podía ser una noble acción, crear empleos y estimular a muchas personas a trabajar, en Sudáfrica y en todo el mundo.

A veces ocurre lo contrario de lo que pensamos, o sentimos, cuando escuchamos un mensaje que no nos gusta mucho. La voluntad de Dios, en algún momento, nos conduce a una transformación del corazón. Y entonces, Él va a traernos la misma idea una y otra vez. Muchos meses después de esa transformación acerca de la empresa, me encontraba tomando café un día con mi amigo y compañero del libro cuando durante nuestra conversación escucho la voz de Dios diciéndome "ambos deben ganar dinero." Inmediatamente le dije a mi amigo lo que había escuchado, y él aceptó. Sin embargo, a mí se me hizo raro que Dios me dijera que teníamos que ganar dinero.

Pero 18 meses más tarde he entendido completamente, cuando vino a mí la revelación del por qué mi difunto padre había vivido. Había sido para *ayudar a las personas mediante la creación de empleos.*

Era obvio que algo estaba sucediendo. Dios fue el autor de la formulación de un "plan" en mi cabeza usando "circunstancias naturales" para originar, desarrollar y resolver ese concepto que me ayudó a ver con claridad. El socio del libro me dijo una semana después de celebrar mi 40 cumpleaños, "Yvon, debes ir al extranjero". ¡Él estaba confirmando lo que Dios me estaba diciendo! Pero, pensé, ¿cómo puede ser esto? Soy responsable por un bebé, y ¿por qué Dios quiere que salga de mi propio país?

Buenas preguntas, ¿verdad?, Del tipo de las que alguien podría preguntar en tal situación. La respuesta, porque necesitaba una transformación completa y total de mentalidad y esa chispa que viene cuando algo cambia a fin de reavivar el fuego dentro de mí acerca de mi llamado.

Son preocupaciones muy reales, pero típicas de los "mortales".. En lo Divino, todas las cosas tienen sentido. Dios trae un plan perfecto. ¿Con ese hombre práctico me casé? Pues bien, Dios lo estaba madurando "naturalmente". Por esa forma que él iba a cambiar, como lo hice yo, con el tiempo y estar listo para leer mi libro cuando fuera finalmente publicado.

Cuando empecé a escribir, este libro me consumió. No podía pensar en otra cosa que fuera completar mi manuscrito. Más tarde, concluido el texto y avanzando en el ciclo de publicación, descubrí que hacen falta finanzas considerables para mover un libro en el mercado. Existen los ciclos de edición rigurosa, la preparación del manuscrito, la publicación de trabajos de comercialización y el lanzamiento del libro. De seguro, mucho tiempo, esfuerzo y dinero es necesario para conseguir un libro en la estantería, y aún más para tenerlo en tus manos.

En el camino, vi cómo la actitud de mi esposo hacia su trabajo fue cambiando. Ahora hablaba de estar cansado de trabajar como maestro en una escuela. Llegó incluso a decir que estaba perdiendo las ganas de enseñar y dirigir rugby en la escuela para los niños. ¡Wow! Esto fue muy extraño; mi esposo ama el rugby casi más que a mí. Sí, seguro, algo estaba pasando. Me dije, no exagerar sobre lo que yo sentía, pero sabía en mi corazón que Dios estaba guiando a mi esposo y sus pasos a otros lugares, lo estaba preparando para la próxima temporada. Sé que su sueño era ser el entrenador de rugby a un mayor nivel profesional. Tengo la necesidad de apoyar a mi esposo a permanecer en el ámbito de entrenador de rugby; nuestro pequeño niño está destinado a convertirse en un jugador de rugby de primera fila. ¿Cómo podía saber? He oído a Dios decirlo con gratitud.

Esto, junto con los constantes recordatorios de la vida en Sudáfrica, le añadió energía al compromiso. Absolutamente rompió mi corazón ver las madres mendigando, aun mientras alimentaban a sus bebés en las calles de Johannesburgo. Tales escenas me inquietaron tanto, que no podía concentrarme durante días. Tales atracciones añadieron profundidad a su determinación de ver las a través de las cosas.

"Haz lo que puedas, con lo que tienes, dónde estés". Theodore Roosevelt, el 26º presidente de EE.UU.

Considere cómo muchos predicadores y maestros podrían ser creadores de empleos. Mi difunto padre fue el ejemplo perfecto. Allí estaba él, viviendo en un apartamento de un dormitorio, dedicando su vida a crear empleos. Esta es otra imagen que no puedo sacar de mi mente. Me ha motivado a encontrar maneras de crear empleos para los demás, aunque sólo sea en mi propia casa. Contraté a alguien para que me ayudara en mi jardín. He contratado a alguien para limpiar, una niñera para mis hijos. He usado el dinero que teníamos para estos empleos en lugar de salir y comprar "lujos". Durante los fines de semana, le pagué a un cuidador adicional para mi bebé. Para ello, utilicé el dinero que nos hubiéramos gastado en restaurantes. Me dio un placer tan tangible el usar mi dinero en contratar a personas que sufren, personas que han apreciado la oportunidad de forjarse su propio camino. También necesitaba ayuda en mi trabajo como asesor financiero. Debido a que mi carga administrativa fue creciendo, me pareció que podía utilizar un asistente.

Siempre he creído que yo, usted, y todos, estamos llamados para algo muy específico. Siempre pido por dirección, y sugiero que también lo hagan. El Presidente de los Estados Unidos Theodore Roosevelt dijo, "Haz lo que puedas, con lo que tienes, dónde estés". Eso es exactamente lo que yo estaba haciendo con mi vida, a medida que me enfocaba en mantener mi compromiso de seguir adelante, con mi esposo, con mi familia y mi manuscrito. Es posible ayudar a los demás, incluso mientras usted pide ayuda a Dios.

Ahora, permítanme explicar algo. Habrá épocas en que usted sentirá una "sensación especial de que todo gira" hacia un mensaje en particular. Es como una gran ola que viene, sube lentamente, llega al tope, y luego se rompe. Así sentía yo como una acumulación de esa índole. Esto me hizo pensar .que cuando Dios envía un mensaje en "grande", hace que la idea empieza a "crecer" en usted, y esto ocurre gradual, calmada y sosegadamente.

Compare esto con los mensajes falsos. En mi experiencia, los mensajes falsos como que "llegan repentinamente." Por lo general son siempre extremos, el tipo que hace que una persona exagere. Por ejemplo, si de repente escucha el nombre de un hombre piensa que debe ser el nombre de su futuro esposo. No, no, Dios no es así. Él es suave. Él no va a enviar algo que creará semejante confusión en su vida.

¡Mi esposo llegó como una ola! Me reuní con él y nuestra relación creció lentamente, como una ola acreciente. Dios no decía nada. Y yo no podía reaccionar de forma exagerada, algo que hago normalmente, porque no estaba presionada. Me relajé en la ola de nuestra relación incluso cuando comenzó a crecer hasta su límite. La ruptura de la ola llegó, para nosotros, dos años después de conocernos. De repente, la temporada y el ambiente fueron ideal, para el matrimonio. Fue sencillo. Era el momento perfecto. La paz que sentía era el mensaje de Dios.

Un mes después de nuestro pacto, Dios riega su bendición sobre nosotros al quedar embarazada con nuestra hija, Bella. A continuación, tres años más tarde, quedé embarazada de nuestro hijo, Morne Jonás. Hoy, cinco años han pasado ya, y funcionamos perfectamente como una familia, en una secuencia de desarrollo natural de la familia con elementos sobrenaturales lloviendo encima de nosotros de vez en cuando.

Hoy, cuando estoy molesta con mi esposo y quiero huir, quizás después de una gran discusión, Dios me tranquiliza de una manera natural. Una noche, Él me despertó y sentía un terrible dolor emocional en mi corazón. Percibí a Dios diciendo, "¿Realmente quieres este dolor? Un divorcio causa tal dolor." ¡Ay!

Créase o no, algunas batallas que enfrentamos darán forma a nuestro carácter, mientras simplemente esperamos por una respuesta o dirección. Para mí, eso es la obra de Dios afectando nuestras vidas.

Veo en mí y en muchas otras personas, que tenemos la tendencia a reaccionar exageradamente cuando hay demasiadas cosas sucediendo en nuestras vidas al mismo tiempo. Podemos sentir que estamos en una crisis. Le podemos exigir una solución inmediata a Dios. Me ha dado pánico tantas veces. Y ¿para qué? Quizá lo mejor que puedo decir es que me puse en la cama orando a Dios, "Dios, ayúdame".

También el tiempo desempeña un papel enorme en el reino natural. En lo sobrenatural no creo que sea un factor tan grande. Si estás en una situación que te obliga a arreglar las cosas, recuerda que reaccionar exageradamente no te ayudará, pero sí bien puede empeorar las cosas. Puede tomar un tiempo para que obtengas un mensaje de Dios, o Dios puede simplemente decir, "¡Espera!" o "¡Confía!". Lo creas o no, algunas batallas que enfrentamos forman nuestro carácter mientras nosotros simplemente esperamos una respuesta o dirección. Para mí, es la obra de Dios en nuestras vidas.

Dios quiere que tomemos tiempo para explorar todos los caminos posibles para obtener las respuestas. Al hacerlo, usted encontrará que a veces las respuestas vienen inmediatamente; a veces se tardan más tiempo. Como he dicho antes, Dios no necesariamente habla de inmediato. Él puede elegir dejar que el camino natural lo conduzca a su respuesta. Y, ¿saben qué? Siempre será la mejor respuesta.

Piense por un momento en el mundo de la ciencia. Es un buen ejemplo. Piense acerca de los descubrimientos. El momento del descubrimiento es ese momento "¡Eureka!" que todos podemos oír. Sin embargo, considere todas las horas, días, semanas, meses o incluso años, que posiblemente tomó para llegar a ese momento.

Veamos en la ciencia y el trabajo efectuado para encontrar la cura al cáncer la cronología de indicaciones específicas y avances:

- 1882 Es realizada la primera mastectomía en el cáncer de mama.
- C. 1895 Wilhelm Conrad Rontgen descubre un nuevo tipo de radiación, lo nombra los rayos x.
- 1896 extirpación de los ovarios realizada por primera vez como parte del tratamiento al cáncer de mama.

- 1898 Marie y Pierre Curie descubren el radio y luego lo utilizan para tratar eficazmente a los tumores.
- 1951 El estrógeno y la testosterona fueron descubiertos para impulsar el crecimiento de los cánceres de mama y próstata, respectivamente.
- 1957 Alick Isaacs y Jean Linden Mann descubrieron el interferón, hoy utilizado para tratar el cáncer de riñón, vejiga y melanoma.
- 1964 Un virus (el virus de Epstein, Barr) está vinculado al cáncer humano por primera vez.
- 1988 La radioterapia de intensidad modulada es desarrollada.
- 1991 George Papanicolaou considera que un frotis de células vaginales (frotis de Pap) revela la presencia de cáncer.
- 2008 Los estudios demuestran que los pacientes con cáncer expresando el tipo salvaje (normal) del gen responden mejor a la quimioterapia Erbitux, plus, que los pacientes con cierta fuerza mutante de Kras.

¡Esos son 126 años, justo allí! Y estos son sólo unos cuantos hitos. La investigación del cáncer continúa todavía hoy. ¡Solo considere todo el tiempo que toma este trabajo en lo natural!

Tiempo. Tener demasiado o demasiado poco es siempre el caso. Fue mientras estaba en Los Ángeles que recibí una carta oficial indicando que no podía permanecer en los Estados Unidos por más de seis meses. Yo estaba muy estresada. ¿Tendré que volver a mi "isla de aislamiento", en Sudáfrica? La mera idea se estaba volviendo insoportable. Oré para que Dios me bendiga con un puente para moverse fuera de esta isla, que Él colocaría para que yo pudiera llegar a muchas otras personas alrededor del mundo.

Job 23:14
"Él cumplirá lo que Él ha planeado para mí; ese plan es sólo uno de los muchos que él tiene;..." [NVI]

Cada vez que leo esas palabras, "sólo uno de los muchos que él tiene..." pienso en mi propia vida, y puedo ver tantos "planes" que ya he vivido, que, obviamente, no eran los míos.

De vuelta en Sudáfrica, empecé a trabajar de nuevo, a tiempo completo, en el mundo empresarial. Yo estaba feliz. El trabajo era un remedio natural para mí. Me ha gustado ser una mamá ocupada, alcanzar metas, trabajar hacia un futuro sólido para nuestra familia, y crecer económicamente. El primer trabajo que encontré fue en el comercio minorista. Lo odiaba. Pero todavía era un trabajo real, de nuevo. Es bueno volver a una rutina.

He observado que la gente con dinero extra tiene una "confianza extra." ¿Será una muestra de que se sienten seguros? ¿Será el dinero lo que da la seguridad? Es posible. Conseguí un trabajo como gerente de área en una tienda de ropa para niños. Realmente estaba agradecida por esta oportunidad. Yo iba a ver un salario real en mi cuenta al final de cada mes. Esto significaba que podía hacer algo que yo no había hecho durante años: ¡relajarme un poco y no estar consumida con la preocupación de no tener suficiente dinero!

Me acordé de Dios diciéndome que una vez cumpliera 40 años mi vida iba a cambiar por completo. Conduciendo a casa una noche, me sentía muy feliz y optimista del futuro. Miré alrededor en a todos los coches "elegantes" ~~adelantarme~~ y pensé que yo también podría tener uno. Había pensado en cómo modernizar la casa, comprar alimentos más nutritivos, comida más cara, tal vez incluso poder comprar salmón de vez en cuando. Sí, el dinero puede cambiar la vida en el medio natural. Nuestra calidad de vida como una familia mejoró cuando empecé a ganar un buen salario.

Dios me estaba introduciendo al mundo natural. Pero todavía me faltaba mucho por aprender. En el próximo capítulo sobre la guerra, obtendrá un sabor intenso de la formación necesaria para formar la necesaria "comprensión" en mi propia cabeza.

Sentirnos "agotadas" en lo natural, también es parte de la capacitación. Téngalo por seguro. De hecho, fue a través de esa realidad que recordé que tengo que ser sumamente cuidadosa. Sea cual sea el canal que Dios decida utilizar para aclarar su punto de vista, tengamos la seguridad de que siempre será el mejor canal, el canal perfecto para asegurar el mensaje. En mi caso la lección vino por el cauce natural. Quizás, si Él hubiese intentado enseñarme sobre el "agotamiento" a través de un mensaje sobrenatural, no hubiera logrado entenderlo en mi mente. Tal vez estaría aun preguntándome si había oído correctamente.

Quiero utilizar como ejemplo a un sudafricano enólogo (un técnico en la elaboración del vino). El compró una finca vitivinícola en Wellington, en una provincia de Ciudad del Cabo. La granja se vendió con un contrato a 10 años por una determinada cantidad de uvas que se deben entregar cada año. El contrato escrito aparenta ser una excelente perspectiva, tanto es así que el evaluador del banco dio un informe favorable. Pero lo que nadie se molestó en decirle al comprador era que el 60 por ciento de la viña era realmente "madera muerta", lo que significa que era necesario plantar nuevas viñas sanas. Lamentablemente, y como era de esperar, el nuevo propietario no pudo producir la suficiente cantidad de uvas para entregar a sus "compradores", según lo acordado en los contratos. Él perdió todo el dinero que tenía ahorrado gracias a su confianza en un evaluador bancario, y porque tenía mucha esperanza y poco conocimiento.

¿Se supone que debemos confiar en estas instituciones? No, no y no. Sólo se puede confiar en Dios. Siempre le pido a Dios orientación. Y recuerde que es bueno estar alerta durante las negociaciones finales.

Al leer estas palabras piense ahora acerca de cómo usted mismo ha aprendido esta dura lección. Con "agotarse" solo una vez usted probablemente no dejará que suceda tan fácilmente de nuevo. Así, las "naturales" lecciones en mi vida me ha enseñado a ser una inversora cuidadosa y cautelosa. ¡Es tan fácil perder millones como es dejar caer tu bolso!

El tormentoso mundo del "dinero", con todo su encanto, ciertamente también lleva un golpe que daña. Me explico: Como mi hermana vive en Canadá, yo no la había visto durante muchos años, así que la visité mientras visitaba Estados Unidos. El día que partí en rumbo a ella, escuche decir a Dios:" No la verás de nuevo". Obviamente, estaba atónita por este mensaje; sin embargo, tenía la fe suficiente para darme cuenta de que Dios tenía un motivo para decirme esto. De hecho, muchos años atrás, Dios me reveló que ella estaba extremadamente celosa de mí. Es muy triste, somos hermanas, pero extrañas. Por lo tanto, yo no estaba abrumada por las palabras de Dios. De hecho, sentí que Dios podía separarnos por nuestro mutuo bien. Sin embargo, cuando escuché las palabras, no cuestioné a Dios, aunque sí esperaba que no fuera porque ella iba a morir.

Entonces, ¿qué tiene esto que ver con el dinero? Unos meses más tarde, mi propia hermana tomó el lado de mi hermano y socio comercial cuando oyó que había contratado abogados para iniciar procedimientos legales. Fue porque había recibido una auditoría financiera como resultado de que mi socio comercial tenía muchos incidentes de haber ocultado sus gastos privados bajo gastos de la empresa. Y la batalla que siguió fue peor. Me vi obligada a investigar aún más profundamente debido a lo difícil que fue obtener respuestas de nuestra firma de "confianza" con los auditores designados. Esto significaba que era necesario abrir un caso criminal.

Fue en el cumpleaños de mi hermana, el 8 de octubre, que sentí la presencia de mi padre terrenal de nuevo. Mi espíritu sintió su felicidad por mí, pero también podía sentir su amarga tristeza. Cuando percibí esta tristeza, me di cuenta de que algunas personas eligen vivir cómodas en negación, sin nunca desafiar el status quo, sino esperando siempre sólo permanecer en su falso "estado de felicidad".

Eso no era para mí. Le pedí a Dios que me explicara el porqué de las emociones de mi padre. Vi a través del espíritu nuevamente como si mis oídos pudieran ver. Mi papá era infeliz por la relación entre mi hermana y yo. En aquel entonces, mi hermana tenía 51 años, estaba sola, y vivía en un país extranjero. Si las cosas hubieran estado mejor entre nosotras, sé que ella hubiera podido disfrutar muchísimo a mis hijos. Ahora, era como si mi papá me decía que tenía que sacar todo rencor contra ella, especialmente el ocasionado por las decisiones apuradas y descabelladas que había tomado a lo largo de toda su vida. Por ejemplo, cuando le robaron su automóvil, ella ¡huyó de Sudáfrica a Europa! A pesar de que los tres llevamos genes de mis padres, ciertamente no llevamos la misma actitud espiritual, al menos por el momento. *Ni mi hermana ni mi hermano actuaron como familia conmigo, y estoy convencida de que nunca realmente me entendieron.*

Sentí que mi papá sabía que era su cumpleaños y no había comunicación entre nosotras. Quería que yo la perdonará por hacer cosas irresponsables. Con esto, me he dado cuenta de que mi papá estaba triste aun, lo cual me sorprendió. Yo no sabía que los muertos esperan también la venida del Señor, y el Día del Juicio. No estaba consciente de que realmente él podía sentir o saber cosas. Cuando percibí el mensaje de mi padre, me di cuenta de que *Dios me quería* mostrar la tristeza y sufrimiento de mi padre. Lo entendí, y luego me sentí en paz, por ambos. Una vez que lo sabemos, podemos hacer algo. Tengo comunicación con mi hermana hasta el día de hoy. La llamo para sus cumpleaños y no guardo rencor alguno en mi corazón contra de ella.

El día antes de cumplir 40 años empecé a sentir otro mensaje, un mensaje muy importante. Dios dijo "Tu vida va a cambiar completamente".

Los invitados a mi fiesta eran amigos excepcionales, algunos de ellos por más de 15 años, gente muy especial. Incluso la familia de mi esposo vino. Entonces, cómo puedo explicar lo que iba a suceder. Un sentimiento muy fuerte – bien repentino, me sobrevino, y lo tuve presente durante toda el tiempo de mi fiesta. Tenía una intensa sensación de que un cambio grande venía. Fue tan grande la preocupación, que me empecé a cuestionar si era que iba a partir, permanentemente. Iba a ¡morir!

Ahora, tal vez esto te suene extraño, en realidad, fue extraño para mí también., pero no invite a ciertos amigos, ya que sentí algo ciertamente profético en esta ocasión. Sentí que no tendría contacto con la mayoría de estas personas después de esta ocasión. Cuarenta es un número simbólico que Dios ocupa en la biblia. Como hemos explorado anteriormente, Él definitivamente hace cosas en épocas muy específicas por motivos muy específicos. Ahora Dios quería que supiera que un gran cambio se aproximaba. Mi vida iba a tener un giro decisivo en el ámbito natural, alejándome de todos mis amigos, tal vez, incluso de mi familia.

Dios me habló la mañana siguiente y me dijo:

"Soy el Dios del divorcio. Yo separo a gente que yo junté por mis motivos. Te he separado ahora de aquellos que deben ser extraños para ti. Quité a tu hermano y hermana, incluso algunos amigos. Todo cambió a partir del día de ayer. Puse a ciertas personas en tu vida, con un motivo. ¡Soy un Dios estratégico!

Con esto, empezó a sentir que la llamada profética en mi vida era incluso más grande de lo que yo me había imaginado. Un profeta es comúnmente conocido por su propio nombre. Intuí que Dios me separó de ciertas personas por el bien de mi futuro. Es como si estuviera en una misión realmente diferente. Sobrenaturalmente empecé a entender la separación de ciertas personas. En lo natural fue fácil. De ahora en adelante, iba a mantener mi enfoque en terminar *Mensajes de Dios*.

Venia una temporada completamente nueva y yo sabía que tendría que cambiar mi enfoque y mis acciones en consecuencia. Nuestras acciones deben cambiar para ser pertinentes a nuestra propia época.

Dos días después de mi cumpleaños, la atmosfera del mensaje aún estaba conmigo. Y la sensación de que toda mi vida iba a cambiar seguía claramente presente. Hasta cierto punto, yo estaba envuelta en el manto del mensaje que había recibido. Esta sensación duró tres días.

Yo estaba en mi coche cuando este sentimiento de cambio tomó una nueva forma como la revelación de mi asignación a la profecía, lavándome por encima. Fue una notable calidez, y era completamente abrumadora, un manto de nubes cubriéndome, suavemente, con su mensaje… Entonces de repente Dios habló.

Dios dijo, "Yvon, voy a ponerte en un barril de cañón y dispararte hacia adelante."

Yo le había pedido a Dios que bendijese mi 40 cumpleaños. El camino que Él eligió para bendecirlo fue enviándome este gran mensaje. Llegó como lluvia suave pulverizando suavemente mi cabeza durante unos días maravillosos. Me sentí igual que una semilla, ansiosa por germinar y crecer.

Qué emocionada estaba. Fue un maravilloso regalo de Dios. Sabía que en Proverbios 3:33 dice que Dios llena las casas de las personas que viven una vida sabia con perspectivas, fortuna, bienestar, felicidad, éxito y niños. Yo esperaba grandes cosas de Dios. Pero al mismo tiempo, también estaba asustada de lo desconocido. Estaba un poco temerosa de lo que había oído. No me imaginaba en ese entonces, que una puerta se abriera para una nueva carrera, más estudios, otro hijo y todos los viajes relacionados con este libro.

Y qué tal si este "cambio de vida completo" al que Dios se refería ¿Puede ser algo doloroso, duro o que me cause sufrimiento? *¿Puedes ver cómo la duda puede forzar tu camino incluso en lugares maravillosos?* Esa noche no pude dormir bien. A la 1:00 de la mañana me desperté y comencé a orar. En medio de los temores y las dudas que surgen como ladrones en la noche, ahora me sentía bastante molesta que no recibiría lo que me pertenecía, mi cuota de fondos de la empresa. Mi naturaleza "natural" era recordar momentos de sufrimiento, de modo que estas dudas iban cien por ciento en contra del mensaje sobrenatural, causando nuevas preocupaciones, de pérdidas financieras, de fracaso, de más dificultades en Sudáfrica.

En las oraciones por la noche dije "Dios, por favor, guarda la herencia de mi hija y mi futuro financiero." Estas fueron las oraciones de alguien abrumada con ansiedad. Pero Dios entonces dijo que quería darme un buen futuro. Dijo que toda mi vida iba a cambiar porque muy buenas cosas iba a suceder. Cuando Dios dice tales cosas, llega la paz.

En esa paz, me quedé dormida, menos ansiosa y más aliviada. Mientras dormía, tuve un sueño en el que alguien vio mi cuenta bancaria y me decía el saldo exacto. En realidad, esta persona me dijo que tenía dos cuentas bancarias. Una tenía el monto del reembolso que debo esperar por la venta de mis acciones la empresa. Cuando la persona lo vio dijo, "Wow!" La otra cuenta tiene una cantidad menor pero una suma grande Sabía que al despertar, Dios me ayudaría a recuperar mi dinero. Pero la gran sorpresa estaba aún por llegar. Dios habló de un inversor que financiaría la totalidad de mi proyecto del libro.

A causa de este sueño, le advertí a mi abogado que posiblemente mi socio comercial podría intentar llegar a un acuerdo con una cantidad más baja durante el proceso de liquidación de la empresa. Aunque mi naturaleza todavía persistía en dar lo mejor de mí, angustiándome supe que mi Dios vendría a través de mí. Intrínsecamente sabía que, de alguna manera, me gustaría recibir todo lo que se me debe, la cantidad exacta mencionada en el sueño.

A la semana después de mi cumpleaños, la sensación de excitación era asombrosamente detectable. Algo bueno estaba llegando en mi camino. Fue entonces que me reuní con mi amigo. Mientras hablaba de su viaje a Alaska, él dijo de repente, "Yvon, quiero patrocinar tu pasaje por avión a cualquier parte del mundo. Es su elección." Caramba, ¡qué regalo! Las sorpresas seguían llegando.

El me conocía muy bien. No hago las cosas sin una razón. No hago cosas que no tengan importancia. Inmediatamente pensé en mi libro y me, como de costumbre, me emocioné demasiado. Pero también pensé que tal vez Dios me estaba abriendo una puerta. Mi primera reacción fue ir a Chicago. Pero enseguida, me estresé porque en esta visión me vi llegar a Estados Unidos cargando mi bebé de nueve meses. Como mamá, no podía concebir dejar a mi bebé. ¡Una semana! Sin embargo, de alguna manera se materializó que Dios quería que regresara a Estados Unidos, un despertar de mi sueño, de nuevo, en lo natural.

Yo sabía que tenía que calmarme. En momentos como este, sabía que era tiempo de orar y decir, "Muy bien, señor." Por lo tanto, tomé tiempo para pensar esto con mucho cuidado. Quizás podría ir a algún lugar para ver e investigar, para explorar lo que haría Dios para llevarme de vuelta a los Estados Unidos. Obviamente, era para que yo pudiera comprender mejor algo específico. Pero ¿qué? Dios estaba trabajando sutilmente conmigo, y mi esposo, preparándonos para una nueva temporada, la cual podría estar un poco fuera del radar de una "vida normal".

Algunos mensajes vienen en diferentes formas. Le sugiero que nunca actué de inmediato al escucharlo. Si es posible (Dios es quien decide realmente), guárdelo en su corazón por un tiempo, y espere. Digo esto por experiencia, he templado mi exuberancia. La oferta de mi amigo fue un regalo enorme que llegó como una lluvia, salvando mis finanzas.

Por los próximos dos días, la extrema sensación de excitación simplemente no desaparecía. Algo estaba pasando. Definitivamente no era "sólo" un viaje a un lugar en el mundo. El persistente sentimiento de emoción era una señal sobrenatural.

Yo creo que los mensajes de Dios no son enviados para hacer que cunda el pánico. Permítanme usar tres ejemplos para explicar este concepto. Estos incidentes ocurrieron justo durante el tiempo que recibí este regalo de un vuelo gratis a cualquier parte del mundo.

Como me preguntaba si esta oferta era otro "mensaje de Dios", dediqué tiempo a hacer búsquedas en Google. Balnearios en Indonesia, Tailandia, Canadá. Quizás un viaje a Phuket, en Tailandia. Pensé en Londres, o visitar amigos en Los Ángeles. Incluso contemplé la idea de la India, la experiencia "comer, orar, amar". Pero ninguno me emocionaba como si fueran destino previsto para mí.

Le dije a mi amigo, quien también es patrocinador de este libro, que no podía hacer un viaje sin sentido. Sorprendentemente sugirió ¡Chicago!

Le pedí a uno de mis compañeros de oración que orara por mí para encontrar la respuesta. Esto fue después de que un pastor desconocido llegó con un mensaje. Me dijo que Dios le mostró que tenía un "llamado internacional." Comencé preguntando si Dios quería que regresara a los Estados Unidos para retirar mi paradigma de una solución específica.

Entonces, un compañero de oración que nunca había conocido vino a mí con un mensaje:

"Yvon, una explosión va a pasar en tu espíritu, ¡moverá las naciones! ¡Dios va a 'ampliarlo todo! Algo muy grande va a suceder, y muchos no serán capaces de "asociarlo" contigo. Muchas cosas se transmiten desde tu casa, muchos vínculos internacionales. Y continuó: *"El clima en tu vida ha cambiado. (Ya me he*

dado cuenta de ello) Hay una aceleración en la atmósfera. Se está creando un impulso. Ocúpate de los asuntos de tu Padre y él resolverá tus problemas con su socio de negocios. No perderás nada. Esto será un gran testimonio. Vuelve a los Estados Unidos. Obtén tus tarjetas de presentación impresas. Ve y habla en las emisoras de radio acerca de los mensajes de Dios."

He escuchado lo que dijo, pero también sabía que había un tiempo y un lugar para todo!

Entonces, me acordé de una visión que tuve de mí en una mesa de juntas. Dios era el CEO. Yo era un director y accionista de su empresa. En esta sala, yo podría ser sencillo y totalmente honesta con Él.

He decidido no ir a algún viaje sin sentido. Sólo quiero ir donde podía ver a Dios, escuchar y tocar a la gente. Si Dios me estaba preparando para viajar de nuevo a nivel internacional, muy bien. Pero por el momento, quiero vivir una vida natural. Como la visión de mi amigo indicaba, tenía que estar normal, tranquila, mi vida pronto iba a estallar en acción.

Durante este tiempo recibí una carta de una familia muy desanimada en los Estados Unidos. Me reuní con ellos cuando hablé en Los Ángeles. Todos estábamos entusiasmados por las promesas de Dios, pero como yo, durante siete años, después de que regresé de los Estados Unidos batallaban financieramente. Esta pareja había perdido su primera casa en Austin, Texas, luego su segunda casa en Carolina del Norte.

Las palabras de la esposa sonaban tan tristes. Dijo que estaban "viviendo bajo el radar." Había "desaparecido" del mundo y estaban escondidos, hasta que encontraron sus pies. No querían que la gente supiera que lo habían perdido todo de nuevo. Hubo abandono en sus palabras: "promesas rotas y sueños…" incluso a través de su desesperación, ella dijo que estaba agradecida de que ella y su esposo estuvieran sanos, y que encontró un trabajo sencillo que ofrecía un limitado ingreso pero estable. Pero lo más doloroso fue cuando ella me dijo que probablemente nunca sabrían dónde desaparecieron todas las promesas de Dios y sus sueños que quizás estaban siendo despojados como Job.

Leyendo esta carta me preguntaba si tal vez todos estamos en una temporada de sufrimiento.

Pensé en mis propios conflictos personales. Estaba en medio de una guerra que duraría cuatro años, luchando por el valor justo de mi 40 por ciento de participación accionaria en nuestra empresa. ¿Cómo see me ocurría pensar en un viaje a los Estados Unidos en este momento?

Como he dicho antes, hay momentos en que todo, absolutamente todo necesita estar tranquilo para que podamos oír. En cierto modo, mis amigos en los Estados Unidos hicieron lo correcto al desaparecer del radar. De alguna manera, necesitaba hacer lo mismo. Si Dios me estaba llamando internacionalmente, el abriría el camino. Mientras tanto, me gustaría trabajar en silencio, bajo el radar.

Este fue un punto decisivo en mi temporada de preparación para lo que iba a venir. Y yo sabía en mi corazón que necesitaba calmarme a fin de poder orar y meditar por mi manuscrito, mi matrimonio, mis hijos, mis problemas colectivos. Tuve que buscar el silencio para que mi Creador hablara conmigo. Me tranquilizó saber que es perfectamente aceptable tener una vida normal. Recordé que muchas almas buscan grandes fortunas y poder, las recompensas reales que no pueden ver, trabajando duro para permitirse una vida falsa en alguna alta cima. Es en la tranquilidad y la confianza que los vientos soplan sobrenaturalmente para inaugurar los cambios naturales de tu vida. Esto es importante, porque puede estar en cualquier lugar que te encuentres, mientras dependan de Dios solamente.

Depender únicamente de Dios. ¿Qué significa eso? ¿Qué se necesita? ¿Fe? Suena espantoso, ¿no? Para muchos de nosotros, en nuestros corazones, que debemos pasar nuestras vidas en la luz divina, pero no lo hacemos. ¿Por qué? Porque no conocemos a Dios. Es así de simple.

Dios quiere ser explorado, puesto en tela de juicio, y desafiado, respetuosamente. ¿Por qué? Porque sabe que quien busca obtendrá respuestas, y estas respuestas nos señalarán inevitablemente a Dios.

La búsqueda persistente de la ciencia por demostrar que no existe Dios tropieza continuamente con realizaciones tan enormes que no se pueden comprender fácilmente. Estos "descubrimientos" todos parecen emanar de un Universo inexplicable. Inexplicable porque esa explicación requerirá reconocer una presencia divina.

En la ciencia la búsqueda persistente por demostrar que Dios no existe, se tropieza continuamente en realizaciones tan enormes que no se pueden comprender fácilmente. Sin embargo, la ciencia intenta, colocando una "lógica" en sus explicaciones, hechos, cifras, y descubrimientos que parece emanar de un universo inexplicable. Inexplicable porque la explicación inexplicable requeriría reconocer una presencia divina. Y, por supuesto, los científicos están imposibilitados, por los preceptos de su ciencia, a ni siquiera considerar que esa fuerza divina existe.

Veamos muy brevemente un ejemplo, una explicación de cómo se originó la vida, en la medida en que la ciencia intenta ignorar las grandes preguntas (como el origen absoluto de todo lo que existe) mientras se obsesiona por encontrar la prueba de la tangible, o sea, lo que sabemos que existe en nuestro pequeño pedacito del universo):

Un impacto cósmico creó la Tierra y la Luna, tal como las conocemos hoy en día. Sabemos esto porque los científicos trajeron grava de la superficie de la Luna. Los análisis fechan estos materiales a cuatro mil millones y medio de años de antigüedad. Esto "demostró" que una colisión sucedió entre la Tierra y algún cuerpo celeste. Según los científicos, este impacto fue tan masivo que agrietó la corteza terrestre, creando olas de lava. Al mismo tiempo, toneladas de escombros de barro se fueron al espacio y se unieron en una órbita distante para formar la Luna.

Por consiguiente, un cataclismo prehistórico convirtió la Tierra en lo que es hoy, y produjo un cambio real en la rotación del planeta.

Hace cuatrocientos millones de años un día sólo duraba 20 horas, pero ese impacto masivo hizo que la tierra girara cuatro veces más rápido que hoy. Las mareas alcanzaron hasta 300 millas en las masas de tierra. Estas enormes mareas llevaron los minerales hacia el océano. La eventual mezcla de estos minerales creó los aminoácidos que finalmente formarían las proteínas que conocemos. Y estas proteínas se convertirían en la base de simples organismos celulares.

Sin embargo, los mares eran todavía demasiado violentos para que organismos sobrevivieran. Los fósiles prehistóricos demuestran que los restos de la fricción de las mareas desaceleraron gradualmente la rotación de la Tierra, por lo tanto funcionaron como frenos.

De esta manera, la catástrofe que casi destruyó la tierra ¡produjo realmente que la vida en la Tierra fuera posible! Dentro de los mares calmantes organismos florecieron. Algunas bacterias comenzaron a liberar oxígeno. En especímenes de tierra de dos mil millones de años, los biólogos encontraron bacterias en formaciones de piedra caliza. Los depósitos de bacterias en la piedra caliza crearon muchos arrecifes que dieron albergue a formas de vida más avanzadas. Se sabe que los microorganismos encontrados en México, la bacteria cianuro, utilizan la luz solar para obtener energía. Con esto, el proceso químico de la fotosíntesis comenzó. Curiosamente, sin la bacteria de cianuro, no podríamos sobrevivir porque produjo el derivado llamado oxígeno. Esencial para la vida tal como la conocemos."

Por lo tanto, ahí está, el rigor de la ciencia aplicado a encontrar razones, causas y respuestas. Pero, ¿encontramos la explicación de dónde proviene toda esta materia prima a que se refieren estos estudios y descubrimientos? Me recuerda el chiste del científico que le dice a Dios que él puede demostrar que Dios no existe. "Muy bien" Dios dice, "pruébalo!" El científico entonces se agacha y agarra un puño de tierra pero Dios le dice "¡Espere, espere, espere!", "Usa tu propia tierra!!"

A veces un "impacto" es necesario para que los seres humanos puedan llegar a oír de Dios. Y la voz de Dios es la que da la vida. A veces ese impacto surge como una alegría incontenible,
A veces como devastador sufrimiento.
De cualquier manera, es una fuerza necesaria para liberar lo sobrenatural en nuestras vidas.

Yo diría que ciertas catástrofes dan lugar a la ¡vida! Y necesitamos entender esto sin reaccionar de una manera exagerada. ¿Qué tal un matrimonio desmoronándose? ¿Qué tal perder su casa? Son acontecimientos horribles, ¿verdad? Pero sigo diciendo, no reaccione exageradamente, monte la ola. La vida, como las mareas viene y va, y cada nueva ola, traerá esperanza y un mensaje.

Mi Dios no va a permanecer callado por siempre. Conozco, he experimentado los mensajes de Dios. Dios no habla demasiado. Él es un Dios de pocas palabras. La Biblia nos da el resto de lo que Él quiere que conozcamos y practiquemos. Dios permite un "impacto" de alguna manera en nuestras vidas para que lleguemos a un lugar específico necesario. Dios quiere ser explorado. Dios usa su entorno directo.

Dios me dio un sueño. Yo estaba conduciendo en mi coche, que representa el ministerio, y vi un arcoíris azul de "revelación". El arco iris, representa las promesas de Dios. Al lado del arco iris, había un hombre muy moderno. Pensé que era un ser espacial. Él me dio cadenas de oro para colgar sobre mis oídos. Le dije que yo únicamente servía a un Dios, Jesús Cristo, y él me dijo que estaba bien. A medida que seguí caminando, me di cuenta que era un ángel. A partir de ese momento, pude discernir si alguien tiene malicia y quiere ocultar algo. Entiendo que recibí un regalo, un mayor grado de discernimiento. Yo sabía que de ahora en adelante, en mi caminar por fe, podría discernir cuándo me uniera o se me acercara la persona "equivocada". ~~estaba comenzando~~ Empezaron a ocurrir sensaciones sobrenaturales en mi vida de una forma natural.

Observé esto claramente cuando le solicité una cotización para una grabación en vídeo a una compañía cristiana. Me sentí incómoda y mal antes del incidente, pero cuando la cotización llegó, era ridícula. Supe de inmediato que no eran las personas adecuadas con quien trabajar. No me imaginaba que el don de discernimiento sobrenatural ya estaba en mi vida natural.

Cuando recibí una oferta de empleo para trabajar en una empresa de ropa para niños en Sudáfrica, estaba encantada con esta oportunidad mientras esperaba que se abriera alguna "puerta" para *Los Mensajes de Dios*. En ese momento, no sabía que lo que Dios quería de mí era que regresara a los Estados Unidos repetidamente.

No me tomó mucho tiempo para ver que esta empresa trató su personal muy mal e injustamente. Los gestores realmente despidieron a todo el personal de una determinada rama donde se robaron mercancía. Lo hicieron sin ninguna prueba de quién exactamente eran los ladrones. Durante un seminario de la empresa para todo el personal, cuando los dirigentes disertaban sobre servicio al cliente y cuán grande era su marca, algo me sucedió mientras escuchaba sus presentaciones. Era como si sus falsas palabras me envenenaban. Pude ver una empresa sospechosa tratando de motivar a su personal con mentiras, utilizando mano de obra barata, a pesar de la situación tan desesperada que había en Sudáfrica, para su propia ganancia.

Camino a casa, escuché a Dios, "Estas en la basura." Y así, me arrepentí por pensar que podría trabajar en un lugar como éste o posicionarme fuera de la voluntad de Dios. Recuerdo muy bien cómo todo esto me repugnó, Mi espíritu sentía náuseas, tanto así que tuve que parar en la carretera para vomitar.

Ese fue el impacto que inauguró el cambio para mí. Una maravillosa puerta se abrió cuando salí de esa empresa para estudiar como Planificadora Financiera Certificada con un proveedor de servicios de Sudáfrica muy conocido. La combinación de trabajo y estudios me vino como anillo al dedo. Siendo una apasionada por crear riquezas y proteger los clientes, no sólo en lo espiritual sino en lo natural, ese trabajo fue perfecto para mi personalidad. Pude discernir espiritualmente cómo proporcionar asesoramiento a mis clientes productivos. Pero incluso aquí, Dios me sorprendió diciendo que en mi camino a una familia religiosa, voy a perder mi tiempo con ellos.

La bendición de un maravilloso trabajo fue seguido por otra bendición aún mayor. Quedé embarazada un mes antes de mi segundo hijo. y Ahora; mi cuenta bancaria reflejaba la misma cantidad que en el sueño. En realidad, ambas de mis cuentas bancarias reflejaban los mismos importes que se indicaban en el sueño, un porcentaje de los fondos provenientes de la venta de las participaciones del almacén de Worth y en mi cuenta de Estados Unidos la cantidad exacta necesaria para lanzar *Mensajes de Dios*. Con esto, Dios me demostró, más allá de toda duda y por encima de todo, que Él está al tanto de todos los detalles. Me maravilla captar la idea de que Él podría incluso hacerme saber con precisión el estado de mis cuentas bancarias en el momento preciso cuando estas finanzas eran una gran preocupación para mí.

Lo sobrenatural fluye a lo natural de mi vida. Al hacerlo, lo sobrenatural se convierte en natural. ¡Increíble! Pero tengo que repetir una advertencia clara, aquí. Cuidado con sus sueños y cómo los interpreta. Un verdadero sueño, un mensaje auténtico de Dios, con la correcta interpretación conducirá a lo sobrenatural. Pero incluso el mensaje más auténtico de Dios con una interpretación incorrecta simplemente llevará a engaño. La interpretación es clave, y es algo que se aprende.

Estemos además consientes de algo sumamente importante. No permita que usted mismo haga algo "sobrenatural" cuando no lo es; por ejemplo, un repentino sueño, digamos, de un enorme tsunami que azotó su ciudad...o un tornado...o una bomba, o ¡un cometa que golpea la Tierra! ¿Es Dios diciéndole que vaya a advertir al mundo o su ciudad? No y no. Si Dios quisiera enviar un mensaje importante, no sólo va a venir en un sueño...y no será dado a una sola persona. Lo que percibes puede parecerle una "experiencia sobrenatural", pero tenga cuidado. Al final de este libro examino las peligrosas lagunas que podemos accidentalmente o incluso voluntariamente pasar cuando se trata de sueños.

A medida que llegamos a terminar este capítulo, necesito abordar algunas cuestiones acerca de lo que es "natural".

Observemos estos ejemplos:

Dos niños murieron en la parte de atrás de un camión en Louis Trichardt, Sudáfrica, cuando paseaban con un amigo de la familia a algunas tiendas. A un camión enorme que iba bajando la montaña Soutpansberg se le fueron los frenos y chocó con el vehículo donde viajaban los niños. La mamá podría preguntar: "¿Por qué Dios no envió ángeles para ayudar a mis hijos?"

Otros dirán que fue les había tocado morir porque era su tiempo. ¡NO, NO LO ERA! Vivimos en el "natural", en la tierra. Para cada acción, hay posibles consecuencias. Este fue un trágico accidente. ¿El plan de Dios para ellos morir? De ninguna manera.

Un esposo y su joven esposa viajaban a casa después de beber en una fiesta y tener una discusión. Su coche se sale de la carretera a las 2:00 a.m. ...ella muere. ¿Era el plan de Dios que ella muriera? ¡NO! Nuevamente, las consecuencias "naturales" de la vida en este ámbito. Por lo tanto, yo defiendo a mi Dios. Él no hizo que estos accidentes ocurran. Él no va enseñar a un alumno a ser cruel. Los errores pueden conducir a muy malas cosas, como bien puede ser la ignorancia, o un simple accidente.

Otro ejemplo: un problema en mi país de Sudáfrica es que hay sólo tres millones de contribuyentes y 19 millones que reciben subvención del gobierno. Con un Parlamento tan grande, esto no es muy eficiente o eficaz. El problema "natural", el dilema que todos enfrentamos en esta vida, son "problemas terrenales". Aquí vemos el resultado de la falta de trabajo y una enorme cantidad, ochocientos trillones de Rand (moneda de Sudáfrica), de corrupción el año anterior. En un sentido muy real, estas son las consecuencias "naturales" para el Sudáfrica.

Quiero terminar este capítulo dando un ejemplo de mi propia lucha con lo natural y lo sobrenatural. Mi jefe me mandó a llamar. Yo hago las cosas de forma diferente a las "reglas", diferente a la forma en que la empresa lo ha hecho durante años. Él trató por entenderme. Tengo éxito porque hago las cosas "a mi manera". No se equivoquen, trabajaba y trabajo duro, pero en lo "natural" me faltaba un cierto orden aceptado en mi práctica de asesoramiento financiero. La verdad es que no podía manejar la pesada carga de trabajo. Mi jefe me dijo que era un como coche con un motor V16, pero mis ruedas estaban dando vueltas en direcciones diferentes.

Era un hombre sabio y definitivamente el mejor jefe que he tenido. Él estaba realmente interesado ~~que~~ en ~~me~~ ayudarme a adquirir las habilidades necesarias para aislar el "problema" y luego lograr mejoras. Si pudiera implementar ciertas disciplinas, sería mucho más exitosa. No sabía en ese momento que no quería ser más exitosa ya que me estaba enfocando en mi libro.

Pero acepté su consejo. Yo también sentía la falta de ciertas habilidades de vida. Lo que mi jefe no sabía era que algunas de las cosas que a mí me ocurren, pueden ser sobrenatural para otros. Estaba preparando una presentación sobre los ahorros de jubilación para una pareja muy "religiosa". Cuando conducía hacia esta reunión, Dios me dijo, "Yvon, vas a perder tu tiempo con ellos". Y así fue exactamente... Ellos de alguna manera creyeron que sus disposiciones un día iban a caer del cielo... de ¡Dios! Dios me envió a guiarlos a comenzar a crear su propia riqueza. Usted puede pensar que este mensaje es bastante "sobrenatural", pero yo digo, no... Claramente, mi jefe hubiera pensado así, si lo hubiera sabido.

Mi sobrenatural se convirtió en parte de mi "natural" a medida que mi relación con Dios creció, y sucedió algo más, también, comenzó a hablarme en una voz más suave.

Ahora, esto es algo que usted debe recordar. Es algo que aprendí a la fuerza durante mi tiempo en circunstancias "naturales" que incluía dormir poco con mi niño de 10 meses, el estrés del trabajo, los estudios, y la falta de ejercicio. Aunque todos experimentamos esa "sobrecarga" en ocasiones, debe prestar atención y estar consciente de que mucho puede ser demasiado y que conducirá a enfermarse. Cuando me pasó a mí, "en lo natural", me di cuenta de que mis prioridades estaban completamente mezcladas. He colocado a mí y mi salud en el pasado. Los niños, esposo, carrera, incluso terminar este libro, todos estaban compitiendo por ser el número uno.

Eventualmente, mis sistema se estrelló. Peleando con mi esposo por no "ayudar" lo suficiente con el bebé, corrí a Dios, con lágrimas en los ojos. De repente, vi una visión. Y esa visión me mostró el final de este capítulo.

No mucha gente puede ir a lugares "sobrenaturales" y encontrar cosas sobrenaturales. Eso está bien. Sin embargo, algunos pueden y están llamados a lo sobrenatural, si Dios quiere. En la visión, vi un seguimiento a un sueño que tuve con el líder de una iglesia profética que conocía y que se me acercó para mostrarme una pequeña grieta en una pared. Él dijo, "Colette, tu puedes pasar por ahí, pero yo no."

Esta fue la visión. Estaba entrando por un pequeño túnel que condujo a una enorme cueva. Mi esposo estaba afuera cuidando a los niños. Él tampoco podía entrar en el túnel ni estaba llamado a hacerlo. Yo estaba bien con esto. Le extendí la mano a mi amigo, el que ha apoyado mi viaje y este libro. Él se puso de pie firmemente, como un burro, y no quiso entrar en el pequeño túnel, Tenía miedo. Yo le dije, "está bien, te puedo llevar a ti, tu esposa, incluso mis hijos…puedes pasar por aquí."

En esta parte de la visión, vi que los cristianos estaban pensando que yo era "demasiado" exagerada. Yo podía oírles decir, "Quizás, Yvon se está volviendo loca ahora." Me eché a reír y le dije: "Ven, Dean, este túnel lleva a una cueva" La cueva se llama la "Cueva del Águila. En esta cueva vas a poder ver muy lejos." Mi amigo no podía pronunciar una palabra cuando entró a la cueva. Él fue a sentarse en un rincón, mirando a una mujer en un llamativo abrigo blanco. Ella tenía el pelo blanco, no gris, pero un blanco muy intenso.

Mi amigo le preguntó a la mujer quién era ella. Entonces, de repente, yo hablé y dije, Soy yo, Yvon." Aunque había actuado naturalmente, él estaba muy asombrado, porque en este lugar, se podía ver lo que muchos no podían ver. Aunque él sólo guardaba silencio, todo su cuerpo estaba cambiando al mismo color blanco como el suelo. Lo puse a prueba, bromeando le pregunté si quería regresar. Él definitivamente no quería regresar. Entonces, le dije, mirar alrededor de la cueva. En la visión, yo veía lo que él veía. Eran las paredes del interior de un corazón, con todas las venas sangrientas. ¡La Cueva del águila era un corazón! Me dirigí a él y dije: "Este es el corazón de Dios. Dean, estás dentro del corazón de Dios."

Para mí, esta vida será sobrenatural. Para usted, Dios le hablará donde usted está, donde debe estar, para cumplir con su propósito.

Antes de compartir con ustedes todas las diferentes maneras en que Dios puede enviar mensajes, necesito explicar cómo tus temores y percepciones influyen en la manera en que oyes. En el siguiente capítulo, abordaremos la conciencia de nuestros propios miedos y percepciones y por qué es tan esencial abordar estas cuestiones.

18

MIEDOS Y PERCEPCIONES

Vamos a debatir en profundidad el impacto que el miedo tiene en nuestra capacidad para escuchar claramente. A medida que lo estudiamos, recuerde que el amor y el miedo no pueden vivir en el mismo espíritu. Pero también recuerden que nosotros todos somos seres humanos y no somos perfectos. Por lo tanto, el tira y afloja continúa sin cesar.

Mire esta hermosa escritura sobre el miedo y el amor:

1 Juan 4:18
"En el amor no hay temor, sino que el perfecto amor echa fuera el temor, porque el temor involucra castigo, y el que teme no es hecho perfecto en el amor "[LBLA]

Todo temor se basa en algo que hemos visto o vivido. Mi introducción al miedo comenzó el día en que mi madre se suicidó. Después de eso, toda mi infancia fue afectada por el miedo, todos los miedos de a la soledad, la incertidumbre, el amor, el temor a amar o de ser amado, a una pérdida y, sobre todo, el miedo a lo desconocido. Siempre estaba esperaba que algo malo sucediera.

Después de la muerte de mi madre, mi padre se puso muy enfermo. No sólo con cáncer, sino con una serie de ataques cardiacos. Y durante este tiempo, yo era una niña que vivía con el temor constante de la incertidumbre y soledad. Si él moría, ¿quién me iba a cuidar?.

El hecho de que Dios llegara a mi vida, veinte años más tarde, entrando e infiltrándose con eso que se llama amor, era incomprensible para mí. Cuando el miedo ha persistido durante años, hay una tendencia a impedir que el amor entre. Y cuando esto pasa, los mensajes tampoco pueden entrar.

Dios trató de decirme que iba a resolverlo todo pero estos mensajes no podían llegar a alguien ajeno a la esperanza y el amor, por lo que cayeron en oídos sordos. Lo que no podía entender era por qué, si Él me quería, yo tuve que experimentar una infancia tan traumática. Durante doce años, traté de servirle, pero no completamente como se lo merecía. No le había entregado todo en mi vida.

Como ocurre con todas, nuestra relación con Dios será una trayectoria.

Muchas veces casi le di la espalda a Dios. Él es y fue fiel como siempre, demostrándome que Su amor no depende de mis acciones. Su amor es incondicional. *Incondicional*. Esa es la noticia que les quiero dar hoy. No importa cuán buena o mala sea la situación por la que estamos atravesando. Si sabemos que Dios nos ama, nuestro viaje será más fácil de caminar. Debo hacer hincapié en esto para que escuchen lo que estoy diciendo. Quiero que entiendan cuán grande es Su amor para que puedan echar fuera los temores que les impiden realizar sus destinos, que nos impiden "escuchar" lo que Dios ha planeado para nosotros. Con sólo comprender en parte el amor de Dios o Su actitud hacia nosotros, no temeremos pedir escuchar Su voz.

El miedo es lo opuesto de la fe. El miedo le hará huir de su destino.

Aquí tenemos dos cuestiones esenciales: ¿A qué usted tiene miedo? ¿Cuán viva es su fe? Esto es muy importante, recuerde que el miedo es lo opuesto de la fe. El miedo le hará huir de su destino. Permítame pintarle un cuadro. A un lado, usted tiene bendiciones, promesas y su destino con Dios, todo a la vista (en el espíritu) para Dios, pero también para el enemigo. Al otro lado, el enemigo envía una criatura no humana de "dos patas" llamada miedo cuyo objetivo es hacerlo salir huyendo tan rápido como pueda.

La primera pata de esta criatura referida como "miedo" es "sin gracia", la segunda, "sin amor." El miedo, con sus dos poderosos tentáculos, se aprovechará de usted y lo remontará lejos de la voz de Dios. Esto es lo que sucede en el mundo de hoy. Las personas huyen cuando se van de compras, a comer, a eventos sociales, al alcohol, las drogas y constantes fiestas, con tal de escapar de sus circunstancias actuales. Lo que no se dan cuenta es también están huyendo o "escapando" de su propio potencial, sus propios destinos. Si sólo se calmaran lo suficiente para "escuchar". Es muy importante que usted destruya los tentáculos del miedo. Sea lo suficientemente fuerte para afrontar y dominar hasta los temores más sutiles. ¿No se atrevería a perderse el próximo evento social si ya sabe que su destino está esperando?

Antes de emprender el viaje hacia mi destino creo, primero tenía que encontrar la forma permanente de controlar mis temores, sobre todo, el miedo a salir de mi país e ir a otro lugar. Para mí, al principio, la voz de Dios y Sus mensajes no siempre fueron suficientes para mantenerme segura. A causa de mi pasado, lo que más temía era la falta de necesidades básicas. Qué locura, ¿no? Tengo que repetirlo aquí. Nunca me ha faltado nada desde que he empecé a escuchar y obedecer los mensajes tal y como los he oído de Dios.

Una vez más Dios me animó: "Mientras Yo sea Dios, que será por siempre, no te faltará nada." Esas fueron las palabras más increíbles que nunca había oído, y desde entonces nunca he carecido de nada, aunque sigo con la batalla diaria del temor al fracaso. Supongo que eso tiene que ver con el hecho de que soy un ser humano. Pero esa soy yo, y Dios me conoce mejor que nadie. En cuanto a Dios, Él cumplió Su promesa.

Usted puede crecer con miedo de ser un compañero.

El miedo provoca la inseguridad. La inseguridad abre las puertas a oír otras voces.

Usted necesita pedirle a Dios que le ayude a impedir que el miedo se manifieste en su vida. Yo sé muy bien cómo eso puede suceder. Al igual que muchas personas (quizás usted también?) que tienen miedo, mis experiencias me han convertido en una persona sospechosa de todo y protectora de mí misma, pero a un nivel obsesivo. El miedo provoca la inseguridad. La inseguridad abre las puertas a que escuchemos otras voces. Usted puede crecer con miedo de ser un compañero. Mi difunto padre estaba tan enfermo que yo vivía constantemente temerosa de su muerte, un evento impactante que me dejaría huérfana.

Hoy en día soy una mujer totalmente diferente. Me siento mucho más libre del miedo que solía mantenerme en encajonada en el temor.

En el libro, *"Lo que el viento se llevó"*, la vida total de Scarlett O'Hara fue destruida porque creyó en el amor enraizado en una mentira. Pero la verdadera razón por la que fue arrollada por este amor fue por causa de temor. La historia de Scarlett O'Hara es realmente un relato sobre una mujer capturada y mantenida como rehén por mentira. Ella plantó su propio árbol de amor que creció en esa mentira y acabó afectando a la vida de tantas otras personas. Porque la propia madre de Scarlett no pudo casarse con el hombre que ella quería, Scarlett heredó ese miedo de no poder casarse con el hombre de su gusto. Como era, su primera elección de un amante resultó ser erróneo en todos modos.

Ser soltero, en cierto sentido, presenta un cierto temor porque no somos seres hechos para creer que podemos ser felices sin un testimonio de nuestras vidas. Es decir, sin alguien con quien compartimos la vida. Y allí estaba yo, soltera y soltero durante mi tiempo predicando en Hollywood.

Mientras en Hollywood una noche, oí la voz de Lucifer diciendo, "Dios te ayudó bastante en Los Ángeles, y ahora estás sola." Era una gran mentira, porque Dios ayuda a sus hijos en todos los sentidos. Pero Lucifer, por supuesto, es el maestro del miedo. Si no luchamos contra el miedo en nuestras vidas, eso puede impedir nuestro discernimiento y nos desactivará en nuestro viaje hacia el Espíritu de Dios. En otras palabras, no seremos capaces de interpretar nuestras propias circunstancias de manera precisa. Sin embargo, es por eso que he venido diciendo que vamos a la guerra. Recuérdese que debemos ser tolerantes a cero en cualquier cosa, especialmente el miedo que remotamente intenta de mantenernos alejados de nuestro destino. Irónicamente, otro temor que puede surgir es realmente el hecho de que usted tema que no podrá vivir su destino, aunque tal vez no tenemos uno.

Para superar el miedo, se debe permanecer cerca de Dios y obedecer Su voz.

Debo decir una palabra sobre la ansiedad aquí. La ansiedad que es la corona en la cabeza fea del miedo, es esa sensación de temor excesivo, de preocupación perpetua que algo malo pueda suceder, aunque no hay ninguna razón lógica para estar asustado. Muchas veces, las enfermedades depresivas y ansiedad van juntas. ¿Qué crees que Dios iba a decir sobre eso?

La ansiedad y la depresión se han convertido en enfermedades relacionadas con el temor a la mayoría de la generación de hoy. Tan sorprendente como que debe sonar, las causas de esta crisis son tan dolorosamente evidentes. La niñez está siendo despojada de la juventud de hoy como es forzada a crecer como adultos pequeños en un mundo donde los padres temen que sus hijos no se midan a determinadas normas. Apenas mayores que los niños pequeños, los niños de hoy están sometidos a presiones sociales en preescolar, por los padres y en la sociedad. Apenas ellos saben cómo jugar y mucho menos tiene la oportunidad de hacerlo.

Es triste que muchos de los líderes políticos de hoy, los padres y las madres en el hogar, los maestros en las escuelas, todos los cuales que deben cuidar nuestras generaciones futuras están paralizados por algún tipo de miedo. Lo que parece alarmante es que todos aquellos que comparten la responsabilidad colectiva de conformar una nueva generación entera en lugar de fundición es un ejemplo aterrador de lo que es el miedo a una persona.

¿Cómo pueden conseguir algún éxito cuando sus temores le dictan cómo debe actuar, qué hacer, cómo sentirse? Están demasiado ocupados lidiando con la soledad, el rechazo, el dolor, la traición, la competitividad. Estas almas que no han sido autorizadas o que no se han permitido para madurar en el espíritu, por lo que son incapaces dentro de sí mismos, la curación de una generación que se apoya en ellos para obtener respuestas.

Las personas que estas almas temerosas deben "guiar" han sido vulnerables a la depresión porque carecen de una visión para el futuro y toda esperanza de llegar allí. En efecto, todo eso se combina para crear un sentimiento de fracaso. Para empeorar las cosas, el mundo de las presiones económicas ha llevado a la incertidumbre, la inseguridad, la depresión y, en último lugar, la ansiedad crónica. Los padres están más preocupados por cómo van a sustentar a sus familias, que tender al bienestar espiritual de sus hijos o ellos mismos, por ende. La inseguridad financiera ha provocado innumerables divorcios, hogares rotos, dejando muy poca esperanza para las generaciones futuras.

Lastimosamente, la última cosa que se queda en la mente de la mayoría de la gente es: "¿Qué es lo que Dios está diciendo? ¿Qué está pensando Dios, y qué está planificando, Para mí, para mi familia, para el mundo?

Sin embargo, todo esto va de mal en peor. La industria farmacéutica, quien siempre se centró en los beneficios, ve una gran oportunidad en este mar de miedo. Se ha creado un conjunto de respuestas a los "problemas" de hoy. Las medicinas antidepresivas, el dopaje de personas mientras que los departamentos de marketing como una manera de lidiar con la depresión, una manera de corregir los desequilibrios de las alteraciones químicas en el cerebro. Hoy en día, muchas personas, se focalizan en su sus negocios diarios, y sufren de depresión y de temor intenso de lo cual ni siquiera son conscientes. Mientras el uso temporal de los medicamentos puede ayudar hasta cierto punto que no es todo lo que se necesita, y es peligroso en el largo plazo.

Todas estas fuerzas han desembocado en una sociedad sin amor, una herida en la sociedad que depende de drogas que necesita una cura permanente: el toque sobrenatural del amor de Dios.

La esperanza no se puede encontrar en forma de píldora. Pero cuando el amor de Dios sana esta gran herida, pone fin a todos los temores de las generaciones pasadas y surgirá una nueva generación vive en la paz de principios celestiales.

También hay una forma muy sutil del miedo que Dios me mostró, una angustia de la que la mayoría de los cristianos no son conscientes. Eso es ridículamente irónico: el miedo de desobedecer a Dios. Una noche, Dios me despertó con el mensaje, "Obedecedme." Me preguntaba lo qué necesitaba hacer más. Pero aquí estaba yo, ya temerosa de desobedecer a Dios. La mayoría de nosotros sabemos que ni el padre, la naturaleza de Dios, ni sabemos su gracia sanadora tampoco. Como pensaba en esto, me di cuenta de que constantemente desobedecía a Dios involucrándome en relaciones "equivocadas". La mañana siguiente, tuve un sueño sobre Sus hijos desobedeciéndole, pero Él todavía los bendijo dondequiera se vayan. No era Su voluntad ir allí pero la desobediencia no quita Su amor y Su gracia. ¿Se recuerden esas alumnas pequeñas que robaron la torta? Claro que sí, el amor paternal es muy inmenso.

Después de aceptar la gracia de Dios, El me ayudó a agitar el miedo de desove decirle. Él envió ese mensaje severo sólo para recordarme de mi situación temerosa, pero no debería ser, de desobedecerle.

Su voluntad está incrustada dentro de mi corazón, mente y emociones. Él ya no dice, "¡Obedecedme!". Él ahora pide a preguntas como, "¿Cuando quieres ir al extranjero?", no un "Debes ir" o, simplemente, me preguntó: "¿Qué quieres, Yvon?"

Concedido, Dios tuvo que repetir su pregunta sobre un viaje al extranjero aproximadamente diez veces, dentro de ocho meses, para que me despierte y darme cuenta de que Dios me está enviando a los Estados Unidos, otra vez. Tuve que verme yo misma por lo que yo era en aquel momento: una madre luchando con miedo a causa de su responsabilidad hacia sus hijos. Pero la liberación se produjo cuando Dios me preguntó una cuestión muy delicada que Yo nunca me imaginé oír de Dios. Escuché esa pregunta varias veces que decía "¿Qué quieres?" me dejó sin palabras. Aquí Dios estaba, dejándome una parte de las decisiones simplemente, lo que sería cómodo para mí, para mis hijos, para mi esposo.

La ira

Las personas que tienen miedo en su vida suelen tener problemas de ira y todos sabemos que el enojo es muy destructivo. La ira debe ser tratada de forma muy sabia. Dios usó dos sueños para mostrarme mi actitud. Las personas que se enojan están llenas de venganza. En un sueño, mi esposo estaba hablando con una amiga mía de la escuela. Cuando habló con ella por un tiempo muy largo, me quedé muy molesta. El objetivo no era que mi esposo estaba haciendo nada malo, pero es mi actitud hacia la situación. ¿Qué podía hacer? Ignoré este sueño.

Una semana más tarde, el segundo sueño me apareció pero esta vez, mi reacción fue muy impulsiva. En este sueño, yo vi que mi esposo besaba a otra mujer durante el almuerzo. Me tomé un plato lleno de comida y lo tire por encima de sus cabezas, rozando los restos en sus rostros. Definitivamente una reacción airada. Dios estaba demostrando claramente que yo necesitaba ordenar mi ira.

Escuchar la voz de Dios le llevará a muchos lugares dentro de sí. Algunos serán muy dolidos que quizás no sabía que existían. Aquí, Dios le pide a enfrentar estos desafíos con valentía, y curarlos con la fe.

¿Eso no suena como un padre?

Estos sueños me dieron algo en que pensar. Dios me estaba enseñando que cuando alguien me ofendía, no siempre es mi cruel acto que debe ser el foco principal, sino mi reacción hacia ello. Dios vinculo mi ira con el temor en mi corazón. En el sueño, me demostró que tengo un problema emocional que podría explotar en mi matrimonio. Esto es algo que necesita ser arreglado rápidamente y por completo. Escuchar la voz de Dios te llevará a muchos lugares dentro de ti. Él me condujo a una llaga por lo que me gustaría reconocer que existía, afronte con valentía y cure con fe. ¿Eso no suena como un padre?

Volvamos a esas dos pequeñas alumnas que robaron el pastel. Cuando las cogí en mi sueño, las denuncié a Dios. Y ¿qué hace Dios? Él generosamente las asienta en su regazo como lo haría un padre por supuesto. Este sueño siempre me recuerda a la actitud de amor de Dios, que debemos hacer nuestro mejor esfuerzo para imitar. Él es el amor primero, sentencia posterior.

Posesividad, desconfianza, Escepticismo

He sido testigo de cómo las personas cogidas por el temor de una pérdida tienden a ponerse a la defensiva, desconfiadas, incluso cínicas. La posesividad, la manipulación, el exceso de protección, la desconfianza y el escepticismo son todos los pequeños bebés nacidos de la madre del miedo y de la pérdida. Observe la diferencia entre la sospecha y el escepticismo. Las personas sospechosas siempre creen que alguien sea culpable o que algo esté mal, porque están reaccionando ante el temor de una mentira.

Cuando se reprenda sospechas en el nombre de Jesús, pido a Dios que le llene del opuesto de la sospecha que es la confianza basada en el amor. En cuanto a los escépticos, piense en aquellas personas dudosas que conoce. ¿No preguntan por todo siempre? ¿Por qué? Que se encuentra en la raíz de su persistente duda He encontrado que estas almas no son bien tratadas por los demás, no los dan el amor necesitado entonces se sienten perjudicadas por acciones terribles sin amor del pueblo. Este dolor se convierte, eventualmente, en un escéptico. Es un mecanismo de defensa para evitar lastimarse, además de sentirse mal consigo mismo, hacer frente a su soledad.

Pero el miedo de la soledad lleva a escaparse de la circunstancia y suele escaparse a donde sus lados débiles, así que tiene que estar alerta, vigilante, en guardia, pues la tentación llegará a usted dónde es más débil.

1 Pedro 5:8
"Sed de espíritu sobrio, estad alerta. Vuestro adversario, el diablo, anda al acecho como un león rugiente, buscando a quien devorar."[LBLA]

La falta de amor produce los mismos frutos como los que produce el miedo. Sentirse no querido provoca la inseguridad, la indignidad y, sobre todo, la soledad. De nuevo, ten cuidado. Cuando uno se siente solo y busca el amor en los lugares equivocados. Demasiadas personas solas se ofrecen al alcohol, las drogas o al sexo. Pero como uno trata de aliviar su dolor a través de la escapa, lo hacen sin saber que el camino que han elegido es a la vez temporal e incumplido.

El miedo de la soledad, para tantas mujeres las hace alojarse en una necesidad imaginaria e urgente de conseguir el estatuto de mujer casada. Si sólo estas mujeres vulnerables pudieran entender que es Dios quien es el mejor e ultimo creador. Dios dirige a aquellos que piden, desde la ruta del camino divino hasta el matrimonio. Pero para que eso suceda, el miedo de la soledad tiene que ser reemplazado por la fe y el amor de sí mismo.

El verdadero amor viene y es de Dios. Por lo tanto, viendo que Dios tiene su propio tiempo, también lo hace el amor. Un amor que no se basa en la verdad está basado en las mentiras, y por supuesto es condenada desde el principio. Hoy en día, ese falso amor muestra su cara bajo varios aspectos como: el divorcio, las familias mono parentales, la inmoralidad sexual etc.

Advierto cada hembra fanática de lectura a comprender que la necesidad y la prisa para encontrar el "Hombre ideal" pueden ser muy apremiantes, especialmente si está luchando contra el miedo de la soledad. Sin embargo, encontrar al Hombre Ideal por sí misma, sin la guía de Dios, está buscando la aguja proverbial en un granero. Los que intentan hacerlo ellos mismos, bajo presión imaginaria, son mucho más propensos a hacer errores de la vida de impacto que suscitan embarazos no deseados, abortos, divorcios y los niños maltratados.

La "matemática" está en contra de ustedes. Si ha tenido múltiples parejas sexuales, digamos diez, y usted está en una relación sexual con un hombre que ha tenido 20, si no se arrepiente ante Dios y romper todos los lazos del alma, que terminan prácticamente, si no realmente, habiendo treinta parejas sexuales entre los dos de usted. ¿Creo que eso es lo que agrada a Dios?

¿Qué dice Dios sobre esto?: nuestros cuerpos son el templo de Dios. El pecado sexual es pecar contra nuestros propios cuerpos. Este pecado, creo, puede hacer que el cuerpo y el espíritu sean físicamente enfermos. Dios nos espera para entregarle nuestro ser carnal. Cuando caemos en nuestras rodillas y confesamos nuestras debilidades, pidiéndole que nos ayude, que nos de fuerza.

Amar a Dios es aborrecer el pecado.

Según esta convicción, el mundo y todas sus tentaciones llegan a ser decididamente vago, en comparación con su amor radiante. Una vez que se pruebe el sabor verdadero del amor, no habrá ningún sustituto. Es por ello que amar a Dios es aborrecer el pecado. Antes de que usted pueda recibir la pareja que quiere Dios, usted tiene que hacer un balance de su relación con Dios, en primer lugar.

Las personas que sufren en el área del amor a través del rechazo o la pérdida, realmente tienen miedo de amar aunque desean desesperadamente amar. Lo que es peor es que este temor puede dibujar mensajes falsos, ya que atrae a una esperanza falsa y un espíritu mentiroso que le dice lo que quiere oír, o algo sólo para calmar sus debilidades y sus temores.

Anteriormente escribí que mi temor y deseo más grande y deseo eran el amor y la protección que ofrece el amor. El temor que entró a través de la puerta abierta por el suicidio de mi madre trajo consigo una "mala voz" que utilizó mis debilidades para fabricar mensajes falsos Eventualmente, esos mensajes me llevaron a dudar la voz misma del Dios que sirvo. Esta es la razón por la cual es importante comprender sus debilidades para que pueda discernir los mensajes que vienen a usted. Si no soy capaz de controlar mis vulnerabilidades, yo estaría en situaciones peligrosas. Por ejemplo, ni siquiera puedo contar las veces que los hombres se acercaron a mí diciéndome que Dios les dijo que yo iba a ser su esposa. Imposible. ¡Era muy absurdo! ¿Cómo me podía casar con los diez de ellos? Seguro que creyeron oír que Dios los dijo que yo debería.

Isaías 30:21
"Entonces tus oídos oirán a tus espaldas palabra que diga: Este es el camino, andad por él; y no echéis a la mano derecha ni tampoco torzáis a la mano izquierda."[RVR 1960]

Isaías 30:22

"Entonces profanaras la cubierta de tus esculturas de plata, y la vestidura de tus imágenes fundidas de oro, las apartaras como trapo asqueroso; ¡Sal fuera! Les dirás. "[RVR 1960]

Estos versículos nos recuerdan de lo que estamos obsesionados y cómo estas cosas nos afectan. Recuerde, el miedo puede crear una obsesión que le lleva a escapar a una multitud de cosas, cada uno de los cuales puede distraer a su destino:

El amor a través de la fe es el único antídoto del miedo. La Biblia dice que la fe viene por el oír la Palabra de Dios. Debemos tener una escritura como Isaías 41:10 (véase abajo) y decirla en voz alta, mantenerla en su mente repitiéndose a usted mismo que esta Palabra será su maestro y tendrá autoridad en su vida, porque Dios no es miente. Él siempre cumple Su Palabra. Quedamos libres del temor cuando oramos y hablamos la Palabra de Dios y también pedimos al Espíritu Santo de Dios que nos ayude a ser libres de temores específicos.

Isaías 41:10

Dice: "No temas, porque yo estoy contigo, no desmayes, porque yo soy tu Dios que te esfuerzo; siempre te ayudaré, siempre te sustentaré con la diestra de mi justicia."[RVR 1960]

El temor bloquea sus percepciones y patrones de pensamiento. Piense en esto: Dios te necesita para cambiar su percepción para que le pueda enviar mensajes.

Percepciones

Veamos ahora las percepciones. Tener la percepción correcta es vital, pero, ¿cómo lograrla? Bien, si usted está de acuerdo que esa percepción es cómo vemos el mundo, o un evento o una persona o un acto, comienza con no ser crítico o impetuoso. Esto es importante porque Dios esperará hasta que su percepción cambie, es decir, hasta que vea que esté dispuesto y listo, antes de enviarle un mensaje.

Creo que el sufrimiento es grande cuando los padres no pueden permitirse el lujo de comprar alimentos, o incluso zapatos para sus hijos. Usted no tiene que ser un padre para comprender el dolor que se siente cuando una persona sabe que no es capaz de proveer aun la más básica de las necesidades de sus hijos. Estoy muy bendecida; mi hija nunca ha faltado de algo. Pero esto no me mantiene a imaginar la angustia si algún día estoy incapaz de ayudarla.

Pero ese día podría llegar. Piense en todas las personas que tenían un empleo remunerado antes de la Revolución Industrial, cuando inventaron las máquinas para sustituir a los seres humanos. Casi de la noche a la mañana, los segmentos de la población empleada se llegaron a ser desempleados. Hoy en día, es una tecnología informática que está impulsando la tendencia más allá de lo que jamás soñé. Cada vez más, el resultado se confirme en el hecho de que hay menos puestos de trabajo y menos necesidad de trabajo físico humano. Pero quizá este período de agitación sea un don dado por Dios a fin de poder comprender algo que, de lo contrario, perderíamos. Creo que la necesidad de la gente para escuchar a Dios sobre cómo sobrevivir, no se está convirtiendo en un redoble sino una necesidad. Pero la supervivencia de la cual estoy hablando proviene únicamente de Dios y a través su liderazgo, dirección y orientación., Y, por cierto, requerirá un cambio de percepción.

Muchas personas se verán obligadas a adquirir nuevos y más amplios conjuntos de habilidades, y asumir más responsabilidades de gestión y organización, crear y generar más negocios. Pero el miedo le impide a muchos arriesgarse con nuevos proyectos. Por lo tanto, es necesario otro cambio de.

El empresario e inversionista inglés Sir Richard Branson, dijo: "Yo quería ser un editor o un periodista. En realidad, no estaba interesado en convertirme en un empresario. Pero pronto descubrí que me había convertido en un empresario para mantener mi revista en marcha." ¿Se fija? La voz de Dios puede venir con algunas con ideas increíbles, emprendedoras, mezcladas su pasión original. Si usted lo deja tomar su curso, creará un lugar donde no sólo sobrevive sino que logrará una vida próspera.

Mi esposo y yo nos escapamos un fin de semana al Kruger National Park, un verdadero "R&R", como dicen. Me recuerdo despertar de un sueño profundo, una noche, después de haber tenido el sueño más increíble. Me dije," Wow. Wow, Dios." Pero yo era demasiado perezosa para coger un lápiz y papel para anotarlo. La mañana siguiente, el sueño se me olvidó. Todavía no puedo recordarme de ningún detalle. Como dije anteriormente, usted ha de ser humilde para dejar que Dios le ayude. Pero cuando lo haga, asegúrese de organizar e alinear sus patrones de pensamiento a los de Dios. Cuando Dios habla, usted necesita reaccionar de inmediato, no de miedo, sino por respeto al Dador del Mensaje. Yo aprendí esa lección dolorosa y definitivamente cambié mi percepción sobre estas cuestiones.

Mis percepciones malas (humanas) de Dios en algún momento todavía me hacen dudar de lo que escucho porque pienso… "de ninguna manera, Dios no diría eso." ¿Cómo es posible que yo pueda decidir algo cuando prefiero que Él tome las decisiones? Aun dudo si oigo una "cierta" palabra moderna y me pregunto si Dios usaría esa palabra cuando habla conmigo.

A veces, Dios espera que una percepción cambie antes de decidir si usted está listo para enviarle un nuevo mensaje. Percepciones cambiantes pueden ser muy cruciales. De hecho, algunas personas pueden viajar por todo el mundo o por lo menos lejos de sus entornos de vida actuales sólo para restablecer sus percepciones. Y hay las que llegan a viajar pero no son "abiertas" a un cambio de percepción y, por lo tanto, no se dan cuenta de la maravillosa oportunidad que están desperdiciando.

Dicho esto, escuchen: Durante muchos años, mi percepción de la felicidad máxima en Sudáfrica sería tener una casa de playa. Trabajando como un asesor financiero, yo estaba decidida a visitar las zonas costeras para encontrar un futuro hogar de retiro para nosotros, así que nos fuimos. Siempre he tenido un profundo amor por el mar y la naturaleza, en general. He compartido maravillosos momentos con mi hija en la playa y en la naturaleza, así como momentos especiales con Dios.

Durante este viaje, algunas de mis percepciones cambiaron. Por ejemplo, empecé soñando con una pequeña y sencilla casa en la costa, no la cara que estaba en mi lista original. Me di cuenta de que la propiedad era extremadamente cara en ciudades costeras, escasean las oportunidades de trabajo y salarios son mucho más bajos que en las grandes ciudades.

A través de esta experiencia, Dios me llevó a darme cuenta de que debería pedir Su consejo sobre cómo ser prudente con el dinero y las inversiones, permitiéndole que nos guíe en nuestras negociaciones. Necesitaba este viaje para ayudarme a cambiar mi percepción, pero el cambio vino por sí mismo. Yo no quise viajar con eso en la mente.

Dios necesita ciertas percepciones de nuestra mente antes de poder compartir con nosotros otras ideas y direcciones. A veces, puede costar dinero un cambio de una percepción. Dinero pagado, dinero perdido, dinero dado, cualquier manera que resulta en el incremento es dinero bien gastado. Por ejemplo, mi viejo sueño de tener una casa de playa podría hacerme sentir presionada para ir en busca de una propiedad de vacaciones. Y todo comenzó como una exploración a una determinada zona costera. Cuando ese impulso de explorar se apacienta, su mente comienza a descubrir otras posibilidades que no había considerado antes.

Quizás, el plan de Dios no incluye muchas visitas a una casa de playa. Algunas personas viajan o sienten ganas de "encontrar" algo nuevo. Su viaje podría ser el plan de Dios para librarlas de una cierta percepción errónea sobre cómo se debe vivir la vida. Yo fui una "exploradora" toda mi vida. Me encantaba Hollywood, pero después de vivir allí algunas de mis percepciones idílicas desaparecieron. La búsqueda por encontrar la casa de playa perfecta cambió mi perspectiva. Cuando recibí dinero para completar mi manuscrito, cambié de percepción y esta circunstancia me llevó a explorar la vía de la auto publicación. La recesión mundial está alterando muchas percepciones. Conducir durante 15 horas para ver "algo" podría ser exactamente lo que se necesita para ayudar a ordenar las cosas, abrir la mente y el cambio de percepciones.

A veces, nosotros nos vamos de acampada porque yo sé que Dios dijo, "Descansen y vendré a vosotros." Aunque busque provisión y oportunidades financieras que sirvan a las necesidades de mi familia, me doy cuenta de que necesito dejar ir las cosas de mis manos y ponerlas en las manos de Dios.

También creo en las conexiones correctas y en las buenas amistades, en el momento oportuno. Yo cultivo estos conceptos y confió en Dios por eso le doy gracias a Dios por ellos.

Con el tiempo, mi percepción cambió y amistades también. Me di cuenta de que podía dejar ir a las personas, mis expectativas e incluso mis ambiciones, y eso está bien. Siempre he notado en las personas que tienden a tener muchos amigos y familiares. Cuando pienso en eso, sé que soy diferente, porque estoy en paz sabiendo que Dios me dijo, "Esta es tu trayectoria, y sólo unos escogidos han sido enviados a caminar contigo. "Después de haberlo dejado ir, ahora tengo en mi vida sólo personas de designio y propósito.

No podemos hablar de percepción sin enfocar hacia el más convincente de todos: la percepción "correcta o incorrecta". Y pensar que todos los conflictos que parecen ocurrir en el hogar, en la oficina, en público, todos se deben a las percepciones, especialmente la percepción correcta y la incorrecta. Fue una novedad para mí que dicha percepción podría estar relacionada a mi actual estado emocional.

Durante mi juventud, nunca vi a un hombre que hubiera bebido demasiado. Mi papá solía tomar un whisky a veces, o una sidra, o lo que sea, pero nunca lo vi tambaleándose. Pero entonces, cuando me casé con mi esposo, para él era muy natural darse unos tragos en reuniones sociales y en los juegos de rugby. Me impactó verlo a él y a sus amigos beber demasiado en las fiestas. Mi esposo me explicó que era una cosa de "hombres". Obviamente, él no bebía durante la semana, solamente en fiestas o barbacoas, o cuando estaba viendo partidos de rugby en la televisión. Recordando cómo su familia y amigos solían tomar en fiestas, empecé a dejar de visitarlos. Yo simplemente no podía hacer un evento donde había demasiado alcohol donde yo o mis hijos estuviéramos.

El exceso de bebida provocó terribles peleas. Vivía atemorizada cada vez que salía de la casa para atender un partido de rugby o incluso para una ronda de golf. Yo estaba terriblemente asustada que iba a beber demasiado, conducir hasta casa y que mi hija vería a su padre emborrachado, o que tuviera un accidente. Algo me podría suceder, en casa, mientras mi esposo estaba con bebedores peligrosos. Era como si mi espíritu fuera "atacado". Sentía una sensación horrible, como si el cielo mismo se abriera y el ángel de la muerte se reía esperando una oportunidad. Oraba sin cesar pero me sentía terriblemente enferma. Eventualmente, tuve que pedirle a Dios que ayudase a mi esposo a darse cuenta de los peligros de tal comportamiento. Esto era realmente difícil para mí y me estaba afectando el espíritu.

Una noche, después de una gran pelea por no querer socializar con personas que beben demasiado, mi esposo me calificó de pedante. ¿Una arrogante? Lo único que deseaba era salir de ambientes donde el consumo de alcohol era demasiado, a un lugar de silencio y de paz. Había recibido un sueño en el cual Dios me dio una clara advertencia. En ella, yo humildemente tuve que decirle a mi esposo que sus "aventuras", lo que él consideraba ser "entretenimiento", podría realmente perjudicar a nuestra hija. En este momento, mi hijo aún no había nacido. Era mi deber como esposa. Pero este mensaje me impactó realmente.

Soñé que mi esposo practicaba el puenting ¡pero sin la cuerda al final! En su lugar, había una persona con una red de seguridad en la parte inferior. Esto fue muy emocionante para los numerosos espectadores. Vi a mi hija siguiendo a su papá y quería hacer lo mismo, ya que se estaba disfrutando mucho. Justo antes de que mi esposo pudiera dar el siguiente salto, el hombre que controlaba la red de seguridad, simplemente se alejó. Grité para advertir a mi esposo que no saltara pero no me oyó. Él saltó, ciegamente. Para mi horror, mi hija saltó después de su papá. Cada hueso en su pequeño cuerpo se quedó roto.

Dios me dio la interpretación también. Debido a que una hija busca admiran a su papá, él le tiene que dar buenos ejemplos de cómo vivir. Esta responsabilidad no es negociable. Una hija necesita padre terrenal de quien pueda aprender lo que sólo un padre puede enseñarla. Así, el padre, mi esposo, debe utilizar el más alto nivel de madurez siempre considerando las consecuencias.

Pero en algún punto, lo que los hombres se sienten obligados a hacer no puede ser en el mejor interés de sus hijas. Por ejemplo, puede haber peligro en lo que los hombres llaman "Aventura" o la forma en que se divierten. Nuestro problema era que mi esposo, con su hábito de beber, estaba estableciendo un ejemplo peligroso para su hija. ¿Qué podríamos decir si después ella escogía ser como su papá?

Bien, no estoy diciendo que los hombres no deben tener su "Noche de Chicos" pero si la "necesidad" de beber no le causaría daño a usted o a nadie a empaparse responsablemente, mientras que no se comporte mal delante de sus hijos. En otras palabras, juraría usar un lenguaje soez y batir a 20 tiradores si Dios estaba junto a usted en una fiesta.

Me tomé un tiempo para pensar en cómo me gustaría compartir este sueño con mi esposo. Estábamos tumbados en la cama, charlando cuando decidí que era el momento adecuado.

Durante semanas, sentí que algo iba mal, así que había abierto mi corazón a mi esposo y compartido no sólo el sueño sino también la sensación angustiosa de que algo estaba sucediendo terriblemente en nuestro matrimonio. Sorprendentemente, y para su crédito, él entendió bien el sueño y dijo que no quería ser un mal ejemplo para su hija.

He compartido la verdad y decidí dejar a mi esposo en las manos de Dios; pero también me dijo que ya no me volvería a visitar a las personas que complacieron en estado de ebriedad. Feliz de que no hubo una gran "lucha", ambos nos fuimos a dormir. Para mi consternación, me desperté unas horas más tarde, sintiéndome más carenciada. Yo sentí que algo todavía estaba terriblemente inadecuado. Pensé en el hecho de que yo me estaba retirando de mi esposo, emocionalmente, como temía mi futuro con él. Pero hubo también el hecho de que mi hija dormía entre nosotros, en nuestra cama, y esto me hizo sentir aún más alejada.

Yo temía una creciente separación entre nosotros, porque mi percepción era que mi esposo no me entendía, mi vida, o el llamado profético de Dios. Este sentimiento terrible aumentó tanto que me hizo falta de aliento. En respuesta a mi temor de la desunión entre mi esposo y yo,

Dios compartió una respuesta práctica: Nos estábamos causando nuestra propia "separación" manteniendo nuestro bebé en la cama.

Mi esposo se despertó. Le dije que no podía aguantar más. Le dije que tenía que compartir mis temores y percepciones con él. Mientras yacía allí, con los ojos abiertos, mi esposo tranquilamente sacudió la cabeza y dijo, "Es tiempo de que Bella se vaya a dormir en su propia cama", y la llevó a su habitación. Él regresa a la cama, me toma en sus brazos y la paz vuelve a reinar en nuestra casa!

En otro sueño algunas noches más tarde, Dios intentó explicarme algo. Debo mencionar que Bella estaba de vuelta en la cama, entre nosotros, de nuevo, porque estaba traumatizada por haber permanecido en el hospital durante dos días. Este sueño me molestó terriblemente. ¿Fue una señal de Dios? Definitivamente no, pensé al principio. Pareció venir a mí sólo como un recordatorio de sentimientos que afectan la intimidad en nuestro matrimonio. Aunque no es un signo, este sueño era bien de Dios, en el trabajo, me muestra el impacto de mis propias emociones.

El sueño era el siguiente: mi esposo y yo estábamos disfrutando de una excursión. Yo llevaba sandalias abiertas en un día lluvioso. Cuando entramos en un restaurante para tomar un bocado, una mujer conocida caminó hacia nuestra mesa. Ella también llevaba sandalias abiertas. Mirando hacia sus pies casi desnudos, mi esposo, comentó: "¿tus pequeños dedos van a sentir el frío?" Al oír esto me puse muy enfadada. Me senté ahí, con dolor e indignación, diciéndome: "Está claro que no le importa si mis 'pequeños' dedos están fríos, pero todos sus avisos son por si los dedos de otra mujer tienen frío."

Extraño sueño, ¿no? Pero me llevó a pensar en dos posibilidades. ¿Era Dios que decía que mi esposo no se preocupaba por mí? O, Dios me estaba mostrando que me sentía en el medio natural porque no estábamos pasando momentos "privados" suficientes juntos y una percepción siguió creciendo en mi vida como una pequeña planta que regamos regularmente.

Esto toma una comprensión madura de la actitud de Dios hacia el matrimonio y sus problemas consiguientes. Él no me estaba diciendo que me fuese porque temía que mi esposo atendiese por el bienestar de otras mujeres. Él me decía que me siento de una cierta manera a causa de circunstancias naturales y que no debo dejar que mis percepciones inviten el miedo.

Mientras más profundamente exploraba este sueño, más vi que era un claro mensaje de Dios.

Cuando algo es tan equivocado que puede hacerle daño a usted, su matrimonio o su vida, Dios puede poner presión sobre usted. Él le coloca en una atmósfera de angustia como si estuviera en un campo de minas, un lugar donde tiene que actuar, decidir, buscar y encontrar la verdad, paso a paso.

Ay madre mía ¿tuve estrés cuando ignoré la pregunta de Dios sobre cuando yo quería ir al extranjero? Recuerde que yo me había focalizado en encontrar un trabajo en Sudáfrica y todas las otras partes y trozos de adoquines que, juntos, conforman una vida armoniosa. La atmósfera alrededor de mí cambió. Mi percepción en aquel momento era que prefería trabajar hasta después del lanzamiento de los *"Mensajes de Dios"* solo para mantener una puerta abierta para mi bienestar financiero. Mientras que puede parecer responsable, seguramente no fue idea de Dios. Dios quiso que mi percepción cambiara. Cada vez se me hacía más difícil seguir con mi vida, el trabajo, la maternidad mientras Dios me llamaba, todo parte normal de mi vida.

¿Qué usted llamaría al siguiente, hecho o percepción?

La razón básica para realizar cualquier trabajo que usted puede encontrar es para pagar las facturas para sobrevivir y tener una satisfacción profesional.

Francamente, no importa si es un hecho o una percepción. Cuando hay facturas por pagar, no importa de dónde viene el dinero, mientras no sea adquirida mediante actos criminales. Pagar las facturas que vencen no es negociable, y por ende, de hecho. ¿Estamos felices de hacer lo que hacemos para vivir? Ahora, eso es una percepción. El reto consiste en combinar la realidad con la percepción y lograr la paz.

Concedido, necesitamos fontaneros, conductores de camión, hasta operadores, cada tipo de limpiador, etc. Pero, ¿qué pasa si lo que haces para vivir te hace infeliz?

Por ejemplo, soy conocida como una persona "artística" pero la mayoría de los artistas están luchando para sobrevivir. Por lo tanto, hacen del comercio su pasión por dinero o ¿se sienten cómodos mientras se mueren de hambre? Artista o no, me quedé atascada en el negocio minorista porque era todo lo que sabía. Pero, lo odiaba. Tras esto, yo estaba agradecida porque mis clases de orientación personal trajeron mucho dinero adicional; sin embargo, todavía faltaba algo. Entonces empecé a perseguir una carrera como asesora financiera, intentando tocar y utilizar mi pasión por lo que estaba ocurriendo en el sector financiero para ayudar a los demás.

Durante este tiempo, trataba de encontrar el equilibrio, hacer que las cosas tuvieran sentido, sentirme útil y satisfecha. Lo que estaba tratando ahora al menos encajaba con mi esposo y sus palabras sabias: "Vas a sentirte aburrida en casa." Si usted recuerda, mi trabajo sobre *"Mensajes de Dios"* no era un factor muy importante para él, ni en este momento, para mí tampoco. Para él, mi manuscrito era simplemente escribir. Sin embargo, oí a Dios decir: "El libro es más grande que lo que crees, Yvon".

Pero yo estaba luchando con la vida y las cosas básicas que nosotros todos tenemos que afrontar. En Sudáfrica también presentan problemas que pido no atormentar a muchos otros. En mi país, sin dudas, hay pocos o ningún empleo, especialmente cuando uno es de raza caucásica en Sudáfrica. Entonces, ¿qué hace uno para vivir cuando está completamente perdido en un lugar donde no existen puestos de trabajo? ¿Dónde estaba yo? Yo no podía hacer como todos los demás estaban haciendo. ¿Era mi ideal tener un buen trabajo sólo una percepción? ¿O bien, podría de hecho haber realmente un buen trabajo esperándome? Un parón en mi carrera podría haber sido una trampa de pobreza para mí, pero tomé el pico porque Dios me llamó para ello.

Quiero que sepa que el miedo y las percepciones se entrelazan constantemente en la vida. Recuerde que le estoy diciendo esto. Esta "oleada" de temor y el punto de vista van a afectar el modo de escuchar e interpretar los mensajes de Dios. Por lo tanto, tenemos que madurar mucho como niños pequeños cuando escuchemos la voz de Dios.

En lo que se refiere a las finanzas, soy una persona muy responsable y creo que mi carrera en la industria financiera se adapte a mí. Cuando no generaba ingresos ciertamente me preocupaba y fue un miedo real, pero tuve que encontrar mi equilibrio entre lo natural y lo sobrenatural. He encontrado la paz al tomar las cosas paso a paso como había trabajado hacia el desarrollo de mis programas de orientación de "Mensajes de Dios".

Entonces, una vez más, tengo escritura:

Salmos 112:2-3
"Su descendencia será poderosa en la tierra; la generación de los rectos será bendita."[RV]

Esta escritura me ayudó a entender por qué Dios me dijo una vez lo que comprendería la herencia de mis hijos. Al oír esto, me asombré de que fuera a ser una herencia tan enorme. Claramente me di cuenta de que lo estoy construyendo no moriría con mi propia muerte. Sin embargo, aquí estaba yo, atribulada e indecisa entre ser una escritora o tener una carrera que ayudaría a pagar las facturas. ¿Había escuchado yo correctamente sobre el tamaño de la herencia de mis hijos? Bueno, como me he dado cuenta, Dios está en los detalles, y Él sabe lo que mis hijos tendrán en el futuro. Consecutivamente, mi deseo es que continúen en el camino donde he comenzado.

Mi percepción con respecto a la herencia, la riqueza y la prosperidad ha cambiado desde ese mensaje. ¿Quién dice que deberíamos centrarnos en tener un solo hogar o sólo pagar los honorarios del colegio de nuestros hijos? Los mensajes de Dios; por cualquier razón que posee, puede claramente sorprenderle fuera de su zona de comodidad y patrones de pensamiento.

En el capítulo siguiente, voy a compartir con ustedes las muchas maneras en que Dios se comunica con nosotros.

19

FORMAS EN LAS QUE DIOS SE COMUNICA CON NOSOTROS

Las maneras en que Dios se comunica con nosotros son abundantes y eficaces, pero lo más importante es que las maneras son elegidas específicamente para llegar a cada uno de nosotros de un modo muy individual. Algunas de las muchas maneras en que tú escucharás a Dios incluyen:

*La Biblia
* Una voz suave.
*A través de sueños y visiones
*Emociones extrañas
*No durmiendo y estando inquieto
*A través de profetas y personas.

Dios habla a través de la Biblia
Sí, la Biblia. Si deseas escuchar la voz de Dios, la puerta más inmediata es a través de la Biblia. No creo que necesites que te diga esto, pero quiero recordarte que, aunque nadie ha sido lastimado por leer la Biblia, millones de personas han encontrado su paz. Ya he dicho suficiente.

Dios habla con una voz suave
Un día, yo emocionalmente le rogué al Señor, diciéndole: "Padre, háblame. ¿Cuál es el propósito de mi vida? He llegado a un callejón sin salida".

El Señor respondió: "No puedo hablarte hasta que estés calmada".

Esto me hizo pensar de una esposa gritando a su esposo, chillando, "no puedo llegar a ti". ¿Cómo crees que esa queja ruidosa y agresiva va a funcionar?

Necesitamos tranquilizar nuestras emociones.

1 Reyes 19:11
"El Señor le ordenó:

—Sal y preséntate ante mí en la montaña, porque estoy a punto de pasar por allí.
Luego el Señor pasó y envió un viento furioso que partió las montañas e hizo añicos las rocas; pero el SEÑOR no estaba en el viento. Después del viento hubo un terremoto, pero el Señor tampoco estaba en el terremoto. Tras el terremoto vino un fuego, pero el Señor tampoco estaba en el fuego. Y después del fuego vino un suave murmullo".
[NVI]

Casi diez años antes de que hubiese terminado los *Mensajes de Dios*, Dios le envió un mensaje a mi amigo, Lou, para que me dijera que escribiera rápido ya que tendría que regresar a Los Ángeles pronto. Mira al mensaje. Dice "rápido". Cuando Lou compartió este mensaje conmigo, era como un "grito". Ciertamente, no era una voz suave. Al igual que en la escena de la mujer gritándole al esposo, las palabras imperiosas me estresaron severamente. ¿Cómo podía ser "tiempo para regresar", tiempo para terminar el libro "rápidamente"? ¡Ay, ay, ay!

Al mismo tiempo, una señora de la iglesia me dio una pulsera con un reloj escondido en la pulsera. Ella sintió que Dios le dijo que me diera este regalo. En la Biblia, un brazalete es utilizado como un anillo en el matrimonio. El diminuto reloj me dio a entender que ya era hora. Aunque esto no significaba que debía empacar y salir de inmediato, simplemente era el mensaje de confirmación preparándome pues el tiempo de partir hacia Los Ángeles se estaba acercando. Siempre ahí, siempre un recordatorio, pero no era un mensaje para estresarme.

La gente, demasiado impaciente para llevarte un mensaje, a veces pueden tener celos y ese mensaje llega con un "grito". El mensaje de Lou era correcto; pero lo "malo" era el "grito". Por favor, tenga en cuenta que algunos "portadores de mensajes", que ávidamente desean entregar un mensaje, pueden, de hecho, amplificar el tono, el ritmo, la urgencia.

Dios habla a través de sueños y visiones

Hubo un tiempo cuando yo prefería escuchar a Dios en mis sueños. Es un lugar donde no estoy distraída por mis propias ideas, pensamientos y preocupaciones. Una vez, incluso le dije a Dios que prefería que me hablara en sueños. Su respuesta me hizo reír. Él dijo, "Yvon, entonces tendría que ponerte a dormir todo el tiempo". ¡Qué maravillosa respuesta! Hoy, encuentro placer en las distintas formas a través de los cuales Mi Rey me habla.

El anotar cada sueño ha fortalecido mi fe. No siempre es fácil cuando Dios te dice cosas incómodas. Él comparte la verdad. La verdad puede hacerte sentir miserable, incómoda, aprensiva; pero también te puede hacer muy feliz. Sólo recuerda y nunca te olvides: en Dios, todas las cosas son buenas. Así, aun en aquellas terribles verdades, encontrarás el bien, eventualmente.

Yo una vez soñé que un conocido iba a tener un ataque al corazón. Al día siguiente, fui a visitarlo a su oficina, sólo para descubrir que, 24 horas antes, la persona había tenido un serio ataque al corazón. Fue llevado al hospital. Dios me dijo que él necesitaba mis oraciones.

El camino en el que mi trayectoria se revela está sembrado por muchos sueños. Yo simplemente sigo los sueños que Dios me envía. He aprendido que Dios aún me advierte de inminentes pruebas. A menudo, veo a alguien vistiéndose de negro en mis sueños. Es una advertencia de la incredulidad inminente.

En un sueño, Dios me mostró que mi camino sería similar a un viaje en tren. En cada parada Él iba a dejar una nota, dándome nuevas direcciones, mostrándome dónde ir a continuación. Eso es exactamente lo que sucedió en Los Ángeles. No fui guiada a comprar un coche o a organizar ningún alojamiento, por adelantado. El Señor me dio indicaciones, a veces a diario.

Me advirtió en este mismo sueño que mi cuerpo se convertiría al igual que el de alguien sufriendo con lepra, pero todas las llagas se convertirían en poderosos soldados. Me di cuenta que Dios estaba convirtiendo mi dolor y sufrimiento en un tremendo logro.

Dios usa los sueños para entregar grandes ideas. Pero, ¿cuántas personas se dan cuenta de que sus mayores logros realmente vienen de Dios? Durante una entrevista de Larry King Live, el ex Beatle Paul McCartney dijo que soñó toda la melodía de la canción, "Yesterday". A la mañana siguiente, él simplemente lo escribió, y tomó sólo unos minutos para componer la música.

Hay sueños específicos que pueden añadir una nueva dimensión de verdad para su futuro. Cuando se trata de este tipo de sueños, al despertar, te das cuenta de que estás tratando con algo muy diferente, aquí. Pero antes de que te apresures a concluir, primero trata de entender claramente el sueño y habla con alguien de confianza, si es posible; luego, tome posesión del mismo.

A veces, nuestro persistente Dios repetirá el mismo sueño de diferentes maneras. Psicólogos, psiquiatras y otros académicos que estudian los sueños postulan que un sueño puede ser el producto del subconsciente. Para mí, eso tiene sentido. Hay veces, especialmente cuando estoy bajo prolongado estrés natural, que tengo sueños confusos que no significan absolutamente nada. Mis propios miedos todavía a veces llenan mis sueños.

Puedo afirmar lo siguiente porque lo he presenciado. ¡Dios es el más grande soñador! Él soñó nuestros destinos, los de cada uno de nosotros, y los que aún no han nacido. Durante los días de mi aislamiento, yo estaba a menudo en intensas conversaciones con Dios. En una visión, me vi sentada en el regazo de Dios. Recuerdo haberle escuchado decir, "Eres tan hermosa.". Asombrada, le dije, "pero Dios, tú me hiciste de esta manera". Me sorprendió cuando contestó: "No, yo sólo te creé con el potencial para volverte bella". Entonces me di cuenta de que Dios es un gran soñador, y en mi caso, afortunadamente, a mi favor.

Ahora, hablemos de nuestros otros sueños. Me refiero a nuestras esperanzas, aspiraciones y deseos. Estos son los sueños que llevamos mientras estamos completamente despiertos. Todos tenemos estos sueños específicos en nuestros corazones. Siempre he amado la industria del entretenimiento, pero no pude encontrar las puertas abiertas que conducirían a una carrera. Pero luego, otra ambición se volvió mi prioridad: ser una esposa y madre. Muy por encima de cualquier otro sueño que he tenido, ser una mamá y una esposa es singularmente la mejor cosa que podría haber sucedido en mi vida. En retrospectiva, me doy cuenta de que yo tenía esperanzas y sueños para un futuro que no podría haberme hecho tan feliz como soy ahora.

"Todo es posible para Dios". Piense en la historia de José. Hoy, si alguien dice que Dios le dijo a José que su familia entera, incluyendo su padre y sus hermanos, se inclinarían ante él como señal de reverencia, después de que intentaron matarlo, pensaríamos que es ridículo. ¿No es cierto? Nadie esperaría que Dios diga algo como eso. Sin embargo, lo que parecía imposible y loco realmente sucedió en la vida de José.

¿Cómo es esto diferente de cuando una voz fuerte me despertó de un sueño profundo para decir simplemente, "Scarlett O' Hara, "Lo que el viento se llevó"? Suena imposible y ciertamente loco, ¿no? ¿Crees que alguien me creería? Más de unos cuantas personas pensaron que había perdido la razón. Incluso un buen amigo mío, alguien que había presenciado mi don profético durante años, no pudo comprender esta experiencia. Ese mensaje, sin embargo, me vino por un motivo específico que será explicada al final de este libro. ¿Era la voz de Dios? Sí, lo era.

Volviendo a José: un gran soñador, como era él, que tuvo que experimentar el dolor de los celos de los demás. Tú, como soñador, debes aceptar las promesas de Dios siendo fuerte e inmutable frente a las críticas de otros. Pues nadie podrá jamás estar tan entusiasmado acerca de tu propio sueño como tú mismo. Y, por supuesto, Dios.

Los soñadores querrán compartir sus sueños. Sin embargo, debes tener especial cuidado a la hora de decidir con quién eliges compartirlos.

Mateo 7:6

"No deis lo santo a los perros, ni echéis vuestras perlas delante de los cerdos, no sea cosa que las pisoteen, y se vuelvan y os despedacen".
[DARBY]

Entiendo perfectamente por qué muchas personas renuncian a sus "sueños". Quizá nunca vayan a África o a América Latina, o incluso al mercado. Tal aislamiento, impulsados por el temor es el resultado para el que escucha y vive en la negatividad, en lugar de la voz de Dios. Les puedo decir por experiencia personal que hay un precio a pagar por proteger tus sueños. Personalmente, terminé teniendo muy pocos amigos. Cuando "escuché" de un terremoto y seguí la guía de Dios para partir de Sudáfrica y compartir el mensaje, muchos pensaron que era simplemente una locura.

Quiero que sepas que el resultado de un sueño puede tomar tiempo, mucho tiempo, un tiempo durante el cual te encontrarás en una "sala de espera". Es en esta sala de espera que Dios trama retrasos intencionales, todo para prepararnos para nuestras oportunidades. José recibió su sueño a la tierna edad de 17 años. Obviamente, él no estaba listo para convertirse en el primer ministro de Egipto. Dios lo hizo pasar un largo período de duros entrenamientos a fin de prepararlo para gobernar.

La impaciencia, un proceso de preparación incompleto, puede dañar el resultado del sueño, Recuerda, el tiempo pertenece a Dios, no a ti.

Dios casi nunca envía sueños completamente detallados. Pero Él también no deja nada a la imaginación, porque el fantasear con un sueño puede crear falsas ideas y el resultado final puede no ser exactamente lo que usted esperaba. Imagínate si yo fantaseaba sobre mi sueño de casarme con un hombre famoso y de instalarme en un hogar grande y extravagante, mientras que Dios estaba planeando lo opuesto: un período de cambios, de viajes, de una vida humilde y feliz.

Un mensaje específico de Dios fue entregado de un modo extraño que nunca había cruzado mi mente. Cuando escuché la voz audible de Dios en mi habitación diciendo, "Scarlett O' Hara, *Lo que el viento se llevó*", yo nunca había leído el libro o visto la película. Por lo tanto, fue una experiencia extraña y chocante que no entendí. Hablaré más acerca de esto más adelante.

Convertirme en actriz era mi sueño de adolescente, pero el deseo de trabajar para Dios era más fuerte. Esta experiencia de escuchar la voz audible completamente interrumpió mis patrones de pensamiento.

En sueños, vi una familia hispana en Los Ángeles que pensé que podrían ser mis futuros amigos. Yo no tenía idea, en ese momento, que Dios abriría las puertas para que yo predicara en las iglesias hispanas. Dios y los sueños divinos están conectados. Pero tus sueños nunca te harán totalmente independientes. Los sueños no te dan todas las respuestas. Necesitas al dador del sueño para que se realice.

Dios nos advierte en sueños de peligros inminentes o decisiones potencialmente ruinosas. Abimelec fue advertido en un sueño, para que no consumara su relación con Sarah porque ella era realmente la esposa de Abraham, no su hermana.

Génesis 20:3
"Una noche, Dios se le apareció en sueños y le dijo: "Vas a morir, porque has tomado esta mujer; ella ya está casada". [NVI]

Dios envía advertencias en sueños, incluso a las personas que insisten en que no lo conocen. Dios le puede hablar a cualquier persona, incluyendo aquellos que lo niegan y rechazan Su voluntad. Nunca olvidaré el día que mi papá y yo tuvimos un gran argumento. Él me atacó verbalmente sobre mi llamado como profetiza. Me encerré en el baño, sollozando y finalmente me quedé dormida en el suelo. Esa noche, cuando mi padre se fue a pescar, tuvo una experiencia intensa con Dios, afirmando que Dios le habló. A la mañana siguiente, él cambió totalmente su actitud. A partir de ese día, recibí el apoyo abrumador de mi papá. No se puede dejar a Dios afuera cuando Dios no quiere quedarse afuera.

Ahora, para ser justos con mi papá, basta pensar, por un segundo, cuán extraño sería esto para cualquier padre: ¡una hija asegura, inesperadamente, que Dios le dijo que ella tenía un mensaje para Los Ángeles y el mundo! Para mi es importante recalcar aquí, que mis padres, en realidad, le prometieron a Dios que le dedicarían a mi hermano y a mí a trabajar para Él. Esto fue después que ambos casi nos moríamos al nacer. Mi hermano, incluso trató de estudiar para convertirse en un Pastor para honrar a nuestros padres. Todo esto hace que sea difícil aceptar la razón por la que mi padre no estuviese contentísimo, en lugar de argumentativo, tras escuchar las noticias de mi llamado de profetiza. Pero, recuerda, los padres terrenales se preocupan por el bienestar inmediato de sus hijos. Creo que fue el temor que lo impulsaba a él, hasta que Dios lo tranquilizó.

Tal vez, el sueño de advertencia más convincente en las Escrituras es el de la esposa de Pilato. Poncio Pilato fue el hombre que autorizó la orden de la ejecución de Jesucristo. En primer lugar, el sueño le llegó a su esposa y no al gobernador... En otras palabras, Dios puede enviar advertencias a nosotros a través de los sueños de otras personas en quien confiamos. En segundo lugar, el sueño profundamente alteró a la esposa de Pilato. "He sufrido muchas cosas este día, en un sueño, a causa de él".

(Mateo 27:19
"Mientras Pilato estaba sentado en el tribunal, su esposa le envió un mensaje: 'no te metas con ese hombre justo, porque anoche tuve in sueño horrible por causa suya". [NVI]

Todas las advertencias llevan una nota de gravedad, incluso lo siniestro. Todo el mundo quiere oír hablar de cosas buenas y bendiciones. Aunque mucho menos agradable, las advertencias son de vital importancia.

Dos noches antes de una cita específica en Los Ángeles, hablé en una iglesia en el barrio judío de Miracle Mile. Anteriormente, había soñado en enseñarle a un grupo de personas. Dios me mostró un joven valiente con un grave problema en su mente. El día que entré en esa iglesia, inmediatamente vi a ese hombre que Dios me había mostrado en ese sueño de "instrucción". Me di cuenta que Dios consideraba fundamental que este hombre fuera liberado de la prisión dentro de su propia mente. Mi discurso se inició con las palabras, "tuve un sueño anoche sobre uno de ustedes en la audiencia."

Entonces le pedí que se pusiera de pie y le di el mensaje de Dios. Él, como así también la audiencia, estaban abrumados con lágrimas.

Aunque interpreto la mayoría de mis sueños utilizando como base la Biblia, Dios crea un inventario de imágenes con cada persona. Por ejemplo, un perro, en términos bíblicos, puede referirse a las siguientes:

2 Pedro 2:22
"Pero les ha acontecido lo del verdadero proverbio: El perro vuelve a su vómito, y la puerca lavada a revolcarse en el cieno". [NTV]

El perro citado en este versículo no es un perro agresivo, sino que vuelve a su vómito, similar a una persona comiendo su propio estiércol. Luego, hay un perro marrón que representa ser impuro, como una persona ya liberada del pecado volviendo a sus pecados sexuales, nuevamente. En *Apocalipsis 22:15*, oímos hablar de perros salvajes que son agresivos y destructivos. Esta es la razón por la que un perro agresivo negro en un sueño simbolizaría una actitud salvaje hacia el precioso don de la verdad espiritual, como se menciona en *Mateo 26:68* y *Salmos 22:16*, respectivamente.

Sin embargo, no todos los perros o imágenes de perros que aparecen en los sueños, representan algo malo. En mis sueños, mi querido Chihuahua, Baby, fue utilizado en mensajes muy especiales. Baby era precioso para mi difunto papá y para mí... Fue tratada como una princesa y dormía en la cama conmigo. Cuando Dios la usó en un sueño, eso significó que Él se refería a algo muy querido y valioso para ambos, Dios y yo.

En mi caso, representaba mi ministerio. En tus sueños, puede que tengas que poner tus emociones bajo un microscopio. ¿Cómo es que lo que sucede en tus sueños te hace sentir? ¿Alegre? ¿Emocionada? ¿Aprensiva? ¿Miedosa?

Debo compartir esto porque demuestra a un padre amoroso que usa un sueño para aliviar el dolor. Después de que mi noviazgo llegara a su fin, Dios me consoló a través de un sueño mostrándome por qué el hombre no era lo suficientemente bueno para mí. Dios me expuso al nivel de su egoísmo. Estábamos en una tienda de comestibles. Yo estaba vestida muy humildemente, en el vestido viejo de mi abuela. Mi novio tenía un carrito de compras lleno con todo lo que él quería y necesitaba. Pero no había nada en el carro para mí. Y lo que es peor, en la caja, él me hizo pagar por todos sus comestibles. Dios me hablaba directamente, diciendo, "¿Realmente deseas casarte con un hombre que es tan egoísta?" Me olvidé de él muy rápidamente. ¿No fue ese un mensaje maravilloso de un Dios generoso?

Otra forma de sueño es el sueño alentador. En este, Dios me envía sueños para consolar, enseñar o confirmar cosas a otras personas. Por ejemplo, he tenido un sueño para un autora cristiana que perdió su motivación después que su esposo falleció. En este sueño, Dios me dio un mensaje de aliento para ella. Dios quiso animarla y detener su depresión en el aniversario de su muerte. Dios me permitió ver a su esposo. Mi sueño llegó el día de su aniversario de boda, por lo que fue especialmente maravilloso que ella fuera contactada en su día especial.

Ya hemos cubierto lo confuso que la interpretación de ciertos sueños puede ser. Digo esto aquí, de nuevo, no para asustarte o restarte motivación, pero para que entiendas que no sólo eres tú quien debe lidiar con estas frustraciones de interpretación de sueños. Muchos sueños te conducirán a la introspección, especialmente aquellos que son difíciles de entender. En cuanto a la interpretación, si es posible, asegúrate de preguntarle a un intérprete maduro e imparcial que escuchará con humildad, responsabilidad y rendición de cuentas. Honestamente, pocas veces he encontrado a alguien que pueda interpretar mis sueños con precisión.

Mira cómo Daniel trabajó con Dios y ganó la interpretación de un sueño difícil al recibir una visión.

Daniel 2:19-22
"¡Dios es sabio y poderoso! Alabadle eternamente y para siempre. Él controla los tiempos y las estaciones; él pone y depone reyes; es él quien da la sabiduría y la comprensión. Él revela cosas que son profundas y secretas; él sabe lo que está oculto en la oscuridad, y él mismo está rodeado de luz. Luego, esa misma noche el misterio fue revelado a Daniel en una visión, y elogió al Dios de los cielos: ..."[NVI]

Aquí encontrará más información sobre las increíbles maneras en que Dios alienta a Sus hijos en el uso de los sueños:

Jueces 7:9-15
"Aquella noche el Señor le dijo a Gedeón: «Levántate y baja al campamento, porque voy a entregar en tus manos a los madianitas. Si temes atacar, baja primero al campamento, con tu criado Fura, y escucha lo que digan. Después de eso cobrarás valor para atacar el campamento».

Así que él y Fura, su criado, bajaron hasta los puestos de los centinelas, en las afueras del campamento. Los madianitas, los amalecitas y todos los otros pueblos del oriente que se habían establecido en el valle eran numerosos como langostas. Sus camellos eran incontables, como la arena a la orilla del mar.

Gedeón llegó precisamente en el momento en que un hombre le contaba su sueño a un amigo.

—Tuve un sueño —decía—, en el que un pan de cebada llegaba rodando al campamento madianita, y con tal fuerza golpeaba una carpa que esta se volteaba y se venía abajo.

[14] Su amigo le respondió:

—Esto no significa otra cosa que la espada del israelita Gedeón hijo de Joás. ¡Dios ha entregado en sus manos a los madianitas y a todo el campamento!

[15] Cuando Gedeón oyó el relato del sueño y su interpretación, se postró en adoración. Luego volvió al campamento de Israel y ordenó: ¡Levántense! El Señor ha entregado en manos de ustedes el campamento madianita" [NVI]

Un sueño también da sentido al soñador. Fui a Los Ángeles a causa de sueños y a encontrar mi propósito. Tienes que iniciar el viaje dentro de tu propio corazón. ¡Tú no eres demasiado vieja o demasiado joven para saber si Dios tiene un sueño para ti, también!

Hechos 2:17,

"Sucederá que en los últimos días —dice Dios—, derramaré mi Espíritu sobre todo el género humano. Los hijos y las hijas de ustedes profetizarán, tendrán visiones los jóvenes y sueños los ancianos."[NVI]

No importa cuál sea tu edad, Dios todavía tiene sueños para ti. Mientras predicaba en una iglesia hispana, llamé a un hombre anciano al frente, porque Dios me dijo que Él tenía un plan muy grande para este hombre. Dios me encargó que le dijera al hombre que él no era demasiado viejo para obtener mensajes de Dios. Esto me sorprendió incluso a mí misma, porque sentía que él era muy anciano. Parecía tener casi 90 años. Tuve que recordarme, que ya que el tiempo le pertenece a Dios, la edad carece de sentido.

Ahora, un breve recordatorio sobre un solo elemento que puede afectar realmente tus sueños: el alcohol. Mientras estaba disfrutando de unas breves vacaciones en la playa durante la Navidades, tuve un sueño inquietante en la víspera de Año Nuevo. Habíamos bebido un par de copas de alcohol. Debo señalar que nunca me he emborrachado en mi vida. Bien, entonces en este sueño, mi esposo estaba atraído periódicamente a un restaurante en un centro comercial. En realidad, se sentía atraído por una persona que siempre se sentaba en la misma mesa, más que el restaurante mismo, aunque él no quería que yo me diese cuenta. Mientras estábamos en el mall, yo me fui a otra tienda y mi esposo aprovechó esta oportunidad para ir al restaurante. Regresó con un ojo negro, como si se hubiera metido donde no debía hacerlo. Cuando me enfrenté a él, dijo que él había tenido miedo de decirme, ya que yo me hubiese querido divorciar de él.

Al intentar interpretar este sueño, surgió la pregunta obvia, ¿se trataba de un sueño de sospecha? ¿Mi esposo estaba asustado, u ocultando algo? O bien, ¿había abierto la puerta a un mensaje falso debido al consumo de una cantidad excesiva de vino en la víspera de Año Nuevo? Yo no estaba acostumbrada al alcohol y yo sentía que había tomado demasiadas copas de vinos. Cuando te sientes de esta manera, has bebido demasiado.

Un sueño como este es una clara advertencia. Sin embargo, en un primer momento pensé que como esposa, debo apoyar a mi esposo. Debía contarle el sueño. Pero después de pensarlo un poco más, me di cuenta de que el resultado de este sueño no era bueno. Era posible Puede resultar en que me vieran como una esposa sospechosa. Por lo tanto, decidí ignorar el sueño, lo cual provocaría desunión en mi matrimonio y confié que Dios me devolvería el asunto si necesitaba mi atención. Si el mensaje de este sueño era de Dios, yo tenía fe de que oiría de Dios nuevamente. Y la próxima vez, tendría una mente clara.

En otras ocasiones, cuando las cosas en su vida suceden a una velocidad fulgurante, cuando estás totalmente agotada, cuando estás distraída, ocupada, todas estas condiciones pueden confundir tu mente. Es entonces que puedes simplemente soñar tonterías.

Ahora, algo muy importante: cuando estás continuamente rodeada por negatividad, puedes exponer tú subconsciente a sueños que no son de Dios.

Eclesiastés 5:3
"Quien mucho se preocupa tiene pesadillas, y quien mucho habla dice tonterías." [NVI]

Por favor, recuerda que los sueños nunca deben convertirse en el medio principal a través del cual piensas que Dios va a hablar contigo.

Mientras estamos hablando de "advertencias", hay otra cosa sobre la que quiero alertarle. Hay un montón de libros cristianos a la venta en el mercado. Con gran selectividad, hay ciertos capítulos que Dios me permite leer. He aprendido que a veces un autor que puede ser conocido hará una declaración, desde su propia percepción y sentimientos, que puede tener un efecto devastador sobre nosotros si aceptamos que la percepción es 100 por ciento cierta.

Recordemos que los autores, entre los que me incluyo, sólo pueden compartir lo que sienten. Lo que lees es lo que alguien personalmente ha comprendido de lo que vivió. Mientras que podrías, en ciertas circunstancias, tomarlo literalmente, ten siempre en cuenta que la experiencia de la otra persona puede no ser la misma para ti. Lo que lees sin duda puede ayudarte, si el texto es honesto y claro. Pero también puedes encontrar muchos, muchos escritos, blogs y vídeos que te pueden dejar preguntando, "¿Qué?"

He aquí un ejemplo: alguien me dio un libro sobre ministerio profético escrito por un conocido autor. Por mi conocimiento de lo profético, yo ingenuamente me sumergí en el libro. Un amigo me llamó mientras yo estaba estudiando el libro para decirme, "Ten cuidado, te vas a envenenar". ¡Ahora, eso fue una llamada de atención! Piensa lo que podría suceder si ese recordatorio no se cruza en tu camino.

Aunque alrededor del 80 por ciento del contenido del libro era preciso, el otro 20 por ciento estaba escrito de tal manera que podía causar percepciones erróneas por parte de los lectores. Los autores a veces hacen afirmaciones generales y peligrosas basadas sólo en unas pocas experiencias en sus vidas. Dios me perturbó completamente mi comprensión profética cuando yo había asimilado tan sólo unas pocas gotas de los comentarios y declaraciones de este autor. Actuó como el veneno para mi espíritu. Aun si sólo el 20 por ciento del contenido fuese una mentira, podría contaminar completamente tu comprensión.

Hoy, me doy cuenta de que el autor no había sido "llamado" a escribir ese libro. Simplemente lo hizo porque pensó que sería una buena idea. He aprendido la lección de que incluso si alguien es un famoso escritor de un libro exitoso y religioso, de no ficción, no debemos creer que vamos a obtener el 100 por ciento de la verdad en todos sus libros.

Hechos 18:24-26
"Por aquel entonces llegó a Éfeso un judío llamado Apolos, natural de Alejandría. Era un hombre ilustrado y convincente en el uso de las Escrituras. Había sido instruido en el camino del Señor, y con gran fervor hablaba y enseñaba con la mayor exactitud acerca de

Jesús, aunque conocía solo el bautismo de Juan. Comenzó a hablar valientemente en la sinagoga. Al oírlo Priscila y Aquila, lo tomaron a su cargo y le explicaron con mayor precisión el camino de Dios". [NVI]

Este hombre sabía sólo una parte. Ningún profeta podrá proporcionarte todas las respuestas proféticas.

Me estoy convirtiendo en un ejemplo que transfiere sólo cierta información y detalles. Hay muchas cosas que todavía estoy aprendiendo. Muchas.

Unas páginas atrás, hablamos acerca de cómo Dios utiliza a otras personas para intervenir en nuestras vidas. También aquí, uno tiene que ser cuidadoso. Puedes acercarte a alguien que está en otro nivel espiritual, que, en aquel momento, pudiera darte un 95 por ciento de la verdad. Esto es peligroso y no sólo puede contaminar tu espíritu, pero te puede tirar a un pozo de depresión y de incredulidad. Mi consejo, y que se encuentra en toda la Biblia: <u>Busca a Dios mismo.</u>

Dios habla a través de las emociones

Físicamente siento ciertas emociones en ciertas situaciones. Mientras estaba conduciendo en la autopista para encontrarme con un productor de cine en Hollywood, sentí algunas emociones extrañas. Me sentía inquieta, incómoda y distraída. Dios inmediatamente me dijo: "Estas yendo en la **dirección equivocada.**" Salí de la autopista y llamé al productor.

Cuando estoy con alguien que rechaza la voz de Dios, puedo percibir una forma de brujería, un tipo de mal persistente. Es una sensación que he llegado a odiar. Tengo esta misma impresión cuando estoy entre cristianos que rechazan la voz profética de Dios.

Algunos cristianos viven con "compromisos". Es decir, comprometen todo su ser, no sólo sus ideales. Por ejemplo: Las personas que duermen el uno con el otro, fuera del matrimonio. Aunque tan común, esto es simplemente destructivo para el espíritu. Ellos saben lo que están haciendo es intrínsecamente malo. Sin embargo, "parece" aceptable. Pero, ¿es malo ante los ojos de Dios? Conocer la verdad y, luego rechazarla,¿cómo puede terminar bien para ti? Cuando estoy en este tipo de situaciones, yo físicamente experimento una sensación de incomodidad.

Ahora que estamos hablando de emociones y mensajes de Dios, quiero señalar que una de las maneras más maravillosas en que puedes oír la voz de Dios, especialmente durante una situación estresante, es cuando recibes malas noticias, pero tienes una sensación de total tranquilidad y alegría. Por ejemplo, cuando fui despedida injustamente como directora de la compañía donde tenía 40% de acciones, ¡ni siquiera me preocupé! En realidad, Me sentía bien, incluso sabiendo que esto significaba que el otro director podía acceder y retirar todos nuestros fondos de la empresa. Por mucho que esta traición dolía, me sentí calmada. Dios dijo, "¡No te estreses!"

A veces, me siento muy emocionada antes de determinados acontecimientos. Y sé entonces que voy a recibir buenas noticias. Casualmente, cuando me despidieron, yo estaba muy emocionada. Sabía que estaba a punto de recibir buenas noticias.

Este sentimiento de entusiasmo vendría a intervenir en mis emociones, regularmente. Por ejemplo, cuando yo estaba embarazada de mi hijo, no lo sabía; sin embargo, cuando unos días antes de mi esposo obtener una oferta de trabajo que facilitaría mucho nuestras vidas, yo empecé a gritar felizmente, "¡Vaya … algo va a ocurrir!" y, ves, generalmente dentro de tres o cuatro días, ocurría algo.

Esto me llevó a investigar más sobre el fenómeno de recibir mensajes de Dios a través de una "olas de emociones." Hay muchas personas que experimentan la voz de Dios a través de sensaciones repentinas. He encontrado un ejemplo en un libro diciendo: de todas las cosas, una historia de la detención y tortura de los cristianos en China, durante las persecuciones religiosas.

En 1984, un pastor cristiano fue encarcelado en China. Él estaba difundiendo el evangelio de Jesucristo, pero era visto como propaganda contra el gobierno. Las autoridades creían que estaba incitando a sus seguidores contra la política religiosa china. Él ayunó durante 74 días y estaba comprensiblemente débil. De hecho, muchas personas creían que iba a ser ejecutado. Incluso su esposa esperaba la probable noticia de su muerte. Sin embargo, sus palabras fueron: "Esto puede sonar muy extraño, pero nunca me sentí estresado o deprimido, en absoluto".

Doeling, la esposa de Liu Zhenying, conocido como el Hermano Yun.

Cuando tienes una sensación de comodidad que llega en un momento de gran angustia, es muy probable un regalo de Dios. Estate agradecida. Estate agradecida. Vive tu vida sabiendo que Dios está contigo. Sírvelo con el corazón contento.

Malaquías 3:18
"Y ustedes volverán a distinguir entre los buenos y los malos, entre los que sirven a Dios y los que no le sirven".[NVI]

Cuando sirves a Dios, otras personas pueden ver claramente una distinción en la manera de vivir tu vida.

Voces a través de los ídolos

Hay una diferencia crítica entre oír la voz de Dios que luego impulsa tus emociones, a que las emociones vengan primero y te lleven a oír. Necesitas ser muy consciente de ello. Podrías recibir un mensaje equivocado si procede de tus emociones. Esto es lo que sucede cuando te obsesionas con los ídolos. Cuando tienes ídolos, es decir, algo que adoras más que a Dios, por ejemplo, el dinero, el trabajo perfecto, coches exóticos, deportes, esposo, esposa, incluso fama, te predispones a oír posiblemente un mensaje falso. Dios permite una directiva engañosa. Eres tú quien tiene que estar vigilante.

Ezequiel 14:1-5
"Algunos de los jefes de Israel vinieron a consultarme acerca de la voluntad del Señor. Entonces, el Señor me habló. "Hijo de hombre", dijo, "estos hombres han dado su corazón a los ídolos y están dejando que los ídolos los conduzcan al pecado. ¿Piensan que voy a darles

una respuesta? Ahora, habla con ellos y diles lo que yo, el Señor omnipotente, les estoy diciendo: cada uno de vosotros, hijos de Israel, que han dado su corazón a los ídolos y le permiten que los conduzcan al pecado y que luego vienen a consultar a un profeta, recibirá una respuesta de mí,¡la respuesta que muchos ídolos merecen!"[NVI]

También incluí la parte en la Nueva Biblia Americana Estándar la palabra clave Judaica Griega.

"Yo, el Señor, le responderé como merece la multitud de sus ídolos"

Ezequiel 14:6
"Ahora pues, decirle a los israelitas que yo, el Señor omnipotente, estoy diciendo: Apártense de una vez por todas de su idolatría y de toda práctica repugnante". [NVI]

Es peligroso cuando un profeta predica a personas que tienen ídolos. En esas reuniones, cuando predico confío en el Espíritu de Dios implícitamente para liderar y guiarme. Pido a Dios que me ayude a poner en orden a los ídolos de los corazones de la gente antes de que asistan al servicio. ¿Por qué? Porque su comprensión será influenciada según su ídolo específico; con esto, mi profecía puede ser una palabra profética falsa.

Esto realmente me sucedió mientras asistía a una reunión cuando yo era joven. Y la palabra falsa casi destruyó mi vida. Un profeta vino a verme y me dijo que era la voluntad de Dios que me casara con el hombre que estaba sentado a mi lado. Ingenuamente, me decidí seguir sus consejos, un desastre total, como lo he descrito anteriormente. Esta iglesia se convirtió en un lugar peligroso porque invitaron a un "orador profético" que simplemente creyó que podría decirle a la gente con quien casarse.

Porque estamos hablando de voces a través de los ídolos, me gustaría explicar en más detalle el mensaje sobrenatural que he recibido, en medio de la noche, sobre *"Lo que el viento se llevó"*. Como he detallado anteriormente, yo aspiraba a convertirme en actriz. Siendo ese el caso, naturalmente yo idolatraba la actuación como carrera. Pero Dios, en su gran sabiduría, quería mandarme a la ciudad de los Ídolos por otras razones. ¿Idolatré la película, *"Lo que el viento se llevó"*, como otros tantos? No. Como ya sabes, ni siquiera había visto la película aún. Pero, había alguien en mi vida que había idolatrado a Scarlett O'Hara, y esa era mi madre. ¿Podría ser que mi ídolo era una "herencia" peligrosa?

Hay una escritura en la Biblia declarando que los pecados de los padres seguirán a los hijos hasta la tercera generación. Ve lo que Dios conecta a un ídolo:

Éxodo 20:5-6
"No te inclines delante de ellos, ni los adores, porque yo soy tu Dios, y no toleró rivales. Castigo a los que me odian, y a sus descendientes hasta la tercera y cuarta generación". [NVI]

Sin dormir

Hay otra manera en que Dios habla que muchas personas no se dan cuenta. Es una forma extremadamente rara, y voy a tratar de explicar esto a través de ejemplos. Ten en cuenta esto: Cuando no puedes dormir, puede significar que Dios está intentando decirte algo.

Cuando yo estaba de viaje, sabía que era hora de partir hacia el siguiente lugar cuando Dios me quitaba mi sueño. Tampoco podía dormir, cuando sentía que algo estaba mal, en algún lugar, y necesitaba orar. Cuando no puedo dormir, la experiencia me ha enseñado que algo tiene que suceder, una situación que debe ser corregida, o incluso que necesito cambiar mi ubicación física.

Por ejemplo, tuve un sueño donde yo estaba con una mujer. No me di cuenta de que la mujer era capaz de asesinar. Este sueño me conmovió y obviamente, me molestó mucho. Pero porque yo no entendía lo que significaba, lo ignoré. Dos semanas más tarde, me sentí tremendamente inquieta y no podía dormir. Yo estaba muy tensa. Este insomnio duró cinco días mientras que luchaba para entender lo que podía significar.

Mientras mi mente se aceleraba, como lo haría en las altas horas de la noche, ciertas emociones, ira, se manifestaron. Yo estaba en un estado de desconcierto que Dios me recordó el sueño. Este sueño de la mujer capaz de asesinar se refería a una mentalidad de agresión y destrucción. Las personas que experimentan una gran tragedia en sus vidas tienen apremiantes cuestiones con la autoprotección y se vuelven más defensivos.

Luego de revocar el espíritu de destrucción en mi vida, en el nombre de Jesús, dormí como un bebé. Ese sueño me reveló que era una mujer capaz de extrema agresión. Dios me estaba diciendo que estaba enojada y que albergaba una naturaleza agresiva debido al dolor y al sufrimiento en mi vida. Dios quería que yo lo enfrentara. Dios me quitó mi sueño para alertarme de un problema específico que requería un cambio. Seguramente, nunca iba a cometer un asesinato, pero Dios me mostró que yo había endurecido mi corazón hacia las acciones de los demás.

Tú puedes contar con Dios para revelar problemas en tu carácter. La ira es una emoción peligrosa y puede convertirse en un arma fatal. Combinada con la falta de dominio propio, puede conducir a la agresión mortal. Muchos incidentes de tiroteos públicos en los Estados Unidos sirven como ejemplo.

1 Santiago 1: 20
"Pues la ira humana no produce la vida justa que Dios quiere.
(Key Word Study Bible)

En otra ocasión, Dios me mantuvo despierta durante tres noches. Fue tan mala la situación que yo físicamente corría de una habitación a otra para ver si un cambio de escenario me ayudaba a dormir un poco. Cuando le pregunté a Él sobre esas noches de insomnio, tuve un sentimiento extraño en mis piernas. Créeme cuando te digo que es algo devastador intentar luchar contra Dios y no saber lo que está pasando. Sólo más tarde me di cuenta de lo que me estaba instruyendo a hacer.

Estoy segura de que has visto el aspecto de alguien que no ha dormido en 72 horas. Después de la tercera noche sin dormir, desesperadamente le pedí a Dios que me ayudara, que me dijera lo que estaba pasando. Él me hizo recorrer este camino demasiado oscuro para manejarlo yo misma. Me trajo al umbral de la desesperanza, ansiedad y agotamiento total.

Isaías 50:10
"Todos vosotros que honráis al Señor y obedecéis las palabras de su siervo, el camino a pie puede ser oscuro, en efecto, pero confiad en el Señor, confiad en su Dios."[NVI]

¡Poco sabía yo que Dios iba a darme la instrucción más intensa, una instrucción acerca de mis enseñanzas!

Salmos 94:12
"¡Dichosos aquellos a quienes tú disciplinas, Señor, aquellos a los que les enseñas tus instrucciones!" [NTV]

Cuando oré, Dios me mostró el rostro de un hombre al que tenía que visitar. Este no era cualquier hombre. Él estaba siendo acusado en la televisión por crueldad por parte de miembros de su iglesia. En los medios de comunicación, se lo retrató como un monstruo cristiano. Se convirtió en un hombre que muchos evitaban. ¡Esta, sin duda, no iba a ser una visita normal! Él había sido el líder de una Iglesia profética y algo imprevisto había salido mal. Cometió algunos errores. Pero, todos nos equivocamos, incluso los profetas.

Casualmente, este hombre era la persona que me inició en los sueños y visiones, muchos años antes. Yo me preguntaba qué iba a hacer una vez que llegara allí, estando en tal estado de agotamiento emocional después de tantas noches sin dormir. Esperé más instrucciones de Dios.

Ester 6:1-4
"Aquella noche el rey no podía dormir y dio orden que trajeran el libro de las Memorias, las crónicas, y que las leyeran delante del rey. Y fue hallado escrito lo que Mardoqueo había informado acerca de Bigtán y Teres, dos de los eunucos del rey, guardianes del umbral, de que ellos habían procurado echar mano al rey Asuero. Y el rey preguntó: ¿Qué honor o distinción se le ha dado a Mardoqueo por esto? Respondieron los siervos del rey que le servían: Nada se ha hecho por él". [LBLA]

Por lo tanto, fui a honrar a este hombre por haberme introducido a los sueños y las visiones, pero ese no era el motivo más importante de mi visita. Aunque él pueda haber actuado erróneamente, Dios le dio el don de entender los sueños y las visiones. Yo necesitaba agradecerle por lo que había aprendido de él. Tengo que pensar que Dios me envió para ofrecerle mi honor a este hombre desanimado, cara a cara. Era menos acerca del honor que acerca de la sincera comunicación de honor. Como recibir un regalo, ¿no es más emotivo cuando alguien realmente te da el regalo, te mira a los ojos y puedes ver el amor en sus ojos?

Un tiempo después de este incidente, decidí que necesitaba aprender más acerca del insomnio. La educación me llegó cuando asistí a conferencias en la Convención Americana de Psiquiatría en San Francisco. En breve, aquí están las nociones importantes, que pienso debo mencionar:

- Los psiquiatras, hoy, pueden tratar el insomnio. Los conferencistas explicaron que con frecuencia se receta Ambien o tartrato de zolpidem como un producto para el tratamiento a corto plazo del insomnio. Los trastornos del sueño pueden ser la manifestación de un desorden físico y/o psiquiátrico; generalmente el tratamiento sintomático del insomnio se inicia sólo después de una cuidadosa evaluación del paciente.
- Otro trastorno del sueño se denomina parálisis de sueño. Se sabe relativamente poco acerca de las causas de la parálisis del sueño, pero muchas personas sufren de la privación de sueño antes que un episodio de parálisis de sueño ocurra. En esta condición, los músculos principales están totalmente paralizados, sin embargo los más pequeños como los dedos de las manos, los pies y los ojos, lo están menos.
- Los problemas del sueño pueden ser importantes trastornos psiquiátricos que afectan a muchas personas. Por ejemplo, en el curso de un año, hasta el 30 por ciento de la población sufre de insomnio y busca ayuda para eso. En muchos casos de trastornos del sueño, un estudio diagnóstico revela una causa específica según la cual un tratamiento específico se determina, dirigido a la causa exacta. Hay dos categorías principales mencionadas en el Manual Estadístico de los Trastornos Mentales (DSM, III, R): disomnias y parasomnias. Las disomnias son insomnios, dificultad para

dormirse; hipersomnia, cantidades excesivas de sueño o quejas acerca de somnolencia excesiva diurna, y el síndrome del horario de sueño vigilia (los eventos nocturnos paraepisódicos que ocurren durante el sueño o en el umbral entre la vigilia y el sueño).

- Los trastornos de hipersomnia tienen dos grupos de síntomas: quejas sobre cantidades excesivas de sueño, y las quejas acerca de la somnolencia y excesiva somnolencia diurna. La somnolencia excesiva durante el día pueden ser reportados en las etapas iníciales de la fase depresiva del trastorno bipolar. (*Sinopsis de las ciencias del comportamiento, Psiquiatría Clínica, Harold I. Kaplan MD, Benjamin J. Sadock, MD*),

Así que, ¿por qué te estoy dando toda esta información técnica? Para explicar un punto: si bien no está mal buscar asesoría médica, necesitamos saber que si algo viene entre nosotros y Dios que nos mantiene despiertos toda la noche, entonces, hablar con Dios, la oración, también debería estar en tu lista de búsqueda; de hecho, debería ser la primera cosa para hacer. Si sufres insomnio crónico, sin duda entiendo que quieras explorar la asistencia médica disponible. Pero para unos pocos días de insomnio, te sugiero que primero busques a Dios.

Dicho esto, creo que Dios quiere que durmamos tranquilamente. Cuando no puedes dormir, algo está mal. Si no puedes dormir o muestras tendencias de hipersomnia, es porque algo te está bloqueando de Dios. Estos bloqueos pueden ser físicos o espirituales.

¿Por qué incluyo la descripción de la hipersomnia? Es por mi propia experiencia. Cuando Dios quería que superara algo específico, de repente experimentaba un patrón de sueño diferente.

Permíteme dar otro ejemplo: una vez lloré cuando oraba, porque yo estaba terriblemente ansiosa. Casi de inmediato, me quedé dormida, un sueño muy profundo. Este episodio terminó sólo cuando me ocupé de perseguir al demonio de la ansiedad fuera de mi vida. Sí, estoy diciendo que cuando no puedes dormir, podría haber un demonio que Dios quiere que lo saques de tu vida. Si te "quedas dormida" de repente puede ser una manera en que Dios te calma.

En los Estados Unidos, hubo una ocasión en la que yo no sabía a dónde ir o cual era el siguiente paso. Yo estaba histérica ante Dios. En un segundo, me quedé dormida, un corto sueño profundo y me desperté absolutamente tranquila y relajada. Si bien esto puede sonar como agotamiento abrumador que te hace dormir una siesta, no lo es. Si lo fuera, no me hubiese podido despertar con el espíritu renovado y enfocada. Una siesta podría hacerte olvidar tus problemas por un momento. Pero este sueño profundo por parte de Dios puede sacarte del problema.

He aquí una pregunta sobre noches de insomnio y una causa muy posible: ¿Puede un cristiano nacido de nuevo estar poseído por el demonio, mientras que el Espíritu de Dios vive en esa persona?

El autor, Kenneth Hagin, escribió: "Nunca voy a creer que un cristiano nacido de nuevo que camina en comunión con Dios tiene un demonio en su espíritu. Sé que los demonios y los espíritus malignos pueden penetrar en el alma de un hombre, lo que explica cómo las personas pueden ser renacidas y todavía estar poseídas por espíritus".

(*Demonios y cómo tratar con ellos*, por Kenneth Hagin E, 1980,

Faith Library, Tulsa)

Otro autor, Frank Hammond, escribió: "El Espíritu Divino mora en el espíritu humano en el momento de la salvación. Los espíritus del demonio están restringidos al alma y al cuerpo de un creyente."

(*Los cerdos en el Salón*, por Frank Hammond, 1973, impact Books, Kirkwood)

Mi único comentario, aquí, es que hay muchas cosas que aun no entiendo completamente. Pero me he abierto totalmente a lo sobrenatural, confiando y permitiendo que mi alma y mi mente deambulen libremente y exploren nuevos conceptos e ideas. A través de mi propia experiencia, creo que espíritus demoníacos pueden oprimir a un ser humano, amarrándose a cualquiera de los puntos débiles del cuerpo. Cuando me reproché determinadas cosas de mi vida, mi cuerpo reaccionó de forma extraña. Quería vomitar o sentir como si mi quedara sin aliento; luego de esto, me sentí mejor.

No te estoy pidiendo que vayas y busques demonios en cada esquina cuando no puedes dormir. Pero ten en cuenta que cuando odias a alguien, eso puede afectar tu patrón de sueño. El odio es energía. Una mala energía. Sus vibraciones seguramente pueden perturbar tus días y tus noches.

La medicación también puede afectar tu sueño. Algunas medicaciones antidepresivas contienen fórmulas complejas que, irónicamente, aumentan tanto la adrenalina y serotonina, mientras que también bloquean dos tipos de receptores de serotonina. Cuando estos receptores se ven afectados causan algunos de los efectos secundarios observados con los antidepresivos de serotonina. Uno de los efectos secundarios: trastornos del sueño. (Extraído de la Guía de referencia y de tratamiento de la depresión. Grupo de Apoyo para la depresión y la ansiedad, Inc.)

Una noche de insomnio, sentí algo que inquietaba mi espíritu. Escuché esto: "¿Tiene usted una empresa de empoderamiento económico negro en la cual usted utiliza accionistas anteriormente desfavorecidas solo para "adorno de escaparate?" (En Sudáfrica muchas empresas no pueden obtener licitaciones si sus accionistas mayoritarios no son de color negro.)

Me di cuenta de que mi familia tenía una empresa de uniformes separada en la cual los socios de color negro no estaban participando activamente, como es requerido por el gobierno. Una vez que me informé de este asunto inquietante, me pregunté cómo corregirlo en forma piadosa.

A la mañana siguiente, soñé con un niño en un parque que accidentalmente se había apartado del grupo. De repente, él estaba corría peligro ante un león. Una jirafa apareció intentando proteger al niño, pero no pudo. Yo intervine, avanzando y diciendo, "Yo profetizo en el nombre de Jesucristo que este niño será salvado", y sobrenaturalmente, en el sueño, el niño se salvó. Creo que el niño representaba nuestro negocio de uniformes.

Por este sueño, comprendí que yo tenía que profetizar que la verdad rectificaría la situación de la empresa. Y así lo hizo. Nuestra empresa de empleo negro cerró operaciones poco después de mi profecía. Perdimos negocios ya que los clientes empezaron a fabricar sus propios uniformes como un programa de "mejora". Pero yo sabía que, en este caso específico, Dios tenía otro plan para nosotros. Y mi espíritu fue liberado de esta ansiedad.

Debo explicar que en Sudáfrica, los blancos e irónicamente los mestizos, comenzaron sufriendo debido a los efectos del movimiento de "acción afirmativa" lanzado para el beneficio de los negros, que habían sido previamente desfavorecidos. El efecto inmediato fue el de una economía en la cual no sólo le daban todos los puestos de trabajo a los negros, sino también todas las licitaciones del gobierno fueron otorgadas principalmente a empresas que cumplían con las políticas de Empoderamiento Económico Negro (BEE). Si mi esposo y yo teníamos una empresa que queríamos que cumpla con la política de empoderamiento económico negro, era necesario encontrar empresarios negros calificados quienes se comprometieran a participar verdadera y activamente en las operaciones de la empresa y no simplemente esperando el pago de sus dividendos.

Las noches de insomnio son una invitación a orar. En este caso en particular, siempre le pido a Dios una justicia que premia a todos y cada uno de nosotros por lo que estamos llevando a cabo, lo que aportamos, lo que hacemos en el servicio de los demás. Creo que a través de la oración, más que cualquier programa de gobierno de ingeniería social, forzado, la humanidad será librada de su tendencia a discriminar.

Un punto más sobre el insomnio: cuidado con la tentación.

Lucas 22:46
"¿Por qué duermen? —les preguntó—. Levántense y oren para que no cedan ante la tentación." *[NTV]*

Las tentaciones nos rodean. He aprendido que Dios puede quitarnos nuestro sueño para avisarnos de tentaciones venideras. Si superas tu tentación, verás más energía liberada en tu vida. Y un sueño más tranquilo.

Santiago 1:12
"Bienaventurado el hombre que persevera bajo la prueba, porque una vez que ha sido aprobado (ha pasado la prueba), recibirá la corona de la vida que el Señor ha prometido a los que lo aman".[NBLH]

Para concluir, cuando no puedes dormir, lee la Biblia, ora simplemente para que la presencia de Dios llene tu habitación. El sueño vendrá. Te lo garantizo. Y te sentirás rodeado de paz.

Te recomiendo que obtengas un programa de la Biblia llamado www.e,sword.net, un paquete gratis de estudio de la Biblia que yo uso muy a menudo. Si deseas saber más acerca de cualquier cosa, por ejemplo, qué dice la Biblia acerca de la "santidad", simplemente escribes esa palabra y el programa busca ese tema en la Biblia. También, si sueñas sobre algo específico, por ejemplo, un río, puedes buscar en este programa y te llevará directamente a la referencia.

La ignorancia acerca de Dios son "indulgencias" que no puedes permitirte en estos tiempos, ni en los tiempos por venir. Sinceramente no sé cómo hubiese sobrevivido sin Dios y sin escucharlo. La Biblia, un libro totalmente único, ofrece una puerta abierta para conocer a Dios. Guárdala al lado de tu cama, al alcance tuyo. Te librará de una manera que ninguna pastilla para dormir podría hacerlo.

Profetas y personas

Mientras estamos hablando acerca de las maneras en que Dios puede llegar a ti, he querido incluir esta sección en videntes porque creo que es importante entender el papel del profeta. El oír la voz de Dios no es una cuestión menor. Pero el actuar sobre lo que se oye es mucho mayor. Por lo tanto, quieres estar segura de cómo proceder. Esto incluye mensajes que podrían venir a través de un profeta.

Lo que ofrezco aquí es una muy breve historia de los profetas principales, de ninguna manera una lista completa. He seleccionado estas "voces" porque representan puntos de inflexión en la historia.

En el Antiguo Testamento, los profetas no sólo preveían calamidades mucho antes que llegaran pero estos videntes también aparecían justo en los tiempos de crisis, trayendo los mensajes de Dios en determinados momentos y lugares.

Los profetas fueron mencionados por primera vez, como grupo, durante el tiempo de Samuel. Samuel, considerado "el último de los jueces" y el primer vidente de Israel, fue conocido como el profeta que ungió ambos reyes Saúl y David, como los reyes de Israel elegidos por Dios.

Fue durante la mitad del siglo XIX AC cuando los profetas Elías y Eliseo surgieron durante una crisis en el Reinado del Noreste. Jezabel, esposa del Rey Acab, trajo ídolos y dioses extraños, incluyendo a Canaán, Dios y diosa de la ciudad, en la religión de Israel. También presentó los 850 profetas de Baal y Astarté.

El profeta Elías, "1 Reyes 18", desafió a los profetas de Baal en el monte Carmelo, donde Dios mostró, a través de fuego, que Él es el Dios verdadero.

Durante el "tiempo profético clásico" Los siglos XVIII, V AC muchos mensajes proféticos encontraron su camino en la Biblia, desde Isaías, Jeremías, Ezequiel, y en los libros de los doce profetas menores, Oseas a Malaquías y Daniel.

Fue después de este período que se produjo una marcada agitación política, provocando el primer exilio de Israel y el nacimiento de Judá, después de la destrucción de Jerusalén en el año 586 antes de Cristo.

Antes de la "caída", los profetas advirtieron que el juicio estaba cerca, llamando a la gente para que se arrepintieran. En el nordeste estaban los profetas Amós y Oseas, mientras que en el sur, estaba el profeta Jeremías. Esos videntes sabían que si la gente sólo se arrepintiese, Dios cambiaría Su plan.

Jeremías 18:7-10
"Si anuncio que voy a desarraigar, a derribar y a destruir a cierta nación o a cierto reino, pero luego esa nación renuncia a sus malos

caminos, no la destruiré como lo había planeado. Y si anuncio que plantaré y edificaré a cierta nación o a cierto reino, pero después esa nación hace lo malo y se niega a obedecerme, no la bendeciré como dije que lo haría". [NTV]

Así que ¿qué hizo Israel que era tan malo para que enojara a Dios? Diferentes profetas hablaron de diferentes aspectos de los pecados de Israel. Amós condenó la inmoralidad y la injusticia social, Oseas condenó la infidelidad de Israel hacia Dios, Mica denunció el pecado de los gobernantes, Jeremías reprobó los dioses falsos y la corrupción en Judá.

Por estos pecados, el justo Dios castigó a Sus hijos, aun cuando le dolió enormemente. Las profecías históricas que explican esto se encuentran en los siguientes versos: *Amós 9:1-4, Oseas 11:5-8, Jeremías 25:8-11, Amós 5:14-15, 4:6-12.*

Después de la sentencia que cayó sobre Judá y sobre Israel, fueron los profetas los que comenzaron nuevamente a traer esperanza a la gente. Ve Isaías 42:55. Aquí, llegó una nueva generación de profetas, incluyendo Hageo y Zacarías, motivando al pueblo a completar el templo.

Los profetas siempre son impopulares.
Se oponen a la inmoralidad y la falta de espiritualidad.
Pero mientras ofrecen, en su lugar, la palabra de Dios,
También traen esperanza.

A veces los profetas veían visiones; otras veces predicaban o hablaban en contra de los comportamientos del público. Lo que es importante saber es que, a su vez, los profetas fueron siempre impopulares, porque aparentemente se oponían a la falta de moralidad y espiritualidad mientras traían palabras de Dios que eran socialmente ofensivas y políticamente desafiante.

Popular o no, fueron los profetas, por encima de todo, quienes llamarían a Israel de nuevo a la obediencia.

El profeta se enfrenta a Dios antes de enfrentar al hombre.
El profeta es naturalmente sensible
pero sobrenaturalmente espiritual.

A lo largo de la historia de Israel, los profetas han desempeñado un importante papel en ofrecer la guía divina. Pero también en esta mezcla había profetas falsos. Es evidente que desde el principio de los tiempos, siempre han existido esas "otras voces" que compiten por el pueblo de Dios. Como tal, era necesario, y aún lo es, un verdadero juicio para discernir una profecía verdadera o una falsa. Deuteronomio refleja que cuando un profeta decía algo iba a suceder y no fue así, se consideraba falso y alejaba al pueblo de la ley de Dios. Consulte los siguientes versos: *I Reyes 22, Jeremías 28, Miqueas 3:5-7; Jer. 23:13-32, Deut. 13, 18:21-22.*

Para discernir a los falsos profetas, como en 2 Pedro 2:1, eventualmente llegarían a desafiar la inmoralidad de caer en "lo carnal y sus deseos corruptos". Ellos también afirmarían que Dios es amor y que no es necesario cumplir con todos los principios morales absolutos.

Los profetas se ocuparon de la crisis de fe del pueblo, confiando en que Dios se conectaría con Israel, para siempre. Dios mismo, acabaría por sanar a Israel. Ver *Jer. 11:10, Amós 9:1112, Oseas 14:5, Jer. 31:3134, Amós 9:9, Jos 2:12-17.*

Tenga en cuenta que en el Antiguo Testamento, el pueblo sólo podía escuchar la voz de Dios a través de profetas. (*Enciclopedia bíblica para los jóvenes,* Pat Alexander, John W, Drane, David Field, Alan Millard).

Hoy en día, los profetas siguen siendo una parte integral de la voluntad de Dios. Están aquí para animar, para guiar, para equipar y para fortalecer a la gente.

Al hacer la voluntad de Dios, los profetas también traerán advertencias. Hechos 11:27-29 describe que, en una época, los profetas fueron de Jerusalén a Antioquía. Uno de ellos, llamado Agabus, se levantó y, por el poder del Espíritu, predijo que una grave hambruna estaba a punto de venir sobre toda la tierra. Los discípulos y las iglesias decidieron que cada uno enviaría sustento, tanto como pudiesen, para ayudar a sus compañeros creyentes que vivían en Judea. Agabus, en su profecía, y la posterior asistencia de los discípulos, salvaron a muchos de morir de inanición.

Debería ser sencillo comprender que un profeta trae el mensaje que el Espíritu de Dios le da. Por ejemplo, en 2 Samuel 23:2: "El Espíritu del Señor habló a través mío. Sus palabras estaban en mi lengua".

Hoy, nos convendría esforzarnos para nosotros mismos oír la voz de Dios y depender menos de los profetas. Sin embargo, esto no significa que Dios no usará un profeta para traer un mensaje.

Isaías 50:4
"El Señor Soberano me ha enseñado lo que decir, a fin de que yo pueda fortalecer al fatigado. Cada mañana me pone ansioso por escuchar lo que él me va a enseñar". [NVI]

Tienes que entender este principio cuando oras. Tienes que saber que la actitud de Dios hacia ti es positiva y la intención es simplemente enseñarte, mientras la actitud de Lucifer es negativa con la intención de engañarte.

Job 16:19
*"Mi **testigo está ahora en el cielo, mi defensor habita en lo alto**". [BLPH]*

Zacarías 3:13
"En otra visión el Señor me mostró a Josué, el sumo sacerdote, que estaba de pie ante el ángel del Señor, mientras que Satán estaba a su derecha para acusarlo. El ángel del Señor dijo a Satán: Que el Señor te amoneste, Satán; que el Señor que ha elegido a Jerusalén te amoneste. ¿No es acaso este un tizón sacado del fuego?

Estaba Josué vestido con ropas sucias de pie en presencia del ángel". [BLP]

Piense en esto: la actitud de Dios está a favor tuyo, y si Él envía a una persona como yo, con una advertencia profética, es porque él reclama un cambio que sería bueno.

Dios te hablará acerca de cosas negativas que crean barreras contra vivir una vida verdaderamente pacífica con abundancia de alegría y éxito.

Yo realmente nunca creí en la siguiente escritura por muchos años en mi vida. Pero hoy, la creo explícitamente.

Jeremías 29:11
"Porque yo sé los planes que tengo] para vosotros"—declara el Señor—
"planes de bienestar y no de calamidad, para daros un futuro y una
esperanza". [LBLA]

Cuando la gente camina por la carretera menos allanada por Dios, Dios envía una señal de alarma. De hecho, para ti incluso podría ser este libro.

Ya que Dios ama a todos los seres humanos, esto incluye a la gente de la industria del entretenimiento. Pero la industria se ha alejado mucho de la dirección que Él se proponía y ahora algunas cosas no le agradan.

¿Qué hay de tu propia vida? Dios anhela que Sus hijos vuelvan a Él. Sus brazos están abiertos y esperando, durante siglos, si es necesario.

Un profeta llama a la gente a ser humilde ante Dios, porque él sabe lo que Dios le prometió a los humildes.

Salmo 37:11
"Pero los desposeídos heredarán la tierra y disfrutarán de gran
bienestar".
[NVI]

Si eliges mantener un corazón endurecido, en realidad te estás rebelando contra Dios. Esto te puede dar una idea de lo que Dios considera rebelión.

1 Samuel 15:23
"la rebeldía contra Él es tan malo como la brujería y la arrogancia es tan pecaminosa como la idolatría. Porque usted rechazó los mandamientos del Señor, Él te ha rechazado como rey". [NVI]

Jesús fue sin duda el Rey de todos los profetas. Él declaró: "Yo soy el Camino, la Verdad y la Vida. Yo soy la Resurrección. Pero también he venido a traer fuego sobre la tierra".

Hace dos mil años, Jesús declaró que la obra de Elías no había terminado.

Mateo 17:11
"—Sin duda Elías viene, y restaurará todas las cosas —respondió Jesús—.".
[NVI]

Malaquías 4:5
"Estoy por enviarles al profeta Elías antes que llegue el día del SEÑOR, día grande y terrible". [NVI]

Tanto Mateo como el profeta Malaquías se refieren a la "influencia" de Elías, que también significa un elemento profético, un mensaje.

Incluso como el Señor usó el espíritu de Elías, a través del Espíritu Santo, para empoderar a Eliseo, y luego a Juan el Bautista, el Señor está desarrollando una "compañía de profetas de Elías", hombres y mujeres llenos del Espíritu Santo, enviados a preparar el camino para Jesús.

¿Eres uno de los profetas del Señor? ¿Cómo puedes saber? Mientras nuestro viaje puede estar preparado, todavía tenemos que enfrentar nuestros problemas y las batallas en nuestras vidas. Los profetas del Antiguo comparten estos mismos desafíos La superación de los retos estará siempre presente ante el profeta.

¡Uf! Ahora es un buen momento para tomar un descanso. Despeja tu mente asimilando lo que acabas de leer. Será útil cuando pases al siguiente capítulo. Es uno duro. Es sobre la guerra.

20

GUERRA

Dios, el Dios de paz siempre ha estado listo para luchar

El Antiguo Testamento está lleno de historias de guerras y conversaciones acerca de guerras. En el Egipto antiguo los faraones tenían ejércitos con multitudes de soldados. La mayoría de los reyes se jactaban de sus propios ejércitos y Roma fue conocida por su violencia. Las guerras eran algo común y las legiones de los Césares se aseguraron que los romanos gobernasen el mundo.

Situada entre los ríos Tigris y Éufrates por un lado y el Nilo por el otro, Palestina constituía una gran importancia estratégica. Sirvió como una autopista natural para el comercio de las caravanas y, como tal, era una zona de conflicto permanente.

Porque Israel fue colocado entre las agresivas y crueles naciones de Asiria, Babilonia y Egipto, a sus habitantes no les quedaba más remedio que verse envueltos la política tumultuosa del área. El país es tan montañoso que los enemigos de Israel pensaban que Jehová era el Dios de las colinas. Este terreno escarpado vio a Israel prestarse a las invasiones continuas que forman su historia.

(1 Reyes 23) Cada faceta de la existencia de Israel incluyendo las guerras, estaba directamente relacionada con su Dios. El Rey David, el más grande general de Israel planificó meticulosamente todas sus batallas. Es más,

él preparaba una estrategia diferente para cada batalla, nunca repetía la misma táctica sino que siempre calculaba algo inesperado. Por consiguiente, ganaba sus batallas con ingenio y diseño.

Salmos 18:34
"Quien adiestra mis manos para la batalla, para entesar con mis brazos el arco de bronce." [RVR1960]

Cada uno de nosotros tiene sus propias guerras y de alguna manera, yo creo que Dios nos conduce a ellas por razones diversas de desarrollo. ¿No parece que siempre tenemos otra batalla que librar? Pero ¿qué es una "guerra?" Para mí, es cuando nos enfrentamos a situaciones difíciles que nos obligan a convertirnos en gente más asertiva progresivamente, nos llevan a mantener cada vez más agresión, a conservar o recuperar "algo" que consideramos que nos legítimamente nos pertenece. A lo largo de nuestras vidas, nos enfrentamos al desafío persistente de muchas guerras; algunas son pequeñas, otras cambian nuestra vida.

He descubierto una "ley básica de supervivencia" seminal: No deje que nada de lo que el enemigo quiere hacer, lo distraiga de manera que no pueda escuchar el mensaje de Dios. Después de leer mi historia, usted ya debe saber que su enemigo es necesario y tiene un papel que desempeñar. Cualquiera que sea su guerra, finanzas, su matrimonio, un, una enfermedad, depresión, o incluso algo menos dramático, como una dieta, estos desafíos pueden hacerlo creer, lo contrario de lo que Dios le ha prometido, y muy a menudo ese es el problema.

Lo sorprendente es que la mayoría de nosotros ya sabemos que podemos ser nuestros peores enemigos y, sin embargo, insistimos en sabotear nuestros propios sueños.

Esta es una garantía: en algún momento de su vida, usted tendrá que ir a la guerra o tendrá que poner fin a la guerra que ya reside en su interior. Cuando llegue ese momento, pídale a Dios que se su guía y su escudo..

(Salmos 144:1)
"Bendito sea el Señor, mi roca, Quien adiestra mis manos para la batalla y mis dedos para la guerra." [RVR 1960]

Cuando Satanás habló de la provisión que Dios hizo para Job, dijo

Job 1:10
"Siempre has puesto un muro de protección alrededor de él, de su casa y de sus propiedades. Has hecho prosperar todo lo que hace. ¡Mira lo rico que es!
[NLT]

Esta escritura muestra que Dios protege y provee cosas buenas para sus hijos, pero hay que considerar cómo el astuto del enemigo se acercó a Él para provocar situaciones difíciles en la vida de Job.

> **Un adversario o enemigo es cualquiera que se interpone deliberadamente en el camino de tu destino y tu propósito. Trabaja incansablemente para frustrar el plan de Dios para tu futuro. Utiliza los métodos más atractivos, interesantes e engañosos para tentarte a desviarte de Dios.**

Un adversario o enemigo es cualquiera que se interpone deliberadamente en el camino de tu destino y tu propósito. Trabaja incansablemente para frustrar el plan de Dios para tu futuro. Utiliza los métodos más atractivos, interesantes e engañosos para tentarte a desviarte de Dios.

Es importante saber que si queremos progresar significativamente en la vida y en "escuchar" a Dios, tenemos que reconocer tanto la presencia existencial y la necesidad de enemigos. Al contrario de lo que puede pensar, la guerra es esencial, y es una buena herramienta de entrenamiento para tus "oídos."

En las palabras del Pastor Ron Carpenter:

"Usted nunca será una persona excepcional si sólo lucha batallas ordinarias."

No me canso de recalcarle la importancia de estas palabras. Fue sólo después de mi regreso de Los Ángeles que me di cuenta de cómo mi viaje (desde el monte en la Provincia del Norte hasta Pretoria y luego a los Estados Unidos) había excavado mi fuerza. Por consecuente, tuve que sobrevivir en un país extraño, conocer tantas personas nuevas, aprender a ser un orador, dar discursos públicos constantes, y, último, ministrar a muchísimas personas. Todo eso me agotó física y mentalmente.

Después que regresé a Sudáfrica me fue necesario descansar y quedarme silenciosa y tranquila. Dios me contestó acerca de lo debía hacer, al guiarme a empezar un trabajo de entrenadora personal. Que consideración maravillosa. Reconoció mi cansancio y me orientó a un trabajo que iba a rejuvenecer tanto mi mente como mi cuerpo.

En ese momento, conocí a una mujer joven con problemas matrimoniales. Los procedimientos ya estaban en marcha para un divorcio. Entonces me puse a orar por ella. El mensaje de Dios era para que ella pudiese detener los procesos de divorcio y esperar. Necesita tener paciencia, ya que su esposo iba a regresar y el matrimonio se salvaría, pero con una ventaja añadida: la pareja sería bendecida con un hijo. Estoy tan feliz de informar así fue, tal y exacto como Dios lo predijo.

Esta misma joven estaba consultándose con una consejera de trauma cuando estaba orando y mencionó mi ministerio en el extranjero. Esta persona había tenido un sueño conmigo; obtuvo mi número de teléfono móvil y me llamó. Coordinamos reunirnos y, mientras tomábamos un café, me preguntó si estaba involucrada en algún tipo de negocios financieros, negocios o relaciones de negocios. Prudentemente, yo respondí de manera afirmativa. Rara vez hablo sobre mi negocio con nadie, especialmente en lo que se refiere a las famosas tiendas Worth, y menos con desconocidos. Ella me advirtió que alguien de confianza me estaba haciendo "trampas, me robaba y socavaba mis finanzas."

Esas revelaciones me dejaron completamente estremecida. Exclamé "¡No, no, no, él es mi hermano!" Después que se me paso el shock, me llené de valentía para hablar con mi hermano, mi "socio", que todavía vivía en la provincia de Limpopo, acerca de las acciones y los posibles dividendos que me correspondían. Me explicó que la empresa no había declarado dividendos debido a la recesión en el país. Al principio, acepté su explicación. Pero la conversación con la consejera había provocado algunas dudas agobiantes. De manera que volvimos a hablar repetidas veces sobre el dinero y los negocios. Mi hermano se volvió cada vez más reservado, trataba de evadir el tema, al punto que mis dudas pasaron de incredulidad a desconfianza.

(Proverbios 20:18)
"Propósitos y planes son establecidos por un abogado; y [sólo] con buenos consejos hacen o llevan a la guerra." [AMP]

Mi desconfianza aumentó al punto de llamar un abogado para solicitar información sobre los gastos y el volumen de negocios de la empresa. Pero después de mucho intercambiar correspondencia, no se logró nada. Todavía no tuvimos respuestas y no entraba ningún dinero.

Muchos de los sueños mencionados anteriormente, los mensajes en sueños y visiones me llevaron a creer que Dios esperaba que investigase los negocios de la empresa. Finalmente, ejercí mi derecho como accionista y autoricé una firma confiable de investigadores forenses para inspeccionar la contabilidad financiera de nuestra empresa en la Provincia del Norte. Nadie pudo impedir que la auditoría se hiciese. Los auditores descubrieron numerosos y regulares pagos privados. Mientras yo deseaba que la noticia fuese diferente, la prueba estaba allí. Los gastos eran evidentes en el registro contable de la empresa. Lamentablemente, mis sospechas fueron verificadas.

Yo confiaba en mi socio, mi propio hermano y por supuesto de manera implícita.

Como lo puede imaginar, yo estaba muy preocupada. Uno sabe, sin verlo, cuando una gran tormenta se acerca. Y esta tormenta, esta guerra estaba a punto de estallar. Era como si Dios se hubiera dormido en mi barco durante cuatro años. Ahora, sólo después de que me puse muy ansiosa, se despertó para darme un mensaje: *"¡Ve y convoca una reunión de directivos; interroga a tu socio!"*

Según Dios, no había otra alternativa. Me habló firmemente. Este era un mensaje de "instrucción." *"Reúnete con el cara a cara y graba todo en un dictáfono."*

Se convocó una reunión general de directivos y todos los interesados fueron cuestionados sobre el informe forense como producto de la investigación. Según este informe, mi socio enumeró muchos de sus gastos privados bajo los gastos de la empresa. No me imaginaba que Dios me estaba llevando a la primera etapa de una guerra que se prolongaría durante muchos años.

Tal parecía como si Dios me estuviera enviando directamente al pozo de los leones, el accionista minoritario (40 por ciento) que lucha por sus derechos contra el accionista mayoritario (60 por ciento).

Me fui a Dios en gran angustia. Yo no tenía los fondos necesarios para obtener una orden de la corte, pero algo tenía que hacer. Un abogado superior explicó cómo citar a mi socio a la corte para que comprase mis acciones. Sin embargo, yo no contaba con suficiente efectivo disponible para una orden judicial que afectara la citación. Aunque la ley de nuestra empresa se compromete a proteger a los accionistas minoritarios, era evidente que todavía existen demasiadas lagunas en el sistema que deben ser abordadas.

Entonces oí Dios decir: "Te daré lo que cogeré de él."

Me quedé asombrada con este mensaje y empezó a preguntarme qué sería lo que Dios le iba a quitar. Que me imagina yo que Dios haría una cosa tan espectacular, llevándose todos los negocios de mi socio. En una palabra, era simplemente "asombroso."

Después de dos años de presentarle a mi ex socio, mi propio hermano, cartas de advertencia de abogados y nada de llegar a un acuerdo, las palabras de Dios se hicieron realidad. Dios "planificó" que todos los almacenes de Worth en todo el país, volviesen a ser adquiridos por el franquiciador. Este sorprendente giro de los acontecimientos fue publicado en todos los periódicos. Fue un milagro. La compañía madre revalorizó los almacenes y los compró otra vez. Claramente, era la explicación del mensaje: "Te daré lo que le quitaré a tu socio".

Cuando al franquiciador se le vendieron las acciones de nuevo, uno de los requisitos de la venta era que yo vendería, con la condición de que el capital fuese abonado en una cuenta dispuesta para las firmas de mi socio y yo. Normalmente, esto no es un problema inquietante pero considerando el comportamiento anterior de mi hermano, representaba un grave problema para mí.

Solicité una confirmación del banco por escrito, que ningún dinero se debería o podría retirar de la cuenta sin mi firma. Como director y accionista, protegería el valor de mis participaciones, especialmente a lo largo de todo el proceso de reducción de las actividades de la empresa antes de su cierre. Yo sabía exactamente cuánto esperar para mi porcentaje del valor de venta; Dios me dijo la suma en ese sueño que mencioné anteriormente.

Es importante saber es que un accionista puede obligar a un director que sea responsable, en su propia capacidad privada, en caso de que el accionista sufra pérdidas como resultado de la negligencia del director. Esto, sin embargo, es difícil y puede resultar costoso de demostrar. Casi siempre resulta en otra batalla judicial.

Cuál no sería mi inmensa consternación, cuando me enteré luego que mi compañero se me había adelantado Para eludir mis condiciones que requieran mi firma si algún dinero se retiraba de la cuenta de haberes, mi hermano y socio me quitó como director, cambiando así la firma de acuerdos. Eso le permitía retirar dinero sin mi firma pues, era totalmente contrario a mis instrucciones en las que se estipulaba claramente la exigencia de mi consentimiento. No mostró ninguna consideración o respeto, en modo alguno de mis deseos. Más, el banco aprobó su orden que podía ser retirada, alegando que tal medida supuestamente es legal.

Como puede ver, la guerra iba rápidamente escalando, como todas las guerras por supuesto innecesariamente con cada contra acto. Pasé por un proceso muy riguroso al presentar una queja ante la junta de gobernadores de los bancos. Con la ayuda y la asistencia de otro abogado, al final conseguí que el banco congelara los activos restantes.

Mi socio de negocios se encargó de la empresa como si fuera una empresa unipersonal, cambiando todos los términos financieros estrictamente para su propio beneficio. En realidad, algunos socios mayoritarios, especialmente aquellos propensos a la avaricia, podrían considerar esto como una práctica aceptable para protegerse.

Aunque no había escuchado una voz del cielo informándome sobre la laguna en el mandato del banco, después de recibir la terrible noticia, me dirigí a Dios. Al ponerme a orar, tuve una visión de fuego elevándose hasta el techo y la puerta. Las flamas estallaron a través del marco de la puerta. El mensaje era muy claro; el humo y el calor abrasador venían a través de una puerta cerrada.

Mi padre terrenal me dejó todas sus acciones. Quería que tuviera una ventaja en Sudáfrica, porque la política de acción afirmativa y sus repercusiones adversas que estaban arrasando por todo el país se oponía a cualquier persona de raza blanca.

Le dije a Dios que mi padre terrenal me hubiera ayudado contra la despiadada gestión de mi socio y de las pérdidas que encontraba a causa de sus decisiones. En ese momento, vi otra visión de que parecía un océano abrirse. Pregunté: "Dios, ¿iría a este extremo por alguien?" Dios respondió: "¿Por qué no?".

La empresa se vendió. Mi socio tomó algunos años de sueldo para él y su esposa en un intento de disminuir el valor de la empresa. No recibí ningún dinero durante meses.

A continuación, tuve un sueño relacionado. Me visualicé sentada en algún tipo de entrevista. Una señora estaba preguntando a medida que hablábamos de mis experiencias. Entonces preguntó: "Oh, ¿a usted también le dispararon en la garganta?" Me quedé incrédula. Estas palabras, entrando en un sueño aterrizaron como una bomba, porque en la vida real, me dispararon en mi muñeca izquierda.

Mientras pensaba en este sueño en mi idioma nativo, el Afrikáans, caí en la cuenta: "Si alguien te corta la garganta", eso significa que han reducido tus ingresos. Esto era exactamente lo que estaba pasando en la guerra legal con mi socio.

Dios nos habla a través de nuestras guerras. El representa la voz de la verdad en medio de toda la confusión, la voz de la orientación en el medio del caos.

En otras palabras, Dios nos habla a través de nuestras guerras. Representa la voz de la verdad en medio de toda la confusión, la voz de la orientación en medio del caos. Tal vez Dios quería que supiera que mi experiencia como accionista y director de la compañía me sería útil más tarde en la vida. Pero, pensar que alguien me quería degollar, eso era demasiado.

Intenté mantener una actitud positiva, pero era difícil. Podía ver cómo mi compañero estaba cortándome la garganta financieramente, pero en realidad, Dios me estaba entrenando para la guerra y Él me seguía protegiendo durante todos aquello ataques. Incluso proporcionó un patrocinador para mi libro de publicación y traducción al español. Eso, lo debo admitir, fue una bello detalle.

«Las tiendas Worth no son mi voluntad, pero serán de bendición para ti." Esta promesa de Dios llego tantos años antes, pero por el momento, no parece probable que podría suceder.

Las noches de insomnio se volvieron contantes y temía que, en vista de mi situación de madre desempleada en Sudáfrica, podría terminar sin dinero, en bancarrota como mi madre. Tuve que arrepentirme ante Dios por querer encontrar mi seguridad en el dinero. Dios me llevó a entender que Él no estaba contento con mi socio que me estaba robándole a un accionista minoritario. Dios, claramente me guió a través de un sueño para que siguiera mi caso con la Policía de la División Comercial, conocida como los Halcones. Sin embargo, sentí que a los ojos de Dios, mi esperanza estaba en el lugar equivocado. De hecho, tanto mi enemigo como yo estábamos equivocados, yo quería mi dinero, pero por las razones equivocadas.

Y así, esta guerra para la liberar los fondos, seguiría durante años. Un año después de que nuestras tiendas fueron recompradas, el dinero se ingresó en nuestra cuenta conjunta. Aun así, yo no recibí nada.

A la misma vez que toda esta confusión volcó nuestras vidas, también tuvo afectó mi matrimonio. Mi enfoque estaba en "la guerra" y obtener lo que me pertenecía. Ahora bien, no tiene nada de malo luchar por lo que nos pertenece, pero no podemos obsesionarnos con la lucha. Cuando usted decide ir a la guerra, va a involucrar a otras personas, a seres queridos, a luchar en esa guerra con usted. ¿Es eso justo para ellos?

Cuando me despertaba con pensamientos de sufrimientos de mi infancia significaba que estaba recibiendo un mensaje de Dios. Mis oraciones eran que Dios abriera el puño cerrado de mi socio para liberar mi dinero, pero yo tenía un puño cerrado de miedo. Yo era una accionista y directora de una empresa y por años no había podido tener acceso a mis fondos.

Entonces me di cuenta de que necesitaba ser agradecida. Quizás yo no tenía la actitud correcta; quizás el dinero se hubiera convertido en mi ídolo. Pero el dinero, de alguna manera, me hizo sentir segura. Es muy posible, que a Dios no le complaciera mi forma de pensar.

Mientras yo oraba, mi mente empezó a divagar y me puse a pensar: "Si mi madre hubiera tenido dinero, quizás todavía estuviera viva". El dinero le habría dado la libertad; le hubiera dado esperanzas para su futuro. Pero no tenía trabajo, ninguna carrera, ninguna cuenta bancaria, nada, excepto responsabilidades abrumadoras y los niños. Ella intentó guardar durante meses, pidiendo ayuda a mis abuelos, para comprarme una bicicleta. Al no tener forma de lidiar con todos sus problemas que se iban amontonando, recurrió a un arma y se pegó un tiro.

Una pobreza tal y el sufrimiento perpetuo que forjó tuvo un gran efecto perdurable en mí que cuando tuve que entrar en guerra contra mi ex socio de negocios, mi temor de infancia de perder el dinero y la seguridad llegaron incrementando. Dios trató de consolarme, pero ni siquiera Su voz podía aportar una influencia tranquilizadora. Sí, oí a Dios decir claramente: *"Recibirás luego todo que cogeré de tu socio"*. Pero mis temores desde hace tanto tiempo engendraron tanto mi impaciencia y mis dudas de manera rigurosa y constante.

Me gustaría repetir otra vez una consideración extremadamente importante sobre cualquier mensaje de Dios. A pesar de sus miedos, más allá de sus dudas, es vital que usted comprenda y recuerde que Dios a veces envía un mensaje sin explicación. Usted simplemente tiene que aceptarlo, recordar el mensaje y esperar.

Además de ser accionista de una sociedad, yo tenía acciones en el notable edificio corporativo en el cual las Tiendas Worth, entre otras, eran inquilinas. De nuevo, mi socio y la empresa de auditoría me escondieron los estados financieros. Como accionista, negué afirmar declaraciones anteriores. No estaba de acuerdo con los gastos, los auditores sólo añadieron y simplemente aceptaron en las declaraciones. Sin embargo, Dios quiso que fuese redimida de esta inversión, aunque el bono para los locales sería totalmente reembolsado dentro de unos pocos años. Fue entonces cuando me di cuenta de que Dios me estaba divorciando de mi socio comercial para librarme. Sin embargo, como luchadora al fin, negué a conformarme con una pérdida. ¡A veces, Dios debe pensar que estoy loca!

Poco antes de la impresión de los *"Mensajes de Dios"*, mi socio comercial me amenazó con aprovecharse de algunas de mis acciones, si yo no le otórguese una caución de 270.000 dólares para mantener mi cuota de valor en la empresa. Luego con más claridad que nunca, eso me hizo comprender que quizá Dios estaba diciendo: "¡Vende tus acciones! ¡Sale mientras que sea un buen negocio!" ¿Qué otra cosa iba a pensar considerando que seguramente yo no podría llegar a ahorrar ese tipo de fianza?

Al darme cuenta de que mi futuro financiero estaba precariamente en manos de alguien que se había convertido en mi enemigo, entendí que no tenía más remedio que realizar enérgicas acciones legales. El paso uno fue claro: consultar a un abogado y un activista asesor sobre la vía legal disponible para un accionista minoritario que fue perjudicada por un accionista mayoritario. Estos profesionales me aconsejaron que los tribunales podían obligar al accionista mayoritario a comprar las acciones del accionista minoritario en un mercado de precios.

¿Sería este el camino que debía seguir? Y si lo hacía, ¿podría yo encontrar paz? Y si encontraba la paz, ¿habría que liberar mi corazón de la amargura? Dios me dijo: "¡Espera!" Lo que sucedió fue que el banco simplemente tomó mi firma para ofrecer mi participación como fianza.

Me gustaría compartir las palabras de un poeta anónimo. A partir de estas líneas, surge esa paz:

> Toda mi vida he sido herido, tanto físico como mentalmente,
> He hecho algunas cosas que no son aptas para ser presenciadas por los ojos de cualquier mortal,
> Las personas que están cerca de mí, en quienes he puesto mi confianza, a lo largo de todos los años pero me han traicionado;
> Me trataron como suciedad, mientras estaban sonriendo conmigo,
> Listo para atacar en cualquier momento.
> Pero a través de mis creencias cristianas y mi crianza
> No tengo rencores y rezo para que nuestro Dios
> No cuente nada contra ellos.

La necesidad de un enemigo. En realidad necesitamos enemigos porque no los podemos evitar. Lo temeroso es que podría ser cualquiera persona; un miembro de su familia o un nuevo conocido. Las personas pueden atacar sin importarles quién eres es o qué eres. Pero Dios siempre nos guía a través de estas pruebas, como lo hizo en mi caso con mi hermano. Cuando ya no tenía esperanzas, cuando pensé que iba a perderlo todo, una mujer de mi iglesia se me acercó y dijo que iba a recibir de vuelta todo lo que me habían robado. Esta visita fue el aliento de Dios para restaurar mi esperanza cuando me cubrían nubes de guerra espesas y negras. ¿No lo cree usted?

Quiero que sepan que los mensajes de Dios todavía son recibidos en tiempos de "guerra". En la Biblia, Dios puso fin a las guerras para establecer la paz, pero continuó enviando a su pueblo mensajes vivificantes de orientación, apoyo y aliento durante tiempos de guerra.

¿Por qué las guerras? ¿Por qué los años de lucha? ¿Por qué habría que robar y saquear desde el Rey David en la Biblia?

(Josué 10:24-25)
"Y cuando hubieron sacado estos reyes a Josué, [él] llamó a todos los Israelitas y les dijo a los comandantes de los hombres de guerra que fueron con él: "Venid, poned sus pies sobre los pescuezos de estos reyes". Vinieron y pusieron sus pies sobre el cuello de [Reyes]. Josué les dijo: "No teman ni desmayen; sean fuertes y valientes para lo deberá hacer el Señor a todos vuestros enemigos contra quienes luchar."
[AMP]

Quiero cambiar un momento el tema aquí para un hablarles de una cuestión diferente. De alguna manera, todo lo que está en el fondo subirá a la superficie; todo lo que está oculto saldrá de abajo de la cama; todo lo que está perdió en el océano será lanzado en la orilla.

Una vez me compré unas cícadas para mi jardín. Eran caras y quería las más grandes, las de 60 litros. La empresa entregó y plantó las cícadas como habíamos acordado. Inicialmente, no noté nada extraño. Un par de semanas más tarde, sin embargo, volví a visitar el mismo vivero planeando comprar más cícadas y algunas plantas de temporada. Fue sólo cuando vi la diferencia de tamaño entre el de 60 litros y de 40 litros de cícadas que me di cuenta de que me había engañado. Las plantas de mi jardín eran definitivamente inferiores a 60 litros de las que tenían allí. Formé un alboroto y se hizo evidente que yo no me iba a rendir. En definitiva, se dieron cuenta de que sería demasiado costoso para ellos cavar las cuatro pequeñas cícadas en mi jardín y reemplazarlas con las grandes, así que me dieron cuatro planta de 60 litros gratis. La estafa salió a la superficie ante mis ojos. Cuando el océano arrojó la verdad, luché y gane justicia. ¿El resultado? Les costó a ellos y yo bendecida con aún más cícadas.

La Biblia dice que vamos a pasar por el fuego pero Dios estará con nosotros. Él no nos envía alrededor del fuego, o al área alrededor de un campo de minas; Él nos envía directamente al campo de minas, y él puede "dormir." ¡Sí, duerma! ¡Relájese! Él está en control total que Él realiza milagros incluso en su sueño. Es decir, lo que nos permite ser "en nuestras propias", pero nunca fuera de su cuidado.

Ya conocía el resultado cuando Él me llevó a mi guerra.

(Mateo 8:2327)
"Cuando entró Jesús en la barca, sus discípulos le siguieron. Y de pronto se desató una gran tormenta en el mar, de modo que las olas cubrían la barca; pero Jesús estaba dormido. Y llegándose a Él, le despertaron, diciendo: ¡Señor, sálvanos, que perecemos! Y Él les dijo: ¿Por qué estáis amedrentados, hombres de poca fe? Entonces se levantó, reprendió a los vientos y al mar, y sobrevino una gran calma. Y los hombres se maravillaron, diciendo: ¿Quién es éste, que aún los vientos y el mar le obedecen?" [LBLA]

¡Que aun a los vientos y el mar le obedecen! Yo creo que con frecuencia sobre este magnífico poder cuando oigo la voz de Dios, incluso cuando es desafiado por todas estas guerras en mi vida. Cuando llegue el momento, la voz de Dios siempre viene con mensajes muy claros. Seguramente, los vientos y el mar lo oyen.

No tengo un hermano, una hermana, un padre o una madre. Sólo tengo a Dios. Cuando estuve sin trabajo por siete años, yo tenía a Dios. A través de todo lo que ha sucedido, Dios tenía un plan. Mi vida siempre ha sido diferente. Mi propio padre comprendió la tendencia profética en mi vida. Yo sabía que él siempre hablaba muy bien de mí, y es posible que por eso mis hermanos nunca me trataron como una hermana.

Me desperté una mañana con mi pasado en la mente. Mis recuerdos eran acerca de estar casada con un hombre muchos años antes. No tenía trabajo y prácticamente ningún dinero, ni mucho menos un auto. Pensé que era la voluntad de Dios vivir en ese nivel. Traté de pintar la casa en la que estábamos tratando un estilo moderno para que se viera menos "humilde" aunque yo no tenía idea de cómo parecer "ricos". ¿Por qué me siento obligado a hacer esto?

Recuerdo otro sueño en el que mi padre me vino a mostrar que mi pareja, ¡mi hermano!, No sólo me robaron a mí sino también a mi abuelo. En este caso, mi socio abrió otra Tienda Worth en su nombre, rechazando el holding, aunque seguía dibujando un salario de tiempo completo en el momento. Me di cuenta de que esta tercera tienda fue parte de nuestras raíces y de la empresa, según el sueño, mi socio no sólo me robaba a mí, sino robaba también a Dios. ¿Por qué se sentiría obligado a hacer esto? Habíamos crecido pobres. Mi hermano rompió el asiento de mi triciclo y no tenía dinero para cambiarlo; de hecho, no pudimos cambiar nada. Nos alojamos en un apartamento pequeño. Recuerdo que mi madre ahorró dinero por un largo tiempo; mis padres me comprarían una bicicleta cuando fui mayor. Recuerdo mi anhelo de vestirme elegantemente, de la misma manera que otros niños se vestían. Esta pobreza absoluta influenció tanto en mi vida que aun durante el tiempo que yo tenía una tienda real, no me podía aun ni comprar ropa. Todo lo que yo podía pensar era no hacer gastos innecesarios. Ahora, les pido, ¿este no suena como un "puño cerrado?" Yo temía a la tienda. He aborrecido a gastar dinero. Este recuerdo me ayudó a comprender que mi compañero también mantenía un puño cerrado al quedarse con mi parte del dinero. Él creció conmigo, en las mismas circunstancias, y su recuerdo de la pobreza fue una gran influencia negativa.

Fue una batalla ding, dong por muchos años. Después tuve el sueño descrito anteriormente, mi abogado me ayudó a abrir un caso de fraude en contra de mi socio de negocio, persiguiendo el pleito con la unidad de delitos comerciales, los Halcones.

En aquella mañana, cuando el caso fue lanzado, tuve recuerdos pesados de mi niñez de sufrimientos. Esto significaba que estaba recibiendo otro mensaje de Dios. Yo había estado albergando temores de que mi hija, Yvon Bella, sería tan pobre como mi difunta madre, que murió con sólo dos centavos; literalmente dos centavos en su bolsillo. Ella no tenía nada excepto su pequeña, decrépita pero útil carretilla que vale menos de 100 dólares. Recuerdo muy bien siendo tremendamente avergonzada cuando ella me recogió de la escuela en este bakkie o mini camión. Al mismo tiempo, debo decir que tuve la suerte de ir a la cama ni con hambre ni con frío. Nuestra familia, sin embargo, siendo pobre, vivía justo ligeramente por encima de la línea del pan, mientras la mayoría de la gente en Sudáfrica sigue viviendo en una miseria total. En un mundo así, yo simplemente no entendía el concepto de la riqueza.

Quizás esto le ayudará a entender mi cerco mental. De modo continuo, mis pensamientos se quedaron en un futuro que podría simplificarse si fuera disponible mucho más dinero. Por lo tanto, pedí a Dios si yo pudiera conseguir un poco de mi dinero de las explotaciones de Worth. Él respondió con calma: *"Recogerás todo tu dinero"*.

Ay! Fue en ese momento preciso que me di cuenta de que había fallado miserablemente otra prueba importante.

Sin embargo, si usted fuera accionista de una empresa que no había recibido un solo dividendo durante un largo periodo de tiempo, no preguntaría dónde se encuentra mi dinero o le escucharía pacientemente a Dios decirle *"no necesita el dinero, ahora."* Recuerde, en este momento usted está sentado allí, reflexionando sobre cómo hacer sus pagos.

Al final de todo le di gracias a Dios por no tener acceso a ese 40 por ciento de la cuota de dinero. Hoy, ya no estoy enojada con mi socio porque me hizo un favor. Yo había colocado mi seguridad en el dinero después de ver morir a mi madre completamente en la ruina. Pero, piense en ello, todos nosotros moriremos sin dinero. No nos podemos llevar nada más que nuestra alma con nosotros.

Dicho todo esto, permítanme reiterar que cuando se trata de mensajes de Dios, mi intención no es hacer dinero con la venta de este libro, pero sólo, esperemos, recaudar fondos suficientes para sostener su distribución en todo el mundo.

(Salmos 118:13, 17, 25)
"Mis enemigos hicieron su mejor para matarme, pero el Señor me rescató."

"No voy a morir; en su lugar voy a vivir para anunciar lo que el Señor ha hecho."

"Por favor, Señor, por favor sálvanos. "Por favor, Señor, danos el éxito."
[NLT]

(Salmos 124:1)
"si el Señor no hubiera estado de nuestro lado...» [NLT]

(Salmos 126:4)
"Restaura nuestra fortuna, Señor, como los arroyos renuevan el desierto."
[NLT]

"Las tiendas Worth no son mi voluntad para ti, pero te bendecirán." Sí, la promesa de Dios se cumplió muchos años antes. No parece probable que alguna vez iba a suceder. Pero entonces, tampoco era nada corto de un milagro completo que una familia pobre podría tener éxito estableciendo tales tiendas bien conocidas en la parte septentrional de Sudáfrica.

Les mencioné anteriormente en este capítulo que esta guerra financiera también generó una "guerra" en mi matrimonio. Mi esposo y yo comenzamos a tener argumentos. A ver algunas de las cartas del abogado, se dio cuenta de mi riqueza. Imagine a un hombre que se da cuenta de que su esposa podría "valer" más que él. Puede tomar un peaje en un hombre que se ve a sí mismo como un proveedor. Para empeorar las cosas, fue un maestro de escuela con sólo un salario limitado y le hace sentirse económicamente inestable.

Como era de esperar, lo pensé y entonces, ¡explotó! Él se me enfrentó como una bomba. Lo insultó mi llamado, menospreciado mis creencias, y dice que mi comportamiento no era el de un orador cristiano. Totalmente abrumado, mi instinto de supervivencia barrió y he correspondido. En mi frustración, me quebré, juraba, y me convertí en histérica. Cogido en el fuego cruzado, nuestro bebé se convirtió frenético, como usted podría imaginarlo. Esta fue la peor lucha que habíamos tenido. Eventualmente me volví tan enojada, tan ansiosa e increíblemente frustrada que me desmayé.

Me caí al suelo de verdad. Las cosas siguieron empeorando hasta que lo único que quería era un divorcio. Dos días más tarde, todavía nos sentíamos terribles. En ese momento, no me importaba lo que oí; todo lo que pude ver era lo que estaba sucediendo. Era tan terrible que me hizo querer marcharme. No quería quiero que mi bebé creciera en una zona de guerra. Al tercer día, me desperté llorando. Lo que hace una diferencia, una diferencia enorme, que encontré fue que mi esposo siente igual de mal. Se disculpó, diciéndome que él había permitido que el diablo para venir entre nosotros y, lo que es más importante, ha orado por él.

Fue entonces en ese momento que Dios decidió mostrarme lo que estaba sucediendo en la cabeza de mi esposo.

Tuve un sueño donde yo le pedí a Dios que me mostrase más de lo que mi esposo estaba pensando. En este sueño, nos fuimos de camping un fin de semana. Me puse sospechosa cuando lo vi hablando con un hombre extraño. Me acerqué, escondiéndome detrás de una puerta para escuchar su conversación. Sorprendentemente, oí a mi esposo planeando una boda sorpresa. ¡Él quería casarse conmigo de nuevo! En esto, Dios me estaba mostrando que a pesar del conflicto que estábamos viviendo en casa, mi esposo todavía me amaba lo suficiente para casarse conmigo de nuevo.

La paz siguió. Tomé una decisión que sacudió a mi esposo. Decidí que si yo di todo a Dios, entonces, mi asociado estaría robando a Dios mismo, y yo no tendría que preocuparse más. Tengo que decirles que el alivio era maravilloso. Me sentí como si el mundo hubiese caído de mis hombros. No tuve necesidad de luchar más. Mi pareja podría hacer lo que le gustaba con la parte del dinero de Dios. Aunque el caso policial todavía estaba en curso, decidí dejar que las cosas tomen su propio curso.

Entonces, de repente, unos días más tarde, me quedé estupefacta cuando oí la voz de Dios decirme: *"Yvon, este no es mi dinero, te lo di a ti."*

Mis pensamientos se dirigieron a una otra zona de guerra constante que está penetrando todo Suráfrica: el escenario político en el Congreso Nacional Africano y la incesante corrupción. Este conflicto es de gran importancia, causando enormes sufrimientos a todos nuestros pueblos. La falta de oportunidades de empleo se acaba de aplastar cualquier destello de esperanza.

Me recordé que mi papá y su noble intento de construir un negocio que daría a las personas un trabajo significativo. He luchado por seguir un camino similar pero después de mucha investigación, mi tablero de dibujo de nuevas ideas empresariales aún estaba vacío. No ayudaba el hecho de que mi única experiencia laboral tangible había sido en el sector minorista. Y, como puede imaginar, los potenciales empleadores no tenían genuina compasión para yo tener que traer a mi hija de la guardería que, en nuestro caso, cerraba a las 6 de la tarde.

Pero me mantuve. La idea de un ingreso estable, especialmente después de tantos años de inestabilidad, se convirtió en un objetivo convincente. Mi descubrimiento llegó tan naturalmente a mí. Yo podía escucharme a mí misma pensando, "Yvon, utiliza lo que sabes; usa lo que has experimentado." a partir de ese logro todo cambió: llegué a ser una asesora financiera, una profesión a través de la cual pude vivir mi experiencia del conflicto muy personal, mi pasión por la protección de la riqueza.

Para darle una idea rápida de cómo eran las cosas en mi vida, yo comparto esto: mi primer coche fiable fue comprado sólo después de mis 40 cumpleaños. Era como si el cielo fuera abierto para mí después de cumplir 40 años. Me convertí en mamá, tuvo una carrera, y viajé con mi esposo y mis hijos. Tantas bendiciones entraron en mi vida.

Recuerde esto: Dios tiene maneras extrañas de hacerle "encajar" o "no encajar de manera inesperada".

A veces Dios tiene maneras extrañas de hacerle "encajar" o "no encajar." Unos meses antes de que fuese consejera financiera, me llegó una oportunidad a Children's Clothing Brand Store (marca de ropa para niños). Sí, yo estaba muy emocionada de tener la posibilidad de ganar un sueldo que agarré, pero yo ciertamente no esperaba ser impugnada en una forma tan extraña.

Dentro de una de las tiendas de la compañía, una rotunda salida estaba experimentando encogimiento y pérdida de existencias. No podía creer lo que vi: la gestión zTyrannical insistió en que cada miembro del personal se sométase a una prueba de polígrafo. Pero eso no era todo. Algunos miembros del equipo fueron interrogados y a la parrilla. Bajo pedido de la empresa, los sospechosos "supuestos" fueron interrogados sin descanso durante seis horas por el Departamento de Recursos Humanos, esto realmente sucedió, independientemente del hecho de que muy pocos de ellos fueron seriamente sospechosos de robo.

Yo estaba pasmada por dicha malicia en una escala corporativa. No podía hacer nada sino mirar con impotencia. No se me permitía intervenir. Cuando traté de defender el personal, me advirtieron sumariamente que perdería mi nuevo trabajo si interfería en ninguna forma. Esta vez, me había convertido en un defensor de la verdad y por dondequiera que miraba, veía el sufrimiento de muchos empleados en Sudáfrica.

Como he dicho ya: Dios a veces, tiene maneras extrañas de repente hacer que encaje o encajar en ello. Este incidente de un trabajo con el que estaba tan feliz, rápidamente, me hizo encajar fuera de ello. Dije a Dios, honestamente: "Señor, la gente debe escuchar Tu voz para sobrevivir en Sudáfrica."

Durante todo este tiempo, estuve agobiada por encontrar suficiente fe para creer que el manuscrito de este libro podría generar algún ingreso. Empecé preguntando si Dios tiene planeado que yo mueva a mi familia a los Estados Unidos. Todas las puertas para conseguir el visado estaban cerradas, así que ¿cómo podía suceder? O bien, ¿yo simplemente viajaría para enseñar? Como se puede ver, los *Mensajes de Dios* se publicarían inevitablemente.

Estas luchas, estas guerras, estos enfrentamientos, eran enseñanzas de Dios. A veces le ofrece a la derecha en una zona de guerra para hacer que vuelva a evaluar sus propios pensamientos, para hacerle reconsiderar su propia dirección y literalmente llevarle usted fuera de su mentalidad actual.

Por ejemplo, no entendí el llamado de Dios en mi vida, especialmente en lo que se refiere a mis escritos. En mi mente, pensé que debía conectar con el mundo empresarial; supuse que sería por unos años. Pero si Dios tiene un plan, cualquier cosa con que usted se conecta podría acabar siendo sólo una estación muy temporal. Estas son lecciones para el aprendizaje como yo pensé a la gente que conocía logró adquirir para sus familias el tipo de seguridad que buscaba. Pues yo pienso en mi suegro que había trabajado para la misma empresa durante 30 años y se retiró con el dinero suficiente para comenzar su propio negocio de casa de huéspedes.

Buscando un trabajo significativo puede ser, en sí, un tipo de guerra. Usted está buscando una oportunidad en el "enemigo": una economía horrible. Mientras buscaba la oportunidad de ayudar a otros, sinceramente yo perseguía la sabiduría de Dios para mi vida. Dios estaba claramente llevándome en una dirección diferente.

El refrán dice que los mendigos se tienen que conformar con lo que le den, ¿verdad? Que es de donde yo vengo, donde muchas de las comunidades sudafricanas toman el único trabajo que pueden venir en su camino. ¿Qué opciones tiene usted cuando tiene pocas opciones?

Otro aspecto dañino cuando un mercado laboral es difícil es la forma en que nos hace sentir atemorizados. El miedo de los que pueden afectar nuestros bolsillos. Muchos empleados le temen que sus empleadores, se agazapan sin la más mínima noción de que no pueden ser despedidos o maltratado sin causa válida. Mi guerra privada me rindió intrépida. Yo no le tenía miedo a un jefe. Mis luchas me convirtieron en una luchadora por la justicia y la verdad, y esta energía se refleja en mis acciones.

La única cosa que realmente temía entonces era cuando Dios estaba callado. Yo llenaba ese silencio rápidamente con una gran ansiedad sobre el estado de mi herencia, la herencia que me correspondía de las tiendas Worth. Sólo cuando recordaba que Dios lo tenía en Sus manos, volvía la paz a mi espíritu.

(Jeremías 11:20)

"Mas, oh Jehová de los ejércitos, que juzga rectamente y con justicia, que prueba el corazón y la mente, vea yo tu venganza de ellos; porque a ti he descubierto mi causa y revelada." [AMP]

Cuando usted cree en Dios, no existe una batalla perdida. Sin embargo, si alguien está enfermo terminalmente y ora, pero luego no pasa nada, él podría comenzar a sentir que está luchando por un imposible. Sin embargo, la fe es la que nos sostiene cuando llegue ese momento; la profundización de la fe, más fuerte será su protección. Quienes pueden atreverse a intentarlo con todas sus fuerzas, para vivir con Jesús camina sobre el agua sin saberlo.

La fe no sólo nos ayuda a mantener nuestro espíritu resistente durante tiempos difíciles, sino que también nos ilumina la senda cuando vamos por el valle de sombras de duda. Cuando alguien escribe un libro basado en hechos reales, muchas veces da a entender que el escritor es un experto en el campo específico del libro. Aunque a veces puede ser cierto, hay innumerables libros escritos por personas que no son expertos, sino honestos, personas dispuestas y dedicadas a compartir sus propias experiencias personales. Estoy en este último corte. Todavía me siento como un estudiante porque sé lo suficiente acerca de escuchar la voz de Dios como para saber que nadie puede ser experto en oír de Dios. Nadie puede explicar a Dios y las cosas que Él permite, o las batallas que elige para usted. Recuerde esto al leer este libro. Veo mi "misión" como haciendo mis mejores, compartir mis experiencias más personales, para ayudarle a escuchar a Dios, pero no para explicar lo que Dios podría estar diciendo. Esto, mi amigo, es entre usted y Dios.

Quisiera saber si alguno de ustedes cree que estos escritos son presentados como mis memorias. Ciertamente, ese no es el caso. No me atrevería a escribir sus memorias porque, realmente, ¿por qué habría alguien que esté interesado en lo que he escrito? No. La razón por la que escribí este libro es porque quiero agradecerle a Dios por que he aprendido de Él acerca de cómo empezar el proceso de oír sus palabras. En este desarrollo, también he aprendido que escuchar es sólo una parte y que oír plenamente no sólo cambiará tu vida pero muy posiblemente la salvará. Ahora creo firmemente que la supervivencia en este planeta depende de su habilidad para escuchar a Dios y de comprender lo que le está diciendo que le servirán de guía.

La realidad, como una ilusión, sigue siendo esta: Soy una madre y el sueldo de mi esposo no alcanza para cubrir todos nuestros gastos de la familia. Me siento, en mi corazón, que la mayoría de los lectores ahora pasan por una posición similar, donde la constante necesidad de encontrar una forma de pagar sus facturas diarias es de suma importancia. ¿Cómo puede ser? Pero junto con esta realidad, esta rutina, esta cinta o lo que quieras llamarlo, es la constante idea que pertenecemos a Dios, y no al dólar ganado o gastado.

Para mí, hubiera sido demasiado fácil adoptar la mentalidad común y razonable de trabajar para vivir. Al hacerlo, no estaría solamente olvidando sino aceptando que Dios nunca me apoyaría, como escritor, si opto por otra ruta de mi propia elección. Sin embargo es lo que permanece es que Él, Dios, únicamente el, resucitó mi libro y quiso que yo corriera con esta asignación.

(Salmo 32:8)
"Yo [el señor] le daré instrucciones y le enseñe en el camino que debes seguir; yo te daré consejos con mi ojo sobre ti." [AMP]

Leí estas palabras y pensé que millones de personas, no sólo en Sudáfrica, sino en todo el mundo, están desempleados. Los "afortunados" que tienen trabajos, algunos de ellos, es probable que soporten el abuso de los empleadores sólo para mantener esos empleos aunque sean maltratados y víctimas. Es simplemente una forma diferente de esclavitud. ¿Usted realmente piensa que Dios nos creó para esto? Yo no lo creo.

(Salmos 37:7-9)
"Guarda silencio ante Jehová, y espera en él. No te alteres con motivo del que prospera en su camino, Por el hombre que hace maldades. Deja la ira, y desecha el enojo; No te excites en manera alguna a hacer lo malo. Porque los malignos serán destruidos. Pero los que esperan en Jehová, ellos heredarán la tierra." [RVR 1960]

Mi respuesta en cuanto a la editorial que dudaría mis calificaciones para escribir sobre este tema: "Dios me cualificó." Sí, ya sé que la respuesta probablemente es inaceptable, en la mayoría de los círculos. Incluso, mi público en Los Ángeles, que podría dar testimonio, si fuera necesario, no sería suficiente para las dudosas editoriales.

Entonces, ¿qué puede hacer un autor desconocido para comercializar y vender su libro? La venta de un libro siempre mantiene la esperanza de que sólo podría producir suficientes ingresos para pagar sus facturas básicas o en mi caso, los gastos de comercialización de los *Mensajes de Dios* y que es todo lo que este trabajo me ha dado: un lugar donde tengo que creer que mi familia sobrevivirá, basado en el simple hecho de que todo lo que quiero es ayudar a otros y darle gracias a Dios porque me habló. Los *Mensajes de Dios* es mi manera de decir un enorme "Gracias". He sobrevivido sólo gracias a la voz de mi Padre. Llegué a un lugar donde sentí que simplemente que no puedo vivir sin predicar el evangelio.

Jeremías 11:20
"Mas, oh Señor de los ejércitos, que juzgas rectamente, que examinas los sentimientos y el corazón, vea yo tu venganza contra ellos, porque a ti he expuesto mi causa." [LBLA]

El libro de Crónicas también explica que: "Los ojos del Señor corren hacia delante y hacia atrás a lo largo de toda la tierra para mostrarse fuerte en nombre de aquellos cuyos corazones están sin culpa hacia Él. Has hecho tonterías en esto; por lo tanto, desde ahora, usted recibirá guerras."

Yo estaba esperando el resultado en cualquier momento. Yo sabía que al final de mis escritos, yo habría explicado todo lo que había oído y lo que había sucedido. Hasta el día de hoy estoy convencida que Dios luchará por mi sustento. Aunque somos guerreros en nuestras propias luchas, Dios es quien asegura la victoria final. Creer en Dios es compartir esa victoria. De hecho, es lo que Él promete.

Al final de la jornada, simplemente maduramos, crecemos. No obstante, es a través de nuestras guerras que lo logramos y a través de esos desafíos, Dios quiere que entendamos que estamos siendo llamados.

2 Crónicas 16:7

"Por cuanto te has apoyado en el rey de Siria, y no el Señor tu Dios, el ejército del rey de Siria se ha escapado de usted." [AMP]

Salmos 41:11

"Por esto yo sé que usted están muy satisfechos conmigo, porque mi enemigo no triunfa sobre mí." [RVR 1960]

Al mismo tiempo que batallaba el azote de mi propia guerra a causa de mi obsesión y paranoia con no tener suficiente económicamente, tuve flashbacks de mi madre. Ella murió sin nada. No le pudo ni dejar una magra herencia a sus hijos. Estas visiones persistieron a medio de mi conflicto con Dios. ¿Qué estaba supuesta a hacer con mi vida? Todo el mundo va en busca de algún tipo de carrera. ¿A yo? Cuando no hice caso a la dirección de Dios, obtuve trabajos que conseguí y acabé odiando el 95 por ciento de ellos, con la excepción de mi trabajo en ventas en Johannesburgo como asesora financiera y especialista en inversiones. Estaba desprovista de lo que mi corazón me estaba diciendo era un trabajo "significativo".

Era mi corazón "escuchando" a Dios y diciéndome que no estaba quizás haciendo lo que tenía que hacer. Es la guerra que luchamos con nosotros mismos que nos ofrece el potencial de llevarnos a Dios.

> **Es esa guerra interna que ofrece el verdadero potencial de llevarnos a Dios.**

De hecho, algo en mi me decía: *"Mejor que construyas tu currículo en una práctica financiera porque en Sudáfrica casi no hay oportunidades y vas a terminar exactamente igual que tu madre."* Otra parte me decía: *"Dios te está llamando, que regreses a los Estados Unidos para completar tus enseñanzas sobre la voz de Dios".* Me recordé vagamente de aquella joven que hizo sus maletas con absoluta fe y salió para Hollywood, un lugar donde Dios simplemente abrió las puertas.

Ahora, la guerra era entre ser una esposa y madre, y comprender quién y en qué realmente me había convertido. Allí fue el conflicto de decidir dónde iba. Sin embargo, durante todo el tiempo, yo sabía que debía tener en cuenta que yo ahora era una esposa y madre, yo tenía un esposo, un niño y una niña de seis años que iba a comenzar la escuela.

Fue cuando estaba luchado con mi confusión interior que recordé que, en la tienda de ropas para niños sucedió algo raro. Esto sucedió un miércoles. Me emocione tanto al punto de ser excitarme demasiado "*¿Que está sucediendo, Señor?*", le pregunté.

Más tarde ese mismo día, recibí una llamada asegurando mi liberación de la compañía. Por muy catastrófica que fuera la pérdida de un trabajo, esta noticia llegó como un peculiar alivio porque yo no podía simplemente renunciar sin consultarlo primero con mi esposo. Debido a que compartió conmigo el estrés de nuestra situación financiera, no hubiera estado de acuerdo con esa decisión. Pero era obvio que Dios estaba muy contento por haber salid esa empresa injusta. Poco después, llegó una oportunidad y comencé a estudiar a través de un proveedor de servicios financieros. En un país sin casi ninguna perspectiva, ¿cómo puede ocurrir algo como esto? Ahora lo sé, y espero que ustedes también lo empiecen a comprender también.

Durante este tiempo, Dios me dio un mensaje claro a través de la Biblia en el libro de Job capítulo 36. Me explicó la razón de mi sufrimiento y me mostró algunos de los principios que Él venera. Dios también me reveló algunas cosas en las que me tenía que concentrar.

(Job 36:7-11)
"Él nunca toma los ojos del inocente, pero él les pone en tronos con reyes y exalta a ellos para siempre. Si están enlazados en cadenas, atrapados en una red de problemas, les muestra la razón. Él les enseña a sus pecados de orgullo. Él capta su atención y comandos que resultan del mal. Si escucha y obedece a Dios, será bendecido con prosperidad a lo largo de sus vidas. Todos sus años será placentera." [NLT]

(Job 36:13)
"Pero el impío y profano en corazón montones de rabia [en la disciplina divina]; no llorar cuando Él se une." [AMP]

(Job 36:15)
"Pero por medio de su sufrimiento, Él rescata a quienes sufren. Para él obtiene su atención a través de la adversidad." [NLT]

(Job 36:15)
"El ofrece a los afligidos en su aflicción y abre sus oídos [a] su voz en la adversidad." [AMP]

(Job 36:17-19)
«Más tú has llenado el juicio del impío, En vez de sustentar el juicio y la justicia. Por lo cual teme, no sea que en su ira te quite con golpe El cual no puedas apartar de ti con gran rescate. ¿Hará él estima de tus riquezas, del oro, O de todas las fuerzas del poder? [RVR 1960]

(Job 36:3)
"Tomaré mi saber desde lejos; y atribuiré la justicia a mi Hacedor." [RV]

(Job 36:10)
"despierta además el oído de ellos para la corrección;
Y les dice que se conviertan de la iniquidad." [RV]

Oré y le pedí a Dios que me concediera sabiduría y comprensión de mis finanzas, de mi matrimonio, de mi carrera y de mi llamado. Pero me olvidé pedir algo muy importante: *"Entre todos mis problemas, Dios, ¿qué es lo que no estoy viendo?"*

(Job 34:32)
"Enséñame lo qué no veo...". [RV]

(Job 34:32)
"Ha pedido a Dios que le muestre sus faltas y ha aceptado dejar de hacer el mal." [NVI]

¿Qué puedo aprender de Job 36?

- Si usted está en problemas, pregúntele a Dios de qué debe arrepentirse. (¿Orgullo?)

- Cuando alguien le ha hecho un mal, no se debe obsesionar con si van a ser juzgados. . Dios juzgará.

El caso criminal contra mi ex socio estaba tardando tanto, que me enojé hasta el punto de estar furiosa y claramente inquieta, a pesar de que me convencí que iba a dejárselo todo a Dios. La lección es no dejes que el crezca y se acumule. .

Dios me habló de nuevo. Me mostró los años después de que regresé de entregar el mensaje en los Estados Unidos. El simple hecho es que siempre tuve un ingreso y nunca falté nada. La penosa realidad es que el miedo me hizo presa de mi misma. Tanto es así, que no pude disfrutar de la vida.

Dios claramente quería que yo dejara ir algunas cosas. Quizás deba renunciar al derecho a trabajar, a tener una carrera, tener un sueldo, y de seguro, el enojo. Lo que yo necesitaba era que Dios tomara el control completo de nuevo.

Me parece que lo que "oyes" se convierte en pensamientos y cuando permites que Dios guie este proceso, la paz que te ha eludido regresará. Pienso ahora y me pregunto cómo no pude ver esto, captarlo, permitir que sucediera en mi vida, especialmente cuando las cosas no iban bien y mi ansiedad me gobernó como un rey demoníaco.

(Proverbios 16:3)
"Comprometan sus obras a Jehová, y sus pensamientos serán establecidos."
[RV]

Una tarde, Dios me despertó. Teníamos que hablar de un cierto asunto. Cada vez que mi esposo se tenía que ir, me sentía abandonada. Me sentía entumecida, como si me iba a desmayar. Esas circunstancias generaron discusiones largas con mi esposo que estaba simplemente tratando de ganarse la vida y cumplir con sus responsabilidades. Yo estaba siendo gobernada por mi temor de ser abandonada.

Algo que empeoraba las cosas eran los recuerdos tan fuertes que tenia de mi situación después que murió mi madre y que no tenía oportunidades para socializar con otras mujeres. Sin embargo, mi padre y mi hermano siempre andaban en sus "viajes de hombres". Yo me quedaba en casa, sola. Algo similar se estaba manifestándose en mi matrimonio y eso provocó conflictos en el hogar. Me puse tan emocional que eso me condujo a un tipo de ataque de ansiedad.

Dios me despertó diciendo: *"Nunca voy a dejarte"*. Recuerdo haber escrito: *"Pero estoy asustada, señor. ¡Todo este libro; y las guerras...!"*

Entonces me acordé de un sueño en el que me vi hablando a una audiencia en los Estados Unidos. Cuando todos iban saliendo, Dios me dijo que los volviera a llamar. Él quería que regresaran a orar para una "liberar energía", y que se abrieran sus oídos antes de irse a casa. A través de este sueño, yo sabía que Dios estaba planeando que yo fuera un instrumento para liberar poder sobre la gente. Pero la madre en mi siguió preguntando *"qué estoy supuesta a hacer."*

Dios respondió simplemente diciendo: *"Nunca te voy a dejar"*.

Recuerdo que pensé en abandono *"Está bien, pero hay algunos lugares que puedes ir y yo no puedo entrar, porque yo no soy santa. ¿Entonces qué?"*

Dios estaba callado.

Y continué: "Señor, me has dicho que nunca me abandonarás, pero esto significaría que no puedes ir a ciertos lugares ya."

Luego dijo, claramente: *"Vas a ir conmigo."*

Entonces, supe que voy donde Dios va. Puede que sea a enseñarte y abrir tus oídos, o por ahora, pueden ser viajes internacionales cortos o incluso configurando estaciones de los medios sociales de comunicación.

Fue sólo al final del manuscrito, este libro que estás leyendo ahora, que entendí que estoy supuesta a trabajar para Dios, y nadie más. Después de eso, cualquier trabajo que tuve en Sudáfrica parecía ser muy temporal, tomando una posición secundaria a lo que yo sabía en mi corazón que era mi "misión".

Poco después de esta conversación con Dios, mi esposo y yo patrocinamos una barbacoa durante la cual mi esposo y su colega bebieron alcohol en exceso. Me desperté sintiendo la presencia de Dios en mi habitación. (Por cierto, lo mismo le sucedió a la esposa del colega; ella me llamó la mañana siguiente.)

Para mí, estar casada significa ser una con mi esposo. Como tal, lo que él hace también se refleja en mí. En este caso, por el hecho de que el pecado entró en nuestra casa después de la barbacoa, quería esconderme de Dios, sintiéndome terriblemente tímida. Llevé los pecados de mi esposo, lo colocó sobre mis hombros y dije, "Dios, él no entiende. Por favor, perdóname".

Esto fue un "avance" en mi entendimiento. Inmediatamente, se me ocurrió que quizás mi hermano tampoco entendía que mi historia acabaría en el perdón y paz. Lo que ocurrió a continuación fue algo totalmente inesperado y me impactó de manera negativa, pero lo voy a dejar por ahora para que podamos mirar otra cosa, Otra guerra.

El proceso de empaquetar a toda mi familia y viajar a los Estados Unidos se convirtió en uno de los conflictos más serios en mi casa. Mi esposo es muy práctico; se dio cuenta de que tenía que trabajar para sostener a su familia mientras que lo único que yo quería era irme para poder enseñar en los Estados Unidos. Sentí que todavía no era el momento adecuado para enseñar en mi propio país. Dios me estaba dando dirección. Tuve un sueño claro, en el que viajaba sur de Orlando, para iniciar un viaje a otro país fuera de los Estados Unidos. Era, en una palabra, confuso.

Pero Dios estaba trabajando detrás del telón. Aunque Él quería sacarme de Sudáfrica, quizás en un sentido financiero, primero necesitaba enseñarme algo. No me extraña que fuera como si hubiese leído mi mente. Hay un concepto en el Salmo 4:11 con el cual no estoy totalmente de acuerdo, la idea de que "Mi enemigo no triunfará sobre mí." Me costaba trabajo aceptar esto porque recordaba cómo David sufrió mucho por culpa de Saúl que continuaba ganando. ¿Dónde? Cuándo? ¿Cómo se decide la victoria?

Quizás la victoria llegue, pero no de un viaje.

Quizás llegue la victoria, pero no toda la victoria de un viaje. Ahora, ese es un concepto que vale la pena considerar. Antes del lanzamiento de *Los Mensajes de Dios*, la cantidad exacta que Dios había demostrado previamente en mi sueño sobre el valor de las acciones ya estaba en mi cuenta bancaria. La policía presionó a mi hermano para liberar algunos de mis fondos pero todavía no era suficiente para comprar una oficina en los Estados Unidos y decirle a mi esposo que se podría tomar algún tiempo libre. Así que, si bien este era un rayo de esperanza, no era un éxito completo. La carga que más me pesaba era la idea de que a la guerra le faltaba todavía mucho . Habiendo regresado de otro abogado especializado en derecho mercantil, un profesional que contraté para ayudarme con la batalla de la segunda empresa, estaba tan abrumada que me tiré en la cama y que dormida.

Tenía que ir a trabajar al día siguiente, así que me desperté temprano y allí estaba Él, preguntándome *si quería ir a trabajar hoy*. Yo sabía que tenía mucho que hacer, pero cuando Dios plantea una pregunta como esa, tal vez, era mejor quedarme en casa y tomarme un té con Dios y mi niña. No sabía yo que Dios quería ponerle fin a este capítulo de "Guerra."

Esto fue lo que pasó. Dios quería que yo, con mi familia, continuara con mi vida, y yo veía batalla judicial atándome Tendría que ser una cosa o la otra, porque me parecía posible que las dos se dieran.

Llorando me sentí tan tonta hablándole a Dios, una vez más, del implacable tema de mi hermano. Ni siquiera quería publicar este libro hasta que se resolviera.

En un flash, oí, *"Ya no es tu hermano."* (Oh, pero no recuerdo haberle pedido a Dios que cortara el árbol genealógico entre nosotros. ¿Cómo es posible? Dios siguió hablando, *"Él es un extraño tratando de tirarte una trampa, pero no habrán trampas, no Yvon. Estoy estableciendo tu libertad. Él está intentando atraparte, y él está intentando atraparme. Se pondrá enfermo y morirá."*

"¿Qué?" grité yo. Yo no podría escuchar esta última parte, si Dios es lento para la ira y muy paciente. Yo estaba conforme con obtener algo de lo que me correspondía, pero ¡escuchar lo que estaba escuchando! Los pensamientos corrían por mi mente. Todos vamos a morir en algún momento, pero ¿por qué estaba oyendo esto?

Quizás es tan solo un negociante muy astuto. Pensé en lo que había leído:

(Salmo 89: 26)
"Tú eres mi padre y mi Dios, tú eres mi Protector y Salvador." [NVI]

(Salmo 91:4-8)
"Él nos cubre con Sus alas, usted estará salvo en su cuidado, su fidelidad te protegerá y defenderá, y tu miraras y verás cómo los malvados serán castigados." [NVI]

Fue cuando tenía mi Biblia y cayó abierta en una determinada escritura que enseguida supe que lo que estaba leyendo era respuesta que no pensaba iba a suceder.

Dios leyó mi mente; de nuevo. Siempre he tenido problemas con la historia de David y Saúl. Vea abajo lo que le sucede a un hombre que no sólo conoce a Dios, sino aún le ora. En este pasaje, Saúl consulta a una mujer médium para llamar a Samuel que es un profeta.

(1 Samuel 28:10)
"Entonces Saúl hizo un voto secreto: por el Señor vivo, prometo que no será castigado por eso, le dijo a él. "¿A quién debo llamar para usted?" La mujer preguntó. 'Samuel', contestó. Cuando la mujer vio a Samuel, la mujer gritó y dijo a Saúl: "¿Por qué me has engañado? Eres el rey Saúl." "no tengas miedo", el rey le dijo: "¿qué ves?"

"Veo un espíritu que sube desde la tierra", contestó. "¿Qué aspecto tiene?", preguntó. 'Es un hombre viejo," ella respondió. "Él usándose

viste de un manto." Saúl entonces entendió que era Samuel, y sometiéndose a tierra con mucho respeto. Y Samuel dijo a Saúl: ¿Por qué me has perturbado? ¿Por qué me hiciste volver?" Y Saúl respondió, y dijo: "¡Estoy en grandes problemas! Los Filisteos están en guerra conmigo, y Dios me ha abandonado. Él no me responde más, ni por los profetas ni por sueños. Y así lo he llamado, para que me digas lo que debo hacer." Dijo Samuel: "¿Por qué me llamas cuando el Señor te ha abandonado y se convierte en tu enemigo?"

Qué palabras, qué terror pensar, que Dios puede realmente abandonar a alguien, me puede abandonar a mí. Esto me hace siempre pensar y a usted debería también hacerlo detenerse.

Cuando pensaba en compartir mi vida personal como lo hago detalladamente en este capítulo, batallaba con malos sentimientos perturbados por la historia misma y por cómo le podría hacer sentir usted el lector. Entonces, Dios me preguntó, "¿A cuántas personas no les gustará lo que escribiste?" Sin pensarlo dije, "¡No a muchas, Señor!"

Dios es el juicio. No se olvide esto.

> **Usted cometerá un gran error si cree que Dios es pasivo**
> **y no actúa sobre la injusticia. Usted debe darse cuenta**
> **de que usted también debe actuar hacia el bien y el**
> **mal. Asuma una posición.**

Me costó sangré escribir este capítulo sobre la guerra y creo firmemente que tengo que compartirlo con ustedes porque conlleva lecciones que posiblemente Dios quiera que todos aprendamos. Primero, usted se equivoca si cree que Dios es pasivo y no actúa sobre la injusticia. En segundo lugar, sabiendo que Dios hace juicio sobre los injustos, debe darse cuenta de que usted también debe tomar una posición a favor del bien o del mal.. Si aprende esto solamente, estoy segura que estas páginas, le servirán bien.

Muchas personas piensan que los Estados Unidos no deberían haber adoptado una postura firme contra Irak, o contra los pecados de otros gobiernos contra la humanidad. Cualquiera que sea su posición, considere que hay algunas escrituras bastante chocantes en la Biblia sobre este mismo tema.

Hay un tremendo peligro en la pasividad. La inactividad es mortal para la vida espiritual.

Mateo 25:33-46
"Nadie, entonces, quién sabe el bueno, él debería hacer y no hacer, pecados."
«¿Vuestros compatriotas deberán ir a la guerra, mientras que usted se sienta aquí?"

(Números 32:6)
"¡Maldito él que es negligente en hacer el trabajo del Señor"!
¡Una maldición sobre él que guarda su espada de derramamiento de sangre!"

(Jeremías 48:10)
"¡Lo que él os diga a hacer, hágalo!"

(Juan 2:5)
La neutralidad no es una opción. Es malo cuando no se impugna lo que no es bueno.

Cuando el pueblo exilado de Israel se enfrentaba a una gran crisis y peligro, Mardoqueo le recordó a la Reina Ester que no se atreviera a quedarse neutral:

> "No pienses que porque estas en la casa del rey, de todos los judíos, solo tu escaparás. Porque si permaneces en silencio en este tiempo, respiro y liberación para los judíos vendrá de otro lugar, pero tú y la familia de tu padre pereceréis. Y, ¿quién sabe, si para un tiempo como este has llegado al reino?"

Este fue un consejo fuerte de Mardoqueo. Ciertamente, Dios reina soberano sobre los asuntos de los hombres.

Aquellos que tratan de ser neutrales en las batallas de la vida degeneran inevitablemente al nivel de la tibia Iglesia La odisea, que el Señor reprendió:

> *"Yo conozco tus obras, que ni eres frío ni caliente. ¡Ojalá fueras frío o caliente! Así, puesto que eres tibio, y no frío no caliente, te vomitaré de mi boca porque dices: "Soy rico, me he enriquecido y nada tengo necesidad", y no sabes que eres un miserable y digno de lastima, y pobre, ciego y desnudo, te aconsejo que te vistas y no se manifesté la vergüenza de tu desnudez, y colirio para ungir tus ojos para que puedas ver. Yo reprendo y disciplino a todos los que amo; sé, pues, celoso y arrepiéntete.*

Apocalipsis 3:15-19

Es hora de preguntarse a sí mismo algunas cuestiones muy pertinentes:
- , ¿En qué problema estoy intentando ser neutral?
- , ¿En qué campo de batalla Dios me llama a entrar?
- , ¿Qué mensaje estoy ignorando?

Antes de cerrar este capítulo, debo admitir que el final de esta historia sobre la guerra me hizo sentir muy feliz. A medida que la vida y mi estatus de mama trabajadora me envolvió, quite la vista de la "guerra" con mi socio de negocios. Recibí un mensaje de su ex esposa informándome que estaba muy enfermo y sufriendo. Eso fue una mala noticia que me entristeció. Entonces me puse a orar: "Por favor, Señor, ten misericordia de él." De repente, llegó en hora buena una agradable oferta para adquirir el edificio donde yo tenía un 30 por ciento de interés.

¿Iba yo a luchar por lo que creo que aún me pertenece a mí o firmar y vender la compañía?

En cuanto a mí y a mis batallas personales; una cosa que he aprendido es que en algún momento, hay que ponerle fin a la guerra. Tuve un sueño donde yo estaba construyendo un edificio en una granja, donde yo creía que tenía derecho a construir. Parte del stand era mío pues mi padre me lo dejó en un anexo a su testamento. Pero me di cuenta de que la documentación no estaba en orden y el título de la propiedad estaba a nombre de otra persona. No importa las circunstancias que me han llevado a construir en la propiedad, ¿voy a luchar o simplemente aceptar esa pérdida? Decidí tomar la pérdida. El perdón ha tomado posesión de mi vida. . Es como quitar las manos de la garganta de tu enemigo porque tienes otras cosas más importantes que hacer y en que dedicar tu tiempo. Eso, sin embargo, no significa que voy a ceder a cualquier otro tipo de pérdidas o firmar cualquier documento que mi socio de negocios o los Auditores corruptos quieren que firme. Recuerde que en cuanto a asuntos judiciarios una de las partes deposita confianza en el otro, el cual tiene la obligación de actuar a favor del primero Decidí ir en contra de las acciones de la firma de auditoría en Louis Trichardt también. Ellos confabularon con mi socio de negocio y yo empecé a ir a las instituciones buscando ayuda. Mi guerra tomó un total de casi 10 años.

Ahora que nos alejamos de este tema de la "guerra", quiero compartir lo siguiente:

Hay que tener en cuenta que en realidad hay algunas batallas en las que no vamos a participar.

Tengo que compartir esta experiencia con ustedes. Pero le advierto de ante mano, que es muy probable que le hará pensar de forma diferente y puede aún molestarle con respecto a aquellos que se llaman a sí mismos psíquicos.

Tuve un sueño durante el tiempo que mi editor estaba trabajando en este capítulo sobre la guerra. En este sueño, el espíritu de una mujer que falleció me seguía por donde quiera. Ella (la fallecida) quería llegar a mí, como si necesitase mi ayuda. Estaba angustiada y triste y muy emocionada sobre algo. Me di cuenta de que ella quería decirme algo acerca de cómo murió porque tenía la capacidad de escuchar. Alguien le jalaba el cabello largo a través de un arco de jardín, alguien que ella conocía. Pero la reprendí y la mandé fuera de mi casa, diciendo, *"Yo no hablo con los muertos. Yo soy un mensajero de mi Dios, y no de los muertos."*

Me desperté y ella estaba allí en mi casa saltando desde mi cama, grité: "¡en el nombre de Jesucristo, sale!"

Dios no nos permite hablar con los muertos. Está muy claro en la Biblia. Ella probablemente tenía una "válida" razón para querer llegar a mí. Fue asesinada por alguien que la conocía. Ella necesitaba mi "ayuda". Pero no importa cuán "noble" puede parecer, si yo intentaba ayudarla, sabía que no podría seguir en este camino. Yo sólo obedezco a mi Dios.

Este incidente marca la primera vez que los muertos han llegado hasta mí. Quieren justicia para llegar a las cosas malas que suceden. A esta mujer que buscaba mi ayuda que quizá me quería tomar a su batalla, y a todos los espíritus muertos que han sido perjudicados, vivos y a todos mis hermanos y hermanas, he de decir que Dios es nuestra Justicia; Dios es nuestro protector en tiempos de guerra. Dios Es el Juicio.

(Mateo 10:34-39)
"No crean que he venido a traer paz a la tierra. No vine atraer paz, sino espada. Porque he venido a poner en conflicto al hombre contra su padre, a la hija contra su madre, a la nuera contra su suegra, los enemigos de cada cual serán los de su propia familia.

El que quiere a su padre o a su madre más que a mí no es digno de mí; el que quiere a su hijo o a su hija más que a mí no es digno de mí; y el que no toma su cruz y me sigue no es digno de mí. El que se aferre a su propia vida, la perderá, y el que renuncie a su propia vida por mi causa, la encontrara."
(NVI)

¿Qué pueden estar diciendo estas palabras duras como el granito? ¿Cómo una roca tal puede traer una flor? Por favor, viaje conmigo hasta el último capítulo donde encontramos la esperanza en lo que no podemos ver todavía.

21

LLEGANDO AL FINAL

Entrégate a Dios y Dios se entregará a ti.

WOW!, Hemos pasado por muchísimo en este libro. ¿Está abrumado? ¿Está confundido? ¿Asustado? ¿Ansiosos de comenzar? Esos sentimientos curiosos que probablemente sienten ahora son todos buenos. Juntos, son la energía que necesita para ir de donde estás ahora a donde quisiera estar: En un lugar donde pueda oír a Dios decirles directamente qué hacer con su vida.

Si después de leer mi tumultuosa historia, usted siente que su vida es demasiado mundana, demasiado mediocre, quizás incluso demasiado deprimente, va y piensa mi experiencia es única. Pero no es así; eso no es el caso. Mi vida se ha convertido en lo que es por mi consciente *disposición a entregarme a Dios.* Por lo tanto, mi respuesta es la siguiente: Los mismos principios por los que vivo pueden ser los suyos, suyos para acceder a su propia existencia completamente separada de la vida que vive hoy en día. ¿Es fácil? Usted ya debe saber. ¿Vale la pena? Eso, también lo debe saber por todo lo que hemos visto en las páginas de este libro. Dicho esto, voy a darle una seria advertencia mientras pongo al descubierto otro pedazo de mi corazón.

Recientemente, Dios estaba en algo de nuevo. Comenzó con lo que parecían ocho pesadillas separadas pero relacionadas. Bueno, sí, digo "pesadillas", porque me molestan terriblemente. Estaba ajena a que Dios

401

vio algo muy importante que necesitaba desarrollar dentro de mí, una guía para comprender Su voz, impartido en mí.

Oír de Dios tan frecuentemente tenía (y todavía tiene) un efecto inexplicable sobre mí. Preste atención porque esto probablemente le ocurrirá a usted también. Quiero estar segura que reciba este mensaje, fuerte y claro. Puede ser realmente flojo respecto a sus sueños. ¿Por qué es esto importante? Porque es esta negligencia que abre una peligrosa puerta, una puerta "desprotegida" a través de la cual Lucifer puede enviar los sueños también.

Dios me "dotó" con un sueño que me asustó, para incitarme. He soñado ocho veces que mi esposo nos abandonó a mí y nuestros hijos, ¡por otra mujer! Cuando le dije a mi esposo esto, él dijo, "¡Qué anormalidad!" Sus palabras me hicieron pensar: ¿Y si Dios me está avisando? (porque mi Dios se preocupa por mí). ¿Es posible que mi esposo pueda estar mintiendo?" Completamente frenética, me conecté con Dios mediante la oración ferviente, y Dios respondió, "Ese sueño no viene de mí.".

No me esperaba esa respuesta. ¡Que despertar!

Incapaz de lidiar con esa respuesta, me quise convencer que había escuchado mal. Recurrí a la naturaleza a fin de aclararlo con Dios. Durante el día, me iba de safari en busca de los "5 Grandes" en el Parque Nacional Kruger (los cinco animales más peligrosos para cazar, a pie, en África que son el búfalo, el elefante, el león, el leopardo, y el rinoceronte) y por la noche me ponía a orar. Después de un tiempo, me di cuenta que el objetivo de los ocho mensajes en sueños era hacerme perder mi fe en mi matrimonio.

Cuando volví a casa después de uno de esos viajes de camping que rejuvenecen, percibí otro "giro" en el asunto. Pero, gracias a Dios, ahora me di cuenta de lo que estaba sucediendo. En este próximo sueño, la atención se centró en mis sentimientos después de que mi esposo me dejó por otra mujer. Estaba muy asustada. Mis pensamientos me consumieron con temor de quedarme sola y nunca volver a tener alguien en mi vida de nuevo. Durante mis años escolares, no tuve novios. Ningún muchacho parecía estar interesada en mí.

Aja! Me llamó la atención: Si Lucifer le habla a una persona, es porque hay debilidad definida y persistente en la vida de esa persona que le permite recibir un tipo específico de mensaje en un sueño. Mi debilidad era mi miedo a estar sola. Lucifer lo conocía y lo utilizó.

En mi mente subconsciente estaba este problema que permitía a estos sueños tener éxito. Ahora, escúcheme muy atentamente: **Tenga mucho cuidado con sueños altamente informativos, sueños aparentemente informativos que dan lugar a que usted tome acción que manifiestan su incredulidad.** Durante años, he vivido en la negación de que el diablo podía o atrevería hablarme en sueños. Eso fue hasta que me vi acosada por él y los sueños. He luchado con esto. No quise aceptar que una mujer, una mujer sirviendo a Dios, puede recibir un sueño engañoso. Sin embargo, que evidente son las escrituras sobre esto: Incluso Jesús Cristo fue tentado y probado por el diablo. La solución es saber cuál es el sueño de Dios y cual no. . De nuevo, hay orientación sobre cómo discernir la diferencia.

Dios dice, "Mis ovejas conocen mi voz." Si usted está viviendo los principios que he citado y es devoto en su fe, aun cuando el diablo se le acerque, usted es parte del rebaño de Dios, reconocerá Su voz y no será engañado. Pero esté alerta, no sea negligente, y esa será su protección.

Esté alerta, no sea negligente. Tuve un extraño acontecimiento que ocurrió durante un tiempo de luto. Descorazonada y buscando la esperanza de Dios, experimenté otro inquietante e inestable sueño. En este episodio, recibí información interesante que venía en una forma sobrenatural: un enigma en el primer sueño y en el segundo sueño, la respuesta en forma audible. En un caso como este, ¿quién llegaría a creer que no era Dios quien ha hablado? Pero, debo saber esto por ahora, y usted debe aprender esto tan pronto como sea posible, Dios no le enviará un abrumador sueño cargado de información que haga que pierda completamente el enfoque y la perspectiva.

Obtener esos poderosos sueños podría incluso provocar que idealice el mensaje o insistir excesivamente en su promesa. Sin embargo, pudiera ser sólo un sueño de Lucifer para darle a una persona desesperada, y descorazonada falsa esperanza. Sí, ¡falsas esperanzas!

En lugar de disfrutar en la comodidad de la momentánea "bondad" de Lucifer, procure buscar esperanza de un verdadero mensaje. Recuerde, siempre, es el Espíritu Santo quien es nuestro consolador. En tus oraciones, pida el consuelo de Dios. Pero esté preparado en su vulnerabilidad que el diablo no entre en su lugar.

En el momento en el que usted piensa que puede escuchar la voz de Dios es el momento en que se puede caer. Nunca asuma que usted puede fácilmente escuchar y decir, "Así dice el Señor." Mejor digamos, "Soy humano, soy imperfecto y voy a pensar dos veces antes de decir algo. Me humillo ante la voz de Dios y voy a ser lento antes de profetizar."

Incluso cuando las últimas palabras de este libro estaban siendo escritas, los mensajes de Dios continuaron. Pocos días antes de este libro ir a imprenta, Dios me recordó que los lectores tendrán que estar plenamente consciente de "sueños mentirosos" que nunca, vienen de Dios.

La redacción de este capítulo trajo muy extrañas sensaciones. Era como si Dios quería que me enfocara grandemente en las cosas que escuchamos que "NO son de Dios." Les quiero volver a repetir: "¡No es Dios! ¡No es Dios! ¡No es Dios!" Nuestras mentes son extremadamente vulnerables a ser influenciado por las mismas cosas que decidimos son importantes para nosotros y por las cosas con las cuales nos rodeamos. Tienes que ir a "conocer" a Dios a través de su Palabra (La Biblia) para saber cómo es Él, qué le gusta, qué no le gusta, que es importante para él, y lo que no lo es.

Cuando oras, ¿puede escuchar una respuesta? Asegúrese de que es Dios quien le habla. He aprendido a discernir mis sueños escuchando su voz suave mientras sentimos su presencia. Me sentí humillada por las cosas que perseguí. Claramente, estos eran los mensajes de Dios.

Estoy escribiendo este libro para las próximas generaciones que les irá mucho mejor si pueden aprender la voz de Dios. Muy bien puede resumirse que puede llegar a ser no solo para su propia felicidad sino también para su propia supervivencia.

Pero, hoy en día, ¿quiénes son las personas que verdaderamente buscan la voz de Dios y enseñan a otros su importancia? ¿Dónde están?

Yo estaba molesta con Dios por permitir que me vinieran los sueños equivocados. Sólo me di cuenta mucho más tarde que a pesar de que en la Biblia, dice: *"Mis ovejas conocen mi voz"*, no dice: *"Mis ovejas conocen mi sueño."*

Cuando Dios envía un sueño de enseñanza, un sueño informativo, puede ser molesto si no se discierne correctamente. La interpretación equivocada puede mantenerlo cautivo en una mentira, a veces incluso durante años.

Le voy a dar dos ejemplos:

1) Los sueños de enseñanza:

En el siguiente sueño, Dios me enseña que para algunas personas consideran aceptable esas zonas grises en sus vidas. En cambio yo no tolero la mediocridad por lo tanto, no acepto ninguna zona gris. Dios necesitaba mostrarme que las soluciones no tienen que ser dolorosas.

Soñé que estaba trabajando en nuestras Tiendas Worth. Durante la venta de verano, fui hasta las bellas alfombras que tenían un 50 por ciento de descuento. Allí, me encontré con que uno de los miembros del personal estaba "ocultando" un vestido de noche que quería comprar. Ella lo ocultó claramente entre las alfombras, de modo que nadie más pudiera encontrarlo y comprarlo durante el período de venta. La presencié extrayendo la vestimenta del lugar oculto antes que lo comprara. Yo estaba molesta, para mí, esa era una forma de robar y de deshonestidad. La llevé a ella y la vestimenta al gerente de la tienda, quejándome. Ella no mostró ningún remordimiento. Él hizo algo extraño. El vestido costaba R190.00; el precio de venta era de R160.00. Le hizo pagar la diferencia de R30.00, en efectivo, diciendo: "Ahora usted puede tener el vestido en el precio original de R160.00 sin enjuiciamiento."

Le dio una salida sin alertar a las autoridades. Para mí, la situación era un acto de robo. Para el gerente, era una forma de deshonestidad tolerable que podría corregirse.

2) Los sueños informativos:

Los ocho sueños que he mencionado anteriormente podrían ser percibidos como sueños informativos, aunque cada uno de ellos me hizo sentir devastada. Se me olvidó completamente que durante la oración, hacía muchos años, oí la voz suave de Dios diciéndome: "*Vas a estar casada mucho tiempo.*" Eso fue todo lo contrario de lo que estos ocho sueños implicaban. Los sueños informativo, como hemos visto, nos pueden motivar a tomar acción. Si malinterpreta los mensajes informativos de esos sueños, la acción que usted tome puede perturbar su vida. Tenga cuidado.

Otro ejemplo: soñé que mi esposo estaba utilizando drogas como la cocaína. No cabe duda de que hubo un mensaje procedente de "fuera". ¿Pero qué tal si yo creyera que era de Dios? Este sueño me estaba informando de algo que fomentaría la incredulidad en mí acerca de mi matrimonio. Recuerde, Dios no nos molesta con tales sueños. Pero es, importante recordar que nuestro subconsciente sí puede.

1. Por un momento, veamos sólo una muestra de las investigaciones que he hecho. Estas entradas se centran en situaciones en la Biblia acerca de los sueños y los peligros de sus interpretaciones. Al considerar estas muestras, céntrese en lo que Dios está diciendo muy claramente acerca de sueños, acerca de profetas que libremente profetizan, sobre aquellos que creen fácilmente lo que oyen. **Jeremías 23 vs. 24-40 Traducción NIV**

25' he escuchado decir a los profetas que profetizan mentiras en mi nombre. Ellos dicen: "¡He tenido un sueño, he tenido un sueño!"

26' ¿cuánto va a continuar en los corazones de estas profetas mentirosos, que profetizan los delirios de sus propias mentes?

27' piensan que los sueños que se dicen unos a otros harán que la gente olvide Mi Nombre tal como sus antepasados olvidaron Mi Nombre a través de la adoración a Baal.

28' El Señor declara: "Permita que el profeta que tiene un sueño relate el sueño pero deje al que tiene Mi Palabra hablarla fielmente. Por lo que ¿qué tiene que ver la paja con el grano?"

29' "¿No es mi palabra como un martillo que rompe una roca en pedazos?"

34' Si un profeta o un sacerdote o alguien dice: "Esto es un mensaje del Señor, los castigare en su hogar."

36', Pero no debe mencionar "Este es un mensaje del Señor", nuevamente, porque la palabra de cada uno se convierte en su propio mensaje. Por lo tanto, usted distorsiona la palabra del Dios viviente, el Señor Todopoderoso, y a nuestro Dios.

37' Esto es lo que usted sigue diciendo a un Profeta: "¿Cuál es la respuesta del Señor a usted?" o "¿De qué ha hablado el Señor?"

38' Aunque usted declara "Esto es un mensaje del Señor", esto es lo que dice el Señor: "Usted utilizo las palabras "Esto es un mensaje del Señor."

39' Pues: "Seguramente le olvidare y lo echare fuera de mi presencia, junto con la ciudad que le di a usted y a sus antepasados."

2) Jeremías 23 vs. 32, La Versión de la Biblia:

32' "Oh sí, yo he terminado con los profetas que predican mentiras que sueñan, extendiéndola por todo el país, arruinando la vida de muchas personas con sus temerarias y baratas de mentiras".

3) Jeremías 23 vs. 32 Versión de la Biblia Amplificada:

32' "He aquí, yo estoy en contra de los que profetizan sueños mentirosos ", dice el Señor."

Ahora, hágase la pregunta: "¿De dónde provienen los sueños mentirosos?"

Estoy segura de que todos nosotros, en uno u otro momento, hemos tenido un vívido sueño que sobresalió entre otros sueños y, si eres como yo, probablemente has preguntado qué significaba. ¿Era de Dios comunicándose con nosotros, o fue nuestro propio recuerdo de nuestras actividades diarias?

Una vez más, subrayo que la línea puede ser enloquecedoramente indistinguible. Por eso, es evidente que aprender a "escuchar" la voz de Dios es muy importante. Al hacerlo, podrá finalmente hacer la distinción.

He conocido a muchas personas inteligentes que tienen mucho que decir acerca de Dios y Su voz, ¡pero nunca han leído la Biblia! Es como decir que puedes pilotear un avión pero nunca has volado. No quiero caer en esa categoría.

Leer la Biblia no es un pasatiempo. Es un requisito para comenzar su viaje a escuchar la verdadera voz de Dios. Debe convertirse en una prioridad para usted. Y no sólo "una prioridad".

Me di cuenta de esto cuando oré a Dios acerca de los sueños perturbadores que recibí. Tuve una visión en la que fue el número uno estaba acostado sobre su lado. ¿Qué podía un #1 acostado significar? ¡Por supuesto! Mis prioridades no estaban en orden. Tenía que volver a lo básico, leer la Biblia y dedicarle tiempo a la oración.

Pero cuando usted toma la Biblia y la abre, recuerde, hay una diferencia entre centrarse en sueños y visiones y centrarse en el aprendizaje de la Palabra. Por ejemplo, los gnósticos o místicos siempre elevaran los sueños, visiones o experiencias espirituales por encima de la palabra escrita de Dios. Ellos no cuestionan la autenticidad de un sueño porque no pueden creer que sea un engaño que requiera cautela al ser interpretado. A medida que buscan instrucciones constantemente fuera de las Escrituras, eventualmente negarán la suficiencia de las Escrituras.

Un fue cuando tuve que estudiar las Escrituras no como pasajes individuales sino como un mensaje en su "totalidad" con el fin de conocer el sentido de un sueño:

Mientras estaba en los Estados Unidos, soñé un día no vi el amanecer. Vi una escritura en la Biblia:

Hechos 2:19-20 *... y yo haré maravillas en los cielos arriba. El sol se convertirá en oscuridad."*

Más allá de estos versos que describen un cambio drástico de la naturaleza, tanto en el cielo como en la tierra, un cambio que aún no ha sucedido, este mismo órgano de trabajo, las Escrituras, incluye esto:

Hechos 2:21-22 *"... Y acontecerá, quien invoque el nombre del Señor, será -salvado."*

Por lo tanto, mi sueño de que el sol no esté saliendo puede ser simbólico de que la época todavía no estaba lista para mi mensaje en los Estados Unidos.

Recuerde, la Palabra será siempre superior a sueños y visiones.

Job 33 vs. 14-16

"Dios pudiera hablar en un sentido o en otro, sin embargo, el hombre no lo percibe. En un sueño, en una visión de la noche, cuando el sueño profundo cae sobre los hombres, mientras duermen en sus camas, entonces él abre los oídos de los hombres y les roba su instrucción."

Wow! Ahora, mire esto:

Capítulo 12, versículos 5,8:

"Oíd ahora Mis palabras; si hay un profeta entre ustedes, yo, el Señor me conocerá en una visión, le hablo en un sueño. No así con Mi siervo Moisés, que es fiel en toda mi casa. Yo hablo con él cara a cara, incluso abiertamente y no en dichos oscuros."

¿Qué es aquí más importante?

Yo diría que no poner demasiada atención en sueños. En lugar céntrese en su relación con Dios, donde Dios puede hablar directamente a su espíritu. Dese a Dios.

Cuando soñamos

Los sueños ocurren cuando uno primero entra en el sueño. De ahí se pasa a un sueño más "profundo". Una persona que duerme ocho horas, puede soñar hasta una a dos horas de ese tiempo. Durante una noche de sueño podemos pasar a otro nivel de sueño que se denomina nivel Alfa; este es un "sueño más ligero". El sueño profundo es conocido como el sueño de THETA. Pero es en el más amplio, más profundo sueño, es el llamado sueño Delta en que algunas personas tienen las más poderosas experiencia realista conocido como sueño lúcido.

En el estado de sueño, la mente puede ser más impresionable, debido a los acontecimientos del día. Durante el sueño, la mente desempeña a menudo compuestos de lo que hemos dicho, pensado o hecho. Proyecta circunstancias débilmente conectadas y lo que pensamos de los eventos del día.

La ansiedad y el estrés son híper formas de energía. Y estas energías pueden producir sueños. Recuerde esto. Es importante. Los sueños cargados de ansiedad son insignificantes, huecos. ¿Le parece que es algo que Dios le ofrecería?

Eclesiastés 5:7 Biblia de Estudio de palabra clave hebreo, Griego

"Porque en muchos sueños y con muchas palabras, hay vacío…"

Esta es una palabra de advertencia para aquellos que relatan sus sueños y visiones a los demás creyendo que son todas de Dios.

Jeremías 29 vs. 8-9 Versión Amplificada de la Biblia

Por cuanto así dice Jehová de los ejércitos, el Dios de Israel: "No dejes que sus (falsos) profetas y sus adivinos que están en medio de vosotros os engañe…"

¿Usted ve? Muchas veces, las Escrituras nos advierten. Y ¿por qué? Porque, en nuestro estado humano, nos renovamos cuando se trata de nosotros, de nuestras necesidades, nuestros deseos y nuestros sueños, especialmente si nos sentimos realizados. El problema surge cuando usted asume que todo sueño es Dios hablándole.

Créeme cuando te digo, aquí y ahora, que cuando tienes un sueño o una visión de Dios, se destacará por encima de cualquier otra experiencia que haya tenido. Pero yo digo que esto sólo sucede cuando se "bien" con Dios, siguiendo su Palabra, buscando más nada excepto la guía de Dios, con un corazón puro. De nuevo, entréguese a Dios.

Más y más, las Escrituras enseñan exactamente lo mismo.

Ezequiel 13:2-4 KJV
"Ay de los profetas insensatos, que andan en pos de su propio espíritu, y ¡nada han visto!"

Aquí, Dios le dice que usted puede creer realmente que está escuchando al Señor, pero realmente es su propio espíritu.

Curiosamente, en el Nuevo Testamento, después del libro de Hechos, en adelante, no se menciona nada acerca de revelación por sueños. Pablo tuvo varias "visiones" durante su ministerio. (Ex. Hechos 16 vs. 9,10, Hechos 18 vs. 9, Hechos 22 vs. 17). Pero ninguna eran ocurrencias cotidianas comunes.

Sólo recuerde, como ya hemos visto, es importante estar siempre consciente de que si Dios guarda silencio durante largos períodos de tiempo, no debe "forzar" un mensaje por creer que todo lo que oye o cree oír o sueñe viene de Él. No estoy diciendo esto para asustarlo.

Para expandir su capacidad para escuchar a Dios, primero debe expandir su relación con Dios. Entréguese a Dios.

En el Bukhari Hadith (V9B87N113) vemos que Mohammed dice que un buen sueño es de Alá y un mal sueño es de Satanás. Lamentablemente, muchas personas toman este principio como la forma de interpretar correctamente los sueños. Llegan a la conclusión de que si es bueno, es de Dios; si es negativa, no es de Dios.

Pero eso no es tan simple. Mientras que Dios le da sueños a impíos gobernantes, son las almas piadosas las que los pueden interpretar.

Nos acercamos al final de este libro, y creo que todos estamos de acuerdo en que los sueños son un fenómeno misterioso. Algunos dicen, "En los sueños, exploramos el camino futuro". Es posible que incluso uno pueda usar vocabulario avanzado en sueños. Incluso he escuchado de personas sorprendidas cuando se les dice que hablaron en fluente italiano, Francés, o Hindi en su sueño. ¿Quién puede explicar tal misterio? Pero, de nuevo, hay un reino del espíritu, de la que las lenguas antiguas y el "hablar en lenguas" emanaban. Por eso tuvo sentido una ocasión cuando recibí una canción en una lengua diferente y cantándola se sentía muy "natural" a mí.

El décimo sueño

Dios me dio un décimo sueño mientras trabajaba en este capítulo. Me enseñó acerca de la relación entre la mente subconsciente y nuestros sueños. En este sueño, yo estaba curada emocionalmente después de que mi esposo me dejó y ya no estaba molesta. Los había aceptado, pero lo curioso fue que cuestionara su falta de contacto con sus dos hijos. Era como si él los abandonó.

En el sueño, quería llamarlo para preguntarle cuándo iba a visitar a sus hijos. Ahora, aunque sé que mi esposo adora a sus hijos y no los abandonará, comprendí que el sueño dibujó un escenario. Lo extraño fue que ahora estaba "curada" de mis temores, pero mi mente recordó el hecho de que mi esposo quería dejarme en los ocho anteriores sueños. Luego descubrí que la mente subconsciente puede repetir mensajes de temores internos, incluso en un estado sano.

Todas sus experiencias pasadas y sus creencias se almacenan en tu mente subconsciente. Cuando estás dormido, tu mente consciente duerme también, pero tu mente subconsciente permanece despierta. En este punto, la verdadera conexión entre los sueños y la mente subconsciente comienza a aparecer. Por ejemplo: Si usted está preocupado acerca de un problema, entonces lo más probable es que tu mente subconsciente te lo presentará en tus sueños para recordártelo o para ayudarle a resolverlo. Al igual que su mente subconsciente afecta tus sueños, lo mismo puede afectar su actual actitud.

Los sueños también pueden producir un cambio en sus emociones que pueden afectar su mente subconsciente. Piensa en esto: Si tienes un sueño poderoso que afecta tus emociones en una forma conmovedora, esto podría afectar tu comportamiento real cuando despiertes. Esto significa que tus sueños afectan a tu mente subconsciente. Esto es potente. Con esto he aprendido a orar: "Señor, ¿qué quieres enseñarme en sueño de la mente subconsciente?" Una y otra vez, entréguese a Dios.

Dicho esto, vamos a volver al capítulo anterior, mi capítulo "guerra". Algo grande sucedió recientemente.

¿Recuerda cómo quite mi atención de mi "enemigo" durante unos pocos años, cuando Dios dijo detén la "pelea?" Mi descanso de toda esta confusión le dio realmente a él (mi hermano/socio de negocio) suficiente cuerda para seguir con su comportamiento rebelde; es decir, sus crímenes de acumular sus "gastos privados bajo gastos de la empresa" mientras yo esperaba que tuviera un arrepentimiento.

Bien tal como predije, se enfermó. Muy enfermo. Cáncer.

Más recientemente, recibí un sueño como una advertencia. En este sueño, mi socio era muy amable conmigo. De hecho, nos estábamos hablando. Nos tropezamos en una institución financiera. En el sueño, lo escuché hablando, sin su conocimiento, acerca de la venta de nuestro negocio familiar. Él no sabía que yo podía oír todo ya que me encontraba en la habitación justo al lado. Cuando me vio unos minutos más tarde, le pregunté en una voz amigable lo que estaba haciendo.

Él mintió.

En este sueño, Dios me estaba enseñando una lección importante diciendo simplemente, "Él es muy amigable. Pero él todavía no está diciendo la verdad."

A causa de la enfermedad de mi hermano y nuevos desarrollos con la sociedad arrendataria, ahora él estaba presionado a vender el negocio familiar. Pero, incluso ahora, él todavía me estaba escondiendo la verdad. Mi auditor me aconsejó a no firmar ni vender nada hasta que él tuviera la oportunidad de estudiar las declaraciones financieras y de gestión del contrato. Hay que tener en cuenta que él claramente no puede vender nuestra empresa familiar sin mi firma.

No había recibido las declaraciones financieras ni las de gestión. Para colmos, porque se retiró de director, yo no podía firmar ninguna de estas declaraciones. Sorprendentemente, los auditores simplemente ignoraron mis peticiones y mis exigencias.

Por lo tanto, después de seguir la guía de Dios, de disminuir mi lucha en esta "guerra", mi adversario, mi propio hermano, me obligó a actuar . Esta vez, volví a abrir la investigación, pero desde una posición mucho más fuerte. Ahora podía "atacar", luchar no sólo por lo que me pertenece, sino también para traer los auditores, Louis Trichardt Town quien atendió a mi socio en un juicio justo al exponerlos ante la Junta Regulatoria Independiente de Auditores cuya misión y función es ayudar a crear un sector financiero de valor ético.

Por una parte, la ruptura que hice con la guerra en mi vida fue muy buena y dulce también a un nivel diferente. Me podía enfocar simplemente ser una mamá para mis niños pequeños y realmente obtener más conocimientos en el sector financiero. Por lo que ven, Dios ha cambiado las cosas, en un sentido práctico donde mi enemigo estaba acorralado.

Seguí a Dios. Me entregué a Dios. Y Dios me protegió todo el tiempo, sin renunciar a darme mi herencia.

Un ejemplo más antes de llegar al final de este viaje. Esta vez, el caso de un sueño directo de Satanás. Se encuentra en Job 4 vs. 13,19. Elifaz describe un sueño en el que vio a un demonio (espíritu). ¿Cómo sabemos que esto era un demonio por su mensaje? Porque su mensaje es sumamente engañoso. Él dice que Dios no pone ninguna confianza en Sus siervos, como si eso implicara que Dios no confía en ninguno de sus ángeles. Esto es una mentira total. Dios ciertamente acusó algunos de "sus ángeles con error" (vers. 18), y con razón, porque pecaron (Revelaciones 12 vs. 4, Judas 6). Pero, mire más adelante a Hebreos 1 vs14. Elifaz no era un hombre que hablaba verdades. Tenga en cuenta lo que se dice de él en Job 42 vs. 7. El Señor dijo a Elifaz el Temanita: "Mi ira se ha despertado contra tú y tus dos amigos porque no han hablado de mí lo que es justo, como mi siervo Job. Cuando digo mi cama me consolará, mi sofá aliviará mi queja, entonces me asustas con sueños y me aterras con visiones."

Los problemas de Job vinieron del Señor (como Dios reconoce en Job 2 vs. 3), sin embargo, fue a través de la mano de Satanás (Job1 vs. 8,12; Job 2 vs. 3 y 6). Aquí, estos sueños atormentadores son de Dios, pero a través de la mano de Satanás. Así pues, tenemos un ejemplo de Satanás influenciando sobre los sueños de un hombre justo. Por lo tanto, tales sueños pueden venir de Dios. Ahora, no tiene sentido que Dios podría permitir que el temor me atormentara con pesadillas sobre mi esposo ¡para que yo pudiera despertarme y dejar de ser ingenua! Estos sueños desaparecieron completamente después que logré discernirlos correctamente.

Después de todo esto, yo espero que usted pueda ver lo fácil que es dejarse llevar o preocuparse con los sueños. Pero el mejor consejo que puedo ofrecer es directo de Proverbios 3 vs. 24: "No quede atrapado en los sueños. Quede atrapado en tener temor de Dios, amándolo y tu sueño y vida serán dulce". Como digo una y otra vez, entréguese a Dios.

Sí, sueños, visiones y todo lo que hablo en el libro tienen un lugar en la "Mesa de mensajes." Pero la silla para el "Invitado de Honor", pertenece a Dios, un Dios que espera pacientemente para mostrarle su carácter increíble. Un Dios que le preguntará directamente: "¿Qué quieres?" Un Dios que anhela concederte los anhelos de tu corazón.

Un mensajero que se muestra a sí mismo en Salmos 21:2 y 4. **Biblia de Estudio de palabra clave Hebreo, Griego**

"el deseo de su corazón le diste y no le negaste lo que sus labios pronunciaron"

"vida te demandó y se la distes, largura de días eternamente y para siempre"

Un mensajero quien, en Jeremías 33:3, **Biblia de Estudio de palabra clave hebreo, Griego** te llama: Verso: 3 "Llámame y te responderé y te enseñaré cosas grandes y dificultosas que tú no sabes".

22

EPÍLOGO - MENSAJES PARA
GUIAR Y ENCAUZAR TU FUTURO

PALABRAS FINALES PARA DESEARLE INICIOS FELICES

Sigo orando a Dios y tengo que creer que esta es la razón por la que Dios continúa hablando conmigo.

Te pido, no, te *ruego*, que hagas todo lo posible por "abrir" el diálogo con Dios, orando para pedirle ayuda. Entrégate a Dios.

Incluso si no obtienes una respuesta inmediata, recibirás orientación. Verás. Pero es posible que necesites ser paciente. Y también requiere que seas perseverante. Continúa orando, aunque obtengas respuestas o no. Dios hablará contigo cuando estés lista para escuchar.

No hay un cronograma con Dios. Me ha tomado casi toda una vida para darme cuenta de esto. Pero, una vez que empiezas a oír a Dios, te pido que pienses en mí. De hecho, di una oración por mí. Yo estaré orando por ti. Ustedes son mis hermanos y hermanas. Hermanos y hermanas hacen esto el uno para el otro.

Dios se asegura que "¡Lo captes!",

Aunque tengas muchas preguntas, incluso dudas, Dios no tiene ninguna. Él continúa hasta que, no tú, pero Él esté seguro de que entiendes completamente.

He aquí un ejemplo, que me "demuestra" que la vida eterna que nos ha sido garantizada a través de nuestro Padre realmente existe. Soñé que veía a mi pequeño Chihuahua de nuevo, en la casa de un vecino. Naturalmente, me sentí abrumada de alegría, pero también con un fuerte deseo. Corrí allí gritando, "¡Baby ven a casa!" Pero Baby no quería regresar a casa. Ella parecía tener la actitud de que todo, incluyendo la comida, era mejor allí. La señora de la casa salió, caminó hacia mí y me dijo, "A tu perro le gusta estar aquí". Consternada, tuve que irme sabiendo que Baby estaba feliz donde estaba. Me desperté sabiendo que Dios quería que me sintiera consolada de que mi perro que había muerto estaba bien. Dios seguía revelando su naturaleza protectora a través de Sus mensajes.

Este sueño era, una vez más, una manera para que Dios repita un mensaje acerca de la verdadera vida después de la muerte. En un primer mensaje, después de la muerte de mi padre, Dios me aseguró que papá estaba bien donde estaba. Pero, ¿quién iba a esperar que Dios me enviara un mensaje similar confirmando que mi perro estaba bien donde estaba, también? Incluyo este ejemplo para mostrarte que en los mensajes que recibas, en medio de toda la dirección, la guía, el castigo, incluso el silencio, hay una gran esperanza.

La esperanza nos lleva a enfrentar desafíos. Y, de hecho, me llevó a pensar en este libro y cómo presentarlo al mundo. Planeando regresar a los Estados Unidos era muy emocionante, pero los problemas económicos del lanzamiento del libro y la necesaria gira promocional resultaron totalmente desalentadores.

Dejar Sudáfrica significaba, quizás, el desarraigo de toda mi familia. Por supuesto, esto implicaría directamente a mi esposo, ya que él es el principal proveedor. Como tal, él tendría que pensar prácticamente en lo que respecta a nuestros hijos. Yo, también, tenía una carrera; pero era cada vez más obvio que mi verdadera llamado era este libro.

El aspecto más costoso del "lanzamiento" sería toda la campaña de marketing necesaria. Curiosamente, mientras continuaba considerando estos problemas tácticos, enfrenté otra "revelación" de Dios.

Dios parecía preocupado por un defecto en mi personalidad. Como con la mayoría de la gente, yo también puedo ser fácil presa al engaño por lo que veo, aunque sienta que tengo una conexión con una persona. Pero Dios tiene mucha paciencia. Como he dicho anteriormente, Él repetirá un mensaje para asegurarse de que comprendas, completamente. ¿Recuerdas cómo, en el capítulo 11, exploramos la noción de que "lo que ves, no es lo que ves"? Ya espero que te des cuenta de que esta será una batalla continua con la que tienes que luchar, no mirar sólo con tus ojos. Cuando oigas a Dios, tu mente, no tus ojos, te dirá lo que debes ver.

Por lo tanto, permíteme darte un ejemplo claro de este rigor necesario de ver con más que con tus ojos. Este incidente me impidió reaccionar demasiado apresuradamente sobre cualquier proposición de negocios aparentemente maravillosa que se me cruzó en mi camino. Soñé que me enamoré de un caballero muy buen mozo, impecablemente vestido. Tuvimos una conexión tan fantástica que inmediatamente quiso casarse conmigo. (En los sueños, el matrimonio puede significar cualquier tipo de contrato o acuerdo entre dos personas).

Mientras yo aún tenía la cabeza en las nubes, este "hombre perfecto" desapareció sin dejar rastros. Lo busqué por todas partes, desde el lugar donde dijo que trabajaba, hasta donde yo creía que vivía. Finalmente, abandoné la búsqueda y, agotada, senté a descansar en un café. En esa tienda, Dios me dio una respuesta acerca de la desaparición de este bello hombre. Al instante siguiente, lo veo caminando cuando me paso por el lado. Yo no podía creer lo que veía: de repente, él era una persona sin hogar, realmente un vagabundo. Él no me reconoció para nada, ¡la misma persona que quería casarse conmigo!

Este sueño fue mi despertar al hecho de que es mejor estar consciente de cualquier ilusión que tenga sobre mi propio juicio. Llegué a la conclusión de que debemos orar para la revocación de esas tentaciones que se nos podrían aparecer. Asimismo, debemos seguir esforzándonos para vivir nuestras vidas cerca de Dios y discernir lo que pueda ser una decisión perjudicial e hiriente.

Dos días después de este sueño era mi cumpleaños. Si recuerdas, después de mi cumpleaños anterior, Dios me había dicho que nunca volvería a ver a la mayoría de los invitados que estaban en esa fiesta. Para este cumpleaños, decidí disfrutar de una pequeña celebración, al aire libre, en un merendero donde mi hija podría correr y jugar. No sé por qué, invité a una persona a quien Dios pensaba que no debería estar en mi camino. El amigo de esta mujer predijo, una semana antes de mis 40, que mi matrimonio no duraría. Evidentemente, no me quería asociar con él. Luego vino un sueño en el que la mujer me envió una factura por 600.00 Rands sudafricanos, aunque yo sabía que no le debía nada. Además de esta "cuenta", su carta de acompañamiento tenía una extraña "actitud" que me pareció muy inquietante. Pero, ¿qué iba a hacer? Ya la había invitado. No podía ahora decirle que no viniera.

Con esto, empecé a orar para que no asistiera a nuestro picnic. Dios me estaba indicando, en sueños, quienes eran las personas preferidas con las que debería forjar amistades. Ella no era una mala persona; simplemente no era elegida para compartir mi camino, o quizá Dios sabía que ella estaba hablando a mis espaldas negativamente; o, simplemente, no era la etapa para una amistad.

Dios vino a prepararme para la próxima etapa de mi llamado: yo estaba de regreso en el "capullo" que tenía "entradas" limitadas para reducir a los que venían a mi vida a causar distracciones.

Pero no sólo otras personas pueden distraernos. Seguramente, sería injusta si no te recuerdo de los peligros del dinero, o, para ser más específica, de tener demasiado dinero. Cuanto más dinero algunas personas adquieren, parece que le dan menos importancia a Dios. Estoy segura de que estamos de acuerdo en que el dinero es una de las cosas más importantes en nuestra vida cotidiana; sin embargo, tantas personas son "cautelosas" con respecto a este asunto, sintiendo que no es apropiado hablar libremente. El dinero es tan personal.

Pero ¿has pensado en hablar de dinero con Dios? Para mí, siempre parecía un tema tan mundano. . Siempre he imaginado que Él estaba por encima de algo tan cotidiano, así que he ignorado el tema. Para mí, conversar con Dios acerca del dinero sería como hablar con mi hija de dos años acerca del sexo. No es algo que estaría apurada para hacer.

Una vez más, es insensato menospreciar el dinero simplemente por la codicia de los demás. De hecho, yo respeto el dinero y creo que cuando la gente lo tira a la basura, es un pecado. Un ejemplo rápido: Uno de mis sueños me llevó a advertirle a un amigo contra el despilfarro de dinero y contra viajar a lugares innecesarios en el mundo. El dinero debe respirar, lo que debería hacer es mejorar, pero no estropear la calidad de vida con el cual uno está bendecido. Es decir, mientras no se defina la "calidad de vida" solamente por el dinero.

Cuando necesitaba una cámara de alta calidad para grabar videos de YouTube para mi sitio Web, comencé a averiguar precios en varias tiendas. Quería encontrar la mejor cámara al precio más accesible. Tuve que mantener un presupuesto estricto porque sabía que en el futuro viajaría a menudo a los Estados Unidos. Al no haber comprado una cámara en un largo tiempo, quedé pasmada, horrorizada, consternada por los precios que yo estaba viendo. De hecho, me sentí mal.

Dios me dijo que esperara, conseguiría una más barata más adelante. En una palabra, Él sabe que yo respeto el dinero. Escuchando Su voz, conseguí un precio mejor, y compré el último modelo a un precio excelente en otra tienda.

¡Imagínate llevar a Dios de compras contigo! Necesitamos la sabiduría de Dios y la previsión con nuestros patrones de gasto.

Como todos, estoy seguro de que cuando las cosas se vuelven abrumadoras, necesitamos un descanso, una salida, una escape de vacaciones, para recuperar nuestra compostura y levantar los ánimos. Había llegado a ese punto; sentía que necesitaba un descanso. De repente, tuve el deseo de ir a mi lugar favorito en el mundo entero, un pequeño centro turístico cerca de la frontera con Zimbabwe, un lugar llamado Tshipise. El centro es conocido por su belleza y por sus aguas termales... Mi difunto padre y yo, mientras trabajábamos juntos, solíamos preparar la casa rodante y conducir hasta allí los fines de semana cada vez que podíamos. Realmente extraño las charlas y los consejos que mi padre me daba, mientras descansábamos durante esos pocos días fugaces. Supongo que, en cierto modo, yo quería regresar porque realmente lo estaba extrañando. Algo iba a suceder, yo podía sentirlo.

Efectivamente, sin esperarlo tuve otro sueño. Vi a mi padre fumar cigarrillos. ¡Cigarrillos! Al ser un paciente del corazón, esto era totalmente inaceptable y discutimos a gritos. Cuando me desperté, recordé lo que el fumar representa, Dios me estaba diciendo que mi papá también me estaba extrañando y que estaba bien echar de menos a Tshipise, nuestro lugar especial. Dios reaccionó con amabilidad a mis pensamientos. Y llegó la paz.

Durante las vacaciones en el mes de julio, tuve un sueño de explicación. Yo estaba conduciendo detrás de unos camiones y vi que uno de los conductores iba a subirse a la curva sin darme cuenta que quería girar a la derecha. Se subió al pasto pero recuperó el control de su camión y lo manipuló con bastante facilidad. El siguiente conductor de camión, dándose cuenta de que él también debería haber girado a la derecha, sacudió el volante bruscamente, también saltando por encima del cordón, casi volcando su vehículo. Después de luchar contra su camión con furor, logró controlar el camión, al igual que al primer conductor. El tercer vehículo, un tractor, que un joven negro conducía, estaba fuera de control y dirigiéndose directamente hacia mí. Yo di un volantuzo para evitar una colisión frontal y terminé yendo sobre el cordón antes de que pudiera detener mi coche. De pronto sentí flojera en mis rodillas. No me podía mover. Le pregunté a un conductor por favor me llevara sobre el cordón; yo simplemente no podía reunir la fuerza en mis piernas que aún estaban temblando.

Este tipo de sueño "explicativo" es lo que yo llamo de alto nivel o mensajes avanzados. Nadie puede interpretar ese sueño porque es un mensaje especial de Dios; en este caso, directamente a Yvon. Sabiendo esto, oré para que Dios me haga entender. Él me dio la interpretación, diciendo, "*Yvon, tu ministerio tomará formas distintas, como la de un autobús que transporta pasajeros, o un camión que transporta una carga completa. Estoy diciéndote que tu camino va a girar a la derecha. Para ninguna otra dirección. Si no estás lista para el giro, tendrás que salir de la carretera, pero eventualmente tomarás el control. Si giras a la derecha muy lentamente, te saldrás del camino y serás tomada por sorpresa. En la carretera hay un tractor que representa un ministerio lento y poco importante. El joven conductor negro representa una estrechez de miras e incredulidad en mi camino. Ten cuidado del tractor, puede ser pequeño, pero puede empujarte fuera del camino. La mezquindad te dará tal miedo que te congelarás; pedirás ayuda, en caso de duda, de gente de mente estrechas que no tienen fe en lo que estoy planeando para ti. Esta es mi advertencia para ti*".

¡Genial! ¿Qué hacer con eso?

El regreso a los Estados Unidos, armada sólo con mi don y el lanzamiento de *Mensajes de Dios* se estaba convirtiendo en una lucha mental. Una noche me desperté y no pude volverme a dormir, pensando que Dios quería hablar conmigo. La mayoría de mis conversaciones con Dios son bidireccionales, del tipo que tendrías en un cuarto pequeño y tranquilo.

¿Quién dijo que la palabra "oración" tiene que significar un monólogo? Decidí no sentarme en la cama y orar, salí de mi habitación y me encontré con la abrumadora presencia de Dios.

"Guau, ¿Dios, estás en la puerta de mi dormitorio?"

Él dijo, "Sí, no quería molestar a Bella, y tu esposo duerme muy poco".

Sorprendida, fui a sentarme en el sofá y oré. Dios dijo suavemente, "¡Te estás yendo al exterior para quedarte!"

Yo no quería pensar ni hablar de tal cambio enorme, así que evité el tema. Primero, mi esposo no estaba convencido de que todo este "viaje" era posible, y estaba preocupado sobre lo que él haría para ganar dinero en los Estados Unidos. En segundo lugar, nuestra vida en Sudáfrica, a pesar de los desafíos, funcionaba perfectamente con nuestros niños felices y cuidados. No parecía necesario hacer tal cambio definitivo. A veces, no quiero discutir cosas determinadas o urgentes. Sólo quiero relajarme y disfrutar de la conversación con Dios. Visualizándome sentada en el cielo, quisiera ahuyentar a todos fuera de la sala del trono, incluso a los ángeles, para estar a solas con mi Dios. ¡Ya sé: cosas locas!

Pero, una vez más, Dios había leído mi mente, preguntándome, "¿Sabes por qué puedes hacer esto?"

Yo sabía que Él se estaba refiriendo a mí ahuyentando a todos fuera de la habitación celestial. Su pregunta me hizo pensar, y le contesté, "Sí, yo soy la hija del Rey, porque tú eres mi papá". Esto fue simplemente audacia en el cuarto del trono; estaba experimentando el poder del hijo, el parentesco de una hija, sintiéndose cerca y hablando en privado con su padre. Esto me permitió elegir de qué temas hablar y también me permite la libertad de no reaccionar ante ciertas declaraciones.

Dios realmente quiere ser nuestro Padre, y a aquellos que actúan como sus Hijos tienen mejores "oídos".

Acabo de revelar un gran secreto: Dios realmente quiere ser nuestro Padre, y a aquellos que actúan como sus hijos tienen mejor "oídos".

Tengo que asumir que el "don" en mi vida es algo natural. Es como haber escuchado una voz que diga, "Lo que parece sobrenatural para otros es completamente natural para ti"

Por ejemplo, cuando fui para un tratamiento facial, el esteticista comenzó a charlar acerca de su perro que había muerto recientemente. Sin saber nada acerca de mí, ella se abrió y explicó que ella había oído algo extraño la noche anterior a que el perro se muriera. Ella escuchó las palabras "Mañana, él se va". A la mañana siguiente, ella estaba paranoica acerca de su prometido.

Ella no quería que él condujera. Mientras estaban aún hablando, su perro salió corriendo a la calle. Un coche accidentalmente atropelló al pequeño perro. Lo llevaron al veterinario, donde se quedó durante toda la noche. Sus próximas palabras fueron, "probablemente pienses que estoy loca, pero a las 3:00 de la madrugada, me desperté y vi a mi perro en mi habitación. Este resultó ser el momento exacto de la muerte del perro en el hospital de animales". Cuando ella comenzó a llorar yo le dije, "no estás loca; Dios envió a tu perro a despedirse; deberías leer mi libro, *Mensajes de Dios*".

El momento en que llegué a los Estados Unidos, sentí que Dios me estaba conduciendo a algo más. Dios dijo que necesitaba que yo regresara a los Estados Unidos "con mi libro en mano". Por lo tanto, mi viaje era para localizar un publicista y una empresa para comercializar el libro.

Ambos, mi esposo y yo estábamos asombrados con Chicago. Totalmente abrumadora. Yo no sabía que existiera una ciudad tan masiva. Cuando prediqué en Los Ángeles, me alojé en las afueras y no viajé o exploré mucho. Por lo tanto, ver el centro de Chicago, desde el interior de la ciudad, fue impresionante. Los edificios son impresionantes, enormes y espectaculares. Nunca he visto nada parecido, en ningún lugar.

Fue una estampida mental. Mi cerebro era como una computadora que necesita software nuevo, rápido, para procesar el tamaño enorme y la velocidad de todo. En medio de este torbellino, recibí el mensaje de que Dios quería que yo viera donde podía encontrar mis clientes, y quién podía ayudarme. Abrumada, me sentía como si a mi pequeño perro asustadizo, Toypom, lo hubiesen dejado en el medio de una autopista de cuatro carriles con miles de coches zumbando alrededor, confrontado con algo que él nunca se hubiese imaginado que ni siquiera existiese. ¡Yo estaba sucumbiendo al desconcierto total, entremezclado con miedo!

Al estar expuesta a todas estas nuevas experiencias, me sentía como si un nuevo "software" se estaba instalando gradualmente en mi cabeza para que yo pudiera comprender por qué Dios estaba diciendo ciertas cosas. Eran las 2 de la mañana, en la habitación del hotel. Mi familia estaba dormida, agotada por los desafíos del día con el transporte público, las multitudes, una agenda repleta, etc. A esa temprana hora, me di cuenta de que mi esposo también tenía que ver a mis potenciales "clientes".

Mientras yo oraba, pude ver una visión de Dios haciendo una copa con Sus manos, recogiendo agua para que yo bebiera. Cuando tomé un sorbo de las manos de Dios, veo que es oro, agua que nunca había he visto o pensaba que existía. Entonces que me di cuenta de que el no ver lo invisible estaba limitando mi capacidad para entender algunos mensajes de Dios. Aquí, Dios me estaba mostrando y dándome cosas que nunca había visto antes; Él quiere que lo absorba y comprenda todo.

Al día siguiente, me encontré con una firma de relaciones públicas, sintiéndome como un pequeño gusano de África en un enorme lugar. Pero, a decir verdad, yo sabía que lo que tenía que ofrecer era mucho, mucho más grande que cualquier creación artificial.

La reunión con un publicista muy entusiasmado estuvo bien, aunque las cotizaciones eran extremadamente caras. Mi mente regresaba a otro sueño que tuve poco después de llegar a Chicago. En él, yo estaba volando en un ala delta, relajándome y disfrutando de mi vuelo. Cuando aterricé, me encontré con un hombre de edad madura, alguien con mucha experiencia en la vida. Había una verdadera química entre nosotros.

Verás que Dios usa la relación entre hombre y mujer para explicar o aclarar muchas cosas. Estuvimos inesperadamente enredados. Sucedió tan rápido que me sorprendí al escucharme decir, "¡Casémonos!" Pero él simplemente daba vueltas y nunca llegaba a firmar el contrato, pero dio todas las indicaciones como si lo fuese a hacer. Las acciones del publicista con el que nos encontramos en Chicago fueron muy similares a este sueño.

Este sueño indica claramente que uno no debe confiar únicamente en los instintos o los planes por sí solos. Es fácil hablar. Hablar es barato. Y también lo es la percibida "química". Lo que realmente importa es el que está dispuesto a firmar en la línea punteada, quien demuestra un compromiso. Dios escogería a la persona que iba a presentarme a los Estados Unidos. Yo sabía que tenía que ignorar las vibraciones positivas que tuve en la empresa de publicidad.

Basta decir que estos sueños sin duda fueron cambiando mi actitud hacia las posteriores reuniones de negocios. Cuando nos reunimos con dos productores de Hollywood, rápidamente percibí que no eran impulsores de mi visión. Sólo me proporcionaron consejos e ideas. Luego de hablar de los sueños con mi patrocinador, decidimos no hacer más decisiones basadas en apariencias. . Porque mi pobre esposo estaba con nosotros cuando hablábamos. No tuvo más remedio que escucharos, "gente loca", hablar acerca de los mensajes de Dios. Sabía que mi esposo no entendía, no podría entender, realmente o compartir nuestra determinación. Era aún más difícil para mi esposo el hecho de que yo no le podía dejar leer el libro *Mensajes de Dios* hasta el momento justo.

El día antes de regresar a Sudáfrica fue increíblemente agitado, emocionante y agotador. Conducimos desde San Diego a Los Ángeles. Era una bonita excursión familiar. Mi esposo condujo mientras yo navegaba. Pasamos algunos de los lugares donde yo había predicado. Estoy feliz de informarte que mi esposo quedó impresionado.

Era por la tarde cuando todo salió a la luz. Desayunamos y almorzamos con dos productores de cine en Beverly Hills, ya que me habían dado a entender que mi libro tenía potencial de convertirse en una película. . Bella estaba sentada en el regazo de su papá mientras hablaba con los productores acerca de diversos aspectos de la filmación de mi libro.

No me di cuenta de que mi esposo estaba cada vez más incómodo con la situación. Bella estaba cada vez más cansada y aburrida después de un largo día y empezó a jugar con las tazas y los platillos, haciendo un juego de mover la vajilla. A continuación, una taza y un platillo se cayeron al suelo. Con camareros corriendo para limpiar el desorden, mi pequeña Bella decidió que había tenido suficientes shocks para un viaje.

¡Vimos con horror como ella abrió su pequeña boca, jadeó silenciosamente un par de veces, y luego empezó a gritar a todo pulmón! Es obvio que no hay nada malo con sus pulmones. Mi esposo reaccionó primero. La recogió en sus brazos y se apresuró a salir. Era una escena perfecta para una película, una sobre cómo todos los presentes experimentan el mismo evento desde perspectivas radicalmente diferentes.

Una vez que todos se habían asentado, nos reímos a carcajadas, todos excepto mi pobre esposo quien se estaba encargando de Bella en el coche. No volvió. Después de la cena, mi familia afortunadamente tuvo que hacer unas pocas paradas adicionales para adquirir una variedad de pequeños artículos. Mi esposo estaba demasiado tranquilo, pero pensé que al descansar juntos iba a cambiar su estado de ánimo.

Por último, a las 10 de la noche, paramos en un estacionamiento desconocido para él. Muchos amigos hispanos aparecieron de la nada. Uno de mis conocidos difundió la palabra de que me reuniría con ellos allí, y muchas personas del público a las cuales me había dirigido en la otra ocasión vinieron a saludarme y a conocer a mi familia. Para ese entonces, mi pequeña de 2 años dormía profundamente.

Esa noche, mi esposo y yo tuvimos un argumento en nuestra habitación del hotel, en realidad, acerca de nada, que, en retrospectiva, es realmente gracioso. Mi esposo estaba claramente asombrado y confundido.

En la mañana, vio los lugares de la ciudad en los que yo había predicado. Por la tarde, tuvimos una cena con gente que no conocíamos y conversamos sobre temas que mi esposo no conocía ni le interesaban.

Entonces, ¡Llego la hora de la verdad! Mi esposo pensó que se había casado con una entrenadora personal, una bella dama que estaba muy en forma. De repente, vio a un lado diferente de la misma mujer. Esta otra mujer era intelectual y preparada, conocía los suburbios de Los Ángeles, había predicado a una auténtica variedad de público de todo tipo. Su esposa estaba cómoda charlando con profesionales acerca de innumerables temas y, posteriormente, enfrentó, tranquilamente lo que él creía ser un accidente catastrófico. Ella tenía "seguidores", gente extraña que viajarían grandes distancias, simplemente para ver a su esposa nuevamente.

Una vez que él vio esta imagen más completa de la persona con la que se había casado, las cosas mejoraron. De hecho, él dijo algo hermoso durante el vuelo de regreso a Sudáfrica. De la nada, él dijo ¡que él sabía que sería imposible para él vivir sin la pequeña Bella y sin mí! Esto me conmovió profundamente. Ahora, realmente estaba deseando compartir mi libro con él.

Confiar en la intuición personal

La maestría personal: ¿Has escuchado este término? Resulta que la clave de la maestría personal es conocer nuestras propias debilidades.

Para mí, esto es fácil: uno de mis más evidentes defectos es confiar demasiado fácilmente en mi "intuición femenina". Por ejemplo, una buena relación sencilla y fluida significa algo para mí. Pero Dios me ha enseñado a confiar en Él para que me guíe.

Dios me bendijo con un sueño animador el último día antes de partir de los Estados, y otro después de nuestra llegada a Sudáfrica. Ten presente que regresé sin tener un publicista.

Soñé que me "pasaba mi tiempo" con un hombre joven. Su mamá, conocida como Srita. Krieket, en realidad había sido mi maestra de segundo grado. En la vida real, ella ponía a todos sus estudiantes "brillantes e inteligentes" en la primera fila de la clase. Los niños "mediocres" llenaban la parte media de la clase. A mí me pusieron en la fila de atrás, con los niños "tontos". Ella no tenía fe en mí. En este sueño, ella estaba completamente en contra de que yo pasara tiempo con su inteligente hijo, pero finalmente tuvo que aceptarme y no pudo impedir que yo influenciara a su hijo.

La interpretación es la siguiente: Dios está diciendo que yo "pasaba tiempo" con personas que tenían fe como la de los niños. Otras personas que querían etiquetarme como ridícula serán incapaces de cambiar mi camino. Tenía que confiar en que Dios crearía un camino para mí y mi familia, para completar mi tarea. Nadie podría señalarme con el dedo o decir que yo estaba siendo poco realista. Nadie podrá evitar que yo "pase tiempo" con quien debiera. Puedo ser "etiquetada" en cierta forma, pero no va a ayudar a quienes me "etiquetan".

¿Por qué Dios haría inevitable que yo fuera a los Estados Unidos? ¿Estás de acuerdo en que un nuevo entorno puede cambiar los patrones de pensamiento? Con nuevos ojos, vi las luchas de Sudáfrica. La ciudad de Johannesburgo, de repente parecía la metrópoli más pobre en los Estados Unidos. Mi viaje a los Estados Unidos me ha permitido crecer, ver y comprender tales comparaciones.

Mi entorno afectó mis "dones.". Conscientemente, no pensaba mucho en mi don, o que mi podría crecer. De alguna manera, mi propia vida y mi propio país estaba afectando quien era yo, lo que yo estaba pensando, y espantosamente quién iba a ser. Era evidente que mi "estado" actual estaba limitando quién debería ser. Dios quería que saliera de mi país. El estar aquí estaba teniendo un efecto negativo sobre mi llamado y mis habilidades. Como tal, de hecho tenía una influencia negativa sobre mi fe en mi misma. Pero al experimentar otros lugares, me doy cuenta de que puedo ayudar a millones de personas. Sudáfrica es como un pequeño estado norteamericano.

Ahora, ¿qué dirías tú si fueras un abogado de inmigración y un cliente entra a su oficina diciendo, "Señor, mi vida de alguna manera no está avanzando y parece que Dios me quiere en los Estados Unidos, porque tengo que enseñar algo…" todo el tiempo, mirando a este funcionario en los ojos? Sí, es difícil de imaginar, ¿verdad?

Mientras me preparaba para terminar mi vida en Sudáfrica, soñé que estábamos socializando en una fiesta organizada para mí por una amiga hispana, un evento para que yo pudiera conocer algunas personas. Entonces, la cosa más extraña sucede: empiezo a escuchar las cosas más increíbles de Dios, justo en el medio de la fiesta. Había un hombre sentado en una silla frente a mí con una copa en su mano.

Me di cuenta de que estaba fuera de práctica cuando escuché que Dios decía, "Dile que se irá a su casa". Él me dio estas cuatro sencillas palabras para que transmitiera. Entonces, Dios indicó, "Dile, 'Debes volver al lugar". Al parecer, este hombre no estaba seguro si debía regresar a su estado natal.

Las personas que vinieron a verme, socialmente, presenciaron mi don sin expectativa alguna, como si todo hubiese sido planeado. En algún momento, empecé limitándome a pensar que mi don era sólo para ser usado en grandes conferencias. Pero aquí, Dios me mostró que su don para mi funciona todo el tiempo.

Aunque necesitaba practicar un poco más mi don, era bueno saber que yo estaba enseñando a través de "demostrar", aunque fuera en un sueño. Todavía en el sueño, tanto Deon como mi esposo se estaban volviendo muy inquietos. Querían "pasar el tiempo" y socializar mientras yo estaba atrapada profetizando a extraños. Todo esto está muy bien para mí, pero la forma en que Dios nos usa no puede ser tan compartimentada.

Habiendo demostrado con éxito mi don en una situación social dentro de un pequeño grupo de personas, me preguntaba cómo esto funcionaría. Era bastante costoso volar a los Estados Unidos a menudo, ¿simplemente para socializar? ¿Dios me estaba diciendo que llevara a mi esposo a fiestas y comunidades? Empezaba a sonar más que un poco descabellado; pero el foco real del sueño era hacer el trabajo de Dios en un ambiente informal.

Dios nuevamente leyó mi mente. Me acordé de un sueño que me angustió porque mi esposo me dejó por otra mujer, no, ¡otras dos mujeres! Esto en realidad significaba que él se estaba permitiendo distraerse por otras cosas. Cuando me quejé en el sueño a mi amigo Deon, simplemente dijo, "¡Toma $50.000 y anda a comprar alguna ropa!" Esto significaba que tenía que continuar con mis preparativos para el lanzamiento del libro. La ropa representa la preparación. Mi objetivo era prepararme, y dejar a Dios que trabajara con mi esposo.

Lo importante de Dios era que él hablará; pero cuando uno siente terriblemente inquieta, como si algo estuviese mal, se puede esperar un mensaje que no nos va a gustar mucho. En mi caso, Dios me retiró de un campo de batalla. Tenemos que dejar algunas batallas sobre la mesa para poder avanzar a mayores cosas, por mejores razones.

Isaías 40:2
"Hablen con ternura a Jerusalén y díganle que se acabaron sus días tristes y que sus pecados están perdonados. Sí, el Señor le dio doble castigo por todos sus pecados". [NTV],

Me di cuenta que tengo una obra que hacer para Dios, pero en primer lugar, necesitaba deshacerme de algunas de las habituales cosas en mi vida. Además, tenía entender que todos somos diferentes. Pueden existir múltiples llamados futuros para una persona. ¡Yo podría ser una persona con "múltiples potenciales" que tendrá una amplia gama de puestos de trabajo a lo largo de mi vida, en el plan de Dios! Si estás constantemente inquieta, lo siguiente podría ser un mensaje de Dios para ti cuando pasas tu tiempo quizás en cosas infructuosas:

Isaías 58:6-8
"El ayuno que he escogido, ¿no es más bien romper las cadenas de injusticia?
Y desatar las correas del yugo, poner en libertad a los oprimidos ¿y romper toda atadura?¿No es acaso el ayuno compartir tu pan con el hambriento y dar refugio a los pobres sin techo? Vestir al desnudo ¿y no dejar de lado a tus semejantes? Si así procedes, tu luz despuntará como la aurora y al instante llegará tu sanidad; Tu justicia te abrirá el camino, y la gloria del Señor te seguirá". [NVI]

Esto es muy claro. Pero, ¿cuántos de nosotros realmente quieren escucharlo? No nos está diciendo que todos debemos reexaminar nuestras "aficiones." El tiempo que dedicamos a la pintura, a trotar, a socializar; ¿estas horas no podrían utilizarse de manera más productiva ayudando a los pobres?

Tomé esta revelación como una señal de que mi enfoque tenía que cambiar. Dios me estaba dando un propósito específico: comenzar a enseñar al mundo "cómo oír Su voz". Parece que tendría que "terminar mi vida" en Sudáfrica, luego ir a otro continente para enseñar acerca de la voz de Dios.

He soñado que mi difunto padre vino a decirme algo. Él me explicó que mi hermano/socio de negocio empezó a hacer cosas malas porque él se estancó como persona. Este sueño me hizo darme cuenta de que cualquiera, incluido yo misma, puede caer en lo negativo. El aburrimiento de lo mundano, el trabajo repetitivo durante un largo tiempo, llevaron a mi hermano a hacer cosas destructivas en su búsqueda de algo diferente. Aprendiendo esto en mi sueño, parecía que el propio Dios, encontró una excusa y estaba pidiendo disculpas por la mala conducta de mi hermano. Dios, realmente me dio un gran regalo cuando fui a Estados Unidos: me enseñó a pensar, a planear, de forma diferente. Él me enseñó a ver el panorama general.

Eclesiastés 8:17
"Pude ver todo lo hecho por Dios. ¡El hombre no puede comprender todo lo que Dios ha hecho en esta vida! Por más que se esfuerce por hallarle sentido, no lo encontrará; aun cuando el sabio diga conocerlo, no lo puede comprender". [MSB]

En una forma muy memorable, Dios me explicó que su voz es como una luna sonriente. Mira a la luna; si sólo ves un cuarto de ella, definitivamente no ves toda la imagen. Es similar a los mensajes de Dios, sobre todo al principio, cuando sólo podrías obtener información de "nivel de entrada" o promesas de "nivel básico". ¡Puedes estar seguro de que detrás de todo lo que oyes, te espera algo mucho más grande y mucho más brillante!

Con esa imagen de una luna creciente, brillante y resplandeciente por encima de nosotros, quiero darles las gracias por recorrer este camino conmigo. Ahora sabes más acerca de mí, no porque yo compartí sino porque te tomaste el tiempo de aprender de mis experiencias. Sin embargo, este libro no es realmente acerca de Yvon Bell, la persona. Se trata de las oraciones de Yvon Bell, que tomes lo que ella te ofrece y lo apliques a tu propia vida. Este libro está diseñado para ayudarte a dar el primer paso que cambiará tu vida en tu camino y oigas la voz de Dios, en toda su gloria.

Lo más importante es que permitas que las palabras en estas páginas se asienten en tu corazón, echen raíces, y entonces florezcan en obras de fe. Esta fe no es sólo tu luz, sino también tu fuerza para hacer el viaje hacia

Dios. A medida que tomes el primer paso en esa dirección, que sepas siempre, en tu corazón, que nunca estás sola. Llama a Dios para que te ayude. Estás en buenas manos. De hecho, Dios está llevando el mayor peso, tu alma.

Printed in the United States
By Bookmasters